融媒体新闻系列教材

新媒体大数据实践

工具与方法

龚凯乐 编著

中国传媒大学出版社
·北京·

前 言

大数据、人工智能等技术的快速发展推动着媒体行业的深刻变革，智能化的数字技术正被日益广泛地应用于新媒体内容生产、分发、管理、运营等全流程，一个全新的智媒时代已然来临。教育部、中宣部发布的《关于提高高校新闻传播人才培养能力实施卓越新闻传播人才教育培养计划 2.0 的意见》，明确提出了要加快培养会使善用“十八般兵器”的全媒化复合型新闻传播人才，重点举措之一就是“及时融入技术变革新趋势”。因此，拓宽新闻传播人才培养的视野刻不容缓。响应时代呼唤，国内新闻传播院校积极调整课程设置，增设了一批大数据、人工智能相关课程，以加强学生对智媒技术的理解与运用。然而，现有的大数据、人工智能等方面的教材主要面向计算机等理工专业，对学生和教师的数学、计算机基础提出了较高要求，直接应用于新闻传播教育在客观上存在着技术难度大、专业关联性不强、应用性较弱等一系列问题。因此，本书面向智媒时代的新闻传播人才培养需求，充分考虑新闻传播专业特色与学情基础，通过“面向应用场景，阐明基本原理，介绍实用工具，讲授实践方法”，将大数据知识技能与新媒体实践有机融合，尝试为智媒时代的新闻传播学教育资源建设提供有益补充。

本书的特色之一在于聚焦新媒体应用场景，将大数据采集、分析、挖掘的工具与方法融入具体的实践场域，以加深读者对大数据技术的理解，提升读者运用大数据技术解决新媒体领域实际问题的能力。本书的特色之二在于介绍的大数据实践工具均为交互式窗口软件或在线工具，读者仅通过鼠标点击即可完成大部分操作，无需任何编程基础，也不涉及任何代码编写，上手难度低，契合新闻传播学的学科背景与学情基础。

本书分为四篇，由九个章节组成：

“基础篇”包含第一章“大数据与新媒体”，主要阐述大数据技术的发展背景与概念特征，呈现大数据技术在新闻传播特别是新媒体领域的应用，并重点介绍面向新媒体应用的大数据处理流程。

“数据准备篇”包含第二章和第三章。第二章“数据采集”介绍新媒体领域常用的公开数据库与网络爬虫技术，讲解网络爬虫工具“八爪鱼采集器”的使用方法并带领读者展开实践。第三章“数据预处理”围绕著名的数据分析挖掘工具 SPSS Modeler 介绍数据预处理的流程与方法，包括数据导入、字段定义、数据清洗、数据集成、数据转换和数据归约。

“内容生产篇”包含第四章和第五章。第四章“数据新闻”在介绍数据新闻的概念特征、制作流程、选题思路的基础上，讲授数据分析与可视化的常用思路与方法，并通过 SPSS Modeler、镝数图表等工具展开实践。第五章“AI 创作”阐述生成式人工智能技术如何应用并改变新媒体内容生产，为读者介绍 AI 写作与绘图的常用技巧。

“数据挖掘篇”是本书的重点，由第六章到第九章组成。第六章“推荐系统”聚焦新媒体个性化推荐这一场景，讲授并实践 Apriori 等关联规则挖掘算法。第七章“用户画像”以构建新媒体用户画像为目标，讲授并实践 K-均值等聚类算法。第八章“用户留存预测”将介绍如何将 K-近邻、决策树等分类算法应用于预测新媒体用户的留存。需要指出的是，第六章到第八章采用的实践工具均为 SPSS Modeler。而在第九章“社会网络分析”中，本书将从社会网络分析的概念工具、节点中心性与影响力分析、网络结构特征分析、社区发现与网络可视化等几个方面介绍社会网络分析方法，并采用 Gephi 展开实践。

本书涉及的数据文件和配套彩图，读者可扫描下方二维码免费下载。由于作者水平有限，本书难免会有不足之处，恳请各位读者批评指正。

最后，本书作为南京师范大学 2024 年度本科教育教学改革重点项目“智媒时代新闻人才数智技能培养研究与实践”（2024NSDJG008）的成果之一，得到了南京师范大学新闻与传播学院和教务处的大力支持，在此一并表示衷心的感谢。

龚凯乐

2024 年 9 月 1 日于随园

（扫描二维码查看彩图）

（扫描二维码查看数据资源）

目 录

基础篇

数据准备篇

内容生产篇

数据挖掘篇

基础篇

第一章　大数据与新媒体

本章概述

本章首先阐述了大数据技术的发展背景与概念特征，进而结合新媒体行业的典型案例，从大数据成为新媒体产业基石、大数据改变新媒体内容运营模式、大数据助推新的媒体内容生产形式和大数据颠覆传统媒体营销体系四个方面介绍了大数据技术如何赋能新媒体发展。在此基础上，本章重点介绍了面向新媒体应用的大数据处理流程，通过对数据采集、数据预处理、数据分析与挖掘、数据解释这四个环节的介绍，帮助读者对大数据实践工具与方法建立起较为基本的认识。

教学目标

1. 了解大数据的概念与特征。
2. 了解大数据技术在新媒体领域的应用与作用。
3. 掌握面向新媒体应用的大数据处理流程。

学习建议

通过查阅文献资料，访问新媒体网站与应用软件，进一步探索大数据技术在新媒体领域的广泛应用，感受大数据技术对新媒体行业带来的深刻变革，不仅有助于读者深化对本章内容的理解，还能有效激发读者对后续学习内容的兴趣。

一、大数据概述

（一）数据生产方式的变革促成了大数据时代

人类是数据的创造者和使用者，自结绳记事起，它就已慢慢产生。随着计算机、互联网、新媒体和电子商务等技术的快速发展与广泛应用，人类产生、创造的数据量呈现前所未有的爆发式增长，大数据时代全面开启。信息存储、传输、处理技术的持续进步为大数据时代提供了技术支撑，而数据生产方式的变革是促成大数据时代到来的关键因素①。

总体而言，人类社会的数据生产方式可大致划分为四个阶段，分别是运营式系统阶段、用户生成内容阶段、感知式系统阶段和人工智能生成内容阶段。值得注意的是，这四个阶段的发展并非由后者完全取代前者，而是互相补充和演进的过程。

1. 运营式系统阶段

数据库技术的诞生和发展使得人类开始有能力大规模管理和使用数据。报刊发行管理系统、银行交易系统、医院医疗系统、大型超市零售系统等大量运营式系统都是建立在数据库技术基础之上的，数据库中保存了大量结构化的关键信息，用以满足各种业务需求。在此阶段，大量数据的产生方式是被动的，即只有当业务发生时才会产生新的数据并存入数据库。例如，在报刊发行管理系统中，只有出现一个新增订阅时，才会有相关数据生成并记录。

2. 用户生成内容阶段

互联网的出现使得信息传输不再依赖于磁盘、光盘等物理存储介质，极大地提高了数据传输效率，网页的出现进一步加速了网络内容的生产，而以用户生成内容（User Generated Content，UGC）为特征的 Web2.0 时代的到来使得人类数据量开始呈现“井喷式”增长。以门户网站为代表的 Web1.0 时代强调内容的组织和数据的共享，大量的互联网用户主要是以信息接收者和数据使用者的身份被动地接受互联网中的内容，其本身并不参与内容生产。Web2.0 时代以 Wiki、博客、微博、微信等互联网应用为代表，更加注重用户的交互性，即为用户构建一个参与表达、创造、沟通和分享的媒介，用户既是互联网内容的消费者，也是互联网内容的生产者和传播者。尤其是随着 4G、5G 等移动网络和智能移动终端的普及，用户可以不受时空限制，随时随地获取和分享最新信息，数据量进一步激增。

---

①林子雨．大数据技术原理与应用（第 2 版）［M］．北京：人民邮电出版社，2017：2.

3. 感知式系统阶段

物联网（Internet of Things，IoT）的发展带来了人类社会数据量的第三次跃升。物联网中包含大量传感器，如温度传感器、压力传感器、位移传感器、光电传感器等，视频监控摄像头也是物联网的重要组成部分。物联网中的感知设备无时无刻不在自动生产大量数据，例如，据 Intel 测算，一辆联网自动驾驶汽车每运行 8 小时将产生 4TB 数据；据 Raconteur 统计，全球可穿戴设备每天会产生 28PB 数据。因此，物联网中的数据自动生产方式将在短时间内生成更密集、更大量的数据，对数据存储、传输与处理的实时性也提出了更高要求。

4. 人工智能生成内容阶段

人工智能生成内容（Artificial Intelligence Generated Content，AIGC）是指利用生成式人工智能技术（例如深度学习、通用大语言模型等）让机器能够自动地创造文本、图像、音频、视频等多媒体内容的新型生产方式。人工智能不仅可以完成基础的识别、预测和分辨等任务，还能够与人类自然地进行对话，精准生成各种符合上下文语义和语境的内容。AIGC 技术的突破性进展将引发内容生产方式的剧烈变革，内容生产将由专业生成内容（Professional Generated Content，PGC）和用户生成内容（User Generated Content，UGC）逐渐步入 AIGC 时代，在极大提升内容生产效率的同时降低内容生产门槛和制作成本。例如，随着 AIGC 的发展，社交机器人在互联网空间的力量日益凸显，它们可以自动生成大量内容，表现出类人行为并在互联网媒介上与人类进行频繁互动，使得社交媒体等互联网平台日益演化为“人与机器”共同组成的复杂系统，UGC 与 AIGC 的相互交叠使得数据量进一步膨胀。

（二）大数据的概念与特征

大数据泛指巨量的数据集，因可从中挖掘出有价值的信息而受到重视①。

最早提出“大数据时代已经到来”的全球知名咨询公司麦肯锡将大数据定义为“一种规模大到在获取、存储、管理、分析方面大大超出了传统数据库软件工具能力范围的数据集合”②。

国务院 2015 年 8 月 31 日印发的《促进大数据发展行动纲要》将大数据定义为“以容量大、类型多、存取速度快、应用价值高为主要特征的数据集合，正快速发展为对数量巨大、来源分散、格式多样的数据进行采集、存储和关联分析，从中发现新知识、创造新价值、提升新能力的新一代信息技术和服务业态”。

此外，IBM 用“4V”（如图 1-1）来描述大数据的特征也成为目前学界业界普遍认

①邬贺铨．大数据时代的机遇与挑战［J］．求是，2013（3）：47-49.

②MANYIKA J，CHUI M，BROWN B，et al. Big data：The next frontier for innovation，competition，and productivity［R］. McKinsey Global Institute，2011.

同的大数据定义，即数据量大（Volume）、数据类型多样（Variety）、处理速度快（Velocity）和真实性（Veracity）。

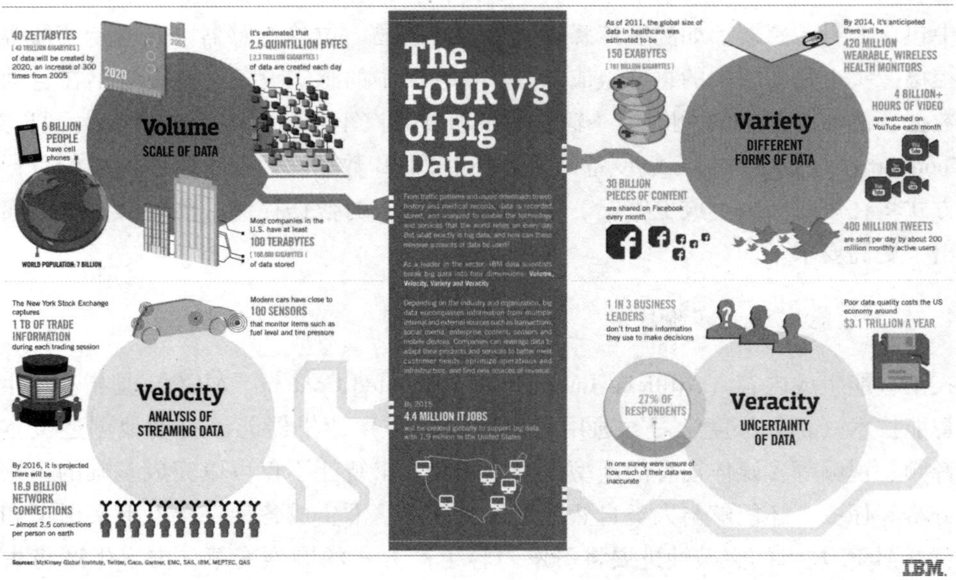

图 1-1　IBM 定义的大数据“4V”特征

数据量大（Volume）是指各种数据生产速度之快、产生数量之大，已经远远超出人类控制的范围，“数据爆炸”成为大数据时代的鲜明特征。根据著名咨询机构 IDC 做出的估测，目前人类社会产生的数据一直都在以每年 50%的速度增长，也就是说每两年就增长 1 倍，即“大数据摩尔定律”。

数据类型多样（Variety）一方面是指数据来源众多，新媒体、科学研究、企业应用等都在源源不断地生成新的数据；另一方面是指大数据的数据类型丰富，包括占较少比例的结构化数据和占绝大多数的非结构化数据。结构化数据是指能够被有效组织存储在关系型数据库中的数据，这类数据相对容易存储、查询和分析。非结构化数据类型繁多，无法直接存储在关系型数据库中，典型例子包括图片、音频、视频、电子邮件、微信等即时通讯信息、微博等社交媒体数据等。如此类型繁多的异构数据对数据处理和分析技术都提出了新的挑战。

处理速度快（Velocity）源自大数据时代极快的数据生产速度。根据英国媒体 Raconteur 测算，在新媒体领域，推特（Twitter）上每天会有 5 亿条推文发布，脸书（Facebook）每天会产生 4PB 的数据，包括 3.5 亿张照片和 1 亿小时的视频观看时长，而在 Instagram 上，用户每天要分享 9500 万张照片，同时每天还将发送约 2940 亿封电子邮件，并进行 50 亿次搜索。因此，大数据时代的很多应用，都需要基于快速生成的数据给出实时分析结果，用于指导生产生活，因此，数据处理和分析的速度通常要达到秒级响应。

真实性（Veracity）是指当处理具有海量规模、类型多样且快速流转的数据时，不可能所有的数据都是100%正确的，采集与获取的数据质量可能存在很大差别。数据分析的可靠性取决于数据源的准确性，因此，如何确保数据真实并根据其作出可靠分析成为一大挑战。

此后，学界与业界在“4V”特征的基础上新增了价值性（Value），共同组成了大数据的“5V”特征①。价值性（Value）一般体现在两个方面，一是大数据的潜在价值高，二是大数据的价值密度低，二者并不矛盾。大数据蕴藏着巨大的潜在价值早已得到社会各界的认可，这也使得大数据成为新型生产要素和重要的基础性战略资源。然而在大数据时代，很多有价值的信息都分散在海量数据中，很难通过直接读取提炼价值，只有通过综合运用数据分析、数据挖掘等技术进行大数据分析，才能使大数据产生价值，完成从数据到信息再到知识和决策的转换。

二、大数据赋能新媒体发展

（一）大数据成为新媒体产业基石

新媒体机构与用户间的所有交互本质上都是数据，用户在新媒体平台上的每一次点击、每一次选择、每一次评论和每一次上传等，都会被新媒体机构通过技术手段转化为数据存储下来，成为新媒体机构的核心资产②。正如有学者所评论的，拥有独一无二数据资产的公司将会获得令人难以置信的发展速度，发展成令人叹为观止的商业模式，具备颠覆、冲击其他行业的压倒性优势③。新媒体产业的迅猛发展正是得益于其对大数据及其技术、工具的深度运用。

字节跳动（ByteDance）作为成立于2012年的互联网行业后起之秀，经过十余年的飞速发展已成为全球规模巨大、估值巨高的独角兽企业，其不仅颠覆了传媒业和娱乐业的传统商业模式，打破了国内互联网BAT三足鼎立的格局，旗下产品TikTok更是风靡全球，成为全球下载量名列前茅的新媒体产品。回顾字节跳动的发展历史，无不体现着大数据技术的重要作用。2012年是我国移动互联网爆发的元年，移动端搜索引擎的使用不便及信息过载，使得“有效率地获取自己感兴趣且有用的信息”成为用户刚需。字节跳动作为最早将大数据和人工智能技术应用于移动互联网场景的企业之一，创立之初就致力于通过算法改变信息的分发方式，即由过去门户网站统一编辑的无差别分发模式升级为基于大数据和人工智能技术进行内容推荐和精准推送的个性化分发模式④。

---

①ANURADHA J. A brief introduction on Big Data 5Vs characteristics and Hadoop technology [J]. Procedia Computer Science, 2015, 48: 319-324.

②刘珊．大数据与新媒体运营［M］．北京：中国传媒大学出版社，2017：12.

③苏高．大数据时代的营销与商业分析［M］．北京：中国铁道出版社，2014：6.

④邵原．字节跳动 互联网行业破局者［J］．企业管理，2020（4）：72-76.

2012 年 8 月，字节跳动推出首款新闻资讯类产品“今日头条”，“今日头条”不依赖专门的内容采编人员，而是凭借其强大的大数据抓取和分析能力来搜集全网最新、最热、最火的内容，运用人工智能技术将不同的内容以“千人千面”的方式呈现给不同的用户，彻底改变了以往媒介批量汇总、简单分类、机械派发的模式。从用户使用其 App 的第一个界面开始，字节跳动后台无时无刻不在捕捉、记录、学习用户包括浏览、搜索等操作在内的所有行为特征，尽可能全面地更新和完善每个用户的数据包。随着点击量、输入内容和使用时长等海量数据的采集和累积，以及数据挖掘和行为分析的逐步深入，每个用户的数据包变得越来越丰富，用户特征的描述越来越详尽，用户画像的勾勒越来越清晰，新的内容推荐和广告推送便能更加匹配用户需求，更能做到精准定位、精准推送和精准营销。在上线不到两年的时间内，“今日头条”的用户数量就超过了 1.2 亿，MAU 超过 4000 万。后续，字节跳动基于“今日头条”所打磨出的智能推荐系统，低成本、大规模生产“流产品”，推出了“抖音”等爆款产品，并将国内成熟产品通过“技术出海+本土化运营”顺利推广到全球，打造出 TikTok 等全球现象级新媒体产品。

因此，大数据不仅从根本上改变了当代信息环境，也对媒体内容的生产和传播方式、受众的媒体使用习惯等产生了深远影响，大数据已然成为新媒体产业发展的基石。

（二）大数据改变了新媒体内容运营模式

对于新媒体机构而言，经过长期经营和管理实践的探索，其目前已在大数据环境下形成了较为完善的内容运营流程，即以平台化的模式对内容的生产、传播进行了流程再造。总的来说，新媒体机构的内容运营需要经过内容获取、集成、分发三个重要环节。新媒体机构通过各种渠道广泛吸纳海量内容，并对各种内容进行集成，使之成为符合市场需求的内容产品，并面向多种终端和用户进行传输分发。在各个环节中，新媒体机构的内容运营均体现了多元化、多样性、开放式的特点，使之有别于传统媒体的封闭式、单一化的管理模式①。

首先，在内容获取方面，不管是自主内容生产还是通过购买、合作的方式从外部引入内容，都需要利用数据进行内容评估，从而生产出更加符合市场需求的内容产品，甚至数据本身就可以成为优质的内容。其次，在内容集成环节，新媒体机构要实现的是内容的业务化和产品化，在这个过程中，需要根据终端、渠道、受众的不同，利用数据的支持对内容产品进行优化，通过编辑整理让内容产生更大的价值。最后，在内容分发环节，如何能让不同的用户根据其潜在需求接收最合适的内容产品，并在第一时间获取用户的反馈是大数据需要解决的重要问题。实现精准推荐和个性化分发是新媒体机构目前在内容分发层面的工作重点。总的来说，帮助新媒体机构预知用户和受众的需求，提前生产出符合他们需求的内容及产品，并用更加合适的方法去传播和营销是大数据在新媒

①周艳．新媒体理论与实务［M］．北京：中国传媒大学出版社，2014：38.

体内容运营中的重要使命①。

网飞（Netflix）公司是大数据改变新媒体内容运营模式的典型代表。在 Netflix 平台上，其用户每天产生高达三千多万个收藏、推荐、回放、暂停等行为，其订阅用户每天还会给出约四百万个评分和三百万次搜索等，这些都被 Netflix 转化成数据，并作为内容运营的核心要素存储下来。

其一，在内容获取方面，Netflix 以海量数据为基石。例如，Netflix 在下决定投资翻拍爆款美剧《纸牌屋》前，至少做了两件与大数据分析紧密相关的事，一是挑选导演和演员，通过大数据分析，Netflix 发现喜欢观看 1990 版《纸牌屋》的影迷们，同时喜欢观看导演大卫·芬奇（David Finch）的作品，他们也会经常观看奥斯卡获奖演员凯文·史派西（Kevin Spacey）的作品，这促成了 Netflix 邀请大卫·芬奇和凯文·史派西共同加盟这部作品的翻拍。二是播放形式，传统美剧习惯每周播放一集，但 Netflix 根据大数据分析发现其用户更倾向于在电视剧连载完结后一次性看完，因此 Netflix 选择了一次性推出完整的 13 集《纸牌屋》（翻拍）。上述因素共同帮助其打造出了具有全球热度的爆款产品。

其二，在内容集成方面，Netflix 强调严格的试验和测试。通过创建一种以数据为驱动的文化，Netflix 确保产品的变化是由实际数据驱动而非员工主观想法决定的。例如，与许多新标题相关的封面图片都经过了 A/B 测试，有时会使得该标题的浏览量增加 20% 到 30%。

其三，在内容分发方面，Netflix 强调数据驱动的个性化。在其平台上，大约四分之三的用户观看的视频都是来自 Netflix 的推荐算法。

（三）大数据助推了新的媒体内容生产形式

对于媒体从业者而言，大数据技术的发展助推了数据新闻、人工智能生成内容（AIGC）等全新的媒体内容生产形式。

尽管数据新闻这一业态出现时大数据技术还没有出现，数据新闻也未必总是与大数据捆绑在一起，但大数据时代的数据新闻会在量和质上出现大的飞跃②。传统新闻生产追求的是一种“以小见大”“见微知著”的境界，个人经验、新闻敏感则是实现这一境界的前提。进入大数据时代，面对海量的信息资讯，人们更青睐于客观、公正的数据，对信息更明晰地呈现、更准确地分析和更深层次地解读成为新的社会需求。大数据使人们具有深入洞察人类社会和世界的能力。在大数据时代，对规模庞大、种类繁多的数据进行采集、处理、分析、挖掘与可视化呈现，不仅有助于人们发现新闻线索，延续新闻热点，而且更易于人们从多角度全面还原事件真相，为预测性报道提供便利，从而借助

①刘珊．大数据与新媒体运营［M］．北京：中国传媒大学出版社，2017：69.
②彭兰．网络传播概论（第四版）［M］．北京：中国人民大学出版社，2017：30.

新媒体的高效传播能力使新闻价值的重要性得到进一步彰显①。

2022年底，一款名为ChatGPT的生成式人工智能应用脱颖而出，该应用以GPT大语言模型为架构，凭借其流畅对话、答疑解惑、写诗撰文等“无所不能”的功能引发了社会广泛关注，并在互联网新媒体领域掀起了全球范围内的人工智能生成内容的广泛热潮。随着新媒体领域内容消费量的不断增加，消费者对内容质量的要求也越来越高，降低内容生产门槛和提高生产效率成为行业的迫切需求。AIGC正符合这一趋势，预计未来将广泛应用于各种媒体内容生产场景，并有望成为未来新媒体内容生产的基础设施。AIGC对内容生产的变革主要体现在两个方面。

其一，降低生产成本，提升创意实现效率。传统的内容生产需要经历书写、口述、绘画、拍摄、编程等复杂的过程才能生成对应的内容，而AIGC只需要输入一些提示信息，人工智能就可以在短时间内生成大量如文本、图像、音频等多种形式的内容，用户只需要对生成的作品进行评估和调整。这显著提高了内容生产的效率，并降低了生产成本和门槛，同时也有助于激发新的创意。

其二，以大数据为基础的生成式人工智能技术结合新的交互形式，将为创作带来全新的可能性。通过AI技术的帮助，内容生产者可以更快速地掌握新的知识和技能，从而不断开拓新的创作题材。同时，AI生成的内容也可以为创作提供新的灵感和素材。这种新的创作方式，将为内容生产者带来更广阔的发展空间，也将推动内容生产的创新发展。

（四）大数据颠覆了传统的媒体营销体系

在广告营销体系中，媒体一直发挥着必不可少的作用。然而大数据技术几乎颠覆了原本基于传统媒体的营销体系，一套全新的新媒体营销体系被逐步建立起来。从广告营销的流程上看，大数据对媒体营销体系的改变体现在四个方面②。

1. 消费者洞察

大数据技术可以帮助广告营销人员更深入地了解消费者的需求、兴趣和行为。通过分析消费者的在线行为、社交媒体互动等数据，广告营销人员可以更全面地了解消费者信息，精确地找到目标受众，并通过对顾客群体进行细分，制定更具针对性的营销策略。

2. 制定传播策略

大数据技术可以帮助媒体营销人员根据用户的兴趣和行为实时推荐相关内容，这种个性化推荐不仅可以提高用户对广告内容的关注度和点击率，还可以提升用户体验，增

---

①许向东．数据新闻：新闻报道的新模式［M］．北京：中国人民大学出版社，2017：62-71.
②刘珊．大数据与新媒体运营［M］．北京：中国传媒大学出版社，2017：20.

强用户黏性。例如，企业可以追踪、了解用户使用产品的状况，做出适时提醒，如根据汽车磨损情况提示保养维护等。

3. 优化创意策划

在传统的广告营销体系之中，创意是广告的核心，极为依赖个人的工作经验。而大数据为广告创意提供了新的可能性，广告创意人员可以根据这些数据洞察消费者需求，发现新的趋势，从而获得创意灵感。例如，通过分析新媒体平台上的热门话题、关键词，创意人员可以找到与品牌相关的创意切入点。AI 生成的内容也将为广告创意提供新的素材和灵感。

4. 实时效果评估

大数据技术可以帮助媒体营销人员通过点击率、浏览量、转化率等指标实时监测传播效果。基于这些数据，媒体营销人员能够实现对传播策略和创意策划的适时调整，提高传播效果。例如，通过 A/B 测试，广告创意人员可以根据消费者的反馈，对比不同创意的表现，进而不断优化广告创意，提高广告效果。

国产运动品牌特步通过大数据精准营销，以赞助综艺节目《这！就是街舞》的契机进入潮流市场，实现了品牌传播、消费者结构优化与销售增长。首先，在消费者洞察方面，特步通过大数据分析构建出《这！就是街舞》的粉丝人群画像，并将其与特步的消费人群画像进行对比，从而得出了目标受众定位。其次，在传播策略和创意策划方面，特步创造了以消费者为中心的产品研发生产新模式，以目标受众的偏好赋能特步与《这！就是街舞》联名产品的研发，为目标人群量身定制个性化产品，并配合综艺节奏持续上新 IP 新品，助推综艺粉丝向品牌粉丝的转化，打破了传统“货找人”的营销思路，开启了“人找货”的全新销售链路。最后，在实时效果评估方面，实时的数据分析为效果评估提供了支撑，《这！就是街舞》在优酷平台的特步广告点击人群达数百万，“6.18 大促”期间，特步品牌 18—24 岁年轻消费者增长超千万，潮流人群占比提升超 100%，《这！就是街舞》粉丝受众贡献销售额近千万。

三、面向新媒体应用的大数据处理流程

面向新媒体应用，大数据处理的流程大致可划分为四个阶段（如图 1-2），分别是数据采集、数据预处理、数据分析与挖掘、数据解释。其中，数据采集和数据预处理负责准备工作，数据分析与挖掘是整个流程的核心，数据解释则服务于前者，是帮助受众理解数据分析与挖掘结果的必要途径。

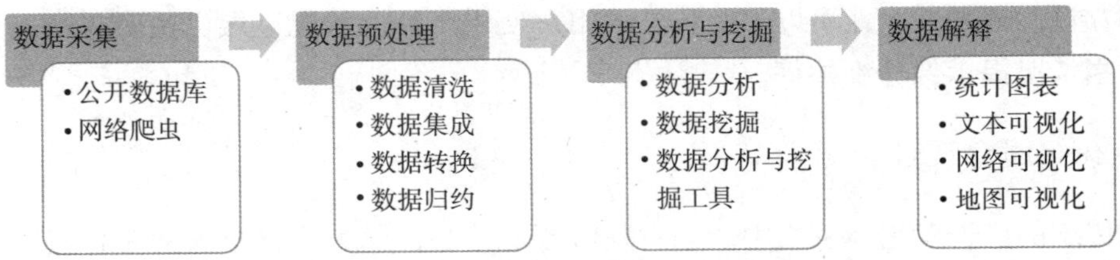

图 1-2　面向新媒体应用的大数据处理流程

（一）数据采集

正如大数据被誉为数字经济时代的“石油”，数据即面向新媒体应用，通过大数据技术处理的“原料”，是后续工作开展的基础。除新媒体机构拥有的自有数据外，不论是对新媒体从业者还是研究人员而言，数据采集（Data Collection）都是大数据处理的首要步骤。规模庞大是大数据的最典型特点，海量的数据显然无法仅仅依靠人工采集。目前，面向新媒体应用的数据采集途径主要包括两种。

1. 公开数据库（Open Datasets）

公开数据库是指由政府、国际组织、非营利机构、企业等面向全社会提供服务的信息资源库。这些数据库中存储的数据往往与其主办单位的性质有关。例如，“国家数据”（data. stats. gov. cn）作为中国国家统计局的官方数据门户，提供了关于我国的月度、季度、年度数据以及普查、地区、部门、国际数据。“世界银行公开数据”（data. worldbank. org. cn）提供了世界各国的发展数据，涉及健康、城市与农村发展、基础设施、教育、环境等众多方面。一般而言，政府、国际组织和非营利机构等主办的数据库大多免费向公众开放，用户通过注册账号、申请权限等方式即可访问并下载所需资源；而企业主办的数据库，考虑其营利性质往往需付费访问或下载数据。

总体而言，公开数据库具有采集容易、数据准确度高、数据质量有保障等优点，但其也在一定程度上存在着数据范围小、微观数据少、自主定制程度低、信息匹配程度弱等缺陷①。

2. 网络爬虫（Web Crawler）

网络爬虫又称网络蜘蛛（Web Spider），是一种按照一定规则自动下载网页的计算机程序或自动化脚本②。根据不同的使用场景，网络爬虫可以分为通用爬虫和专用爬虫。通用爬虫作为搜索引擎的重要组成部分，其主要工作是无特定目标地遍历互联网链接，通过抓取海量网页内容为搜索引擎建立索引提供支持；专用爬虫则为爬取特定主题或范围的网页而设计，用于采集互联网上的特定内容。

---

①马晓悦，刘蒙阙．新媒体数据分析及应用：微课版［M］．北京：人民邮电出版社，2021：9.
②徐健．计算传播学与网络爬虫［M］．北京：科学出版社，2021：9.

常用的网络爬虫工具包括 Python、R 等编程语言和“八爪鱼采集器”“集搜客”等第三方交互式网络爬虫。基于编程语言的网络爬虫具有采集效率高、设计自由度高、处理复杂数据能力强、应对反爬虫机制能力强等优点，但其缺陷也显而易见，即需要用户具有较强的编程能力，对使用者要求较高。第三方交互式网络爬虫是软件公司根据爬虫原理设计的自动化数据采集软件，虽然其在数据的自由定制、采集效率等方面难以媲美编程语言，但其用交互式操作与可视化图标取代了枯燥晦涩的代码，具有“所见即所得”、简单、易操作的优点，即使没有任何编程基础的用户也能够快速掌握。

（二）数据预处理

通过数据采集，特别是网络爬虫获取的数据有时就像未经处理的“原油”，混含着各种“杂质”，无法满足使用标准。因此，就像原油需要被加工提炼后才能应用于生产生活，采集到的数据必须进行预处理后才能分析和挖掘大数据。数据预处理（Data Preprocessing）是指在数据分析和挖掘之前，为使待分析的数据在质量和规范上（完整性、准确性、一致性、可用性等）满足标准，而对采集到的原始数据进行清洗、集成、转换、归约等一系列操作的数据处理工作①。

1. 数据清洗（Data Cleaning）

数据清洗包括对缺失数据的填充、噪声数据的识别、不一致数据的检测与纠正、数据过滤与修正等，有利于提高大数据的一致性、准确性、真实性和可用性。

2. 数据集成（Data Integration）

数据集成是将多个数据源的数据进行集成，从而形成集中、统一的数据库、数据立方体等，这一过程有利于减少数据冗余，提高大数据的完整性、一致性、安全性和可用性。

3. 数据转换（Data Transformation）

数据转换是将数据或信息从一种格式转换为另一种格式的过程，也包括根据数据分析的需要，按照一定规则对原有变量的取值做出变换，或在原有变量的基础上计算生成一系列包含更丰富信息的新变量。数据转换有利于提高大数据的一致性和可用性。

4. 数据归约（Data Reduction）

数据归约是在不损害分析结果准确性的前提下降低数据集规模，使之简化，这一过程有助于提高大数据的价值密度，提升数据的可用性。

需要提到的是，数据预处理往往会耗费大量的时间和精力。IT 众包公司 CrowdFlower

---

①莫祖英．大数据处理流程中的数据质量影响分析［J］．现代情报，2017，37（3）：69-72，115.

曾针对数据科学家进行了一项调查，结果显示60%以上的数据科学家都将大部分时间花费在了数据清洗和数据集成等预处理工作上。《纽约时报》通过采访和专家估计也指出数据科学家约将50%—80%的时间花在了数据收集和预处理上。然而，尽管数据预处理需要花费大量的时间和精力，它仍然是必不可少的，它作为数据分析挖掘的基础直接影响到结果的价值和准确性。因此，《纽约时报》也将数据预处理比作“看门人工作”。

（三）数据分析与挖掘

数据分析与挖掘是整个大数据处理流程的核心环节，也是我们面向新媒体应用，从数据中洞察世界、提炼知识进而获得价值的关键所在。数据分析与数据挖掘有着不同的侧重，数据分析侧重于通过对历史数据的统计、归纳、描述和展示，将数据转化为有用的信息，帮助人们更好地理解数据；而数据挖掘则侧重于运用各种机器学习、数据挖掘算法，从数据中发现潜在的规律、模式和趋势，以支持预测和决策。

1. 数据分析（Data Analysis）

数据分析是指采用适当的统计方法对收集来的大量一手资料、二手资料进行分析，从看似杂乱无章的数据中把隐没的信息集中和提炼出来，以求最大化地开发数据资料的功能，发挥数据的作用①。常见的数据分析方法包括描述统计、参数检验、非参数检验、相关分析、回归分析等。在新媒体内容生产中，数据分析是数据新闻帮助读者从数据中获得洞见的关键；在新媒体营销中，数据分析与数据挖掘相互配合，共同帮助营销人员优化方案、评估效果。

2. 数据挖掘（Data Mining）

数据挖掘又称数据库中的知识发现（Knowledge Discovery in Database，KDD），是指从大量的、不完全的、有噪声的、模糊的、随机的数据中，提取隐含在其中的、人们事先不知道的、但又是潜在有用的信息和知识的过程①。典型的数据挖掘方法包括分类、聚类、关联规则挖掘等。

分类（Classification）算法是一种有监督的机器学习，其通过对已知类别训练集的分析，从中发现分类规则，并以此预测新数据的类别。换句话说，分类算法是将一个未知样本划分到几个已存在类的过程，主要包含两个步骤：（1）根据类别标签已知的训练数据集，训练并构建一个模型，用于描述预定的数据类集或概念集；（2）使用所获得的模型，对将来或未知的对象进行分类②。

聚类（Clustering）算法是按照某种相似性度量将具有相似特征的样本归为一类，使得类内相似度较大，而类间差异性较大。从机器学习的角度来看，聚类所说的类不是事

①张引，陈敏，廖小飞．大数据应用的现状与展望［J］．计算机研究与发展，2013，50（S2）：216-233.

②李玲俐．数据挖掘中分类算法综述［J］．重庆师范大学学报（自然科学版），2011，28（4）：44-47.

先给定的，而是机器根据数据的相似性和距离自动划分出来的，因此它是一种无监督的机器学习方法，聚类算法的目的就是寻找数据中潜在的自然分组结构和感兴趣的关系①。

关联规则（Association Rules）反映了事物之间的相互依赖性和关联性，关联规则挖掘就是将数据资料中产生的高关联性项目组进行收集处理，然后构建起一定的规则。它本质上是根据大量的数据来发现项与项之间存在的有趣而密切的相关关系，典型的例子便是大数据领域耳熟能详的“啤酒与尿布”。具体步骤：根据历史记录准备数据，计算项与项之间支持度、置信度与提升度等主要指数，将满足指标阈值的强关联规则作为有效的关联关系②。

考虑到新媒体平台的突出特点之一是用户在平台上建构了虚拟的社交关系网络，社会网络分析（Social Network Analysis，也称社交网络分析）也被广泛应用于新媒体数据挖掘，用以研究社交网络的结构特性和社交网络中的群体行为与信息传播③。

3. 数据分析与挖掘工具

常见的数据分析工具包括 Excel、SPSS Statistics、Stata、SAS 等。常用的数据挖掘工具有 SPSS Modeler、Weka、KNIME 等。在社会网络分析领域，Gephi 和 UCINET 被广泛应用。此外，Python、R 等编程语言也是开展数据分析与数据挖掘的强大工具。

为使新闻传播及其相关学科的教师、学生与从业者更加快速、便捷地开展新媒体大数据实践，本书将主要选用 SPSS Modeler 和 Gephi 作为大数据分析与挖掘实践环节的主要工具。SPSS Modeler 和 Gephi 均为交互式窗口软件，仅需鼠标点击即可完成计算、分析、挖掘、可视化等大部分工作，不需要任何编程基础，也不涉及任何代码编写，上手难度低，契合新闻传播学的学科特点。对于这两个软件的具体使用方法，本书将在后续章节中做详细说明。

（四）数据解释

不论采用何种工具与方法，大数据分析与挖掘的结果都是为新媒体内容生产和媒体营销等服务的。因此，对于最终受众（例如数据新闻的读者、广告商与广告主）而言，他们最关心的并非大数据分析挖掘的过程，而是对大数据分析挖掘结果的展示与解释。因此，在一个完整的大数据处理流程中，数据结果的解释必不可少，若结果不能得到恰当的展示与解释，则会对受众产生困扰甚至误导。传统的数据解释依赖于数字、文本与表格，但随着数据量加大，数据分析与挖掘的结果往往也越复杂，用传统的数据解释方法已经越来越不能满足人们的需求。因此，为了提升数据展示与解释的效果，数据可视

---

①周涛，陆惠玲．数据挖掘中聚类算法研究进展［J］．计算机工程与应用，2012，48（12）：100-111.

②纪文璐，王海龙，苏贵斌等．基于关联规则算法的推荐方法研究综述［J］．计算机工程与应用，2020，56（22）：33-41.

③方滨兴，贾焰，韩毅．社交网络分析核心科学问题、研究现状及未来展望［J］．中国科学院院刊，2015，30（2）：187-199.

化成了解释大数据的最有效方式①。

可视化（Visualization）技术是利用计算机图形学和图像处理技术，将数据转换成图形或图像在屏幕上显示出来，并进行交互处理的理论、方法和技术。相应的，数据可视化（Data Visualization）是指将大型数据集中的数据以图形或图像形式表示，并利用数据分析和开发工具发现其中未知信息的处理过程②。数据可视化能够更加直观地呈现数据、更为有效地传递信息，从而帮助人们更容易地理解数据，并从中发现潜在的模式和趋势，达到“一图胜千言”的效果。常见的数据可视化方式包括：统计图表、文本可视化、网络可视化、地图可视化等。

1. 统计图表（Statistical Graphs）

统计图表包括散点图、饼图、折线图、柱状图、条形图、气泡图等，是描述数据分布、占比、变化、对比的最常用方式。在数据新闻等应用场景中，象形统计图也被用于进一步提升统计图表的信息传达能力（如图 1-3）。所谓象形统计图，是指利用现象本身的象形画来显示统计数据的图形，它的形象直观，使人一眼就能了解此幅图所表达的是哪些方面的信息。

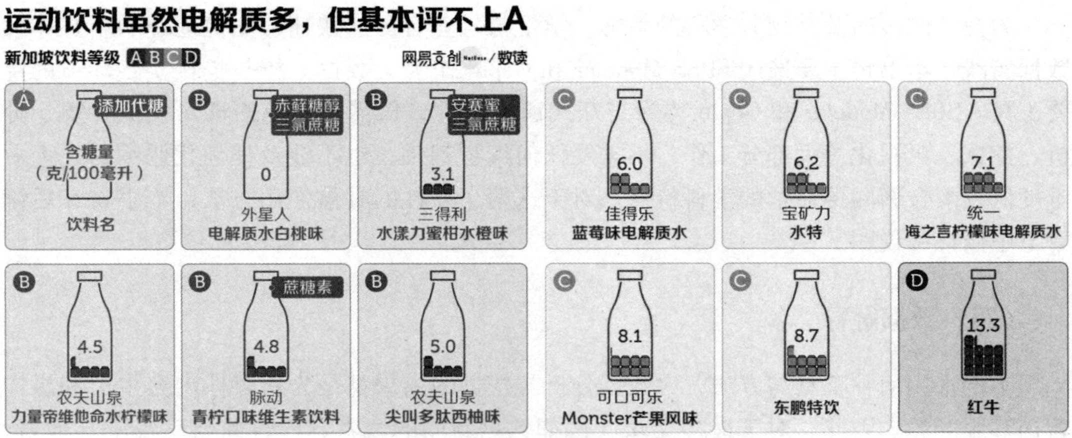

图 1-3　以象形统计图呈现各种运动饮料的含糖量③

2. 文本可视化（Text Visualization）

文本可视化的目的是以丰富的图形或图像揭示以文本为载体的信息内容。文本的可视化技术可以高度概括并且形象地表示文本信息中的核心内容，方便人们快速地理解和吸收文本中的核心思想。文本可视化技术还可以显示出文本中的隐含内容和隐含关系，

①刘智慧，张泉灵．大数据技术研究综述［J］．浙江大学学报（工学版），2014，48（6）：957-972.
②刘勘，周晓峥，周洞汝．数据可视化的研究与发展［J］．计算机工程，2002（8）：1-2，63.
③图片来源：https：//mp. weixin. qq. com/s/uo4ebmxWwwx7WkV01e9fow。

为基于海量文本的知识发现提供更好的支持[①]。词云（Word Cloud）是文本可视化的典型代表（如图 1-4）。词云是一种对文本进行总结概括的可视化方法，通过从文本中提取关键词并将其按不同大小在二维空间中排布，展示了文本中的主要内容。通常，词云中的关键词大小由词在文中出现的频率决定，直观地反映了不同词汇的重要程度[②]。词云因其美学上的优越性以及简洁易懂的特性在新媒体领域得到了非常广泛的应用。

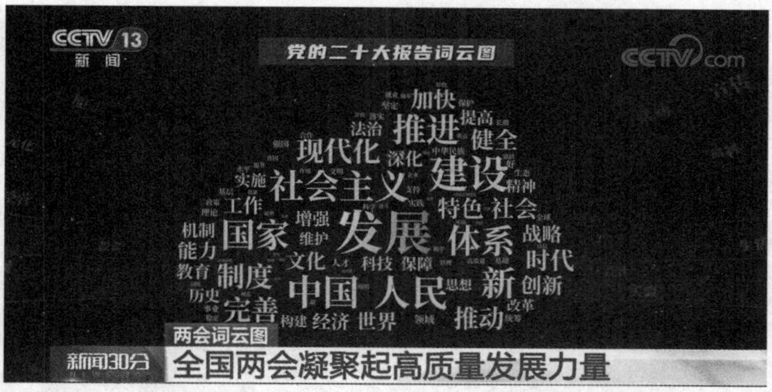

图 1-4　央视新闻制作的党的二十大报告词云图[③]

3. 网络可视化（Network Visualization）

网络可视化技术作为一类重要的数据可视化技术，充分利用人类视觉感知系统，将网络数据以图形化方式展示出来，能够快速直观地解释及概览网络结构数据，从而辅助用户认识网络的内部结构，进而挖掘隐藏在网络内部的有价值的信息[④]。在网络可视化中，一般以节点表示对象（如：新媒体用户），并以节点之间的边表示对象之间的关系（如：新媒体用户之间的好友关系、关注关系等），从而将抽象的网络（如：新媒体社交网络）具象为一个图形化的展示（如图 1-5）。

图 1-5　网络可视化

①赵琦，张智雄，孙坦．文本可视化及其主要技术方法研究［J］．现代图书情报技术，2008（8）：24-30.
②包琛，汪云海．词云可视化综述［J］．计算机辅助设计与图形学学报，2021，33（4）：532-544.
③图片来源：https：//news. cctv. com/2023/03/13/ARTIibz6ZgRsILpEDtVUAVtW230313. shtml。
④孙扬，蒋远翔，赵翔等．网络可视化研究综述［J］．计算机科学，2010，37（2）：12-18，30.

4. 地图可视化（Cartographic Visualization）

地图可视化也称数据地图，它将地理信息与数据相结合，通过将具有地域特征的数据或数据分析的结果形象地展现在地图上，更加直观地展示了数据的空间特征和分布规律，使用户更容易理解数据的规律和趋势，从而发现数据的空间关联和影响（如图 1-6）。

图 1-6 央视新闻以地图可视化呈现春运首日的热门目的地①

思考题

1. 大数据的关键特征有哪些？

2. 大数据技术对新媒体行业的发展产生了哪些影响？除书中所举案例，你是否还能列举出大数据技术在新媒体领域的其他应用？

3. 在大数据处理流程中，各环节之间的关系是怎样的？数据分析与数据挖掘之间有怎样的联系和区别？

①图片来源：https：//tv. cctv. cn/2024/01/26/VIDEDh5f3ATbQMqkgZhNpZeD240126. shtml？ spm = C53156045404. P4HrRJ64VBfu. 0. 0。

数据准备篇

第二章　数据采集

本章概述

在面向新媒体应用的大数据处理流程中，数据采集作为第一个环节，是后续工作得以开展的基础。本章将首先介绍公开数据库和网络爬虫两种数据采集方法，其次重点围绕第三方交互式网络爬虫“八爪鱼采集器”的使用方法展开介绍，包括模板采集、智能采集与自定义采集，最后以豆瓣电影Top250详情页数据的采集为案例与读者一同展开实践。

教学目标

1. 了解新媒体领域常用的公开数据库。
2. 了解网络爬虫的工作原理与基本步骤，明确网络爬虫的使用风险与注意事项。
3. 掌握网络爬虫工具“八爪鱼采集器”的使用方法，能熟练使用该工具爬取数据。

学习建议

勤于实践有助于掌握本章内容，建议逐一访问本章介绍的公开数据库，探索其覆盖的数据维度，了解不同数据库的使用方法。除跟随本章案例学习“八爪鱼采集器”的使用方法外，建议自选其他网页作为采集对象，加强对该数据采集工具的灵活运用。对数据采集过程中遇到的问题，若本章没有提及，可参考“八爪鱼采集器”官网的“帮助中心”。

一、公开数据库

公开数据库是指由政府、国际组织、非营利机构、企业等面向全社会提供服务的信息资源库。这些资源库中的信息往往与该数据库的主办单位相关。常见的公开数据库类型包括：政府及其下属机构的公开数据库、国际组织数据库、商业数据库。一般而言，政府、国际组织和非营利机构等主办的数据库大多免费向公众开放，用户通过注册账号、申请权限等方式即可访问并下载所需资源；而企业主办的数据库，考虑其营利性质往往需付费访问或下载数据。

总体而言，公开数据库具有采集容易、数据准确度高、数据质量有保障等优点，但也在一定程度上存在着数据范围小、微观数据少、自主定制程度低、信息匹配程度弱等缺陷。用户可根据数据分析与挖掘的实际需求决定是否将公开数据库作为其数据采集的主要来源。一般而言，数据新闻由于常关注宏观社会现象，强调数据的真实性、客观性、权威性和可靠性，因此常将公开数据库作为数据采集的重要来源（如图 2-1）。

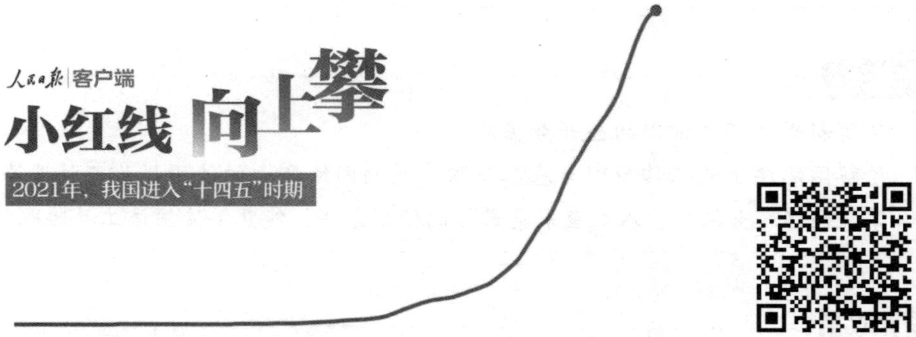

图 2-1　利用公开数据库制作的数据新闻案例

（一）政府及其下属机构的公开数据库

一般以 gov 为一级或二级域名注册的网站主要是各国政府及其相关部门依据信息公开有关的法律法规建立的政府官方网站，用于发布各类政策信息、政治动态信息、宏观经济信息等，是最为权威的数据来源①。根据《中华人民共和国政府信息公开条例》和《国务院关于加强数字政府建设的指导意见》等文件精神，我国在国家和地方层面相继建立了官方数据门户和数据开放平台。相关制度与平台的建立不仅推动了各领域公共信息资源向全社会开放，还以信息化、数字化方式提升了我国的国家治理现代化水平。常用的政府公开数据库包括中国国家统计局的官方数据门户和各级地方政府的数据开放平台。

①方洁．数据新闻概论：操作理念原理解析［M］．北京：中国人民大学出版社，2015：75.

• “国家数据”（data. stats. gov. cn）平台是中国国家统计局的官方数据门户，提供了我国各类月度、季度、年度数据以及普查数据、地区数据和国际数据。月度数据主要有居民消费价格指数（CPI）、工业生产价格指数（PPI）、商品零售价格指数、规模以上工业生产、固定资产投资、房地产开发投资、社会消费品零售总额、对外经济贸易、交通运输、邮电通信、采购经理指数（PMI）、财政、金融等。季度数据主要有国内生产总值、农业、工业、建筑业、城镇居民收入与支出、农村居民收入与支出、固定资产价格指数、农产品生产价格指数等。年度数据包括综合、国内生产总值、人口、就业人员和工资等 27 个领域的数据。普查数据包括全国人口普查、经济普查、农业普查、工业普查等数据。地区数据涵盖了全国 31 个省（区、市）以及部分城市主要经济指标。国际数据提供了世界众多国家国内生产总值等主要指标的月度及年度数据。此外，平台还提供了文件输出、制表、绘图、指标解释、表格转置、可视化图表、数据地理信息系统等多种功能。

• 北京市公共数据开放平台（data. beijing. gov. cn）提供了北京市政务部门可开放的各类数据的下载与服务。目前，平台已覆盖单位 115 个，开放数据集达 18，000 余个，开放数据量超 71 亿条。

• 上海市公共数据开放平台（data. sh. gov. cn）向社会提供上海市各类政府数据资源的浏览、查询、下载等服务。目前，平台已开放 51 个数据部门、135 个数据开放机构、5000 余个数据集和超 20 亿条数据。

• 江苏政务服务（data. jszwfw. gov. cn：8118）平台致力于提供江苏省各类公共开放数据的下载与服务。目前，平台覆盖的数据目录总量达 722 个，省级数据总量超 1. 69 亿条。

除了上述政府数据门户，还有许多数据散见于中央各部门机构、国务院各部委及其直属机构、地方政府机关及其下属机构的网站中。这些不同级别的网站都提供了相应领域的数据资源，例如：

• 中华人民共和国生态环境部（www. mee. gov. cn/hjzl）提供了生态环境、环境噪声污染防治、水环境质量、大气环境质量等数据。

• 国家气象科学数据中心（data. cma. cn）提供了气象预警、平均气温、登录台风数据、降水量、日照时数、温室气体排放量等数据。

• 中华人民共和国交通运输部（www. mot. gov. cn/shuju）提供了公路运输、水运、港口货物吞吐量数据、公路客运量、水运客运量、铁路运输数据等。

• 中国人民银行（www. pbc. gov. cn）提供了社会融资规模、货币统计、金融业机构资产负债统计、金融机构信贷收支统计、金融市场统计等数据。

• 中国裁判文书网（wenshu. court. gov. cn）是最高人民法院设立的官方网站，用于公布各级人民法院的生效裁判文书。

（二）国际组织数据库

国际组织是指具有国际性行为特征，由两个以上国家政府或其他行为体，为实现共同目的，以一定的协议形式设立的非营利机构，旨在通过成员间的合作实现共同目标。据国际协会联盟统计，2020 年各类国际组织总数已超过 73，000 个，遍布世界 200 多个国家和地区。中国不仅加入了许多国际组织，而且近年来，通过积极参与全球治理体制建设，中国在联合国、二十国集团、亚太经合组织、上海合作组织等国际组织中的影响力大幅提升。许多国际组织都主办了开放数据库，提供了丰富的全球和地区数据，十分适合被用来进行全球或跨国家、地区的比较研究。

- 联合国数据库（data. un. org）向全球用户提供免费的数据服务，用户可以搜索和下载由联合国统计系统和其他国际组织编制的各种统计资源，数据库中有超6000 万条记录，涵盖了广泛的统计主题，包括农业、犯罪、通信、发展援助、教育、能源、环境、金融、性别、卫生、劳动力市场、制造业、国民经济核算、人口和移徙、科学和技术、旅游、运输和贸易等方方面面。
- 世界银行公开数据（data. worldbank. org. cn）提供了全球 200 多个国家和地区的发展数据，包括经济、人口、环境、贸易等众多领域的7000 多个指标。世界银行的发展数据来自多个不同渠道，包括世行的 185 个成员国和 30 多个国际机构、私营企业和民间组织合作伙伴，其一直是全球公认的具有权威性的研究和政策制定工具。
- 世界贸易组织统计门户（stats. wto. org）包含与世贸组织问题有关的统计指标，可用的时间序列包括商品贸易和服务贸易统计数据（年度、季度和月度）、市场准入指标（约束关税、适用关税和优惠关税）、非关税信息以及其他指标。
- 国际货币基金组织（data. imf. org）主要提供国际货币基金组织各成员的宏观经济数据，包括汇率、基金、国际清偿能力、储备金、货币和银行账户、利率、商品价格、产品、政府财政、劳力、国民核算、进出口、人口、政府财政、国际收支等方面的统计数据。

（三）商业数据库

如今，数据已作为重要的生产要素渗透到各行各业，这也催生了大量围绕数据资源开展经济活动的企业，创建了大量面向不同行业和垂直领域的商业数据库。

例如，天眼查（www. tianyancha. com）、企查查（www. qcc. com）等商业查询平台通过整合和挖掘公开数据，以可视化形式为用户提供了包括公司背景、司法风险、经营风险、公司发展、经营状况、知识产权、历史信息等在内的多维度商业信息，并在此基础上衍生出关系挖掘、信用报告、财务简析、司法解析等服务。

二、网络爬虫

网络爬虫又称网络蜘蛛（Web Spider），是按照一定规则自动下载网页的计算机程序或自动化脚本，它通过统一资源定位符 URL（Uniform Resource Locator）来查找目标网页，将用户所关注的数据内容直接返回给用户并保存在本地，并不需要用户以浏览网页的形式来获取信息，不仅为用户节省了时间和精力，还提高了数据采集的准确度和定制化水平，使得用户能够在海量的数据中游刃有余。形象地说，如果我们把互联网比作一张巨大的蜘蛛网，数据便存放于蜘蛛网中的各个节点上，而网络爬虫就像一只不知疲倦的小蜘蛛，按照一定规则自动沿着蜘蛛网抓取猎物（即数据）。

（一）网络爬虫工作原理

网络爬虫抓取数据的过程可以理解为模拟在浏览器浏览页面的过程。

例如，在浏览器地址栏输入 URL（http：//www. baidu. com），按下回车键后会在浏览器中显示百度首页，这段网络访问过程可概括为以下三个步骤（如图 2-2）：

第一步，浏览器根据 URL（http：//www. baidu. com）向对应的 Web 服务器发送 HTTP 请求；

第二步，Web 服务器响应请求，返回 HTML 页面；

第三步，浏览器解析 HTML 文档，并将网页内容通过文字、图片等形式显示出来。

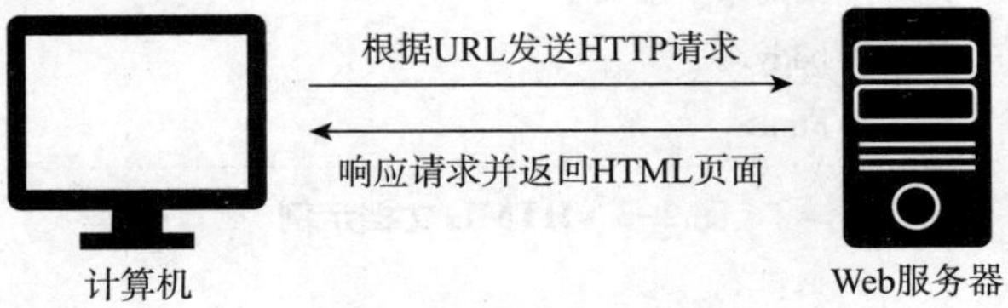

图 2-2　浏览器浏览页面的过程

以上过程涉及 URL、HTTP 和 HTML 等计算机网络基础概念，为便于读者理解，作如下简要说明。

URL 也称统一资源定位符，是互联网上资源位置的唯一标识符，通过 URL 可以访问和定位互联网上的各种资源。URL 通常由协议类型（如 http、https 等）、主机名、端口号（可选）、路径和文件名等组成。例如，在“http：//www. example. com/index. html”这个 URL 中，协议类型是“http”，主机名是“www. example. com”，路径是“/index”，文件名是“. html”。该 URL 指向名为“index. html”的网页文件，该文件位于主机名为“www. example. com”的服务器上。

HTTP（Hyper Text Transfer Protocol）也称超文本传输协议，是一种用于分布式、协作式和超媒体信息系统的应用层协议。HTTP 是互联网上应用最广泛的协议之一，它负责在客户端和服务器之间传输数据，指定了客户端可能发送给服务器什么样的消息以及得到什么样的响应，从而实现客户端与服务器之间的通信。

HTML（Hyper Text Markup Language）也称超文本标记语言，是一种用于创建网页内容的标记语言，允许网页制作人建立文本与图片相结合的复杂页面，是构建网站的基石。值得注意的是，HTML 是一种标记语言而非程序语言，使用特定的符号（称为 HTML 标签）来指示网页中的文本、图像、链接和列表等元素，因此 HTML 实际上是一种结构的描述，浏览器通过读取这种结构从而展示出各种页面效果。HTML 标签是由尖括号包围的关键词（如<html>），并且 HTML 标签总是成对出现的（如<html></html>）。HTML 文档是一个层级递进的树状结构，至少包含头部、标题、主体三个部分，图 2-3 是一个 HTML 页面必须有的标记。其中，网页的所有内容都在<html></html>标签之内；头部信息在<head></head>内，其不会直接显示在页面中；<title></title>中设置的是页面的标题，且<title>只能放在<head>里；<body></body>是页面的主体，网页显示的大部分内容在这里定义。在 HTML 网页中，不同的标签定义了不同的内容，这就使得定位和获取网页中的独立元素成为可能。

```
<html>
<head>
  <title>我的第一个网页</title>
</head>
<body>
  我的第一段文本
</body>
</html>
```

图 2-3　HTML 文档示例

在了解了浏览器浏览网页的基本原理后，网络爬虫的原理就很好理解了。类比于浏览器需要用户在地址栏输入网址并按下回车，网络爬虫也需要确定要访问的数据源，即目标网页的 URL。浏览器会向服务器发送 HTTP 请求，同样地，网络爬虫也需要向服务器发送 HTTP 请求以获取目标网页的内容。当浏览器接收到服务器返回的 HTML 页面后，会对其进行解析和渲染，以文字、图片等形式展示给用户，同样网络爬虫在接收到 HTML 文档后，也需要对其进行解析，不过在这一步，网络爬虫不再将解析后的内容展示给用户，而是根据用户需要，将解析、提取后的数据存储到本地或数据库中，以便后续的处理和分析。

（二）网络爬虫采集数据的基本步骤

使用网络爬虫采集数据大致包括以下五个步骤：

1. 确定要采集的数据内容

数据采集是为数据分析和挖掘所服务的，只有明确数据分析和挖掘的目标，做到有的放矢地采集相应类型的数据，才能避免时间和人力资源的浪费。

2. 明确可采集的数据源

全网抓取数据对技术和服务器都提出了很高的要求，在现实中不具有可操作性，因此在数据采集前，必须清晰地定位需要抓取数据的具体网站，否则会事倍功半。例如，当进行舆情分析与挖掘时，微博、贴吧、抖音、小红书等社交媒体均是可供选取的数据源，但由于上述社交媒体在用户圈层、内容形式和传播方式等方面均存在差异，因此还须结合具体分析目标选择最适合的数据源。

3. 对数据源进行解析并确定目标内容所在位置

这一步需要了解数据源的基本结构，分析网页源代码中是否包含需要抓取的内容，我们能否找到它在网页结构中所处的位置和节点。例如，当我们想要从电商平台采集商品的名称、价格、库存等信息时，我们需要通过对商品详情页 HTML 代码的分析，找到包含商品名称、价格和库存信息的 HTML 标签和属性。比如商品名称可能包含在<h1>标签中，商品价格可能包含在<span>标签中，而库存信息可能包含在<p>标签中。那么，我们就可以通过提取这些标签中的内容来获取商品的名称、价格和库存信息。

4. 根据目标内容所在位置进行相应的采集操作

若数据源提供 API 接口，则优先利用 API 调用相关数据，如本章第一节所提及的世界银行开放数据平台就提供了 API 接口，因此查找相应数据优先使用该平台。这种方式通常效率高、数据准确，但可能受到访问频率和数据访问量的限制。如果数据源没有提供任何的 API 接口，或者 API 无法满足需求，则可以使用网络爬虫模拟浏览器访问数据源，从网页源代码中解析出所需数据。

5. 储存数据

这一步需要解决的问题是将数据以何种格式储存于什么位置，需要综合考虑数据形式、数据量、未来数据更新和查找的需求等多种因素。常见的数据格式有文本文件（如 TXT、CSV）、电子表格（如 Excel）、数据库（如 MySQL、PostgreSQL）等，其中，文本文件适合采用逗号、制表符或其他分隔符储存结构化数据，电子表格适合储存表格数据，而数据库则更适合大规模、复杂的数据存储和处理。常见的数据储存位置有本地计算机、云存储服务（如阿里云、腾讯云）、网络服务器等。本地计算机储存数据方便快捷，但数据容量有限；云存储服务数据容量大、可扩展，但可能受网络速度和访问限制影响；网络服务器则适合大规模、高并发的数据访问。

（三）网络爬虫的使用风险与注意事项

《中华人民共和国数据安全法》第八条指出：开展数据处理活动，应当遵守法律、法规，尊重社会公德和伦理，遵守商业道德和职业道德，诚实守信，履行数据安全保护义务，承担社会责任，不得危害国家安全、公共利益，不得损害个人、组织的合法权益。网络爬虫作为中立的技术本身不具有合法性争议，但当其被恶意使用时，就会对网络数据的安全造成影响，乃至引发犯罪。

首先，网络爬虫本身的特点决定了它必定会在短时间内频繁、大量地访问某一网站以获取数据，进而给网站服务器造成巨大压力。而随着技术的迭代更新，网络爬虫的数据获取速度不断提升，随之而来的就是单位时间内对网站服务器的访问量水涨船高，进而造成类似 DDoS（Distributed Denial of Service，分布式拒绝服务）的后果，干扰被访问网站或系统的正常运行，对计算机信息系统与网络安全造成威胁。在法律责任方面，如果爬虫程序干扰了被访问的网站或系统的正常运营，根据《中华人民共和国刑法》第二百八十六条，违反国家规定，对计算机信息系统功能进行删除、修改、增加、干扰，造成计算机信息系统不能正常运行，后果严重的行为，将构成“破坏计算机信息系统罪”。

其次，访问数据是网络爬虫的行为起点，也是其价值本源，一些企业或个人为了经济利益或其他特殊目的，会想方设法让网络爬虫突破道德规则与技术障碍（网站“反爬虫”措施），爬取未经授权或超过授权范围的数据，这可能会带来侵犯公民个人信息、著作产权和构成不正当竞争等风险。例如 2018 年 2 月至 4 月，马某通过编写爬虫程序，窃取手机应用及网站的用户信息约 20 万条，后通过微信出售给他人非法获利共计 2.4 万元，这种行为就构成了侵犯公民个人信息罪。公民个人信息被泄露，不仅会对个人造成严重的隐私侵犯，不法分子还可能利用这些信息进行身份伪造、金融诈骗、盗窃等违法犯罪活动。此外，还有一些恶意网络爬虫在数据爬取过程中，未经版权方的许可，非法下载、复制或传播文字、图片和视频等内容，并以此获利。例如段某建立的“窝窝电影”网站从 2013 年开始，利用爬虫技术对多家视频网站的 500 余部影视作品设置了加框链接，吸引用户点击播放，并赚取广告费 100 余万元，这种行为就触犯了著作权法。此外，百度公司因使用网络爬虫技术从“大众点评”App 抓取点评信息，并大量、全文使用该信息用于充实自己的经营内容，被上海知识产权法院认定为构成不正当竞争，该事件还在 2016 年中国互联网法治大会上被列为“影响中国互联网法治进程十大案例”之一。

因此，在使用网络爬虫时，为尽可能避免出现道德与法律风险，应遵循一系列的注意事项。首先，为了减少对网站服务器的影响，网络爬虫应该设置合理的爬取间隔，避免过于频繁的访问请求对网站造成过大压力，影响网站的正常运行。其次，要遵守网站的 Robots 协议。Robots 协议是技术界为了解决爬取方和被爬取方之间通过计算机程序完成关于爬取的意愿沟通而产生的一种机制，用以提示网络爬虫哪些网页可以抓取，哪些网页不应被抓取。此外，在爬取个人信息时，应确保取得相关权利人的合法授权，如果需要爬取公开的个人信息，也要遵循相关法律法规的规定。在获取到个人信息后，还需要进行数据脱敏处理，去除涉及个人隐私的信息，确保不会侵犯他人的隐私权利，同时还应当合理使用这些数据，不得贩卖、泄露给第三方等用于非法用途。最后，对于爬取、使用后不再需要的数据，应当进行永久性删除等妥善处理，避免产生数据泄露的风险。

三、八爪鱼采集器的使用方法

（一）八爪鱼采集器概述

八爪鱼采集器是一款全网通用的网络爬虫工具，能够实现对新闻、电商、社交媒体、搜索引擎等网站上的文字、图片、文档、表格等多种类型数据的采集，其工作界面如图 2-4 所示。其具有高度可视化的特点，用户通过简单的页面点选即可在图形化界面中生成自动化的采集流程，无须编写代码，操作简单，易于学习。

图 2-4　八爪鱼采集器工作界面

八爪鱼采集器的主要功能如下：

1. 模板采集

模板采集模式内置了上百种主流网站数据源，如微博、豆瓣、百度、京东等，用户只要参照模板简单设置网址、关键词、页数等参数，即可快速获取数据。

2. 智能采集

八爪鱼采集器可根据不同网站，智能识别出可被采集的数据项与可执行的点击、翻页等操作，从而提供多种网页采集策略与配套资源，支持用户的自定义配置与组合运用，从而实现整个数据采集过程的自动化。

3. 自定义采集

针对不同用户的采集需求，八爪鱼采集器可提供自动生成爬虫的自定义模式，可准确批量识别各类网页元素，还提供翻页、下拉、ajax、页面滚动、条件判断等多种功能，支持不同网页结构的复杂网站采集，满足多种数据采集场景。

4. 多层级采集

很多主流新闻、电商类网站不仅包含一级资讯（商品）列表页，还包含二级资讯（商品）详情页，以及三级评论详情页面等。不论网站有多少层级，八爪鱼采集器均能满足各类数据采集需求。

5. 登录后采集

八爪鱼采集器内置了采集登录模块，用户只需配置目标网站的账号密码，即可使用该模块采集到登录后的数据。此外，八爪鱼采集器还具备采集 Cookie 自定义功能，用户首次登录以后，可自动记住密码，免去多次输入密码的烦琐。

6. 数据格式化

八爪鱼采集器内置了强大的数据格式化引擎，支持字符串替换、正则表达式替换或匹配、去除空格、添加前缀或后缀、日期时间格式化、HTML 转码等多项功能，用户在数据采集过程中即可得到所需要的数据格式。

7. 定时采集

用户通过几步设置即可实现采集任务的定时控制，不论是单次采集，还是预设某一天或是每周每月的定时采集，用户都可以灵活调配自己的采集任务。

8. 云采集

八爪鱼采集器拥有 5000 多台云服务器以支撑云采集，能实现数据采集任务的不间断运行，提升采集效率，保障数据时效性。不过由于技术服务与运营成本原因，该功能需付费使用。

（二）模板采集

八爪鱼采集器中内置了国内主流网站的采集模板，供用户在采集相关网站时直接调用，节省了制定数据采集任务的时间。但需要注意的是，软件只有内置了规则模板的网站，我们才可以使用模板采集，采集的数据也仅限模板中指定的数据项，若需要采集的网站或数据不在模板列表中，则需要使用智能采集或自定义采集。

使用模板采集的流程大致包含三个步骤，分别是选择模板、设置模板参数、获取数据并导出。此处以从界面新闻网站（www. jiemian. com）采集科技板块的文章为案例，介绍模板采集的流程。

Step 1 选择模板

点击首页左侧工具栏中的“模板”按钮或首页工作台中“热门采集模板”右侧的“更多”按钮（如图 2-4），进入采集模板的展示界面（如图 2-5）。可通过模板类型、搜索模板、筛选条件等多种方法寻找目标模板。在找到目标模板并进入模板详情页（如图 2-6）后，仔细阅读“模板介绍”“采集字段预览”和“采集参数预览”，确认此模板采集到的数据符合需求。需要注意的是，模板中的数据采集字段是固定的，用户无法自行增加字段。

图 2-5　采集模板的展示界面

图 2-6 模板详情页

Step 2 设置模板参数

确定模板符合需求以后，点击“立即使用”按钮，设置模板参数（如图 2-7）。常见的参数有关键词、翻页次数、URL 等。本例中，需在“输入要采集分类的 url”中输入界面新闻科技板块的 URL“https://www.jiemian.com/lists/65.html”；根据需要在“输入翻页次数”中设置参数，即点击网页中“加载更多”按钮的次数；在设置好“任务名称”和“任务组”后，点击“启动采集”按钮；在弹出的采集模式窗口中，选择“本地采集”中的“普通模式”开始采集（如图 2-8）。需要说明的是，“云采集”需付费，“加速模式”仅针对包含循环列表（文本、网址、固定元素）的任务，“设置自动采集”可设置“定时启动”和“自动导出”。

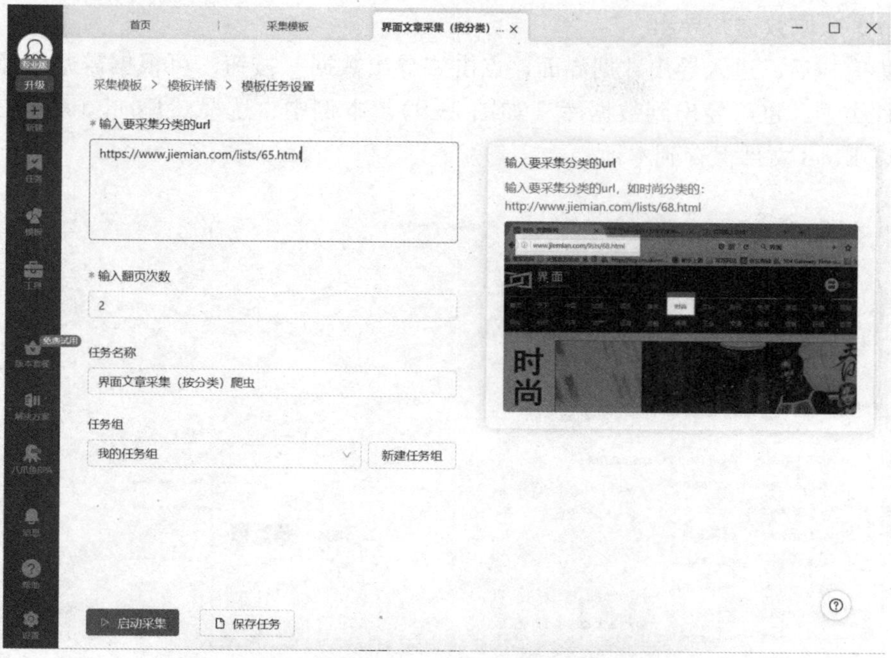

图 2–7　设置模板参数

图 2–8　选择采集模式

Step 3 获取数据并导出

采集完成后，进入导出数据界面，点击“导出数据”按钮，可根据需要选择数据导出的文件类型，也可导出到数据库（如图 2-9）。本例中，选择“Excel（xlsx）”即可将数据以 Excel 文件保存到本地。

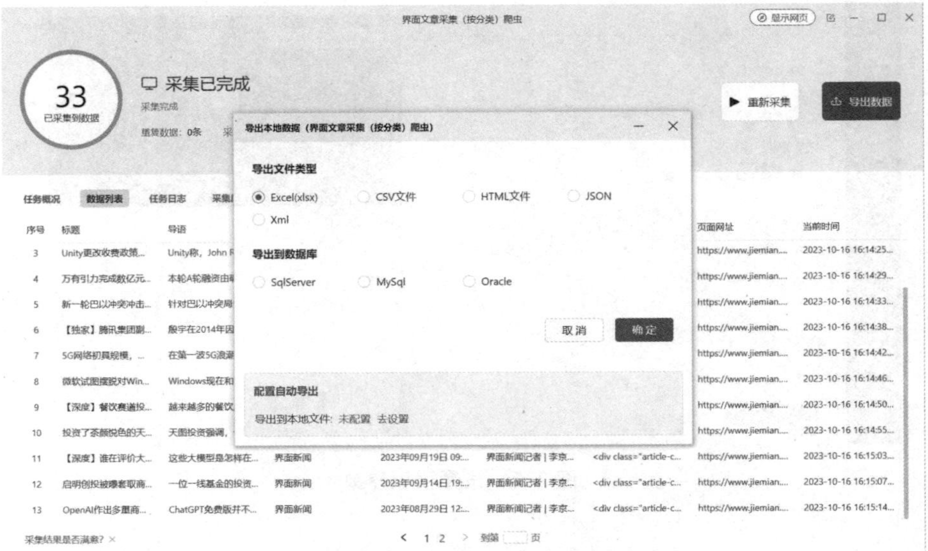

图 2-9　导出数据

（三）智能采集

智能采集是八爪鱼采集器提供的一种方便快捷的采集模式，在该模式下，用户只需在待采集网页中点击“自动识别网页内容”按钮，八爪鱼采集器便能自动识别网页数据。智能采集模式支持自动识别列表型网页数据、滚动和翻页。用户可以对智能识别出的数据字段进行重命名、删除、修改等操作，具有较高的自主性。

使用智能采集模式的流程大致包括四个步骤，分别是输入目标网址、智能识别、生成采集设置、获取数据并导出。此处以采集豆瓣电影 Top250 的电影列表数据为案例，介绍智能采集的流程。

Step 1 输入目标网址

输入目标网址的方式有两种：一是在首页工作台输入框中输入要采集的目标网址 movie. douban. com/top250，点击“开始采集”按钮（如图 2-10）；二是点击左侧工具栏中的“新建”按钮，再点击“自定义任务”打开“新建任务”界面，在网址输入框中输入目标网址 movie. douban. com/top250，点击“保存设置”按钮（如图 2-11），打开待采集的网页。

图 2-10　在首页输入目标网址

图 2-11　新建自定义任务输入目标网址

Step 2　智能识别

打开网页后，默认开启智能识别（如图 2-12），稍等片刻即可识别出该页面可供采集的数据字段。识别过程中，随时可点击“取消识别”或“不再智能识别”。“取消识别”指立即取消本次智能识别，可点击“重新自动识别”再次启动；“不再智能识别”是指关闭默认开启的智能识别功能，可在打开网页后手动点击“自动识别网页内容”开启（如图 2-13），也可在全局设置中再次默认开启。

图 2-12 默认开启智能识别

图 2-13 手动开启智能识别

Step 3 生成采集设置

智能识别成功后，一个网页可能有多组数据，八爪鱼采集器会将所有数据识别出来，然后智能推荐最常用的那组数据（如图 2-14）。如果推荐的不是想要的数据，可点击“切换识别结果”选择其他数据。此外，八爪鱼采集器还会自动识别网页的翻页和滚动，可根据需要勾选“翻页采集”和“滚动加载数据”，并可修改翻页按钮的位置和滚动模式、滚动方式等。最后，点击“生成采集设置”按钮即可自动生成相应的采集流程（如图2–15），方便用户编辑修改。

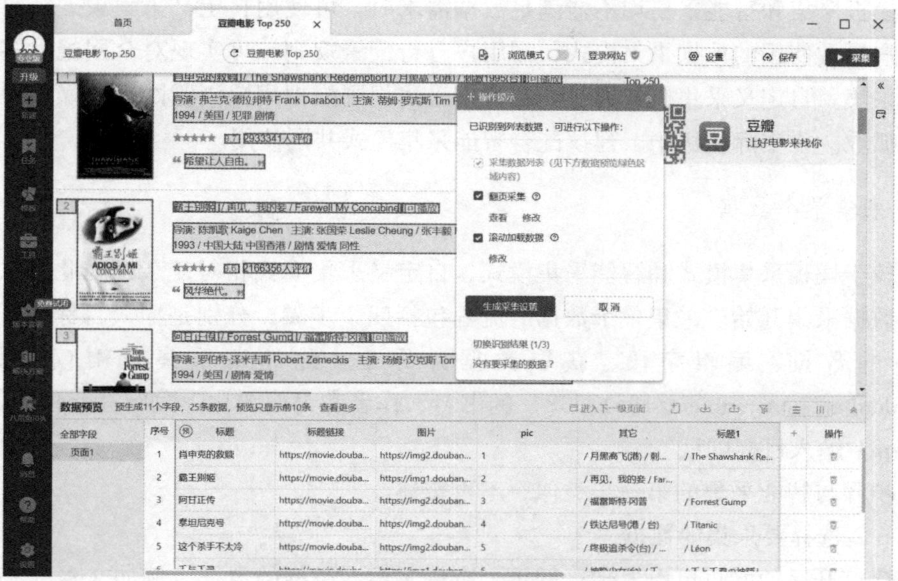

图 2–14　智能识别数据预览

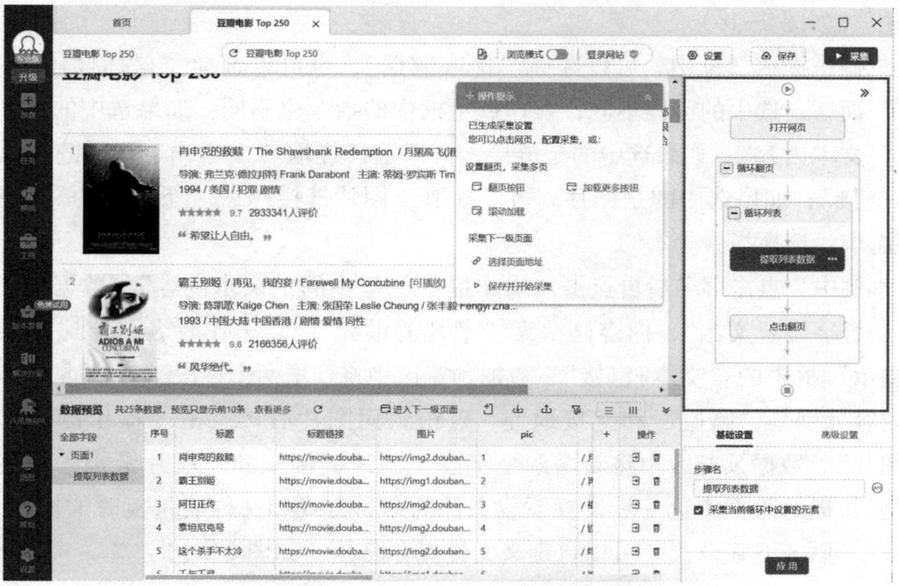

图 2–15　生成采集流程

Step 4 获取数据并导出

点击操作界面右上方的“采集”按钮，选择“本地采集”中的“普通模式”开始采集，完成后以所需格式导出数据即可。

（四）自定义采集

在模板采集和智能采集均不能满足数据需求时，可使用自定义采集模式。自定义采集是用户最常使用的数据采集模式，需用户自行配置规则，可实现对全网绝大多数网页数据的采集。自定义采集模式通过配置数据采集规则模拟用户浏览网页的操作对网页数据进行抓取。在实际使用中，建议配合智能采集模式共同使用。

1. 采集单个数据

相较于模板采集模式和智能采集模式，自定义采集模式相对复杂，因此先从最简单的单个数据采集开始。采集单个数据的流程包括四个步骤，分别是输入目标网址、选择要采集的数据、编辑字段、获取数据并导出。此处以采集豆瓣读书详情页（book. douban. com/subject/10517238）的书名、作者和封面图片为案例进行介绍。

Step 1 输入目标网址

该步骤与智能采集的第一步类似，不再赘述。

Step 2 选择要采集的数据

观察打开后的网页可以发现，网页上有许多不同类型的数据，例如文本（书名等）、链接（作者的超链接等）、图片（书籍封面等）。将鼠标移动到想要采集的数据字段上，点击将其选中。选中后，该数据字段将会被绿色框包围，同时，界面上将会弹出“操作提示”框（如图 2-16）。

在“操作提示”框中，可以选择“提取数据”，也可以选择“鼠标操作”。就“提取数据”而言，选中的字段不同，操作提示框中的指令也不同：如果选中的是文本，可以提取“文本内容”；如果选中的是链接，可以选择提取“文本内容”“链接地址”或“文本+链接”；如果选中的是图片，可以提取“图片链接”或“下载图片”。请注意根据采集需求，选择指令。

在本例中，点击书名后再点击“操作提示”框中的“文本内容”，数据预览区中将新增第一个字段“文本”，内容显示为“平凡的世界”。点击作者名“路遥”后再点击“操作提示”框中的“文本+链接”，数据预览区中将新增两个字段“_ 文本”和“_ 链接”，内容分别是“路遥”和链接地址。点击封面图片后再点击“操作提示”框中的“下载图片”，数据预览区中将新增两个字段“图片链接”和“图片链接_ 保存位置”，可在“操作提示”框中进一步设置下载文件的命名方式和文件名重复时的操作，此外，通过点击“更多下载设置”可以自定义文件保存路径（如图 2-17）。

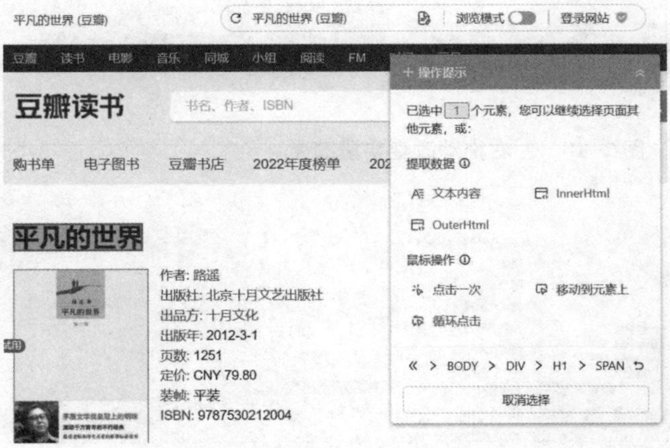

图 2-16 选中后的数据字段将以绿框显示

（扫描二维码查看彩图）

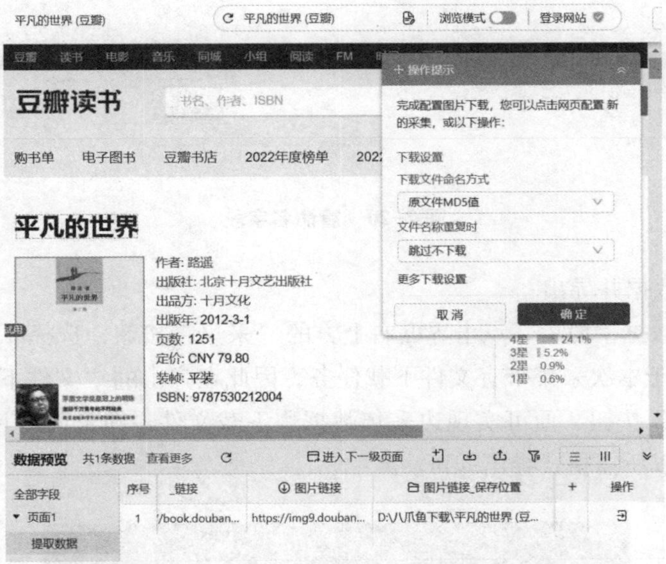

图 2-17 八爪鱼采集器提供图片下载功能

Step 3 编辑字段

在界面下方的数据预览区中，可查看到本次采集提取的所有字段。将鼠标移至字段名称上，可按住左侧的“ ⠿ ”按钮左右拖动改变字段顺序（如图 2-18）。可点击右侧的“ ··· ”按钮进行更多设置，包括复制、删除、格式化数据、元素抓取方式、修改元素定位等（如图 2-19）。还可双击字段名称，对字段重命名。例如在本例中，为使下载后的数据字段名称更加清晰和易于理解，将图 2-17 中的字段名称依次修改为“书名”“作者”“作者链接”“封面图片链接”和“封面图片链接_ 保存位置”（如图 2-20）。

图 2-18　左右拖动改变字段顺序

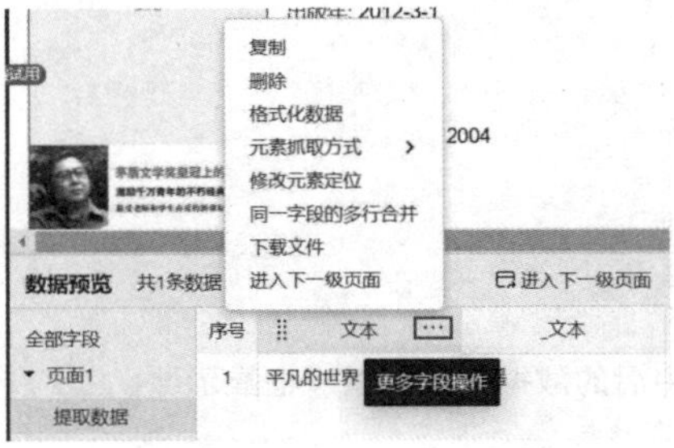

图 2-19　对数据字段进行更多设置

图 2-20　重命名字段

Step 4 获取数据并导出

编辑完所有数据字段后，点击界面右上方的“采集”按钮，选择“本地采集”中的“普通模式”。由于本次采集带有文件下载任务，因此在弹出的“文件下载提示”窗口中点击“下载文件”按钮，便可实现边采集数据边下载文件，即封面图片（如图 2-21）。数据采集完成后以所需格式导出即可。

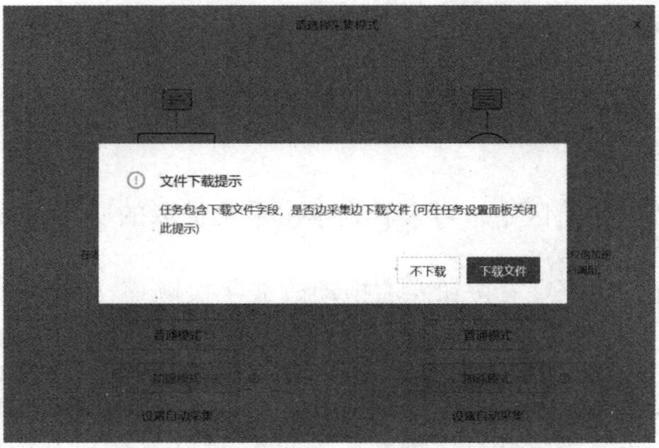

图 2-21　八爪鱼采集器支持边采集数据边下载文件

2. 采集列表数据

列表是最常见的网页样式，网站开发人员通常会将内容相关、结构相似、样式相近的内容使用列表结构进行搭建，例如：新闻网站的资讯列表、电商平台的商品列表等等。现有一个豆瓣图书列表页“book. douban. com/tag/小说”（如图 2-22），网页上有很多结构相同的图书列表，均包含图书标题、出版信息、评分、评价人数、图书简介等。若要将上述列表中的数据按照网页排列顺序保存为结构化数据（如图 2-23），大致包括四个步骤，分别是输入目标网址、建立“循环—提取数据”、编辑字段、获取数据并导出。其中，步骤一、三、四与采集单个数据无异，不再赘述，重点对步骤二进行说明。

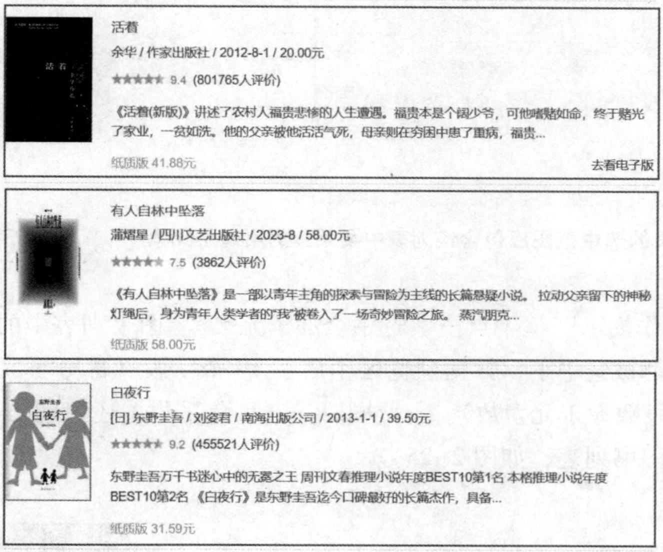

图 2-22　豆瓣图书列表页示例

图书标题	图书链接	出版信息	评分	评分人数	简介
太白金星有点烦	https://book	马伯庸 / 湖南文艺出版社 / 2023-6 /	9.0	(30198人评价)	太白金星李长庚最近有点烦。天
长安的荔枝	https://book	马伯庸 / 湖南文艺出版社 / 2022-10 /	8.5	(142357人评价)	大唐天宝十四年，长安城的小吏
六个说谎的大学生	https://book	[日] 浅仓秋成 / 王星星 / 四川文艺出	7.7	(9373人评价)	★《金色梦乡》作者伊坂幸太郎
她对此感到厌烦	https://book	妳鹤 / 北京联合出版公司 / 2023-4 /	9.1	(7901人评价)	在好友的推荐下，玩家6237486
夜晚的潜水艇	https://book	陈春成 / 上海三联书店 / 2020-9 / 52	8.3	(63364人评价)	★ 《亚洲周刊》2020年度十大
活着	https://book	余华 / 作家出版社 / 2012-8-1 / 20.0	9.4	(801767人评价)	《活着(新版)》讲述了农村人福
有人自林中坠落	https://book	蒲熠星 / 四川文艺出版社 / 2023-8 /	7.5	(3863人评价)	《有人自林中坠落》是一部以青
白夜行	https://book	[日] 东野圭吾 / 刘姿君 / 南海出版公	9.2	(455523人评价)	东野圭吾万千书迷心中的无冕之
明亮的夜晚	https://book	[韩]崔恩荣 / 叶蕾 / 台海出版社 / 20	9.0	(1622人评价)	我有一个愿望，想写一写妈妈或
秋园	https://book	杨本芬 / 北京联合出版公司 / 2020-6	9.0	(88949人评价)	听八旬奶奶讲述她和妈妈的故事
国王的游戏	https://book	大头马 / 北京日报出版社 / 2023-8 /	8.1	(145人评价)	鬼马作家大头马全新小说集 一
一路到夏天：爱与渴望之歌	https://book	[新] 菲奥娜·基德曼 / 蒋慧 / 四川文	8.5	(383人评价)	新西兰女性主义文学领军人物入
当我们不再理解世界	https://book	[智利]本哈明·拉巴图特 / 施杰 / 人民	8.3	(17673人评价)	◆编辑推荐：★二〇二一年国际
怪屋谜案	https://book	[日] 雨穴 / 烨伊 / 台海出版社 / 202	6.9	(2403人评价)	★超越东野圭吾、伊坂幸太郎，
白卷	https://book	法医秦明 / 江苏凤凰文艺出版社 / 202	7.4	(2123人评价)	“我多希望，这是我见到的最后
消失的13级台阶	https://book	[日] 高野和明 / 赵建勋 / 上海文艺出	8.6	(91533人评价)	【内容简介】一对老夫妇惨遭杀
孔雀菩提	https://book	焦典 / 新星出版社 / 2023-8 / 49元	8.1	(444人评价)	内容简介《孔雀菩提》是青年作
装腔启示录	https://book	柳翠虎 / 湖南文艺出版社 / 2021-12 /	7.7	(3508人评价)	【豆瓣阅读第二届长篇拉力赛总
额尔古纳河右岸	https://book	迟子建 / 人民文学出版社 / 2019-6-1	9.1	(25125人评价)	《额尔古纳河右岸》是一部描写
绝叫	https://book	[日] 叶真中显 / 林佩瑾 / 北京联合出	8.9	(91708人评价)	罗翔老师推荐！“这本书深刻地

图 2-23　豆瓣图书列表页的结构化数据示例

Step 2 建立“循环—提取数据”的完整步骤如下：

（1）选中页面上的任意一个图书列表。在选中列表时，应特别注意被选中的范围（鼠标未点击时为蓝色，点击后为绿色）需最大，包括要采集的所有内容。选中后的列表会被绿色框包围起来，同时出现“操作提示”框（如图 2-24）。查看“操作提示”框可以发现，经过刚刚的操作，已选中了 1 个元素组，识别到 7 个子元素，这里的“子元素”就是图书列表中被红色虚线框包围的数据项。

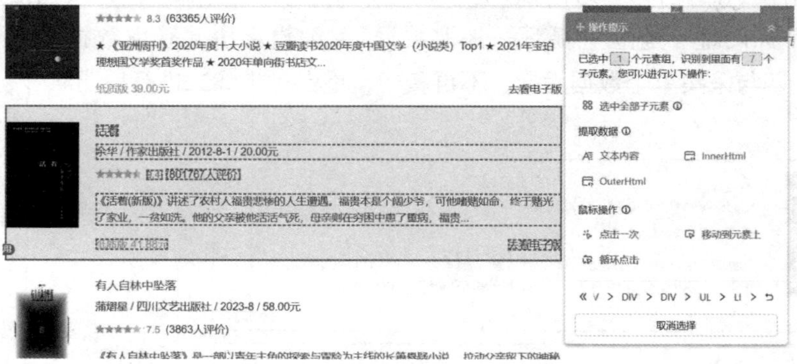

图 2-24 列表的选中范围应包含该列表中要采集的所有子元素　　（扫描二维码查看彩图）

（2）在“操作提示”框中点击“选中全部子元素”。图书列表中的 7 个子元素（即详细数据项）就都被选中了，数据预览区生成了 10 个字段（部分子元素既包含文本也包含链接，故字段数大于元素数）。与此同时，八爪鱼采集器还识别出页面中有 20 个相似的元素组（即图书列表，如图 2-25）。

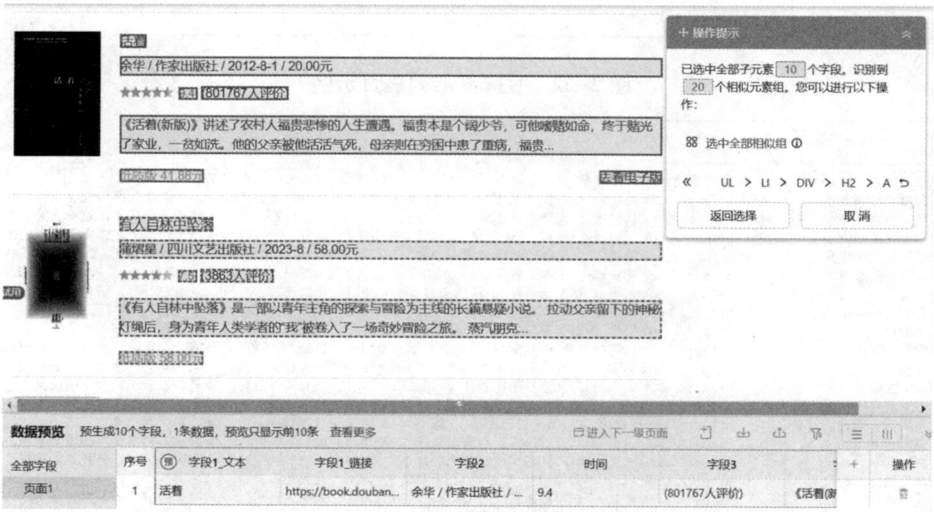

图 2-25 八爪鱼采集器识别出相似的元素组

（3）在“操作提示”框中点击“选中全部相似组”。此时，页面上所有列表的全部子元素都会被选中（如图 2-26）。在数据预览区中，每一个图书列表对应一行，每一个子元素对应一列。

（4）在“操作提示”框中点击“提取数据”下的“元素中数据内容”。此时，八爪鱼采集器会将列表页中的所有数据字段都提取下来。

完成上述四步操作，“循环—提取数据”就创建完成了，可以看到右侧的流程图中自动生成了一个循环步骤（如图 2-27）。需要说明的是，若在第（1）步选中页面上的任意一个图书列表后，“操作提示”框中没有出现第（2）步的“选中全部子元素”，则应继续选择页面上的另一个列表，帮助八爪鱼采集器识别出页面中的所有同类列表，将每个列表作为完整的文本数据项采集到本地后，再拆分各元素。

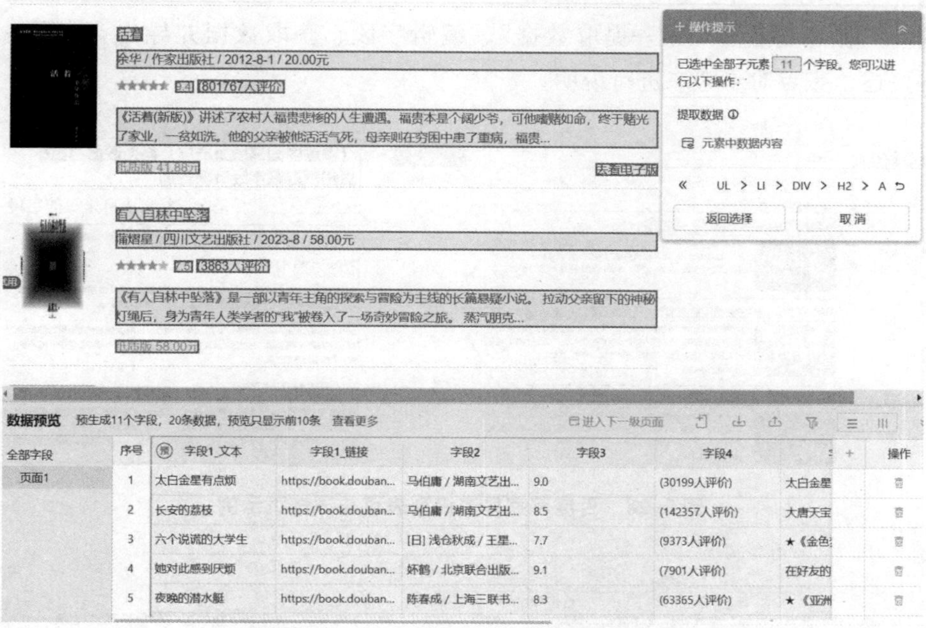

图 2-26 页面上所有列表的全部子元素都被选中

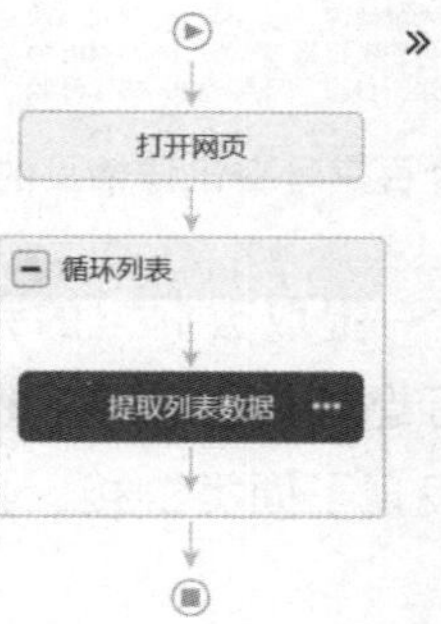

图 2-27 “循环—提取数据”流程图

3. 从列表进入详情页采集数据

许多网站以列表的形式呈现资讯/新闻/商品的标题和链接，仅采集列表数据有时难以满足需求，由列表中的链接进入详情页后才能采集到更为丰富的数据。以百度百家号为例，现有一个百家号资讯列表页面“https：//www. baidu. com/s？ ie = utf-8&medium = 2&rtt = 1&bsst = 1&rsv_ dl = news_ t_ sk&cl = 2&wd = 大数据 &tn = news&rsv_ bp = 1&rsv_ sug3 = 9&rsv_ sug1 = 4&rsv_ sug7 = 100&oq = &rsv_ sug2 = 0&rsv_ btype = t&f = 8&inputT = 5&rsv_ sug4 = 1219”。可以看到，页面上有很多百家号资讯链接，点击每个链接进入详情页后，每个详情页都有资讯标题、百家号 ID、发布时间、正文等字段（如图 2-28）。若要将每个详情页中的数据按照网页排列顺序保存为结构化数据，即一行对应一个资讯详情页，一列对应一个数据字段（如图 2-29），大致包括四个步骤，分别是输入目标网址、建立“循环—点击元素—提取数据”、编辑字段、获取数据并导出。步骤一、三、四不再赘述，重点对步骤二进行说明。

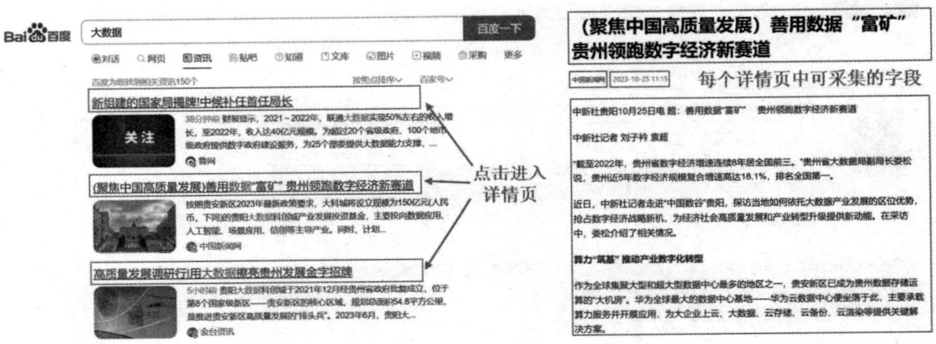

图 2-28 百度百家号资讯列表页与详情页示例

标题	百家号ID	发布时间	正文
新组建的国家局揭牌！中候补任首任局长	鲁网	2023-10-25 14:37	今天上午，今年新组建的国家数据局正式揭牌。
（聚焦中国高质量发展）善用数据“富矿”	中国新闻网	2023-10-25 11:15	中新社贵阳10月25日电 题：善用数据“富矿”
高质量发展调研行丨用大数据擦亮贵州发展	金台资讯	2023-10-25 09:21	“科创城是如何运用大数据服务企业呢？”“科
发挥大数据优势促进精准监督	北青网	2023-10-25 08:28	原标题：发挥大数据优势促进精准监督大数据时
揭秘！报警电话挖出“大数据”	合肥警方	2023-10-25 13:09	什么时段夫妻容易闹矛盾？夏季哪些区域打架斗
天娱数科携手两大合作伙伴打造人工智能算	同花顺财经	2023-10-25 14:37	天娱数科携手两大合作伙伴打造人工智能算力服
数字化转型助推贵州制造业高质量发展丨制	天眼新闻	2023-10-25 14:05	下砂、碎石、搅拌、下料、装车、过磅……走进
高质量发展调研行丨中央媒体点赞贵州大数	天眼新闻	2023-10-24 21:20	【调研地点】贵安新区华为云数据中心、贵阳大
数字经济新视野丨国家信息化专家咨询委员	科创板日报	2023-10-25 10:44	财联社10月25日讯（记者郭松峤）10月25日上午
山西省首个民营大数据企业设立首席数据官	太原日报	2023-10-25 08:02	10月23日，我省首个民营大数据企业山西远大纵

图 2-29 百度百家号资讯详情页的结构化数据示例

Step 2 建立“循环—点击元素—提取数据”的完整步骤如下：

（1）选中页面上的任意一个标题链接。选中后标题链接会被绿色框包围起来，同时出现“操作提示”框，提示我们发现了同类链接，且同类链接会在操作界面中被红色虚线框包围起来（如图 2-30）。

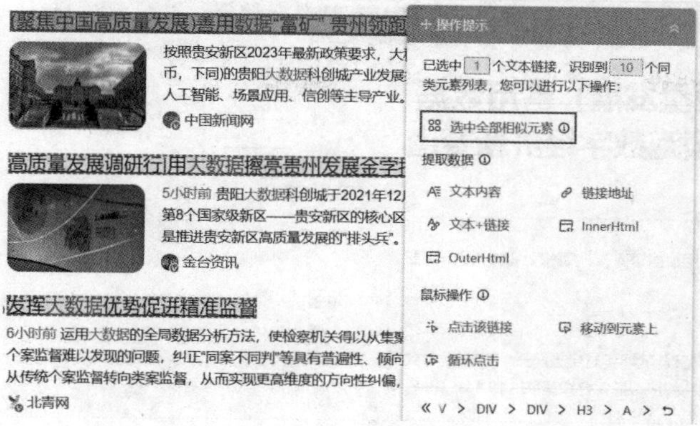

图 2-30　八爪鱼采集器识别出同类链接示例　　（扫描二维码查看彩图）

（2）在“操作提示”框中点击“选中全部相似元素”，可以看到全部标题链接都被选中了，被绿色框包围起来，在“操作提示”框中出现了“提取数据”和“鼠标操作”两类选项（如图 2-31）。因本任务需进入详情页采集数据，故点击“操作提示”框中的“循环点击每个链接”。点击后界面将跳转到第一个链接的详情页。

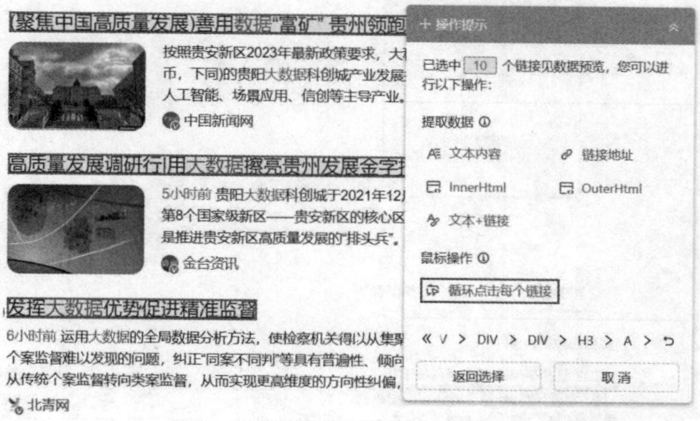

图 2-31　页面上所有标题链接都被选中示例　　（扫描二维码查看彩图）

（3）参照本节采集单个数据的方法提取详情页中的标题、百家号 ID、发布时间、正文字段，提取正文示例如图 2-32。需要说明的是，为保证正文提取的完整性，在提取正文时应使被选中范围覆盖全部正文内容。

经过以上三步，循环列表创建完成，流程图中自动生成了一个循环步骤（如图 2-33）。循环中的项，对应着页面上的所有标题链接。启动采集以后，八爪鱼采集器就会按照循环中的顺序，依次点击每个链接进入详情页，再提取每个详情页中的字段。需要说明的是，若在第（1）步选中页面上的任意一个标题链接后，“操作提示”框中没有出现第（2）步的“选中全部相似元素”，则应继续点击页面上的另一个标题链接，帮助八爪鱼采集器识别出页面中的所有同类链接，进而循环点击每个链接。

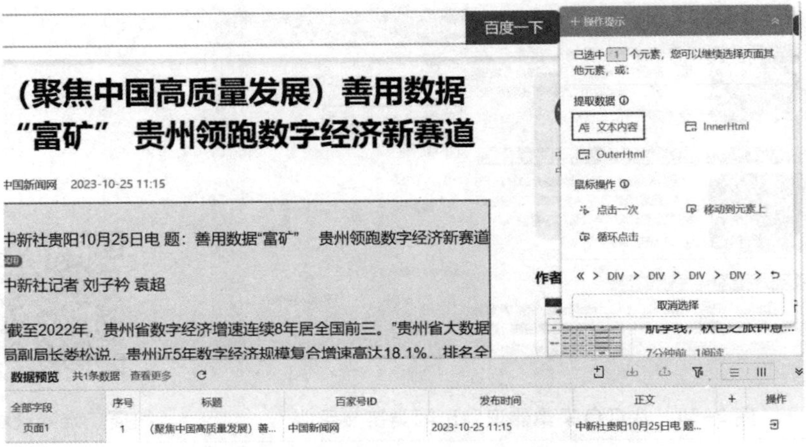

图 2-32 提取详情页正文示例

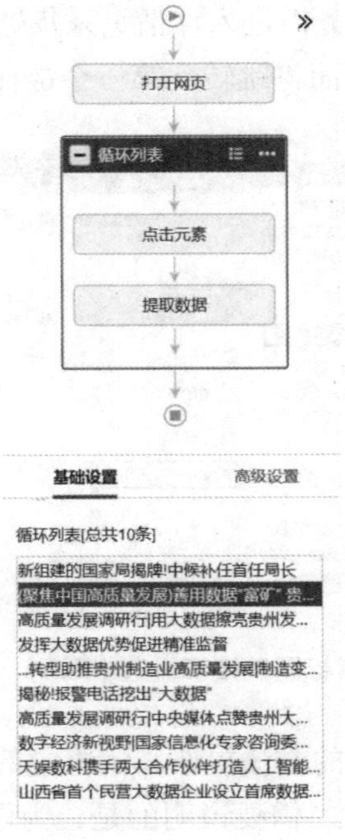

图 2-33 “循环—点击元素—提取数据”流程图

4. 翻页以采集多页数据

在使用过程中，经常需要翻页来采集更多数据。常见的翻页形式有点击“下一页”按钮、点击“加载更多”按钮、滚动加载数据等。前两种方式较为相似，此处以点击“下一页”按钮为例进行介绍，另将介绍滚动加载数据的设置方法。

(1) 点击“下一页”按钮翻页

点击页面上的“下一页”按钮翻页，是最常见的翻页方式。

此处以本节采集豆瓣图书列表页数据为例，在建立了“循环—提取数据”实现了对第一页列表数据的提取后，若要采集下一页数据，可点击“操作提示”框中的“翻页按钮”（如图 2-34），然后再点击页面上的“后页>”，此时八爪鱼采集器会将翻页功能定位到“后页>”按钮（如图 2-35），并且在流程图中生成“循环翻页”的步骤（如图 2-36）。点击流程图中的“循环翻页”，还可在基础设置中设置循环执行次数，即点击“翻页按钮”的次数。

需要说明的是，若在提取第一页列表数据后，“操作提示”框中没有“翻页按钮”等选项，可直接点击页面上的“后页>”按钮，然后选择“操作提示”框中的“循环点击”（如图 2-37），同样能够设置循环翻页。

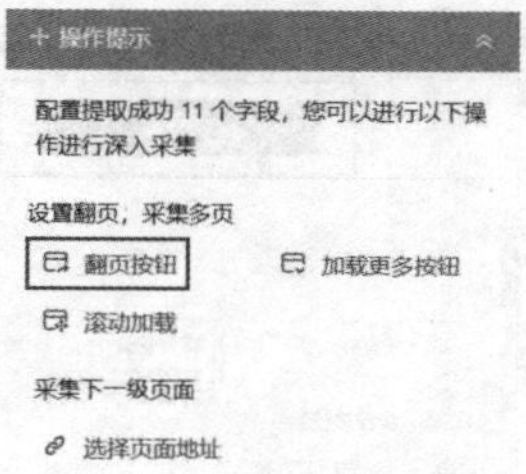

图 2-34　设置翻页按钮示例

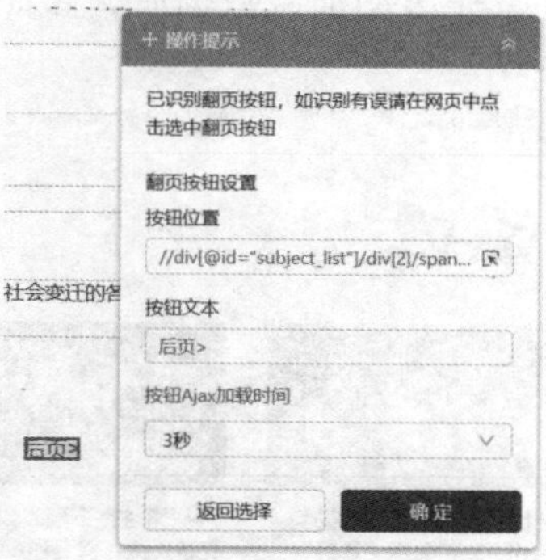

图 2-35　定位翻页按钮示例

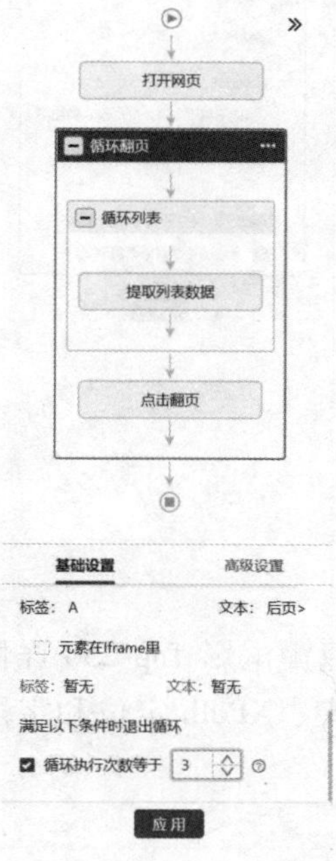

图 2-36　“循环翻页”流程图

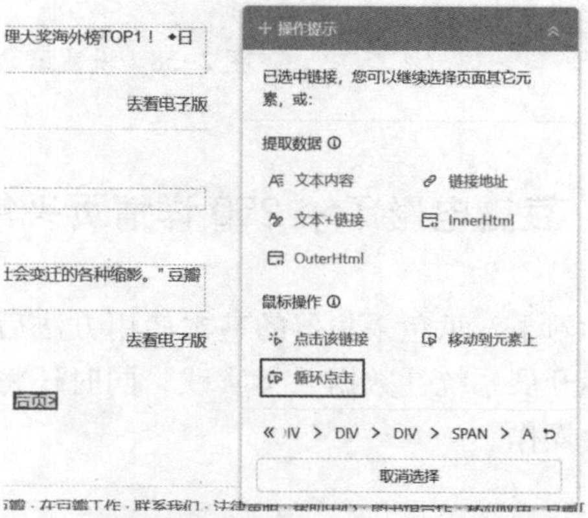

图 2-37　在提取数据后可直接点击“后页>”按钮设置翻页示例

（2）滚动加载数据

部分网站需要向下滚动页面才能加载出新数据，例如澎湃新闻、今日头条、新浪微博等。此处以采集澎湃新闻时事频道（https：//www. thepaper. cn/channel_ 25950）的数据为例进行说明。

相较于采集一般列表数据，设置滚动加载数据的操作主要是在输入目标网址打开页面之后。点击流程图中的“打开网页”步骤，再点击下方的“高级设置”，勾选“页面滚动”（如图 2-38）。八爪鱼采集器默认设置的滚动模式是全局，滚动方式是滚动到底部，每隔 1 秒滚动一次，滚动次数 100 次。对于默认参数，可根据实际需求进行调整，每次间隔时间需稍大于网页上数据加载的时间。

在设置完滚动加载数据后，参照本节采集列表数据的方法即可采集全部数据。

图 2-38 设置滚动加载数据示例

四、豆瓣电影 Top 250 详情页采集实践

在学习了八爪鱼采集器的基本使用方法后，本节以采集豆瓣电影 Top 250 详情页数据为目标开展系统性数据采集实践，同时还将介绍登录后采集、XPath 定位和字段格式化等进阶操作。

（一）采集目标

由豆瓣电影 Top 250 榜单页面“https：//movie. douban. com/top250”（如图 2-39）

进入每部电影的详情页，采集电影的片名、导演、编剧、主演、类型、制片国家/地区、语言、上映日期、片长、又名、IMDb、豆瓣评分、星级、5 星占比、4 星占比、3 星占比、2 星占比、1 星占比、评价人数、电影海报、剧情简介字段（如图 2-40），并将采集结果以 Excel 格式导出到本地（如图 2-41）。

图 2-39 豆瓣电影 Top 250 榜单页面（部分）

图 2-40 豆瓣电影详情页与采集字段

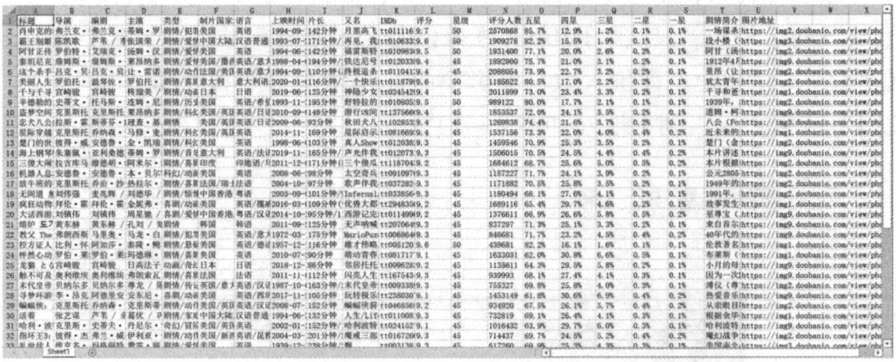

图 2-41 豆瓣电影 Top 250 详情页采集结果

（二）采集步骤

采集流程大致包括八个步骤，分别是 1. 输入目标网址；2. 登录豆瓣账号；3. 建立“循环翻页”，采集多页数据；4. 建立“循环列表”，从列表进入详情页；5. 提取详情页中的字段；6. 编辑字段；7. 设置“智能防封”；8. 获取数据并导出。以下为具体步骤：

Step 1 输入目标网址

在八爪鱼采集器的首页工作台输入框中输入目标网址“https：//movie. douban. com/top250”，点击“开始采集”按钮打开待采集的网页。

Step 2 登录豆瓣账号

许多网站需要登录账号才能采集到目标数据，豆瓣在不登录的情况下只能爬取 10 页评论。虽然本实践案例的采集目标并不包含评论字段，但了解如何在采集过程中登录账号有助于我们举一反三，轻松应对其他数据采集任务。步骤如下：

1. 进入“浏览模式”

打开网页后，点击界面上方网址栏右侧的“浏览模式”按钮，进入浏览器模式（如图 2-42）。需要说明的是，在浏览器模式下，只可浏览网页，不可配置规则，对网页的任何操作都不会使八爪鱼采集器形成采集流程，如需编辑规则，需再次点击“浏览模式”按钮，关闭浏览器模式。

图 2-42 点击“浏览模式”按钮进入浏览器模式

2. 在“浏览模式”下输入账号密码并登录

登录后再次点击“浏览模式”按钮，关闭浏览器模式。

3. 记住 Cookie

此时已处于登录状态，八爪鱼采集器可以获取登录后的 Cookie，记住登录状态。将鼠标移动到流程图“打开网页”步骤后的箭头位置，会出现“加号”按钮。点击“加号”按钮，再添加一个“打开网页”步骤（如图 2-43）。点击新建的“打开网页”步骤，在基础设置中的“网址”输入框中输入要采集数据的目标网址“https://movie.douban.com/top250”（如图 2-44），然后在高级设置中勾选“使用指定的 Cookie”，再点击“获取当前页面 Cookie”（如图 2-45）。获取 Cookie 后相应的状态会由“未设置”变成“已设置”，最后点击“应用”保存。

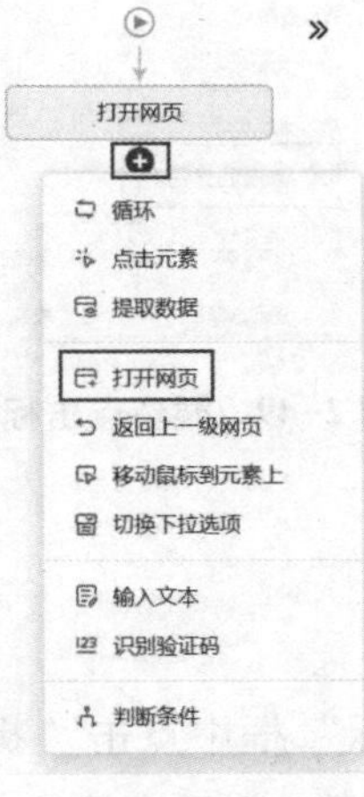

图 2-43 新增“打开网页”

图 2-44 在基础设置中输入网址

图 2-45 在高级设置中记住 Cookie

Step 3 建立“循环翻页”，采集多页数据

点击页面中的“后页>”按钮，在“操作提示”框中选择“鼠标操作”下的“循环点击”（如图 2-46），创建“循环翻页”流程（如图 2-47）。

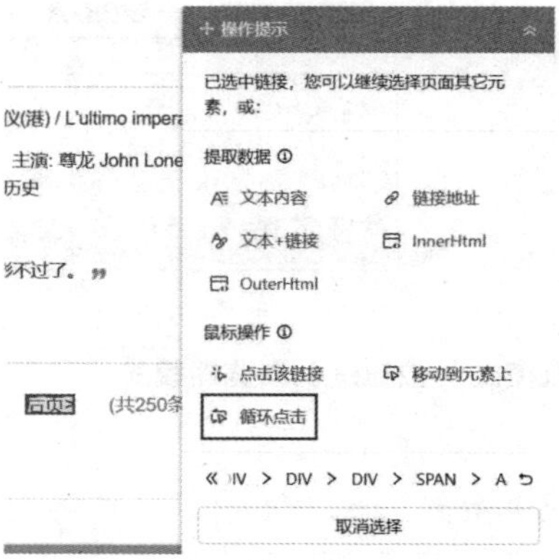

图 2-46 建立“循环翻页”

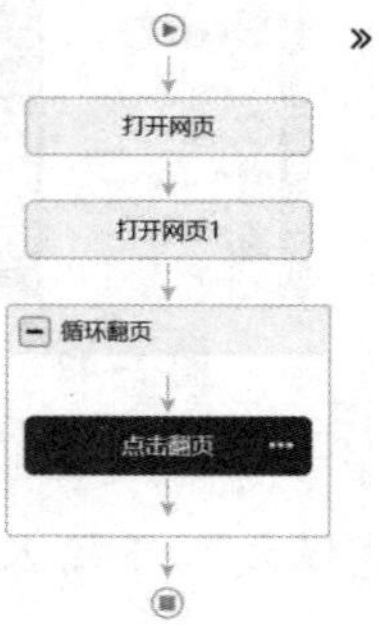

图 2-47 “循环翻页”流程

Step 4 建立“循环列表”，从列表进入详情页

通过以下连续 3 步，从列表进入详情页：1. 点击页面上任意一部电影的标题；2. 在“操作提示”框中，点击“选中全部相似元素”（如图 2-48）；3. 然后在“操作提示”框中，点击“鼠标操作”下的“循环点击每个元素”（如图 2-49），进入详情页。

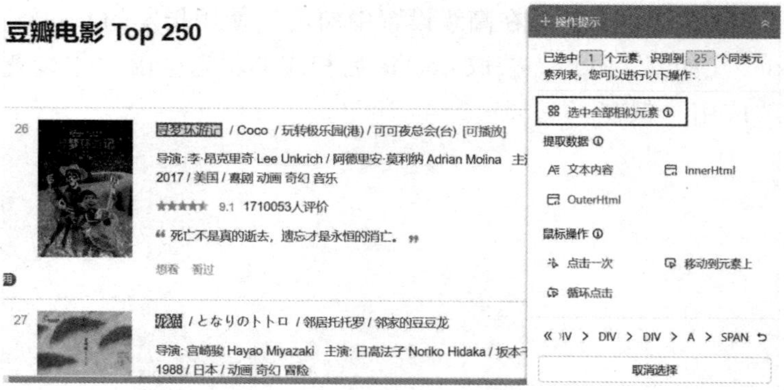

图 2-48 识别页面中的全部标题链接

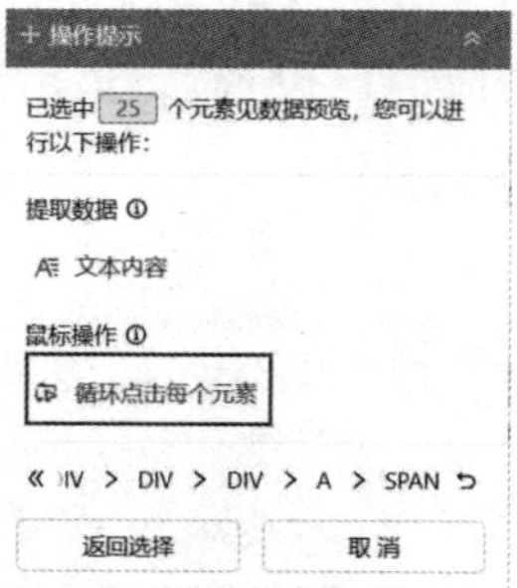

图 2-49 循环点击标题链接

Step 5 提取详情页中的字段

进入详情页后，根据采集目标，采集需要的字段。

1. 文本类型的字段：选中页面中的文本，然后在“操作提示”框中点击“提取数据”下的“文本内容”。本例中包括：片名、豆瓣评分、评价人数、5 星占比、4 星占比、3 星占比、2 星占比、1 星占比、剧情简介。

2. 图片类型的字段：选中页面中的电影海报，然后在“操作提示”框中点击“提

取数据”下的“下载图片”。

3. “导演”“编剧”“主演”字段：以“主演”为例，一个电影一般有多个“主演”，这里将多个“主演”作为一个字段提取。先选中其中一个主演名，在“操作提示”框中，选择“提取数据”下的“文本内容”（如图 2-50）。再点击数据预览区中目标字段后的“···”按钮，选择“修改元素定位”（如图 2-51），修改“元素 XPath”为“//span［contains（text（），‘主演’）］/following-sibling：：span”后点击“应用”（如图 2-52）。同理，由于八爪鱼采集器默认生成的 XPath 无法保证所有“导演”和“编剧”字段都被完整采集，“导演”和“编剧”在提取后也需要修改 XPath。“导演”字段 XPath 修改为“//span［contains（text（），‘导演’）］/following-sibling：：span”，“编剧”字段 XPath 修改为“//span［contains（text（），‘编剧’）］/following-sibling：：span”。

补充知识： XPath，全称 XML Path Language，即 XML 路径查询语言，它是一门在 XML 文档中查找信息的语言。XPath 最初设计是用来搜寻 XML 文档的，但是它同样适用于 HTML 文档的搜索。XPath 的功能十分强大，它除了提供简洁的路径表达式外，还提供 100 多个内建函数，因此 XPath 路径表达式几乎可以匹配 HTML 文档中所有的元素节点。八爪鱼采集器就是使用 XPath 路径表达式在 HTML 文档中定位目标数据的。XPath 的使用方法详见二维码。

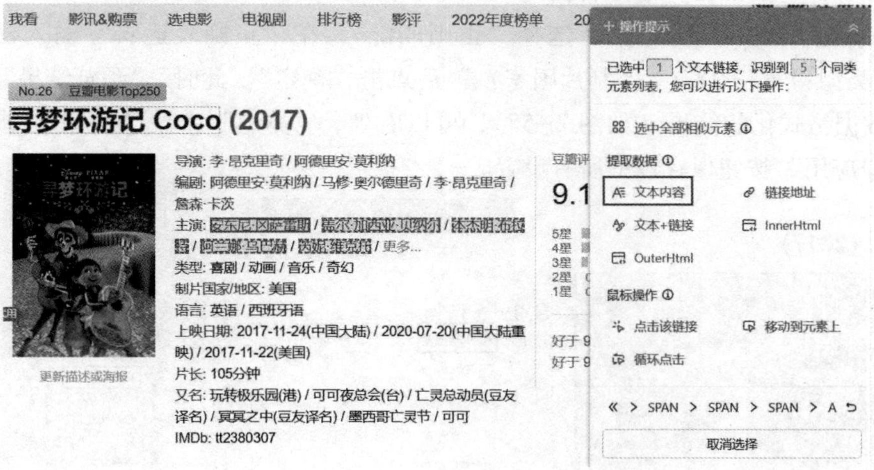

图 2-50　选中一个主演提取文本内容

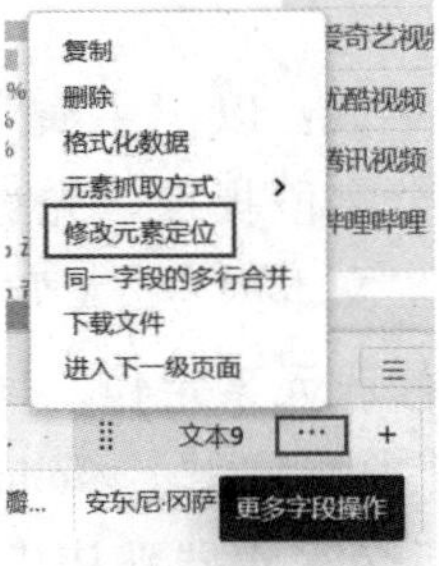

图 2-51 修改主演的定位

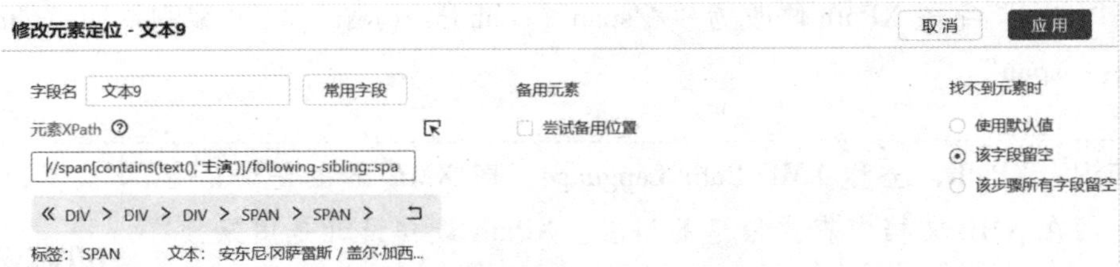

图 2-52 修改元素 XPath

4. “类型”“制片国家/地区”“语言”等字段：以“类型”字段为例，此类字段比较特殊，需经过“格式化数据”后才能提取下来。步骤如下：选中“类型”字段所在的一整块区域，在“操作提示”框中选择“提取数据”下的“文本内容”（如图 2-53）。点击数据预览区中目标字段后的“···”按钮，选择“格式化数据”（如图 2-54）。点击“添加步骤”后点击“正则替换”，在“正则表达式”输入框中输入“\ s+”后点击“确定”。再点击“添加步骤”，选择“正则匹配”，在“正则表达式”输入框中输入“（? <=类型:）（. +?）（? =制片国家）”后点击“确定”。此时，“预览结果”窗口中显示了数据格式化的结果（如图 2-55），可以看到，“类型”字段已被完整提取出来，故点击“应用”按钮保存以上所有设置。

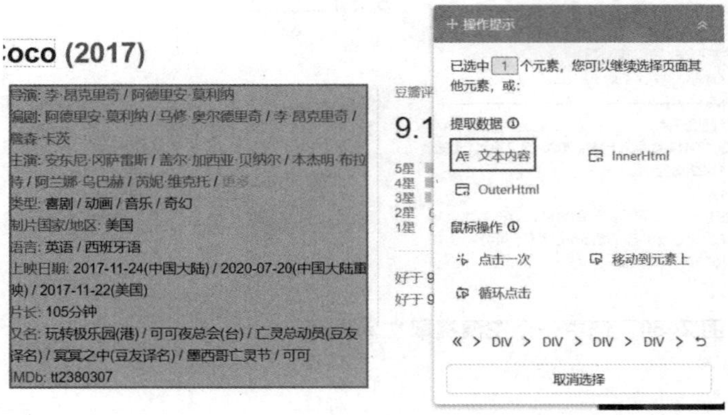

图 2-53 选中“类型”字段所在的一整块区域

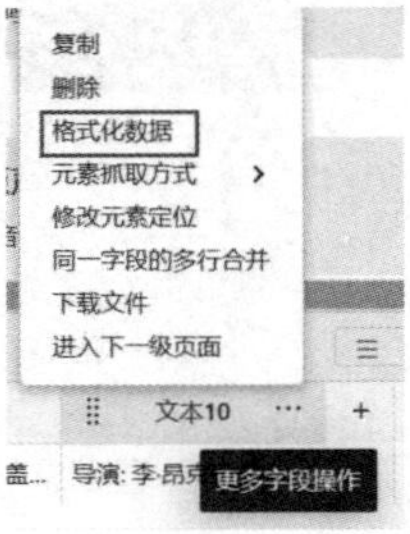

图 2-54 格式化数据

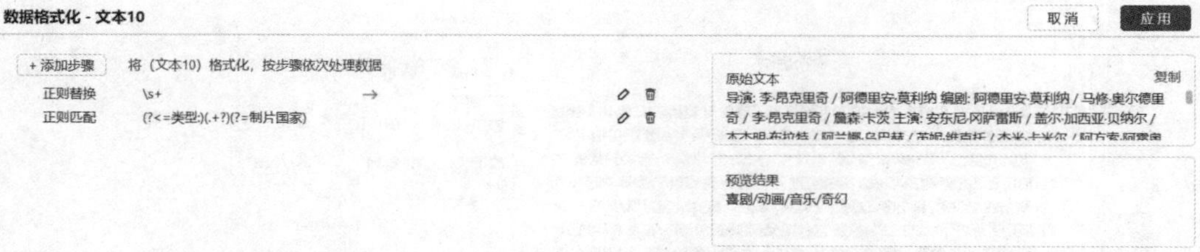

图 2-55 “类型”字段的数据格式化结果

需要指出的是，若读者不了解如何编写正则表达式，八爪鱼采集器提供了生成正则表达式的工具。以该步骤的“正则匹配”为例，在“正则匹配”窗口中点击“不懂正则？试试正则工具”（如图 2-56），即可打开“正则表达式工具”，勾选“开始”并输入“类型:”，勾选“结束”并输入“制片国家”，点击“生成”按钮便能自动生成正则表达式，用以匹配“类型:”和“制片国家”之间的文本，点击“匹配”按钮可以看到，确实识别出了本字段要采集的“类型”数据（如图 2-57）。

补充知识：数据提取之后，若格式不符合要求，又或者只想从一段数据里提取特定部分，就可以通过八爪鱼采集器的“格式化数据”功能来实现。该功能支持替换、正则替换、正则匹配、去除空格等操作。关于“格式化数据”和“正则表达式”的使用方法详见二维码。

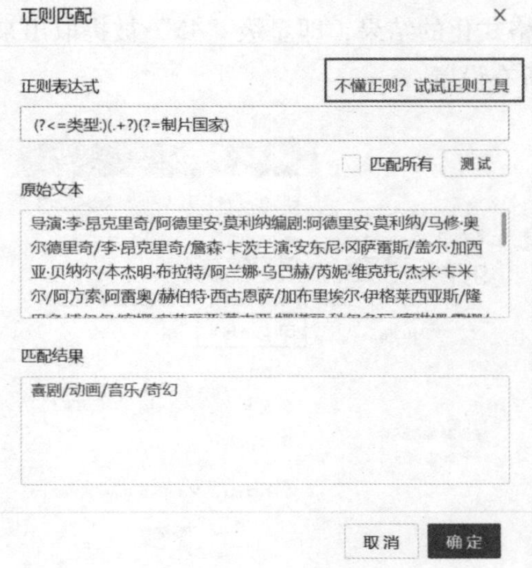

图 2-56 正则匹配

图 2-57　正则表达式工具

5. “星级”字段：该字段也要经过特殊处理后才能提取出来。步骤如下：首先，选中“星级”所在位置，在“操作提示”框中点击“提取数据”下的“OuterHtml”（如图 2-58）。其次，点击数据预览区中目标字段后的“ ··· ”按钮，选择“格式化数据”。最后，点击“添加步骤”，选择“正则匹配”，在“正则表达式”输入框中输入“［0-9］+”（表示匹配出位数至少为 1 的一个数字串），点击“确定”按钮。此时，“预览结果”窗口中显示了数据格式化的结果，即星级“45”被提取出来了（如图 2-59）。点击“应用”按钮保存以上所有设置。

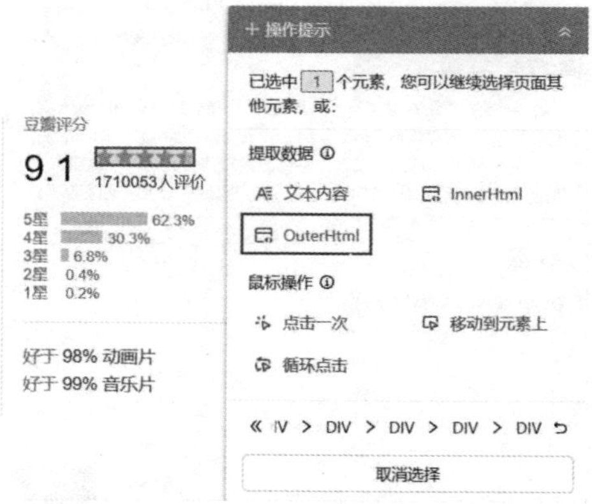

图 2-58　采集“星级”字段

图 2-59 “星级”字段的数据格式化结果

Step 6 编辑字段

在配置完所有字段的采集规则后，可在数据预览区中删除多余字段、修改字段名称、调整字段顺序等。

Step 7 设置“智能防封”

大多数网站都设置了“反爬虫”措施，八爪鱼采集器提供了一些应对“反爬虫”措施的解决办法。点击界面上方的“设置”按钮（如图 2-60），在设置窗口中选择“智能防封”，勾选“使用代理 IP”，选择“自定义代理 IP”，点击“设置”按钮，在“代理 IP 列表”中输入本次采集使用的代理 IP 地址；同时还可勾选“定时切换浏览器版本”，在“设置”中选择要切换的浏览器版本（如图 2-61）。此外，还可在流程图中“点击元素”“点击翻页”等步骤的高级设置中设定“执行前等待”（如图 2-62），避免八爪鱼采集器操作过快，被网站的“反爬虫”机制识别成机器人。

图 2-60 界面上方的“设置”按钮

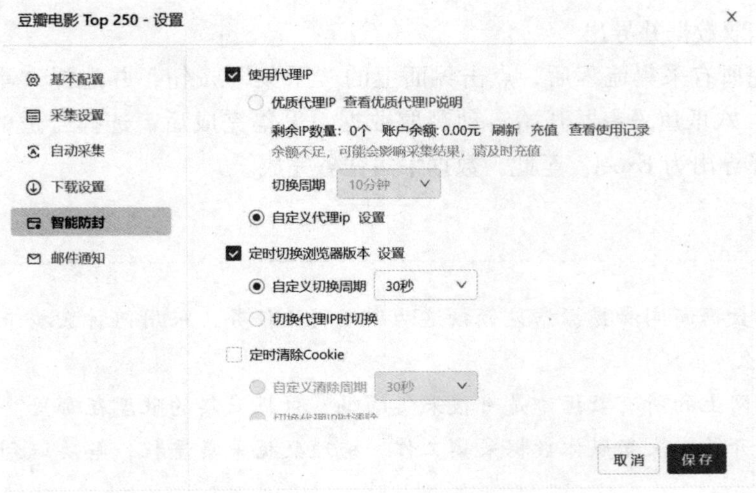

图 2-61 设置“智能防封”

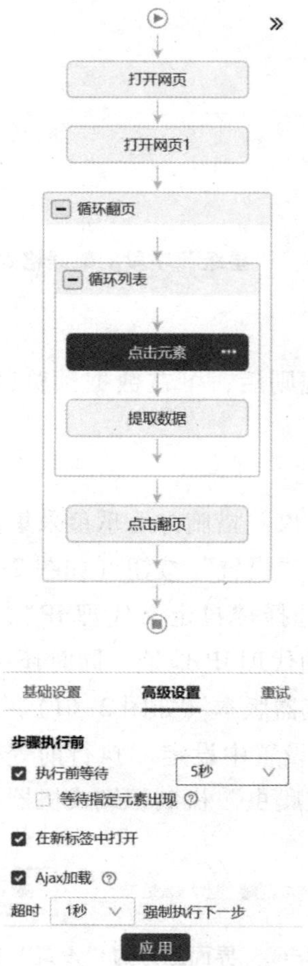

图 2-62　完整流程与设置“执行前等待”

Step 8 获取数据并导出

在配置完所有采集流程后，点击界面上的“采集”按钮，并选择“本地采集”的“普通模式”，八爪鱼采集器开始自动爬取数据。采集完成后，选择合适的格式导出数据，这里选择导出为 Excel。至此，数据采集任务完成。

思考题

1. 制作数据新闻和挖掘意见领袖这两项不同的任务，采用何种数据采集方法更加合适？为什么？

2. 互联网上的所有数据都是可被采集的吗？数据采集的限度在哪里？

3. 独立开展一次新媒体数据采集工作，梳理数据采集流程，解决遇到的问题并进行总结。

第三章　数据预处理

本章概述

数据预处理（Data Preprocessing）是指在数据分析和挖掘之前，为使数据在质量和规范上（完整性、准确性、一致性、可用性等）满足标准，而对采集到的原始数据进行清洗、集成、转换、归约等一系列操作的数据处理工作。尽管数据预处理需要耗费大量的时间与精力，且需要加入人为经验的干预，但它会直接影响到数据分析与挖掘结果的准确性和价值，因此是必不可少的。本章将首先介绍本书主要使用的大数据分析与挖掘工具 SPSS Modeler，然后介绍使用该工具进行数据导入、字段定义、数据清洗、数据集成、数据转换与数据归约等数据预处理工作的实践方法。

教学目标

1. 了解数据预处理的基本流程。

2. 掌握 SPSS Modeler 的基本操作。

3. 能熟练使用 SPSS Modeler 开展数据导入、字段定义、数据清洗、数据集成、数据转换和数据归约等数据预处理工作。

学习建议

许多读者是第一次接触到 SPSS Modeler 这款工具，因此加强对该工具的练习与使用是必不可少的。由于本章主要介绍的是数据预处理工作，尚未进入数据分析和挖掘等更为有趣的环节，也许略显枯燥，但可靠的数据质量是从数据中提取高价值信息的保障，故应重视本章内容。

一、SPSS Modeler 概述

（一）SPSS Modeler 简介

SPSS（Statistical Product and Service Solutions）是 IBM 公司推出的一系列用于统计分析、数据挖掘、预测分析和决策支持的软件产品及相关服务的总称，旗下主要包含两大产品，分别是 SPSS Statistics 和 SPSS Modeler。

SPSS Statistics 专注于数理统计分析，提供参数检验、非参数检验、相关分析、回归分析等多种功能，几乎涵盖了常见的统计分析方法。SPSS Modeler 是一款以“图形化语法”为用户界面的数据挖掘软件。其用户界面设计友好，操作便利，分析方法丰富，在保证了专业性的同时具有较好的易用性，大大提升了大数据分析挖掘的可操作性和普及性，它已被广泛应用于大数据分析挖掘的各个领域。因此，本书将 SPSS Modeler 作为大数据分析挖掘的主要工具介绍给读者，以帮助读者较为便捷地面向新媒体应用开展大数据实践。

SPSS Modeler 的操作与大数据处理流程相吻合。大数据处理包含数据采集、数据预处理、数据分析与挖掘、数据解释等环节，而 SPSS Modeler 则形象地将上述环节用图形化界面中的若干个“节点”来表示，从而将大数据处理的过程看作数据在各个节点之间的流动，以图形化的“数据流”直观地呈现整个大数据处理的流程。操作使用 SPSS Modeler 的目标就是根据数据分析与挖掘的实际需要，选择并依次连接各个节点，建立“数据流”，在修改和调整“数据流”中的节点参数后运行“数据流”，最终完成相应的大数据分析与挖掘任务①。

（二）SPSS Modeler 的操作界面

SPSS Modeler 的主界面非常简洁（如图 3-1），共包括五个部分，分别是菜单工具栏、数据流编辑区、节点工具箱、流管理区、项目管理区。

1. 菜单工具栏

位于界面上方的菜单工具栏除了提供基本的文件、编辑、插入等菜单功能外，还以图标的形式提供了常用的工具按钮，包括创建新流、打开流、保存流、打印流等。

2. 数据流编辑区

数据流编辑区位于 SPSS Modeler 的界面中心，是建立和编辑数据流的区域，用户大部分操作都是在该区域中完成的。

---

①薛薇．SPSS Modeler 数据挖掘方法及应用（第 3 版）［M］．北京：电子工业出版社，2020：18.

例如，图 3-1 中展示了一个简单的数据流示例，其中，箭头表示数据的流动方向，被箭头指向的节点称为子节点，另一端称为父节点。总体而言，可以把数据流中的所有节点分为三类，具体如下：

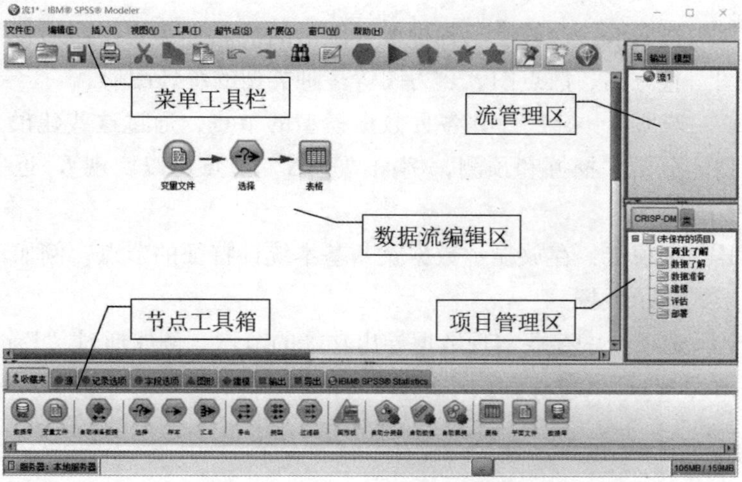

图 3-1　SPSS Modeler 主界面

（1）起始节点：起始节点是整个数据流的开端，一般用作数据读取，这类节点之前不能再连接其他节点。

（2）中间节点：中间节点往往是数据分析挖掘过程的一个中间步骤，在它之前和之后都可以连接其他节点。

（3）终止节点：终止节点代表数据流的一个分支结束。“图形”“输出”和“导出”选项卡中的节点一般都属于终止节点，这类节点后面不能再连接其他节点。需要说明的是，一个数据流可以只包含一个结束分支，也可能包含多个结束分支。

用户可以在节点工具箱中双击节点或用鼠标将节点拖动到数据流编辑区中，右键点击数据流编辑区中的节点可对其进行管理，包括编辑（设置节点参数）、连接（连接不同节点）、断开连接（取消节点之间的连接）等。

3. 节点工具箱

节点工具箱位于界面下方。在 SPSS Modeler 中，每一个节点都用来实现一个清晰而明确的功能，SPSS Modeler 根据节点的功能将其分类放于节点工具箱的不同选项卡中，具体如下：

（1）“收藏夹”选项卡：存放数据流中最常用的节点。

（2）“源”选项卡：存放实现数据导入功能的节点，例如通过“Excel”源节点可以导入 Excel 文件中存储的数据。

（3）“记录选项”选项卡：存放针对记录（样本）进行操作的节点，此类节点能够实现对数据进行记录（样本）级别的处理，即对数据从行的角度进行处理，例如“选择”节点可基于特定条件选择记录中的子集。

（4）“字段选项”选项卡：存放针对字段（变量）进行操作的节点，此类节点能够实现对数据进行字段（变量）层面的处理，即对数据从列的角度进行处理，例如“过滤器”节点可以重命名或移除部分字段。

（5）“图形”选项卡：存放绘制各种统计图形的节点，例如“图形板”节点可以绘制饼图、条形图、直方图、散点图、热力图等多种类型的统计图形。

（6）“建模”选项卡：存放建立各种数据模型的节点，通过这些建模方法，可以对数据进行一系列的分析、挖掘和预测，例如“KNN”节点可以实现 K-近邻（KNN）分类算法。

（7）“输出”选项卡：存放显示数据及其基本统计特征的节点，例如“表格”节点可以通过表格形式显示数据。

（8）“导出”选项卡：存放实现数据导出功能的节点，例如通过“Excel”导出节点可以将数据导出为 Excel 文件保存到本地。

4. 流管理区

流管理区位于界面的右上方，包含“流”“输出”和“模型”三个选项卡。

（1）“流”选项卡：在“流”选项卡中，可以新建、打开、切换、保存和删除数据流，在同时打开多个数据流的情况下用“流”选项卡进行切换是最方便的。

（2）“输出”选项卡：运行数据流会输出图片、表格等多种结果，在“输出”选项卡中可以显示、重命名、删除和“另存为”这些结果。

（3）“模型”选项卡：数据流中建立的所有模型都将出现在“模型”选项卡中，用户可在该选项卡中查看、重命名和保存模型。

5. 项目管理区

项目管理区位于界面的右下方，为用户提供了管理数据挖掘项目过程中的相关文件，还分别提供了 CRISP-DM 视图和类视图。

二、数据导入

在大数据处理流程中，数据通常以外部文件的形式独立存储，因此数据预处理的第一步便是将存储于文本、Excel、数据库等外部文件中的数据导入 SPSS Modeler 中。此处以导入 Excel 文件数据为例进行说明。

Excel 文件是最常用的数据存储格式之一，“源”选项卡中的“Excel”节点可以将 Excel 文件中存储的数据导入 SPSS Modeler 中。此处以“用户画像数据 .xlsx”为例（扫描二维码下载数据），该数据共包含 4 个字段、200 条记录，每条记录对应一位用户的信息，4 个字段分别为用户 ID、性别、年收入（千元）、消费水平（1-100）。

首先，找到“源”选项卡中的“Excel”节点，将其添加到数据流编辑区中，然后双击打开节点，进行参数设置。“Excel”源节点的参数设置包含“数据”“过滤器”“类型”“注解”选项卡。

1. “数据”选项卡

在源节点中，数据导入的大部分操作一般都在“数据”选项卡中完成，如图 3-2 所示。

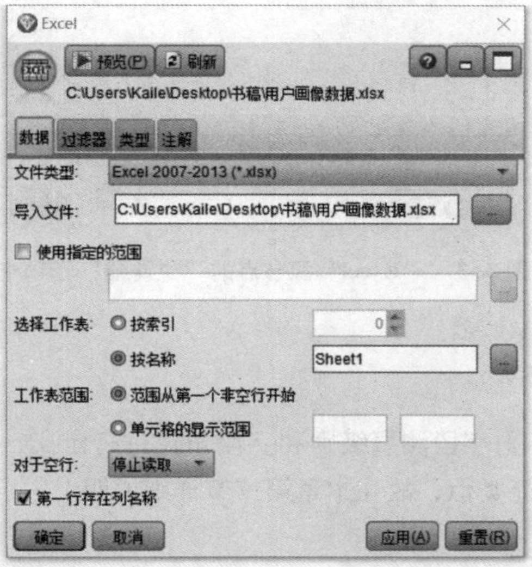

图 3-2　“Excel”源节点的“数据”选项卡

其中，“文件类型”用于选择要导入的 Excel 文件的类型，包括 . xls 和 . xlsx 两种格式。“导入文件”用于指定要导入的 Excel 文件的路径地址和文件名。“使用指定的范围”用于导入 Excel 工作簿中特定的命名工作范围，一旦选择了此项，将禁用“选择工作表”和“工作表范围”两项功能。若 Excel 文件中包含多张 Excel 工作簿，可以通过“选择工作表”中的“按索引”或“按名称”来指定要读取的特定工作簿。“工作表范围”用于指定是从第一个非空行开始导入数据，还是导入某特定范围内的数据（“单元格的显示范围”后的两个输入框分别输入指定范围左上角和右下角的单元格地址）。如果 Excel 工作簿的第一行为变量名，还应该勾选“第一行存在列名称”，以保证数据读入正确且字段名称被识别提取。

2. “过滤器”选项卡

“过滤器”选项卡用于实现对拟导入字段的移除和重命名，如图 3-3 所示。对于不希望导入的字段，可以单击“过滤器”（即箭头），打“×”即可，如图 3-3 将不导入“用户 ID”字段。此外，还可双击右侧“字段”列中的单元格，修改导入后的字段名称，如图 3-3 将字段名称“性别”修改为“Gender”。

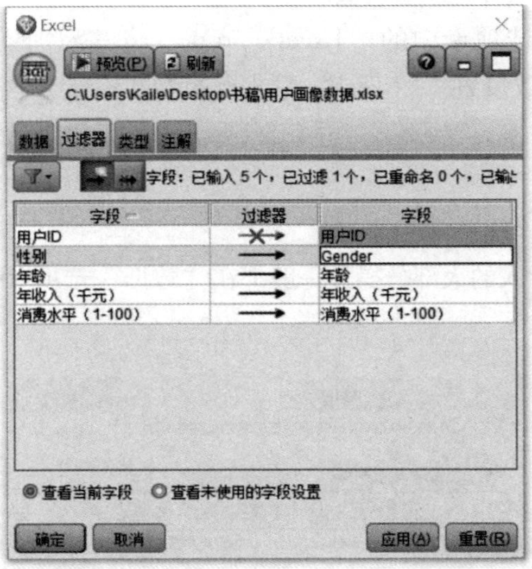

图 3-3　“Excel” 源节点的“过滤器”选项卡

3. “类型”选项卡

“类型”选项卡用于对字段测量级别和字段角色进行定义，其与“字段选项”选项卡中的“类型”节点功能类似，故在本章第三节详细说明。

4. “注解”选项卡

“注解”选项卡用于节点命名和添加注释性文字。考虑到 SPSS Modeler 中几乎每个节点都有“注解”选项卡，含义相同，此后章节将不再另行介绍。

数据导入后若想在 SPSS Modeler 中浏览数据内容，只需将“输出”选项卡中的“表格”节点添加到数据流中，双击打开“表格”节点并点击“运行”按钮，便可展示出数据集中的具体内容（如图 3-4）。

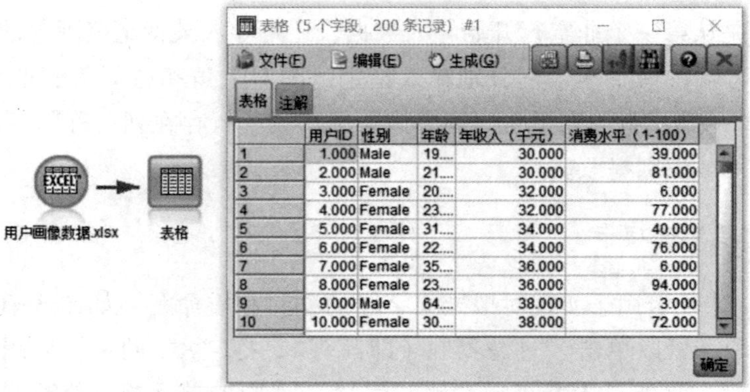

图 3-4　通过“表格”节点浏览数据内容

三、字段定义

字段定义是确保高质量数据的有效途径，包括两个主要方面：一是对数据流中字段取值的有效性进行限定、检查和调整；二是对各个字段在未来数据建模中的角色进行说明。字段定义是由“字段选项”选项卡中的“类型”节点来实现的。

（一）数据实例化

“类型”节点的首要功能，是实现数据的实例化。SPSS Modeler 在读取数据阶段，字段可划分为三个状态：非实例化、半实例化、实例化。当字段的存储类型和取值范围均未知时，称为非实例化，测量级别一般显示为缺省型；当已知存储类型但取值范围未知时，称为半实例化，测量级别一般显示为连续或分类；当变量的存储类型和取值范围均已确认时，称为实例化，测量级别一般显示为连续、标记、名义或有序。

上文提到的字段存储类型表示其在计算机中的存储方式，而在大数据处理过程中，用户往往更加关心字段的测量级别。SPSS Modeler 中的测量级别包括：1. 数值型，图标为连续，用于表示数值型的字段，例如年龄。2. 二分类型，图标为标记，用于表示具有两个分类的定类型字段，例如性别。3. 多分类型，图标为名义，用于表示具有多个分类的定类型字段，例如职业。4. 定序型，图标为分类或有序，分别用于表示具有两个或多个水平的定序型字段，例如大小（小、大），收入（低收入、中收入、高收入）。5. 无类型，图标为无类型，用户 ID 等编号或长文本等复杂数据往往是无类型字段，其通常不参与数据建模。6. 缺省型，图标为<缺省>，当字段的类型未知时，为缺省型。

为了使数据完全实例化，可以将“字段选项”选项卡中的“类型”节点添加到数据流中，建立其与源节点的连接，打开“类型”节点并单击“类型”选项卡中间的“读取值”按钮（如图 3-5）。此外，还可以通过“清除值”和“清除所有值”使得数据从实例化状态变回半实例化状态。“清除值”是清除字段的值范围，“清除所有值”则是清除字段的测量定义和值范围。除了在数据导入后要进行数据实例化，当数据源发生变化，或者对数据进行集成清洗后，也建议对数据重新实例化。

（二）字段角色说明

字段在建模时的角色不同，其作用也不同。若某一字段用于解释或预测其他字段，我们将其称为输入字段；若某一字段需要被其他字段通过模型解释或预测，我们将其称为目标字段。例如，通过年龄和收入预测消费时，年龄和收入就是输入字段，消费则是目标字段。字段的角色说明通过图 3-5 中的“角色”栏进行设置，一般会根据具体的数据分析挖掘任务实际使用的变量来设置字段角色。

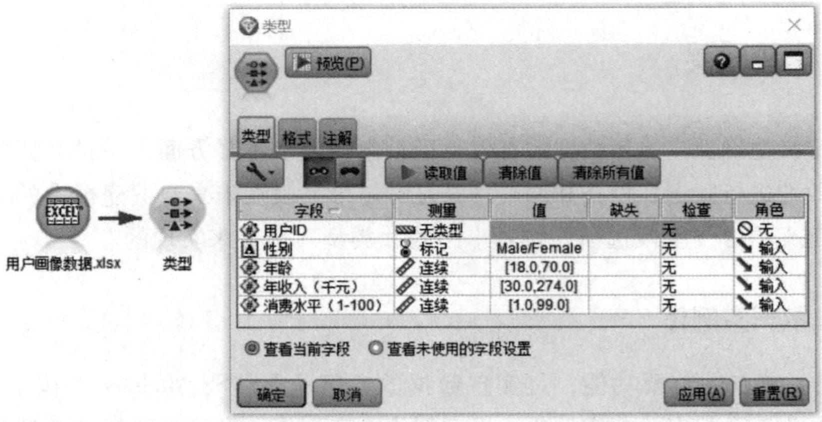

图 3-5　通过“类型”节点实现数据的实例化

（三）缺失值定义

缺失值是字段有效取值范围之外的值，通常包括两类：一类是系统缺失值，在 SPSS Modeler 中用“ $ null $ ”（空值）表示，还包括空串和空格等（空白值）；另一类是用户缺失值，主要指那些取值明显不合理的数据，例如年龄为负数。对于系统缺失值，计算机能够识别出其与正常值的差异，但对于用户缺失值，需要我们通过“类型”节点对其加以定义和说明，才能使计算机将其理解为缺失值，并在后续的数据清洗过程中加以处理。

缺失值的定义通过“类型”节点中的“缺失”栏进行设置。此处以数据“用户画像数据_ 缺失 . xlsx”为例进行说明（扫描二维码下载数据）。数据导入后，通过“表格”节点可以看到，第三条记录的“年收入（千元）”字段为系统缺失值“ $ null $ ”，第六条记录的“年龄”字段为“-1. 000”，是明显不合理的数据，即用户缺失值（如图 3-6）。

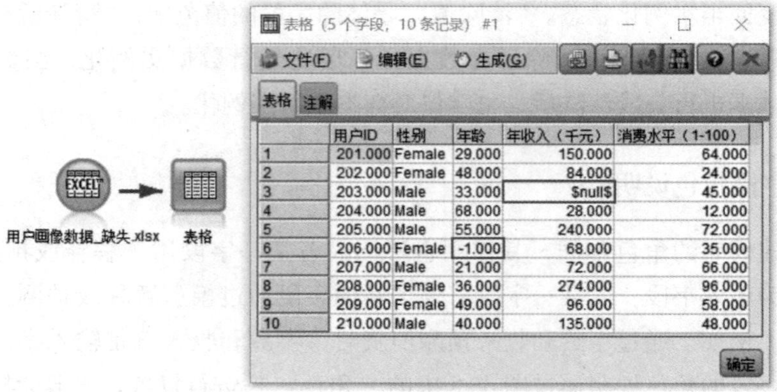

图 3-6　系统缺失值与用户缺失值样例

对于系统缺失值的处理，我们将在第四节进行说明。此处将介绍用户缺失值的定义和处理方法，常见的方法是将用户缺失值调整为系统缺失值“ $ null $ ”，以便在后续的数据清洗过程中对缺失值进行统一处理。具体而言，将“类型”节点连接在源节点后，在数据实例化后，点击年龄字段的“缺失”栏，选择“指定”选项（如图 3-7）。

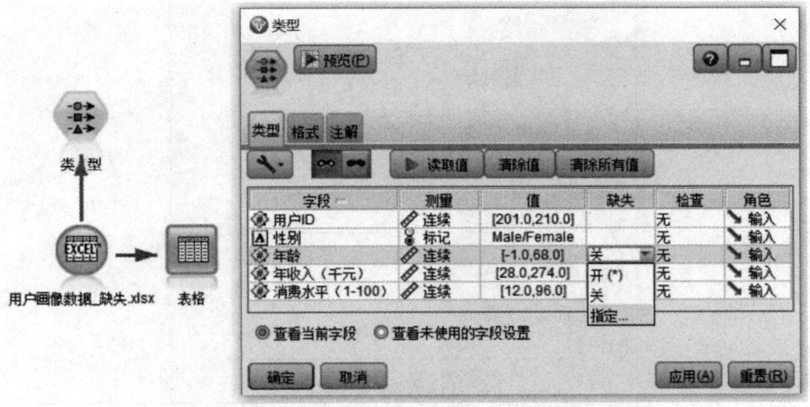

图 3-7　“类型”节点缺失值的定义

在打开的窗口中（如图 3-8），设置有效取值范围的下限和上限，在本例中将下限手动调整为 0，即告知计算机年龄字段的取值范围下限为 0，小于 0 的取值为用户缺失值。对于不在有效取值范围内的值，可以通过点击“检查值”右侧的下拉菜单进行处理：“无”是不处理；“无效”是将不在有效范围内的值调整为系统缺失值“ $ null $ ”；“强制”是将不在有效范围内的值调整为合法值，对于二分类变量调整为假值，对于数值型变量，将大于有效范围上限的值调整为上限值，将小于有效范围下限的值调整为下限值，空值将调整为有效范围的中间值，即（上限+下限）/2；“丢弃”是剔除不在有效取值范围内的数据记录；“警告”和“终止”是在遇到不合理取值时给出警告信息或终止数据流的运行。此外，还可通过勾选“定义空白”告知计算机某些特定取值或某些范围内的取值为用户缺失值。

在本例中，选择“检查值”下拉菜单中的“无效”，将不在有效取值范围内的用户缺失值统一调整为系统缺失值“ $ null $ ”。在调整后的“类型”节点后连接“表格”节点，运行后可以发现，第六条记录的年龄字段已由原先的用户缺失值“-1.000”调整为系统缺失值“ $ null $ ”（如图 3-9）。

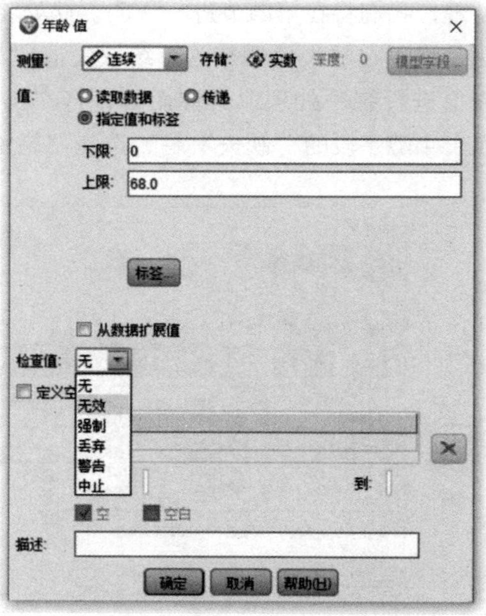

图 3-8 “类型”节点的“指定”窗口

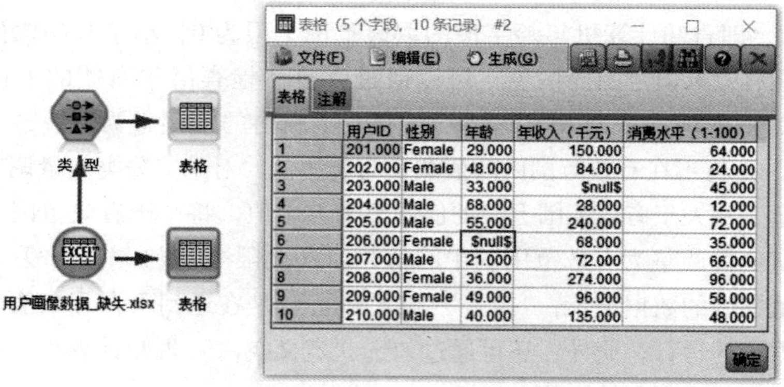

	用户ID	性别	年龄	年收入（千元）	消费水平（1-100）
1	201.000	Female	29.000	150.000	64.000
2	202.000	Female	48.000	84.000	24.000
3	203.000	Male	33.000	$null$	45.000
4	204.000	Male	68.000	28.000	12.000
5	205.000	Male	55.000	240.000	72.000
6	206.000	Female	$null$	68.000	35.000
7	207.000	Male	21.000	72.000	66.000
8	208.000	Female	36.000	274.000	96.000
9	209.000	Female	49.000	96.000	58.000
10	210.000	Male	40.000	135.000	48.000

图 3-9 用户缺失值通过“类型”节点调整为系统缺失值

四、数据清洗

对系统缺失值和用户缺失值的处理是数据清洗中最重要的工作，本节仍以数据“用户画像数据_ 缺失 . xlsx”为例进行说明。在上一节中，我们已将用户缺失值调整为系统缺失值，本节将介绍如何对缺失值进行处理。

缺失值的常见处理方法包括：一是人工填补法，即使用人力收集缺失的数据；二是丢弃法，即当数据存在缺失值时，将整条记录（即整行数据）删除；三是缺失值插补法，即使用固定值、随机值或推测值对缺失值进行补齐。在 SPSS Modeler 中，丢弃法通过上一节“类型”节点“指定”窗口（如图 3-8）中“检查值”的“丢弃”即可实现。缺失值插补法我们可借助“输出”选项卡中的“数据审核”节点实现。

将“数据审核”节点添加到数据流“类型”节点的后方，右键点击运行后，我们可得到数据的审核分析报告（即“审核”选项卡）和质量分析报告（即“质量”选项卡）。其中，审核分析报告展示了各字段的统计图形和描述统计指标；质量分析报告提供了各字段的离群值、极值和缺失值数量以及有效记录（即该字段不为缺失值的记录）的百分比与数量，此外，还提供了对离群值、极值和缺失值的修正方法。本节要对缺失值进行插补，故关注“数据审核”节点运行结果的“质量”选项卡（如图 3-10），可以看到，“年收入（千元）”字段原先存在 1 个系统缺失值，故该字段“空值”（即系统缺失值“ $ null $ ”）数量为 1，“有效记录”9 条，占比 90%，此外，由于我们在上一节中将“年龄”字段的用户缺失值（即年龄小于 0 的不合理值）通过“类型”节点调整为了系统缺失值“ $ null $”，故可以看到，“年龄”字段的“空值”数量也为 1，“有效记录”也是 9 条，占比 90%。

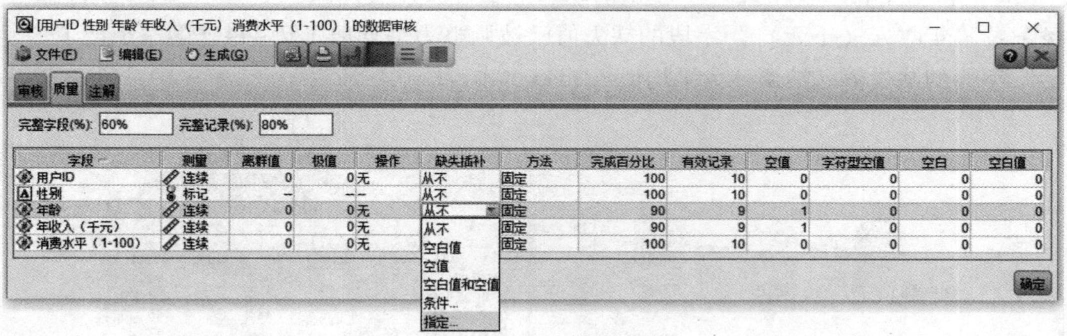

图 3-10　“数据审核”节点运行结果的“质量”选项卡

此处以“年龄”字段为例，介绍缺失值插补方法。点击图 3-10 中“年龄”字段“缺失插补”的单元格，在下拉菜单中选择“指定”，打开“插补设置”窗口（如图 3-11）。其中，“插补时间”用于设置是对“空值”（即系统缺失值“ $ null $ ”）、“空白值”①、“空值和空白值”还是满足指定条件的缺失值进行插补，此处选择“空值”。SPSS Modeler 提供了“固定”“随机”“表达式”“算法”四种插补方法，其中“固定”法可用平均值、中程数值（即 1/2 极差）或人为指定的常量填充缺失值，“随机”法将以一个服从正态分布或均匀分布的随机值填充缺失值，“表达式”法将以一个用户指定的算术表达式结果填充缺失值，“算法”法将以 C&RT 分类回归树模型的预测结果填充缺失值。此处可选择“固定”法的“平均值”。

①在第三节中我们可以通过“类型”节点设置某些或某一范围内的值为“空白值”，该设定不会直接改变原始数据，但会告知计算机哪些是用户缺失值，即此处的“空白值”。

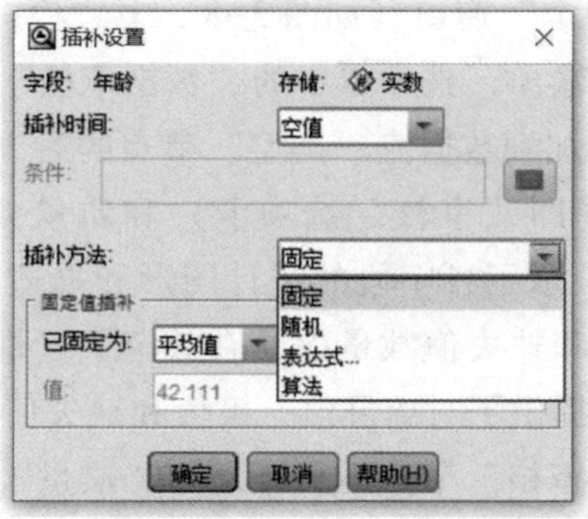

图 3-11　缺失值插补设置

同理，我们也可采用相同的方法对“年收入（千元）”字段的缺失值进行插补。在缺失值插补设置完成后，点击图 3-10 中菜单栏“生成”按钮下的“缺失值超节点”，将自动生成“缺失值超节点”①，将其连接到“类型”节点后，将根据先前的设置对“年龄”和“年收入（千元）”字段的缺失值进行插补（如图 3-12）。可以看到，第三条记录“年收入（千元）”字段的缺失值已被调整为平均值 127.444，第六条记录“年龄”字段的缺失值已被调整为平均值 42.111。

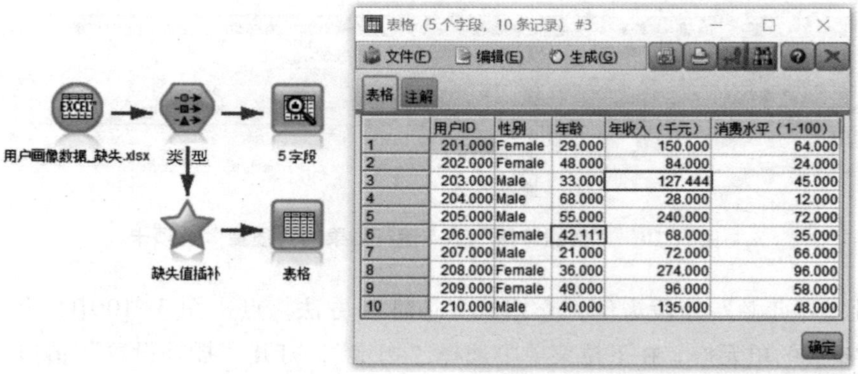

	用户ID	性别	年龄	年收入（千元）	消费水平（1-100）
1	201.000	Female	29.000	150.000	64.000
2	202.000	Female	48.000	84.000	24.000
3	203.000	Male	33.000	127.444	45.000
4	204.000	Male	68.000	28.000	12.000
5	205.000	Male	55.000	240.000	72.000
6	206.000	Female	42.111	68.000	35.000
7	207.000	Male	21.000	72.000	66.000
8	208.000	Female	36.000	274.000	96.000
9	209.000	Female	49.000	96.000	58.000
10	210.000	Male	40.000	135.000	48.000

图 3-12　缺失值插补结果

五、数据集成

在大数据分析挖掘的过程中，往往需要抽取多个不同的数据源中的数据，这时就需要数据集成。数据集成主要包括两类：一是数据的纵向合并，即两份或多份数据依次头尾连接合并，在前一份数据的尾部不断追加后一份数据的记录；二是数据的横向合并，即两份或多份数据依次左右连接合并，在前一份数据的右侧不断追加后一份数据的字段。

①“超节点”是将多个节点封装为一个节点，能使整个数据流变得更加简洁、清晰。

（一）数据的纵向合并

SPSS Modeler“记录选项”选项卡中的“追加”节点可以实现数据的纵向合并。此处以“用户画像数据.xlsx”和“用户画像数据_缺失.xlsx”的纵向合并为例进行说明，通过前文可以知道这两个数据集拥有相同的结构。将两个数据集导入后，将“追加”节点添加到数据流中，并将两个数据源节点均连接到“追加”节点上（如图3-13）。双击打开“追加”节点，“输入”选项卡主要用于概览连接到“追加”节点的各个数据源情况，并设定输入数据集的标记和顺序；“追加”选项卡主要用于设定多个数据源的纵向合并方式，包括合并的字段匹配依据、字段匹配和结构的预览等内容（如图3-13）。

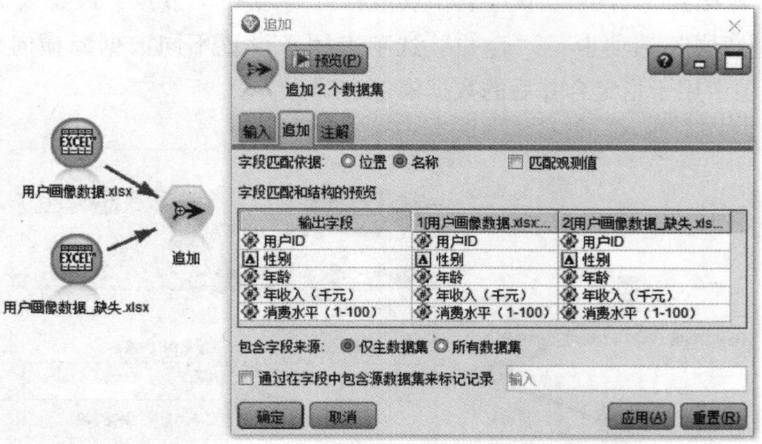

图3-13　通过“追加”节点实现数据的纵向合并

数据的纵向合并关系到不同数据集之间字段的对应关系，“字段匹配依据”用于确定字段间的匹配方法，“位置”表示按照数据源中字段的原有顺序一一对应。例如数据源A的第一个字段对应数据源B的第一个字段，即使二者的名称不一致；“名称”表示按照数据源中字段的名称一一对应。例如数据源A中的“用户ID”字段对应数据源B中的“用户ID”字段，即使二者的位置不一致。如果不能保证两份数据源的字段排列顺序完全一致，建议使用“名称”匹配。此外，在“包含字段来源”中选择“仅主数据集”，代表合并后的数据集只包含主数据集中的字段，而选择“所有数据集”后输出的数据集将包含所有输入数据集的字段。

（二）数据的横向合并

SPSS Modeler“记录选项”选项卡中的“合并”节点可以实现数据的横向合并。横向合并通常要求多个数据源至少存在一个同名字段，称为关键字，它是数据横向合并的重要依据。一般只有关键字取值相同的记录才可实现左右对接合并。

例如，在制作数据新闻时想要分析各省市自治区的地区生产总值和人均可支配收入之间的关系，从国家统计局官方数据门户下载了上述两项指标在 2022 年的分省年度数据，分别存储于“分省年度数据（2022 年人均地区生产总值）.xlsx” 和 “分省年度数据（2022 年全体居民人均可支配收入）.xlsx” 两个 Excel 文件中（扫描二维码下载数据）。要分析上述两项指标的关系，首先需要将两份数据横向合并到一个数据集中。

如图 3-14 所示，将两份数据导入后，将“合并”节点添加到数据流中，并将两个数据源节点都连接到“合并”节点上。双击打开“合并”节点，最重要的是“合并”选项卡和“过滤器”选项卡，“合并”选项卡用于设置不同数据源横向合并的方式，“过滤器”选项卡用于指定合并后的数据集包含哪些字段。

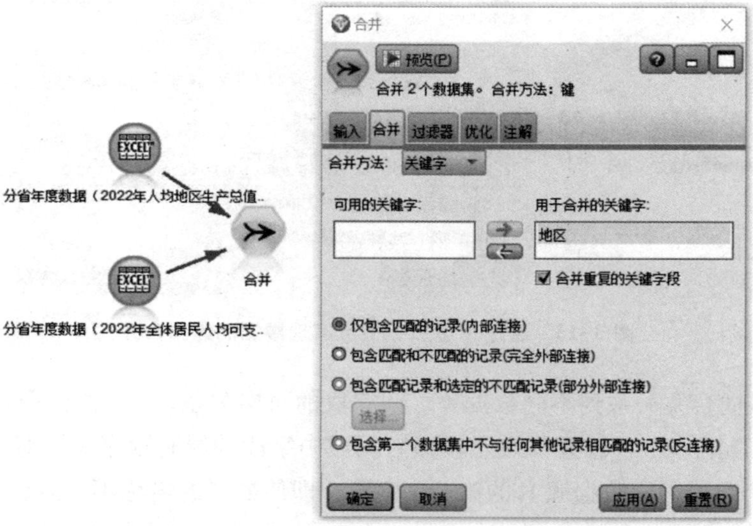

图 3-14　通过“合并”节点实现数据的横向合并

在“合并”选项卡中，“合并方法”用于指定数据横向合并的方式，其中，“顺序”表示按照两份数据中记录的原有顺序一一左右对接数据，如果不能确保两份数据的记录排列顺序完全一致，应选择“关键字”，即根据关键字取值横向对接，只有关键字取值相同的记录才会左右对接，防止张冠李戴的现象发生。例如，本例中将“地区”作为“用于合并的关键字”，实现同一地区的人均生产总值和人均可支配收入的左右对接，确保两项指标对应的主体（地区）一致。此外，“合并”节点还提供了四种不同的方式进行合并连接，分别是内部连接、完全外部连接、部分外部连接和反连接，不同连接类型的集合示例如图 3-15 所示。

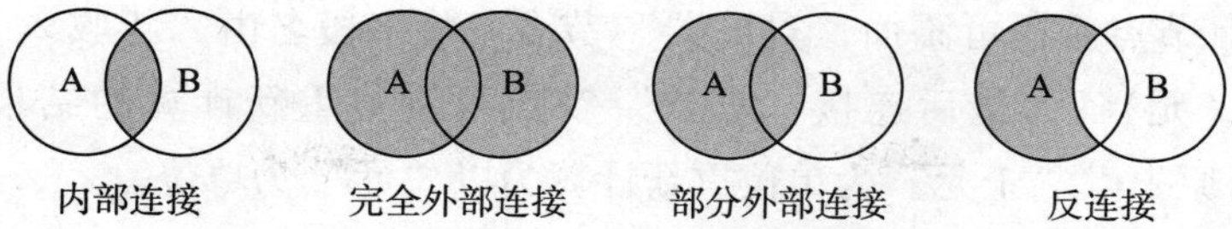

图 3-15　不同连接类型的集合示例

六、数据转换

数据转换根据数据分析的实际需要，按照一定规则对原有字段的取值作出恰当的变换，或在原有字段的基础上计算生成一系列包含更丰富信息的新字段。

（一）字段值的重新计算

字段值的重新计算是对字段原有取值的再加工，将原有值替换为重新计算的结果，可通过“字段选项”选项卡中的“填充”节点实现。

以“用户画像数据 . xlsx”为例，若要将“年收入（千元）”字段转换为“年收入（元）”，则需要将“填充”节点添加到数据流中（如图 3-16）。双击打开“填充”节点，点击“填入字段”右侧的下拉菜单按钮“ ”，选择要重新计算的字段，本例为“年收入（千元）”。通过“替换”菜单可选择重新计算的条件，若选择“根据以下条件”，可在条件框中输入相应的条件，满足条件的记录将被替换，本例选择“始终”，即对所有记录的“年收入（千元）”字段进行重新计算。接着通过“替换为”指定重新计算的计算方法，可以手动输入表达式，也可点击“启动表达式建构器”按钮，即“ ”，利用表达式建构器生成表达式。

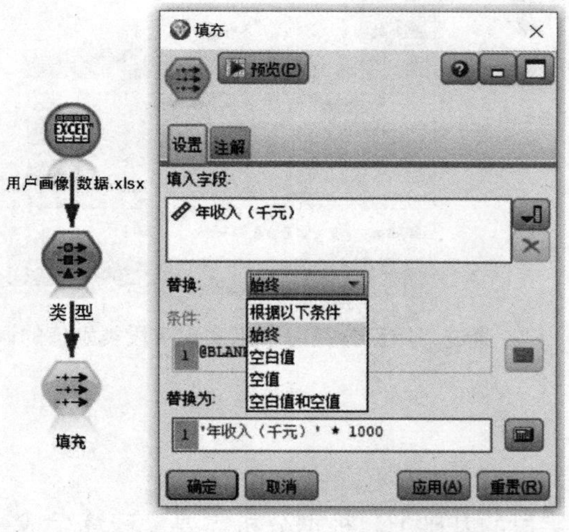

图 3-16　通过“填充”节点实现字段值的重新计算

在“填充”节点后还可添加“过滤器”节点，将字段名由“年收入（千元）”修改为“年收入（元）”，最后连接“表格”节点可浏览重新计算的结果，可以看到，“年收入”已由原先以“千元”为单位重新计算为以“元”为单位。

（二）字段类别值的调整

字段类别值的调整是根据实际分析需要，对分类型字段的类别取值重新编码，可利用“字段选项”选项卡中的“重新分类”节点实现。

此处，仍以“用户画像数据.xlsx”为例，若想将“性别”字段的取值由原先的“Female”和“Male”调整为“女”和“男”，则需将“重新分类”节点添加到数据流中（如图 3-17）。双击打开“重新分类”节点，通过“模式”选择对单个或多个字段的类别值进行调整，本例为“单个”，并在“重新分类字段”中选择“性别”。通过“重新分类为”中的“新字段”可将调整后的结果保存在以“新字段名”命名的新的字段中，本例选择“现有字段”，即把调整后的结果保存在原字段中。点击“重新分类值”下方的“获取”按钮，将“性别”字段原有的类别全部列在“原始值”中，然后在“新值”一栏中输入各类别转换后的新值。最后，可连接“表格”节点浏览字段类别值调整后的数据，可以发现“性别”字段的取值已被调整为“女”和“男”。

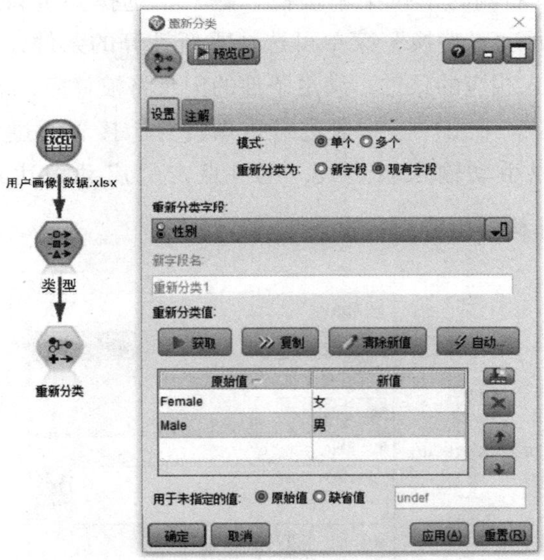

图 3-17 通过“重新分类”节点实现字段类别值的调整

（三）字段派生

字段派生是在原有字段的基础上，根据分析需要，计算生成一系列新的字段，可通过“字段选项”选项卡中的“导出”节点实现。

仍以“用户画像数据 . xlsx”为例，拟派生 3 个新的字段：一是由“年收入（千元）”字段派生出“收入水平”字段；二是由“消费水平（1—100）”字段派生出“是否高消费人群”字段；三是由“年龄”字段派生出“年龄段”字段。将“导出”节点添加到数据流中，双击打开“导出”节点。

1. 派生数值型的新字段

将“年收入（千元）”字段派生为“收入水平”的目的是对年收入进行标准化处理，将其转换为取值范围在 0—100 之间的相对值，从而直观地反映出某一用户在全体用户中的相对收入水平。此处的标准化方法可采用极差法，其公式为 $v'=(v-\mathrm{Min})/(\mathrm{Max}-\mathrm{Min})\times100$，其中 Min 为数据最小值，Max 为数据最大值。因此，要由“年收入（千元）”字段派生出“收入水平”字段，只需在“导出”节点的“导出字段”中输入拟派生的新字段名，即“收入水平”，然后在“导出为”中选择“公式”，并在“公式”输入框中输入相应的表达式，该表达式为（‘年收入（千元）’ - 30.0）/（274.0 - 30.0）* 100（如图 3-18）。连接“表格”节点便可看到数据集中新增了一个字段“收入水平”，其取值范围在 0—100 之间。通过该方法，还可实现由多个数值型字段计算派生出新的字段，十分方便。

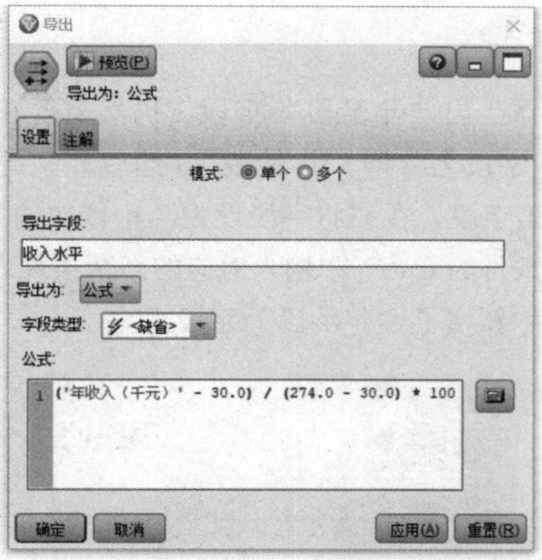

图 3-18　根据算术表达式派生新字段

2. 派生二分类型的新字段

由“消费水平（1—100）”字段派生出“是否高消费人群”字段，同样需要在“导出”节点的“导出字段”中输入拟派生的新字段名，即“是否高消费人群”。然后在“导出为”中选择“标记”，即派生出一个新的二分类型字段。在“true 值”中输入满足条件时对应的类别，本例为“高消费人群”，在“false 值”中输入不满足条件时对应的类别，本例为“非高消费人群”，然后在“以下情况时为 true”输入框中输入判断条件，由于本例将消费水平高于 50 的人群定义为高消费人群，故在输入框中填入：‘消费水平（1–100）’ > 50（如图 3–19）。连接“表格”节点便可看到数据集中新增了一个二分类字段“是否高消费人群”。

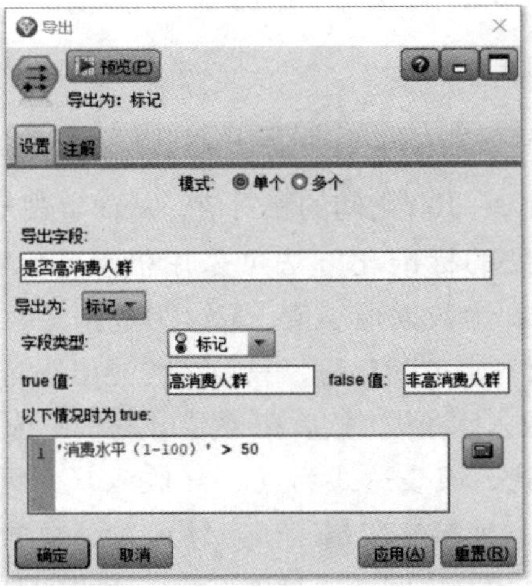

图 3–19　派生二分类字段

3. 派生多分类型的新字段

要通过“年龄”字段派生出“年龄段”字段，仍然需要在“导出”节点的“导出字段”中输入拟派生的新字段名，即“年龄段”。然后在“导出为”中选择“名义”，即派生出一个新的多分类型字段。在“将字段设为”中依次输入拟派生的新字段包含的全部类别，然后在“若此条件为 true”中输入对应的判断条件（如图 3–20）。连接“表格”节点便可看到数据集中新增了“年龄段”字段。

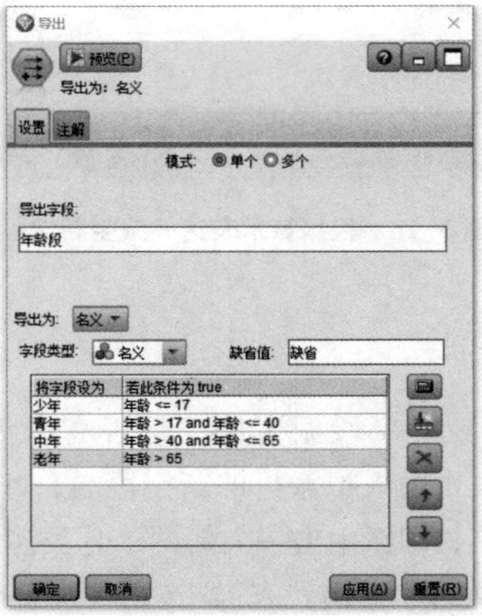

图 3–20　派生多分类字段

上述字段派生的完整数据流如图 3-21 所示，图中还展示了最后一个“表格”节点的输出结果，可以看到，数据集中新增了“收入水平”“是否高消费人群”和“年龄段”三个新的字段，它们均由原有字段派生而来。

	用户ID	性别	年龄	年收入（千元）	消费水平（1-100）	收入水平	是否高消费人群	年龄段
1	1.000	Male	19.000	30.000	39.000	0.000	非高消费人群	青年
2	2.000	Male	21.000	30.000	81.000	0.000	高消费人群	青年
3	3.000	Female	20.000	32.000	6.000	0.820	非高消费人群	青年
4	4.000	Female	23.000	32.000	77.000	0.820	高消费人群	青年
5	5.000	Female	31.000	34.000	40.000	1.639	非高消费人群	青年
6	6.000	Female	22.000	34.000	76.000	1.639	高消费人群	青年
7	7.000	Female	35.000	36.000	6.000	2.459	非高消费人群	青年
8	8.000	Female	23.000	36.000	94.000	2.459	高消费人群	青年
9	9.000	Male	64.000	38.000	3.000	3.279	非高消费人群	中年
10	10.000	Female	30.000	38.000	72.000	3.279	高消费人群	青年
11	11.000	Male	67.000	38.000	14.000	3.279	非高消费人群	老年
12	12.000	Female	35.000	38.000	99.000	3.279	高消费人群	青年
13	13.000	Female	58.000	40.000	15.000	4.098	非高消费人群	中年
14	14.000	Female	24.000	40.000	77.000	4.098	高消费人群	青年
15	15.000	Male	37.000	40.000	13.000	4.098	非高消费人群	青年
16	16.000	Male	22.000	40.000	79.000	4.098	高消费人群	青年
17	17.000	Female	35.000	42.000	35.000	4.918	非高消费人群	青年
18	18.000	Male	20.000	42.000	66.000	4.918	高消费人群	青年
19	19.000	Male	52.000	46.000	29.000	6.557	非高消费人群	中年
20	20.000	Female	35.000	46.000	98.000	6.557	高消费人群	青年

图 3-21　字段派生的数据流与派生后的数据集

七、数据归约

数据的海量性是大数据的典型特征，会影响数据分析和挖掘建模的效率。因此，数据归约是提高效率的有效途径，也是数据预处理阶段的重要工作。数据归约一般从两方面入手：一是压缩样本量，主要包括根据条件选取特定样本，以及借助随机抽样抽取样本；二是压缩字段的个数，主要借助统计方法降维，或依据相关性进行特征选择。

（一）压缩样本量

1. 根据条件筛选样本

根据条件筛选出满足条件的样本是压缩样本量的一种重要手段，可借助“记录选项”选项卡中的“选择”节点实现。此处仍以“用户画像数据 . xlsx”为例进行说明，目标是筛选出消费水平大于 50 的女性用户。

将“选择”节点添加到数据流中，双击打开“选择”节点，在“模式”中选择“包括”，即筛选出满足条件的样本，然后在“条件”中输入筛选条件，本例为性别 = “Female” and ‘消费水平（1—100）’ >50（如图 3-22）。连接“表格”节点可以看到筛选后的结果。

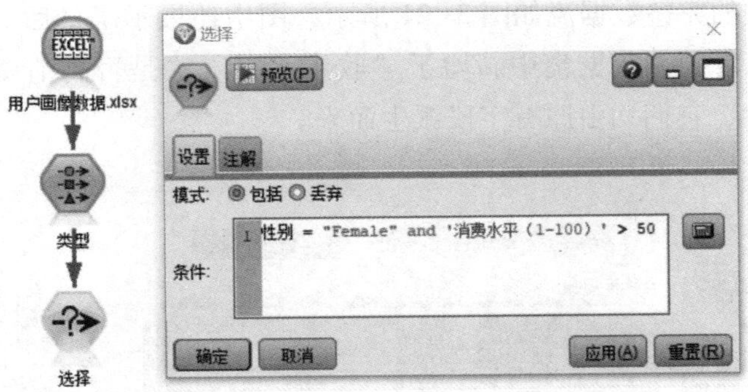

图 3-22 通过“选择”节点筛选符合条件的样本

2. 随机抽样

随机抽样是压缩样本量的重要手段，指在现有样本量的基础上，根据随机原则，抽取出部分样本，可通过“记录选项”选项卡中的“样本”节点实现。仍以“用户画像数据.xlsx”为例，此处的操作目标：一是随机抽取出70%的用户数据；二是对于男性用户和女性用户分别抽取70%的用户数据。

操作目标一对应的实际是简单随机抽样问题，总体中每个元素抽入样本的概率是相等的。操作目标二对应的则是分层抽样问题，即首先将抽样单元按某种特征或规则分类，然后再在不同的类中独立、随机地抽取样本。

（1）随机抽取出70%的用户数据

将“样本”节点连接到数据流中，双击打开“样本”节点。在“采样方法”中选择“简单”，模式选择“包含样本”，即保留抽取出的样本。在“样本”选项中，“第一个”表示取前n个样本，此方法不属于随机抽样；“n中取1”表示按照样本顺序，每隔

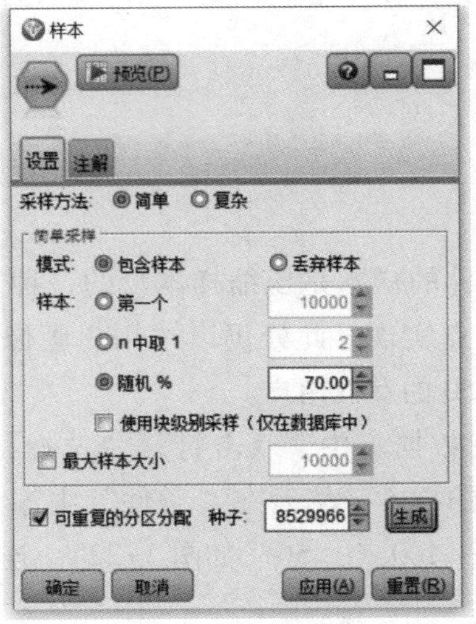

图 3-23 通过“样本”节点简单随机抽样

n个样本抽取1个样本，此方法为系统抽样的简化；“随机%”表示按简单随机抽样方法，抽取n%的样本。本例选择“随机%”，并在对应的输入框中输入70.00，表示按简单随机抽样方法抽取70%的样本。如果希望每次执行随机抽样的结果均保持一致，应勾选“可重复分区分配”，并单击“生成”按钮设置随机数种子（如图3-23）。连接“表格”节点可以看到抽样后的结果。

（2）对于男性用户和女性用户分别抽取70%的用户数据

对于分层抽样，应在打开“样本”节点后选择“采样方法”中的“复杂”。然后点击“聚类和分层”按钮，设置分层抽样的层（如图3-25），在打开的窗口中点击“分层方式”右侧的下拉菜单按钮，将“性别”选为分层依据。回到“样本”节点，“样本类型”选择“随机”，表示在每个层内随机抽取样本。“样本单位”选择“比例”，并在“样本大小”中选择“固定”，给定抽样比例“0.7”。同样，如果希望每次执行抽样的结果均保持一致，应勾选“可重复分区分配”，并设置随机数种子（如图3-24）。连接“表格”节点可以看到抽样后的结果。

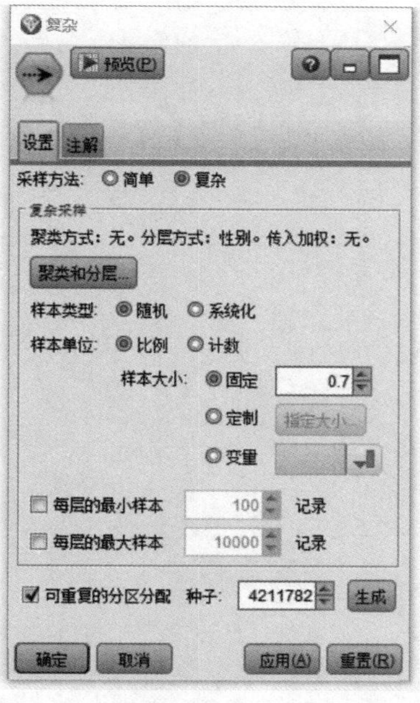

图3-24　通过“样本”节点分层抽样

图3-25　设置分层依据

（二）压缩字段个数

压缩字段个数也称变量精简、字段降维或特征选择，指在数据挖掘之前，通过分析所有字段，并选择重要且具有区分能力的字段作为输入的过程。该过程是必要的，因为若将不重要的字段也输入模型中，一方面会拉长模型学习的时间，增加模型的复杂度；另一方面模型的正确率也会受到一定的影响。

一般而言，判断字段重要性的方法有以下两种：一是靠专家的经验选择字段，二是自动化分析方法。具体而言，如果是分类模型，可以结合概念描述技术来加以判断；如果是预测模型，可以利用相关分析来加以判断；如果是分群模型，可利用主成分分析及因素分析来判断。篇幅所限，但涉及方法较多，此处不再过多展开。

思考题

1. 在实际工作中，本章介绍的所有数据预处理方法都是必需的吗？哪些数据预处理方法使用更加频繁？

2. 系统缺失值和用户缺失值的区别有哪些？如何处理缺失值？

3. 使用 SPSS Modeler 开展一次数据预处理工作，梳理数据预处理流程，解决遇到的问题并进行总结。

内容生产篇

第四章　数据新闻

本章概述

伴随着大数据时代的到来和人类计算能力的提高，传统新闻行业受到了互联网信息浪潮的深刻影响，数据新闻（Data Journalism）成为全球新闻行业中最重要的分支领域之一，大量转型中的传统媒体和新媒体机构普遍设立了专门的部门从事数据新闻的内容生产。数据新闻，又叫数据驱动新闻（Data-driven Journalism），强调运用数据分析与数据可视化等多种大数据技术，从数据中寻找故事并进行数据叙事，从而使数据升华为对公众更有价值的知识，增进公众对社会现实的理解。本章将首先介绍数据新闻的概念、特征与制作流程，明确数据新闻的选题思路，进而介绍数据新闻中常用的数据分析与可视化方法，以SPSS Modeler、镝数图表等为工具展开实践。

教学目标

1. 了解数据新闻的概念、特征、制作流程与选题思路。

2. 掌握数据新闻中常用的数据分析方法，熟练使用SPSS Modeler开展基础的数据分析工作。

3. 理解数据可视化方法与信息传达目标之间的对应关系，了解镝数图表、微词云等数据可视化工具的使用方法。

学习建议

通过浏览“网易数读”“澎湃·美数课”“谷雨数据”等新媒体账号发布的数据新闻以及中国数据新闻大赛的优秀获奖作品，加深对数据新闻的认知与理解。在完成本章学习后，尝试以独立或小组合作的方式制作一篇数据新闻，加强对数据新闻选题、数据采集与预处理、数据分析与可视化的实践能力。

一、数据新闻的概念与特征

（一）数据新闻的概念

自数据新闻的创立者、《华盛顿邮报》的软件开发人员阿德里安·哈罗瓦提（Adrian Holovaty）于2006年率先提出“数据新闻”的理念以来，数据新闻的概念在学界与业界不断发展。总的来说，“数据新闻”被认为是“一种运用计算机程序对事实材料和统计资料进行采集、分析和呈现的量化报道方式，也指一种通过上述方式生产的新闻品类”①。

要深刻理解数据新闻的概念，关键在于把握以下三个核心要素：

首先，数据新闻所涉及的“数据”远不止简单的“数字”，而是涵盖了能够被计算机程序所记录和分析的各种信息和统计数据。这意味着，并非所有包含数字的报道都能算作数据新闻，同样，不含数字的报道也可能属于数据新闻。在当前这个大数据时代，现实生活中的所有事物都可以被量化，并可以通过计算机程序进行深入的统计分析。对数据的重视，以及对数据的搜集、分析和呈现，构成了数据新闻的基石。媒体若想推行数据新闻业务，就必须首先在数据处理的理念和技术层面下功夫。

其次，数据新闻是一种由数据驱动的量化报道方式。如果仅仅单纯地罗列数据，而没有进行相应的量化分析，没能挖掘和展示数据背后的深层意义，这样的报道也不能称为数据新闻。在数据新闻的生产过程中，数据是串联整个报道叙事逻辑的关键链条，是支撑报道的核心证据。

最后，数据新闻既代表了一种报道方式，也代表了一种新闻品类。作为一种报道方式，数据新闻将新闻的洞察力和计算机的计算逻辑相结合，旨在帮助报道者深入解读数据信息，提供独到的见解。作为一种新闻品类，数据新闻通过结合量化的数据证据和具体情境中的事实材料，塑造出一种别具一格的新闻报道风格。

（二）数据新闻的特征

数据新闻是大数据时代新闻学发展的新领域，包含了以下特征。

1. 致力于服务公众利益

大数据背景下整个社会充斥着数据信息，如果没有媒体作为沟通的桥梁，公众就难以理解这些庞大、零散的数据到底有何意义，与自身又有何联系。数据新闻的宗旨就是帮助公众进行信息的提纯和加工，进而从纷繁复杂的数据中理出头绪和规律，从而理解这些数据是如何影响我们每个人的日常生活的。

---

①方洁．数据新闻概论：操作理念与案例解析（第二版）［M］．北京：中国人民大学出版社，2019：3.

2. 建立在开放数据之上

数据新闻的根基在于获取政府和社会机构所提供的开放数据。如果政府和社会机构没有公开信息或者没有以开放数据的标准向全社会开放大量的权威数据，那么即使有再高深的数据处理与可视化技术，数据新闻也将成为“无米之炊”。因此，数据的可获取性是数据新闻能够存在和发展的必要条件。

3. 以数据分析和处理引领报道逻辑

数据新闻利用先进的软件工具对数据进行深入分析，探索数据间的结构性关联，挖掘宏观和抽象的数据背后蕴含的深层次社会意义，并将其作为数据新闻报道的基本叙事逻辑。这是数据新闻有别于一般新闻的核心特征。

4. 强调可视化的呈现形式

数据新闻通过数据可视化，以生动、形象的视觉元素将复杂、抽象的数据转化为易于理解的形式，使得读者能够直观理解数据背后的故事。尽管数据可视化是数据新闻的重要呈现形式，但并非唯一途径，故不应简单地将两者等同起来。

二、数据新闻的制作流程

从数据新闻的生产过程来看，数据新闻的制作一般由四个步骤组成：第一步，确定数据新闻选题；第二步，数据的收集和整理；第三步，数据的分析和解读；第四步，数据新闻写作与可视化呈现[①]。

制作数据新闻的第一步是确定选题。虽然数据新闻也叫作数据驱动新闻，但并不意味着数据新闻的选题一定要先有数据，然后再从数据中找寻有新闻价值的选题。所谓的数据驱动，在选题层面更多体现在数据新闻的选题必须要有高质量的数据为支撑才能够落地，没有数据或缺失数据的某些关键维度都有可能导致选题无法完成。找数据和定选题往往是相辅相成的过程，有一部分数据新闻的选题是在探索数据的过程中逐步产生的，也有一部分数据新闻的选题是在结合某些热点事件或编辑/读者感兴趣的话题的基础上，再去寻找相应的支撑数据逐步形成的。

制作数据新闻的第二步是收集和整理。在数据新闻制作过程中，记者和编辑需处理的素材主要是一系列看似零散和不相关的数据，而非传统新闻报道中具体的新闻事件。

制作数据新闻的第三步是分析和解读。如何通过采集、分析数据资料，从中挖掘出具有新闻价值的内容，并使用易于理解的方式巧妙地进行展示，是制作高质量数据新闻报道的关键[②]。

---

①张伦，王成军，许小可．计算传播学导论［M］．北京：北京师范大学出版社，2018：182.

②方洁．数据新闻概论：操作理念与案例解析（第二版）［M］．北京：中国人民大学出版社，2019：39.

制作数据新闻的第四步是写作与可视化呈现。业界知名的数据新闻记者米尔科·劳伦斯（Mirko Lorenz）将数据新闻的制作看作一个数据价值提升的过程，它从数据开始，进行过滤与可视化，最终形成故事（如图 4-1）。从数据价值的角度来看，原始数据（Data）通常混乱无序，鲜有读者愿意耐心审视每一项枯燥的原始数据；经过清洗过滤（Filter）之后，尽管有新闻价值的数据变得有序和显露起来，但它仍停留在表象层面；借助可视化（Visualize）手段呈现数据，能让读者便捷地把握数据中的规律和不同影响因素之间的关联，但这还不足以揭示整个故事的来龙去脉；唯有通过撰写数据新闻报道（Story），将数据的价值发挥到极致，才能使读者深入理解事件背后的深层原因和运作机制。在这个过程中，原始数据被转化为有意义的内容，相应地，其对公众的价值就增加了，特别是当复杂的事实被浓缩成一个清晰的故事时，它就很容易被人们理解和记住。

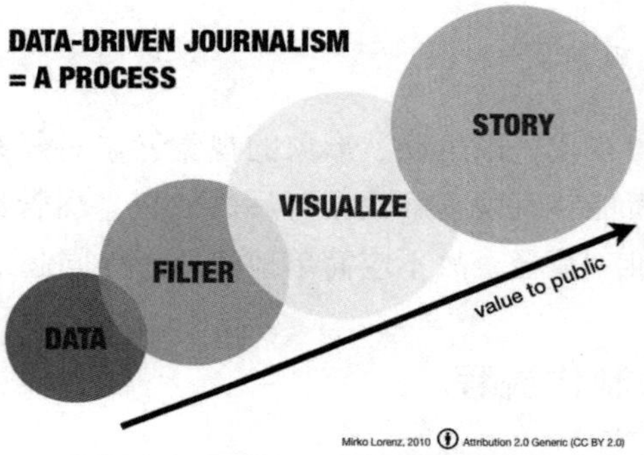

图 4-1 米尔科·劳伦斯绘制的数据新闻制作流程图①

曾在《卫报》、推特和谷歌工作过的资深数据新闻编辑西蒙·罗杰斯（Simon Rogers）也将数据新闻的制作流程划分为四个步骤（如图 4-2）：一是分享数据（Share Data），从突发新闻报道、政府数据、记者的调查等各种渠道获取数据。二是整理和清洗数据（Spread Sheets），获取数据后要对数据进行初步的分析，识别数据的用途，看其能否与其他数据源相互关联，看其是否需要增加新的数据，以及如何通过该数据更好地展现变化趋势。然后进行数据清洗，修正无效、冗余、错误的信息，为进一步分析数据做准备。三是分析数据（Perform calculations），该环节将运用计算方法找出数据中是否存在有价值的新闻，此外还要对整个分析过程做细致的检查，在必要时重新计算数据。四是呈现数据（Output），将数据新闻用文字报道、发布原始数据、信息图表、可视化等方式呈现出来。

①LORENZ M. File：Data-driven journalism as process. jpg［EB/OL］.（2011-2-28）［2023-12-28］. https：//commons. wikimedia. org/wiki/File：Data-driven_ journalism_ as_ process. jpg.

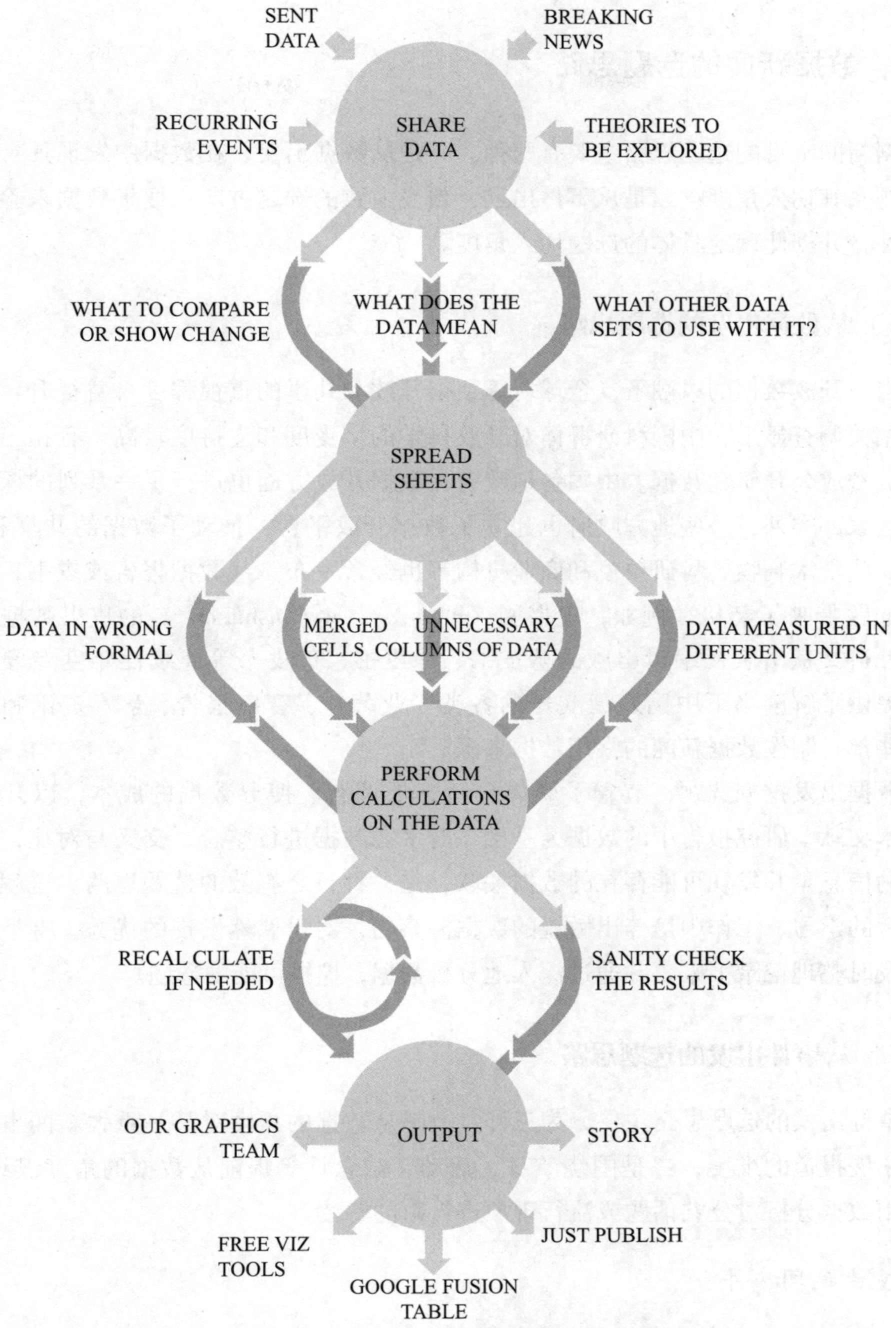

图 4-2　西蒙·罗杰斯发布的数据新闻制作流程图①

①ROGERS S. A data journalism workflow [EB/OL]. (2013-1-27) [2023-12-28]. https: //simonrogers. net/2013/01/27/a-data-journalism-workflow/comment-page-1/.

三、数据新闻的选题思路

数据新闻常见的选题思路主要有两种：一是从数据出发，在数据中发现具有新闻价值的选题及其切入角度；二是从事件出发，预设大致的选题方向，搜集数据来验证选题的可行性，并据此确定具体的选题切入角度。

（一）从数据出发的选题思路

在当前开放数据的风潮下，全球对于数据开放和共享的重视程度日益提升。就中国而言，相关调查显示，中国科研群体对开放科学的接受度和支持度较高，有相当比例的科研人员赞成公开研究数据。中国各地政府在数据开放方面也进行了一系列的探索和实践，除国家部委外，一些地方政府也建立了数据开放平台，推动了数据的共享和利用。此外，一些学术刊物、科研单位和商业机构等也经常发布一些数据报告或皮书，给数据新闻的选题带来了契机。例如，皮书网（https：//www. pishu. cn/）的皮书数据库不仅提供了社科文献出版社编辑出版的蓝皮书、绿皮书、黄皮书等连续性年度专题研究报告，还提供了解读当下中国发展变迁的各类专业著作、智库报告、学术资讯和调研数据，这些都是制作数据新闻的常用数据来源。

从数据出发挖掘选题，节省了媒体自己开展调查、搜寻数据的成本，以开放数据库、学术文献、研究报告中的数据为基础，对多源数据进行整合、交叉与对比，从而挖掘其中的信息量并发现可能存在的数据关联，是一种行之有效的选题思路。这就要求我们在日常的学习、工作中培养出敏锐的数据洞察力，对于偶然发现的优秀、有趣的数据集，要及时整理记录下来，并通过深入地分析数据，挖掘可能的选题。

（二）从事件出发的选题思路

从事件出发的选题思路主要分为三种：一是从数据的角度对某一重大新闻事件进行解释，拓展报道的维度；二是围绕节日、活动、纪念日等提前从数据的角度谋划选题；三是运用数据分析对公共话题或流行现象进行新的解读。

1. 重大新闻事件

在重大新闻事件发生时，媒体通常会从多个视角进行全面报道。数据新闻创作者也可以此为契机，通过探索与事件核心主体相关的数据，寻找选题的切入点。一般来说，当新闻发生时，公众最关心的主要是五个“W”与一个“H”，即何人（Who）、何事（What）、何时（When）、何地（Where）、何故（Why）和如何（How）。数据新闻的选题便可从这几个要素切入。

值得注意的是，数据通常在描绘和呈现事物状态方面表现出色，但在原因分析方面则不那么在行。因此，在制作数据新闻时，我们必须谨慎求证，避免草率作出结论，误导读者。但是，这并不妨碍媒体从探究事件原因的角度策划选题，恰当使用数据同样能够对事件的原因进行有效的阐释。

例如，2023 年 12 月 18 日甘肃临夏州积石山县发生 6.2 级地震，造成上百人遇难。20 世纪以来，中国先后发生过约 800 次 6 级以上地震，但伤亡如此惨重的地震并不多见。在震后的第二天，“澎湃·美数课”发表了数据新闻《一图直击甘肃积石山地震》（见图 4-3），从数据的角度切入回答了“为什么”的问题，总结了“6.2 级地震威力并不算小”“浅源地震破坏力极大”“逆冲型地震的震动更强”“震中离居民区太近”“地震烈度超过当地建筑设计抗震能力”等多方面原因，为心系地震灾区的公众梳理出此次地震伤害如此之高的影响因素。

2. 节日、活动、纪念日

对新闻媒体而言，重要的节日庆典、大型活动，以及重大新闻事件的周年纪念，都属于报道中的常规选题。这类报道往往可以事先进行策划，使得媒体有足够的时间进行深入报道。在处理这类话题时，常见的做法是采用纵向对比的视角，通过历史数据进行深入解读和分析。

例如，2023 年笔者指导学生完成的数据新闻报道《淡淡药香，浓浓深情：中医药建起“一带一路”健康桥梁》就属于此类选题，该作品在第八届中国数据新闻大赛中获得二等奖。2023 年正值“一带一路”倡议提出十周年，“一带一路”涉及经济、贸易、文化、教育、医疗等众多领域，该作品作为一篇数据新闻报道，显然难以面面俱到。鉴于 2023 年恰逢中国援外医疗队派遣 60 周年，结合这一重要的时间节点，创作团队将选题聚焦于“中医药”这一具体切口。通过对国家统计局、中国一带一路网、《共建“一带一路”中医药领域国际合作发展报告（2023）》白皮书等多源数据的整合分析与可视化呈现，该作品以历时性的角度展示了“一带一路”上中医药文化的“引进来”与“走出去”，探索了“一带一路”沿线中医药发展的更多可能性。

3. 公共话题或流行现象

我们的日常生活中存在着许多具有公共价值的话题与值得公众关注的流行现象。关于这些话题与现象，可能已经有媒体进行了报道，但还没能完全吸引公众的注意，又或者报道内容缺少从数据层面进行的深入的分析与解读。此时，从数据的视角切入，运用数据分析技术进行更为深入的研究，可以使这些议题焕发出新的生命力，激发起公众对这些问题更广泛的兴趣和认识。

例如，随着经济的发展和社会结构的变迁，中国的城市化进程带来了巨大的人口流动。在中国快速的城市化和老龄化交织的背景下，一个特殊的群体“老漂族”逐渐走进了公众视野。这个群体主要由那些为了支持子女事业、照料孙辈而离开自己熟悉的家乡，来到陌生城市的老年人组成。对于老年人群，这种流动带来的不仅仅是物理空间的转移，更是生活方式和社交环境的巨大变化，他们在城市生活中面临着多重适应性挑战，社交媒体成为他们沟通交流与维持关系的主要方式。关注“老漂族”这一人群，笔者指导学生制作了数据新闻《“老漂”：家族在指尖》，通过对调研访谈等一手数据与论文报告中的二手数据进行深入分析，从数据角度解读了“老漂族”的社交媒体使用行为及其在建构、维系家族亲密关系中的重要作用，尝试唤起更多人对身边的“老漂族”和他们心理需求的关注。该作品获得了第九届中国数据新闻大赛一等奖，并在新华报业网、交汇点 App 等主流媒体平台发布，获得了不错的社会反响。

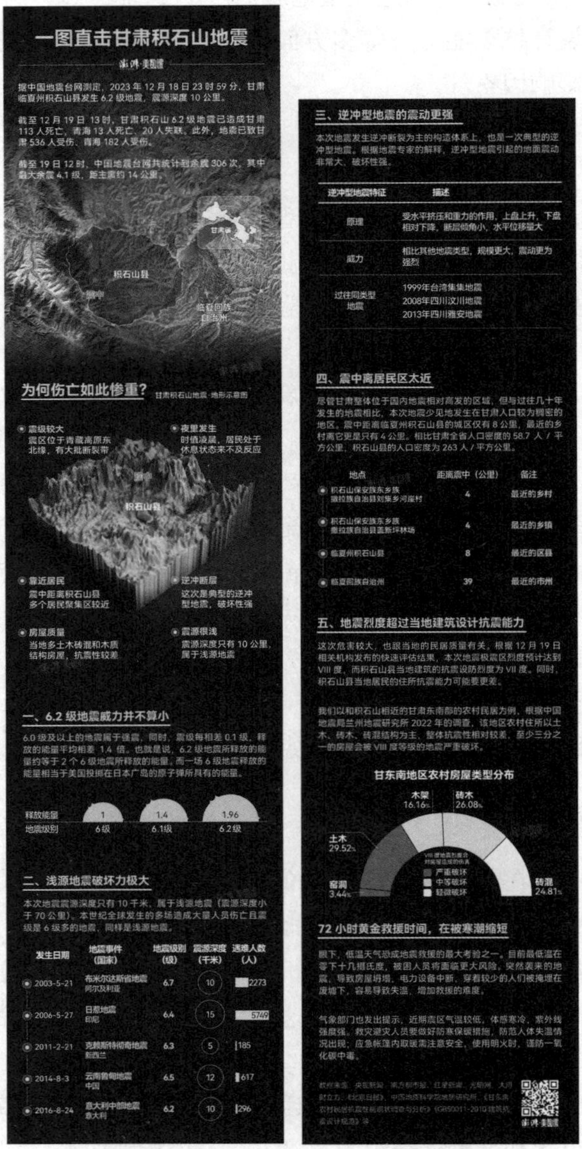

图 4–3 “澎湃 · 美数课”发表的《一图直击甘肃积石山地震》

图 4-4　《“老漂”：家族在指尖》部分截图与二维码

（三）选题的注意事项

综合上述选题思路，数据新闻的选题有以下四点注意事项。

首先，选题须具有新闻性，内容要能吸引公众注意，唤起共鸣。数据新闻作为新闻的一种形式，缺乏新闻性的内容无法激起传播。特别是基于个人兴趣选择非时效性话题时，这些选题必须深入考虑公众的关注度，尽量寻找个人兴趣与公共话题的交集，而非全然依赖个人偏好。

其次，选题应可以被数据描述和量化。数据新闻区别于传统新闻报道的本质特点就在于其注重对数据的收集、分析与呈现，是一种量化报道方式。因此，选题必须能够通过数据来描述和量化，否则很难以数据新闻的方式进行呈现。

然后，选题使用的数据必须精确可靠，并且能够被创作者以合理合法的方式获取和分析。没有数据支撑，即便选题再好，也无法落实。

最后，选题必须契合社会主义核心价值观，遵守国家的法律法规，重视伦理道德与社会文明风尚，避免侵犯他人的合法权益。这是在选题过程中必须坚守的原则和底线。

四、数据分析方法与思路

根据数据新闻的制作流程，确定选题后的第二个步骤就是收集和整理数据，相关内容在本书第二章和第三章中已有详细说明，此处不再赘述。本节将主要介绍制作数据新闻的常用数据分析方法和思路，以及如何使用 SPSS Modeler 进行基础的数据分析。在制作数据新闻的过程中，数据分析的主要目标是采用适当的方法对数据做不同维度的计算和解读，以求最大化地提炼数据背后的信息，揭示报道对象的内在规律。需要指出的是，数据新闻的制作与学术研究不同，不追求复杂的统计分析方法，而是较多地使用描述统计等较为基础的方法分析数据。

（一）基本的统计分析方法

1. 频数分析

基本的统计分析往往从频数分析开始。通过频数分析能够了解变量的取值状况，其对读者把握数据的分布特征十分有用。频数分析通常采用的指标有频数、百分比和百分比变化。

（1）频数

频数又称次数，指变量值中代表某种特征的值出现的次数。例如：在新闻报道中统计某一支球队在某一时间段内，获得冠军的频数。

（2）百分比

百分比是相对数中的一种，所谓相对数，表示为一个数占另一个数的比率。在制作数据新闻时，使用百分比特别需要注意的是，只有明确基数的百分比才有意义。例如："非机动车安全事故的百分比为 14%" 这一表述是错误的，因为没有交代这个百分比是基于哪个总数计算得来的。这里的 14%到底是占交通安全事故的百分比，还是占所有安全事故（包括交通安全事故、生产安全事故、医疗卫生安全事故等）的百分比，并不明确。

（3）百分比变化

用新数值减去旧数值的差除以旧数值，就得到了百分比变化。百分比变化能够让读者清楚地了解数值随着时间推移产生了怎样的相对变化。"环比" 和 "同比" 是两个在新闻报道中常见的描述百分比变化的术语，是反映增长速度最基础、最核心的数据指标。

"环比" 是与上一个相邻统计周期相比较，表明统计指标逐期的发展变化。环比增长率是指本期和上期相比较的增长率，计算公式为环比增长率＝（本期数−上期数）/上期数×100%。例如：中国 2023 年第三季度的国内生产总值为 319 992. 3 亿元，2023 年第二季度的国内生产总值为 308 037. 6 亿元，那么环比增长率为（319 992. 3−308 037. 6）/308 037. 6×100%＝3. 88%，即中国 2023 年第三季度的国内生产总值环比增长 3. 88%。

"同比" 是以上年同期为基期相比较，即本期某一时间段与上年同一时间段相比。同比增长率是指本期和上一年同期相比较的增长率，计算公式为同比增长率＝（本期数−同期数）/同期数×100%。例如：中国 2023 年第三季度的国内生产总值为 319 992. 3 亿元，2022 年第三季度的国内生产总值为 309 270. 6 亿元，那么同比增长率为（319 992. 3−

309 270. 6）/309 270. 6×100% = 3. 47%，即中国 2023 年第三季度的国内生产总值同比增长 3. 47%。

2. 集中趋势分析

为了简化对于一个变量的了解，很多时候我们希望通过一个典型的变量值或者特征值来代表变量的全貌。例如，为了了解当前青年人的结婚年龄，相较于列出每个年龄结婚的青年人的频数或百分比，我们更倾向于通过一个典型的数值来概括性地描述当前青年人的结婚年龄。这个典型的变量值或特征值就称作集中值或集中趋势。当然这样做的结果是会牺牲变量的某些信息，我们的目的就在于选择这样的集中值，使它在估计变量时所产生的误差最小。根据这样的原则，一般有三种方法来选择集中值。一是根据平均：常见的有用平均成绩来代表一所学校、一个班级的水平。二是根据居中：举例说，如果一个城市的居民生活水平，居中的是小康家庭，那么就用小康家庭来代表一个城市的生活水平。三是根据频次：哪个变量值具有的频次最多，就选择哪个变量值。例如，一个城市有多种产业，但如果以旅游业为最多，那就称其为旅游城市①。以下给出描述集中趋势的统计量。

（1）均值

均值又称平均数，是最常用到的统计量，计算公式为 $\bar{X} = \frac{\sum X_i}{N}$，式中 $\sum X_i$ 表示所有样本的变量值之和，N 为样本量。

换句话说，均值的计算只需将所有样本的变量值累加再除以样本的数量。这反映了均值所具有的特点，即均值利用了全体数据，每一个样本的变量值都参与到了均值的计算中来，使得其能够反映样本的总体情况。但这也使得均值的大小易受到数据中极端值的影响。

（2）中位数

将一组数据按升序排列后，处于中间位置上的数据值就是中位数。如果数据总数是偶数个，中位数就是最中间两个数值的平均数。

由于中位数考虑了变量的顺序和居中位置，因此它和总体的频次分布有关。但由于它只考虑居中位置，其他变量值比中位数大多少或者小多少对其并没有影响，因此它不如均值灵敏。一般而言，中位数在数据分布比较平衡时，与均值接近，但是当数据分布差异较大时，特别是有少数数据大幅高于或低于其他数据的时候，使用中位数更容易反映群体的中间水平。例如，对于工资收入而言，中位数相较于均值更能反映普通人的一般水平。

（3）众数

众数即一组数据中出现次数最多的数据值。在新闻报道中，虽然往往不会直接使用

---

①卢淑华．社会统计学（第四版）［M］．北京：北京大学出版社，2009：43.

众数这一术语，但众数的思维方式却很常见。例如，报道什么事物、什么现象最普遍、最流行，某种意义上说的都是众数。

3. 离散程度分析

离散程度是指一组数据远离其中心值的程度。单纯以均值等中心值刻画数据并非尽善尽美，还应该考察数据分布的疏密程度，即考察所有数据相对于中心值分布的疏密程度。如果数据紧密地集中在中心值的周围，即数据的离散程度较小，则说明这个中心值是刻画全部数据的代表，中心值对数据的代表性好；相反，如果数据仅是比较松散地分布在中心值的周围，即数据的离散程度较大，则表明中心值不具有代表性。因此，中心值和关于中心值的疏密程度共同作用才能给出数据比较全面完整的描述①。常见的刻画离散程度的描述统计量有极差、样本方差和样本标准差等。

（1）极差

极差也叫全距，指数据集中的最大值与最小值之差。极差小表示数据比较集中，极差大表述数据比较分散。极差计算方便，但由于其是由数据集两端的变量值决定的，因此个别远离群体的极值会极大地改变极差，以使其不能真正地反映数据整体的离散程度。

（2）样本方差

样本方差的计算公式为 $S^2 = \frac{\sum (X_i - \bar{X})^2}{N - 1}$。

由样本方差的计算公式可知，样本方差在一定程度上刻画了数据关于均值的平均离散程度。样本的方差越大，说明变量值之间的差异越大，距均值这个中心值的离散趋势越明显。也即样本方差越大，数据的波动越大，越不稳定。

（3）样本标准差

样本标准差是样本方差的算术平方根，计算公式为 $S = \sqrt{S^2}$。与样本方差类似，样本标准差同样刻画了数据关于均值的平均离散程度。样本标准差越小，说明这组数值就越聚集在均值附近；样本标准差越大，说明这组数值的差异就越大，距均值这个中心值的离散程度就越明显。

样本方差和样本标准差都是用来衡量数据离散程度的重要指标，由于样本标准差是根据样本方差计算而来的，因此在实际使用中，只需使用样本方差或样本标准差中的一个，就能够了解数据的离散程度。另外，样本方差和样本标准差除了算法不同以外，二者的主要区别就在于样本方差没有计量单位，而样本标准差有计量单位。例如：我们可以说考试成绩的标准差为 2.5 分，但根据数学定义，考试成绩的方差单位变成了“分”的平方，而这样的计量单位显然是没有实际意义的。

---

①薛薇．统计分析与 SPSS 的应用（第四版）［M］．北京：中国人民大学出版社，2014：80.

（二）常用的数据分析思路

在数据新闻中有一些常用的数据分析思路①。

1. 对比分析

对比分析是指将两组或多组数据置于同一基准下进行比较，通过辨析它们之间的差异来揭示数据所代表的事物的发展趋势和变化模式。这种分析策略在数据新闻中尤为常见，数据记者经常采用它来深入理解数据背后的故事。

对比分析可以采取两种不同的视角：横截面比较和趋势比较。横截面比较指的是在固定的时间点上，对不同群体或指标进行对比，这种分析又被称为静态比较。而趋势比较则是针对相同的群体或指标，对各个不同时间点的数据变化进行追踪分析，这种分析方式也被称作动态比较。前文提到的“环比”和“同比”都属于趋势比较，是一种动态比较。

例如，在“网易数读”发表的数据新闻《研究生比本科生还多，我的学历成一张废纸了吗》既采用了横截面比较也采用了趋势比较（如图 4-5）。通过纵向的趋势比较，作者发现全国硕士研究生的招生规模一直在不断增加，2022 年的招生人数比十年前整整翻了一番。通过横截面比较，作者对 2016 届本科毕业五年后学历提升和未提升人群的月收入进行了对比，发现研究生比本科生普遍拥有更高的月收入，一定程度上解释了“考研热”的原因。

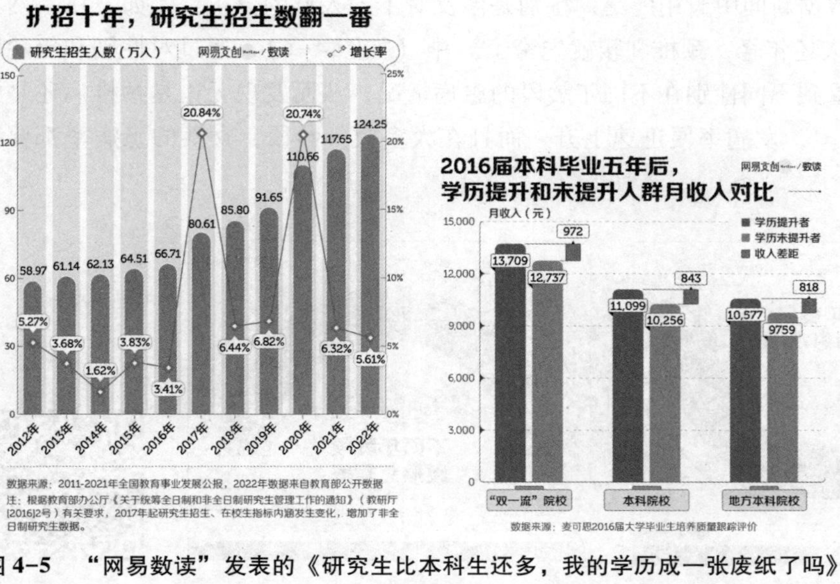

图 4-5　“网易数读”发表的《研究生比本科生还多，我的学历成一张废纸了吗》部分截图与二维码

---

①方洁．数据新闻概论：操作理念与案例解析（第二版）[M]．北京：中国人民大学出版社，2019：154-159.

最后需要说明的是，在开展对比分析时，首先需要确保所比较的对象之间具备可比性。此外，还必须确保所使用的统计指标在口径、范围、计算方式和计量单位方面保持一致。如果使用不同的单位或标准进行衡量，就会导致分析结果的偏误。例如，由于通货膨胀的影响，相距时间较远的两个时间段的收入数字不能简单地以绝对值进行比较。又比如，由于人口数量的不同，两个地区的犯罪数也不能直接加以对比。

2. 分组分析

分组分析是根据数据分析对象的特征，按照一定的标准，把数据分析对象细分为多个类别和层级来进行研究的。分组分析通常与对比分析相结合，以揭示数据内在的联系和规律。

分组的依据主要包括两类：一是如果分析对象可按照某一属性划分为多个类别，则可将该属性作为分组依据。例如，分析对象可根据“性别”划分为“男性”和“女性”，那么“性别”就可以作为分组依据。二是可将分析对象的某些数值型属性通过离散化（也叫作分箱）转变为类别型属性，从而将其作为分组的依据。例如，将“年龄”这一数值分离出 4 个区间：（0，17]、（17，40]、（40，65]、（65，120]，分别对应“少年”“青年”“中年”“老年” 4 个类别，便能转变为类别型属性“年龄段”。那么在后续的分析中，就可将“年龄段”作为分组依据。使用 SPSS Modeler 进行数据离散化的方法详见第三章第六节。需要说明的是，将数值型属性离散化的前提，是数值型属性在较低数量级上的取值差异看作可被忽略的小的随机波动，约简和消除这种小的随机波动对数据分析没有影响。

分组分析在数据新闻中应用广泛，特别是涉及对不同人群的分析。例如，在“网易数读”的报道《人还年轻，颈椎和腰就先垮了》中（如图 4-6），通过对性别和年龄段进行分组，可以看到不同性别在不同年龄段的患病情况，从而发现无论是颈椎病还是腰痛，一旦过了 40 岁，发病率便迅速上升，而且在大多数年龄段，女性的患病率都要高于男性。

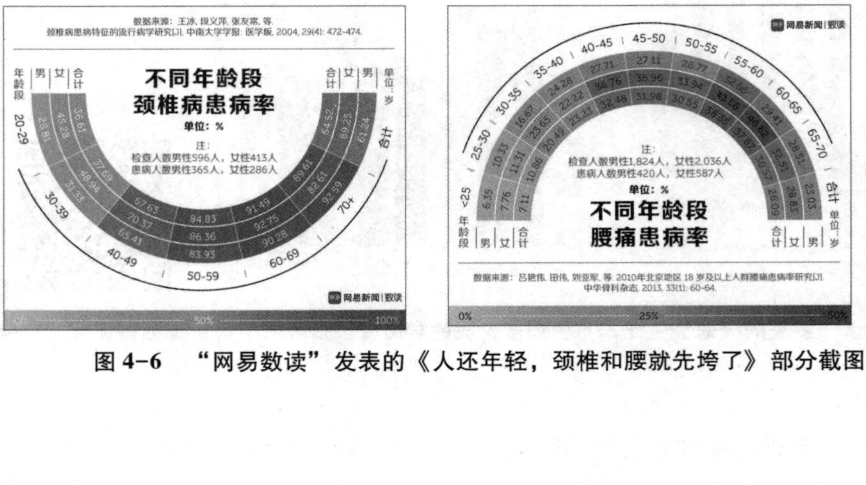

图 4-6 “网易数读”发表的《人还年轻，颈椎和腰就先垮了》部分截图与二维码

3. 结构分析

结构分析是一种通过比较总体内的各个部分与总体规模之间的比例关系来进行的分析方法。结构分析通常也涉及对分析对象的分组，但这种分析的主要目的是帮助我们了解各个部分在总体中的分布情况，通常以百分比或其他相对度量形式来表示。

结构分析同样在数据新闻中应用广泛。例如，“网易数读”和广东共青团联合发布的数据新闻《抗战 14 年，中国的损失有多大》，采用结构分析，呈现了抗日战争中中国人的伤亡构成（如图 4-6）。分析指出，抗战期间，中国军民伤亡人数 3500 万以上。在十四年抗战中，上千万中国士兵前赴后继，用血肉之躯筑起抵挡日本侵略者的“长城”，有约 400 万伤亡。但这只占了抗战时期中国人伤亡人数的一成，中国百姓承受了巨大的伤害。他们或是死于日军的奸杀掳掠，或是倒在了艰险的逃难途中。此外，中国还有大量的壮丁、劳工也因为这场战争失去了生命。

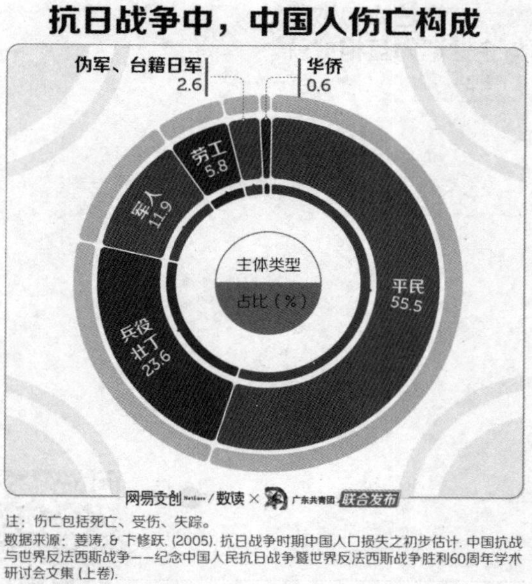

图 4-7　“网易数读”和广东共青团联合发布的《抗战 14 年，中国的损失有多大》部分截图与二维码

4. 相关分析

相关分析是研究变量相关性的统计学方法。相关性体现的是两个现象之间相互关联的程度。例如：在夏天，温度的高低与冰激凌的销量就存在相关性，温度升高时，冰激凌销量一般也会提升。当一个变量的值增加或减少时，另一个变量的值也随之增加或减少，这样的相关关系称为“正相关”（例如：身高和体重的关系），反之则是“负相关”（例如：锻炼和体重的关系）。当变量之间的相关关系的散点图中的点接近一条直线时，称为“线性相关”；当变量之间的相关关系的散点图中的点接近于一条曲线时，则称为“非线性相关”。

相关分析在数据新闻中的使用不如其他分析方法常见，但它对于揭示两种现象之间的联系能起到非常好的作用。例如，“网易数读”的报道《二线城市抢人大战，拼的到底是什么》，通过分析各省常住人口与仍然存续的企业数量之间的相关关系，发现常住人口越多的省份，商业往往越为活跃，充足的经济活力又会吸引人口流入，形成正循环（如图 4-8）。分析指出，由于常住人口对企业而言具有劳动力和消费者的双重属性，常住人口和企业数量还呈现了图中平方级的相关关系，而不仅是简单的线性关系。这就论证了各个二线城市近几年开始积极抢人的原因。

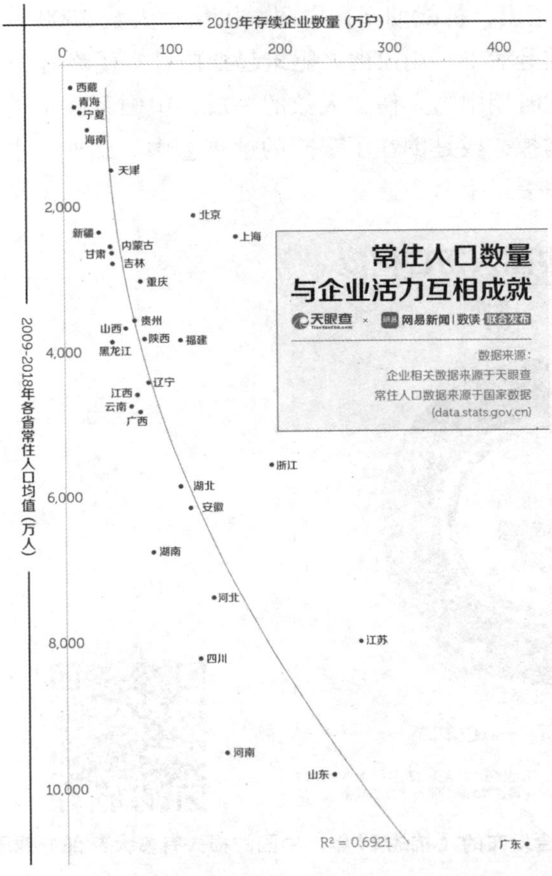

图 4-8 “网易数读”发表的《二线城市抢人大战，拼的到底是什么》部分截图与二维码

最后，在相关分析时需要注意的是相关关系并不等于因果关系，即两个变量存在正相关或负相关的关系，并不代表其中一个变量的改变是由另一个变量的变化引起的。例如：调查发现，城市学生的高考成绩和家庭住房面积呈正相关关系，但这句话的意思并不是说，望子成龙的家长换套更大的房子，孩子的成绩就能提高，也不是说，学生住大房子有助于提高学业成绩。对上述相关性最符合逻辑的解释可能是，家境殷实的家庭有能力购买更大的房子，也能够在孩子的学业上投入更多，使其在考试中发挥出色。家庭住房面积和考试成绩很可能都是由第三个变量——家庭的经济条件所决定的。当然，在进行进一步的调查之前，这仍然是我们的推测，最终的结论需要数据去证实。

（三）SPSS Modeler 数据分析实践

1. 案例一

世界卫生组织推荐成年人和儿童糖的摄入量应控制在摄入总能量的 10%以下，相当于每天食用糖不超过 50 克；最好控制在 5%以下，也就是不超过 25 克。《健康中国行动（2019—2030 年）》也提倡每日糖摄入量不超过 25 克。然而，相关调查显示，我国糖的消费量逐年增加，过量摄入糖会导致肥胖、龋齿、糖尿病等一系列健康风险。随着健康观念的提高，越来越多的人已经有了控糖理念。但殊不知，糖在许多时候正以我们没有意识到的方式被我们悄悄摄入。例如，随着生活水平提高和消费能力增强，越来越多的人“以饮料代水”，这样的行为会带来多大的健康风险？这是一个值得关注的数据新闻选题。

带着上述疑问，我们收集了市场上常见的 20 款非无糖类饮料的营养成分表，统计了每种饮料的含糖量（g/100ml，对于未标注含糖量的采用碳水化合物指标），见数据“常见饮料含糖量 . xlsx”（扫描二维码下载数据）。该数据包含三个字段，从左到右依次为“饮料类别”（包括碳酸饮料、果汁饮料、茶饮料、奶咖饮料、运动饮料）、“饮料名称”和“含糖量（g/100ml）”。接下来，本书将介绍如何用 SPSS Modeler 对常见饮料的含糖量进行描述统计和分组分析，以为公众了解上述问题提供相应的知识。

（1）描述统计

将数据通过“Excel”源节点和“类型”节点导入并实例化后，将“输出”选项卡中的“Statistics”节点连接到数据流中。双击打开“Statistics”节点设置参数（如图 4-9）。其中，通过“检查”右侧的下拉菜单按钮选择要对哪个字段计算描述统计量，本例为“含糖量（g/100ml）”；通过勾选“Statistics”中的选项，选择要计算哪些描述统计量，可以包括计数、平均值、合计、最小值、最大值、范围、方差、标准差、标准平均误差、中位数、众数。

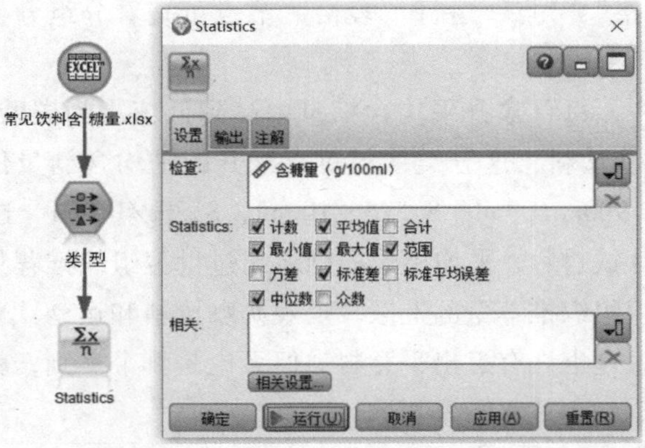

图 4-9 通过“Statistics”节点计算描述统计量

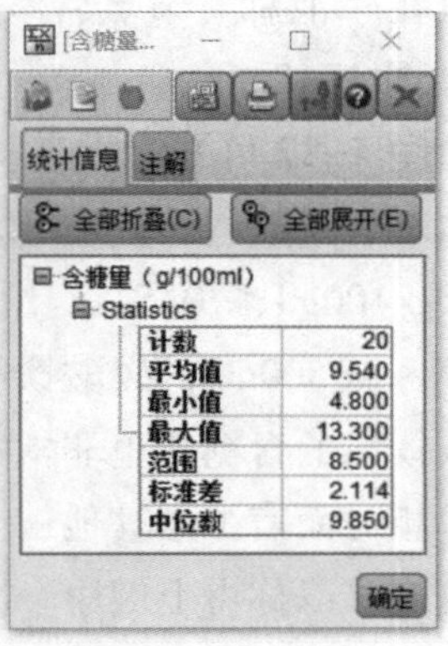

图 4-10 描述统计结果

在设置好“Statistics”节点的参数后点击“运行”按钮，结果如图4-10所示。可以发现，这20款常见饮料中，含糖量最少的为4.800g/100ml，含糖量最多的高达13.300g/100ml，范围为8.5g/100ml。此外，20款饮料的含糖量均值为9.540g/100ml，标准差为2.114g/100ml，中位数为9.850g/100ml，说明这20款饮料的含糖量波动不十分剧烈，9.540g/100ml这一平均值对于20款饮料的含糖量有较好的代表性。我们以一瓶饮料500ml计算，将最小值、最大值和平均值分别乘以5就得到了这20款饮料最少、最多和平均含有多少克糖。由计算可知，在这20款常见的饮料中，喝掉一瓶饮料最少将摄入24克糖，最多摄入66.5克糖，平均摄入47.7克糖。将中位数乘以5也可知道这20款饮料中有超过一半的饮料，喝掉一瓶将摄入超过49.25克的糖。将这一数字与本节开篇所提到的糖摄入量作对比，我们将发现，喝掉一瓶市面上常见的500ml饮料，当日的糖摄入量很有可能就接近了世卫组织倡导的糖摄入量上限，哪怕是含糖量最低的饮料，喝掉500ml后摄入的糖也接近了世卫组织倡导的推荐量。考虑到除饮料外，我们的日常生活中还有必不可少的其他摄入糖的渠道，那么“以饮料代水”将极有可能使得每日摄入过多的糖，造成健康风险。

（2）分组分析

如果我们想进一步分析不同类别饮料的含糖量，可通过“记录选项”选项卡中的“汇总”节点进行分组分析。将“汇总”节点连接到数据流中，双击打开节点，设置参数（如图4-11）。其中，“关键字段”列表用于指定分组变量，该变量通常是分类型字段（数值型字段可通过离散化转变为分类型字段），本例为“饮料类别”，即依据“饮料类别”对样本分组。“汇总字段”列表用于指定对哪些字段计算描述统计量，并指定计算哪些描述统计量。涉及多个“汇总字段”的，可在“缺省模式”中勾选描述统计量并点击“”对所有“汇总字段”一键应用。“新的字段名扩展”通常不用指定，分组分析结果的字段名默认为汇总字段名后跟下划线和Sum、Mean等描述统计量名，如“含糖量（g/100ml）_ Mean”。选中“在字段中包含记录计数”，表示在结果中生成一个默认名为Record_ Count的字段存放各组的样本量。设置完所有参数并点击“确定”按钮后，可在“汇总”节点后添加“表格”节点，运行“表格”节点可查看分组分析的结果（如图4-12）。

由图4-12可知，在五类饮料中，每百毫升平均含糖量由高到低依次为碳酸饮料、果汁饮料、茶饮料、奶咖饮料和运动饮料，这五类饮料每百毫升的平均含糖量依次为10.550g/100ml、10.525g/100ml、9.900g/100ml、8.525g/100ml、8.20g/100ml。这意味着喝掉一瓶500ml的碳酸饮料或果汁饮料后，平均摄入的糖将超过世卫组织推荐量的上限，茶饮料的含糖量也非常接近世卫组织推荐量的上限。反观奶咖饮料和运动饮料，其含糖量相对而言少于其他三个类别，这也许有点出乎意料。但无论是哪个类别，就含糖量而言都难以称得上健康，因此“以饮料代水”不可取。

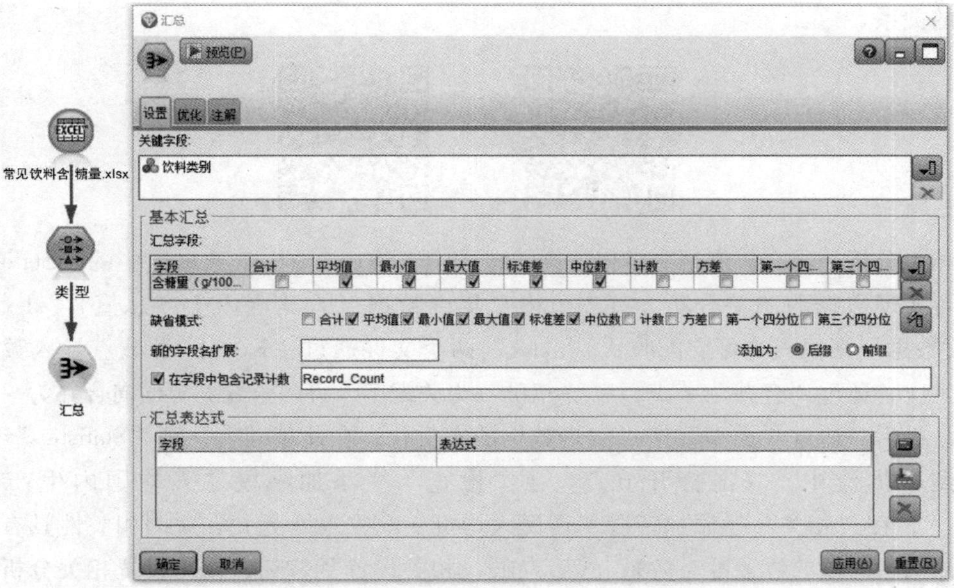

图 4-11　通过“汇总”节点进行分组分析

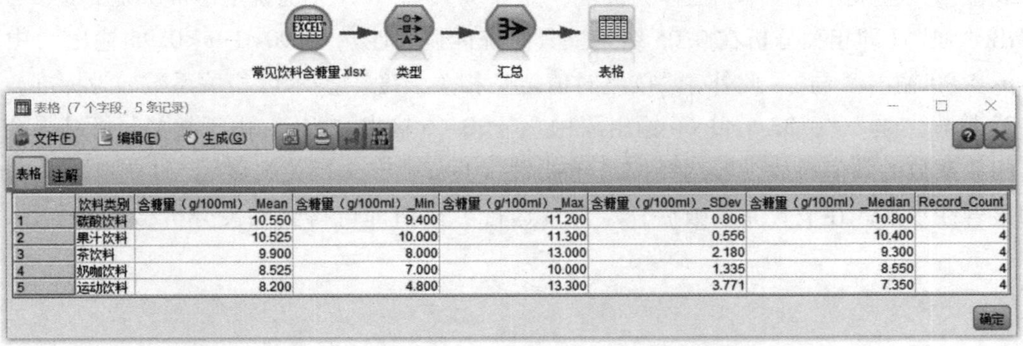

	饮料类别	含糖量（g/100ml）_Mean	含糖量（g/100ml）_Min	含糖量（g/100ml）_Max	含糖量（g/100ml）_SDev	含糖量（g/100ml）_Median	Record_Count
1	碳酸饮料	10.550	9.400	11.200	0.806	10.800	4
2	果汁饮料	10.525	10.000	11.300	0.556	10.400	4
3	茶饮料	9.900	8.000	13.000	2.180	9.300	4
4	奶咖饮料	8.525	7.000	10.000	1.335	8.550	4
5	运动饮料	8.200	4.800	13.300	3.771	7.350	4

图 4-12　通过“表格”节点查看分组分析结果

2. 案例二

党的十九大报告指出：“坚持在经济增长的同时实现居民收入同步增长”，把提高人民收入水平放在十分突出的地位。居民人均可支配收入是用来衡量百姓收入水平，进而反映居民生活水平、福祉状况的主要指标，为制定保障和改善民生的政策提供重要参考依据，受到社会各界广泛关注。为探究过去一段时间我国经济发展和居民收入之间的关系，我们从国家统计局的官方数据门户下载了 2003—2022 年我国人均国内生产总值和居民人均可支配收入的年度数据，存储于“年度数据（人均国内生产总值）.xlsx”和“年度数据（居民人均可支配收入）.xlsx”两个 Excel 文件中（扫描二维码下载数据）。接下来我们将介绍如何用 SPSS Modeler 进行相关分析，以探究我国经济发展和居民收入之间的关系。

相关分析是研究数值型变量相关性的统计学方法。“输出”选项卡中的“Statistics”节点可实现数据的相关分析。首先，将“年度数据（人均国内生产总值）.xlsx”和“年度数据（居民人均可支配收入）.xlsx”两个文件通过“Excel”源节点导入数据流中；其次，通过“合并”节点，以“年份”为关键字，将两个数据源横向合并为一个数据集；最后，通过“类型”节点实现数据的实例化。在此基础上，将“Statistics”节点添加到数据流中，双击打开节点。在“检查”栏添加字段“人均国内生产总值（元）”，在“相关”栏添加字段“居民人均可支配收入（元）”（因相关性具有对称性，故两个字段的位置可对换），然后点击“相关设置”按钮，用来设置相关分析的输出内容（如图 4-13）。在“相关设置”窗口中，“在输出中显示相关强度标签”表示以直观易懂的文字方式说明变量间的相关性。“按重要性（$1-p$）定义相关强度”表示进行线性相关检验并以概率 p 值作为标准，如果 $0.95<1-p<1$（也就是通常所说的 $p<0.05$）输出“强”（即相关分析在 0.05 级别上具有统计显著性），$0.90<1-p<0.95$ 输出“中”，$1-p<0.90$ 输出“弱”。此外，“按绝对值定义相关强度”表示以相关系数 r 为标准，$r<0.33$ 输出“弱”，$0.33<r<0.66$ 输出“中”，$r>0.66$ 输出“强”。由于相关分析结果会输出相关系数的数值，故一般选择按“重要性（$1-p$）定义相关强度”，以获取相关分析的显著性水平。在设置完参数后，点击“运行”按钮即可得到相关分析结果（如图 4-14）。

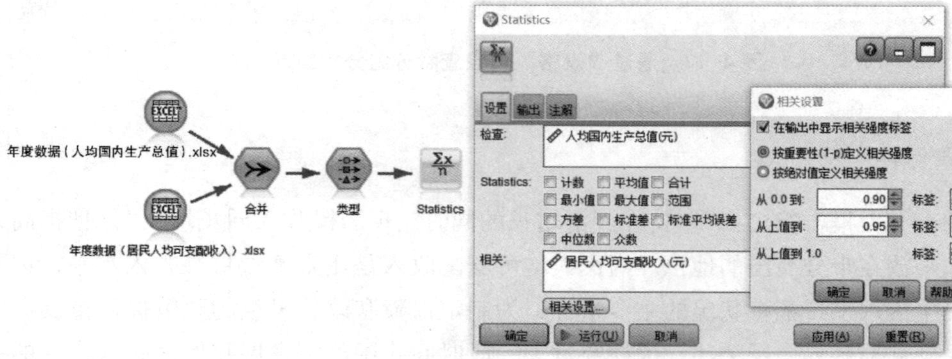

图 4-13　通过“Statistics”节点进行相关分析

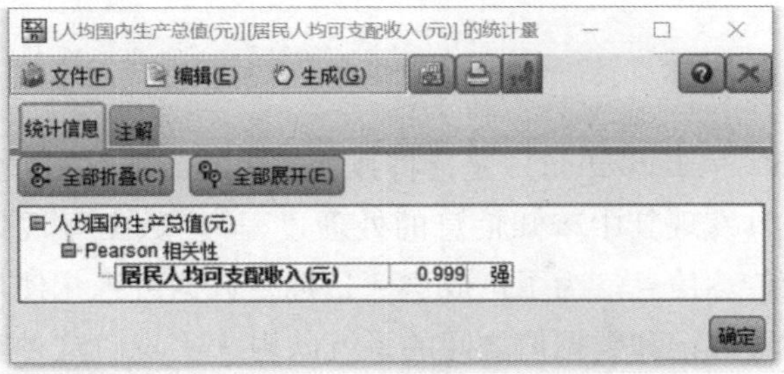

图 4-14　相关分析结果

这里先简要介绍一下相关分析结果的解读要点：首先，我们一般根据相关性是否显著（常以显著性值 $p<0.05$ 为标准），判断相关性的“有/无”。若相关性显著（即 $p<0.05$），说明两个变量有相关关系，否则说明两个变量之间没有相关关系。其次，我们根据相关系数 r 是否大于 0，判断相关性的“方向”。相关系数 r 的取值范围在 $-1\sim+1$ 之间，$r>0$ 表示两个变量存在正相关关系，$r<0$ 表示两个变量存在负相关关系，$r=0$ 表示两个变量不存在相关关系。最后，我们根据相关系数的绝对值 $|r|$ 的大小，判断相关性的“大小”，即两个变量相关关系的紧密程度。一般而言，如果 $|r|\geqslant 0.6$，表示两个变量之间有强相关关系；如果 $|r|\geqslant 0.4$，表示两个变量之间有较强的相关关系；如果 $|r|<0.4$，则说明两个变量之间的相关关系紧密程度较低。

在本例中，由图 4-14 可知，人均国内生产总值与居民人均可支配收入的 Pearson 相关系数 $r=0.999$，相关分析的显著性值 $p<0.05$，此前设置了【按重要性（$1-p$）定义相关强度】，0.999 右侧的“强”表明 $0.95<1-p<1$，也即 $p<0.05$。因此，可认为在 0.05 显著性水平上，我国过去 20 年的人均国内生产总值与居民人均可支配收入具有极强的正相关关系。换句话说，在过去的 20 年间，我国的居民收入与经济增长同步。结合两个变量的趋势可知，过去 20 年间，我国在经济增长的同时实现了居民收入的同步增长。

通过上面的案例，我们了解了如何通过 SPSS Modeler 进行相关分析，但是对于数据新闻的读者来说，相关分析中涉及的相关系数、显著性等概念仍然较为复杂，数值型的结果也显得不那么直观。因此，对于相关性的呈现，最好的方法还是在于数据可视化。接下来，本书将介绍数据新闻中常用的数据可视化方法。

五、数据可视化方法

虽然前文提到，不能将数据新闻与数据可视化等同起来，但不得不承认的是，在如今的数据新闻作品中，大多数作品都是以可视化形式呈现的。相比于冰冷的数字堆砌，精心设计、生动形象的图形不仅能够帮助数据记者，更能够帮助读者更好地从数据中洞察其潜在的模式与规律。

（一）数据可视化概述

数据可视化（Data Visualization）是指将数据集中的数据以图形图像形式表示，并利用数据分析和开发工具发现其中未知信息的处理过程①。数据可视化的目标是通过清晰地展示数据以有效地传达信息。为了达成这一目标，数据可视化使用统计图形、信息图和其他工具，通过图形标记和数据值之间的系统映射来实现。这种映射建立了数据值的可视化表示方式，确定了图形标记的属性（如大小、颜色、位置等）以及在多大程度上变化以反映数据值的变化②。有效的数据可视化需要美学与功能并重，以使复杂的数据或数据分析的结果更容易被理解，实现“一图胜千言”的信息传达效果。

由于数据可视化以传达信息为目标，对于可视化方法的选择就隐藏着一个重要的问题——你想展示什么？不同的展示内容决定了我们使用不同的数据可视化方法。总的来说，数据可视化的展示内容主要包括对关系、差异对比、比例构成、时间变化、地理空间和文本的可视化，每一种展示内容都有与之对应的可视化方法，详见图 4-15。

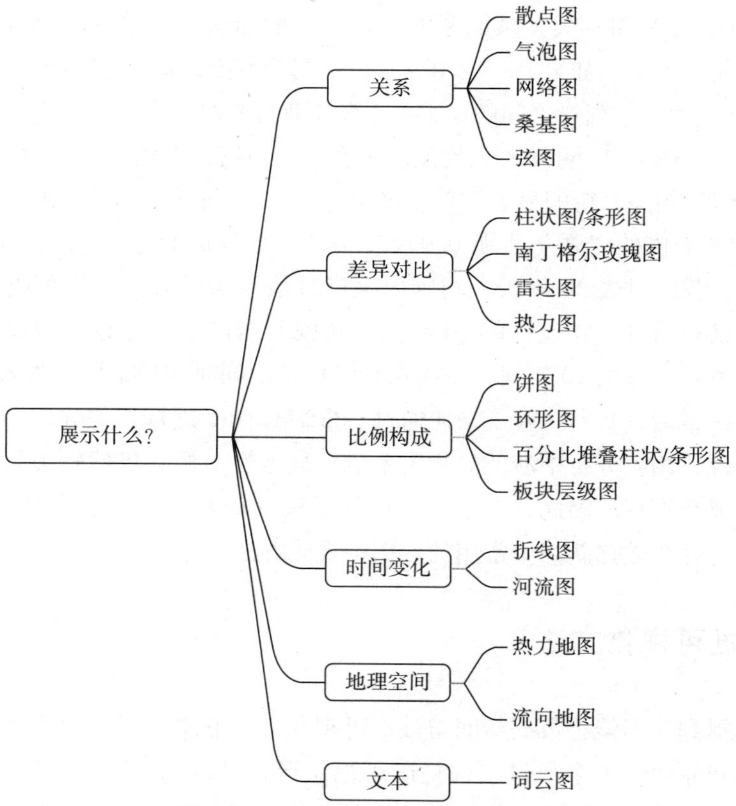

图 4-15　数据可视化的展示内容与常见方法

①刘勘，周晓峥，周洞汝．数据可视化的研究与发展［J］．计算机工程，2002（8）：1-2，63.

②马晓悦，刘蒙阙．新媒体数据分析及应用：微课版［M］．北京：人民邮电出版社，2021：159.

常用的数据分析与挖掘软件如 Excel、SPSS Modeler，以及 Python、R 等编程语言均具有数据可视化功能。此外，还有一些专门用于数据可视化的工具，例如 Tableau①、ECharts②、镝数图表③、微词云④等，它们具有更加丰富的可视化形式与更加美观的视觉效果，因此常被用于数据新闻的制作。其中，镝数图表不仅提供了大量的数据可视化模板，还支持动态数据图表（视频）的制作，操作简单，易于使用，故在本节中，将以镝数图表为主要工具介绍常用的数据可视化方法。此外，由于微词云不仅能够制作形式多样且美观的词云，还支持在线分词、词频统计、情感分析等，是功能强大的文本分析与可视化工具，故本书还将以微词云为工具介绍文本的可视化方法。

（二）关系的可视化

数据分析与挖掘的主要目的之一就是寻找数据之间的关系。本章第四节介绍的相关关系便是最常见的数据关系，通过相关关系的分析，人们可以快捷、高效地发现事物之间的联系。此外，社交媒体等数据中蕴含了丰富的用户/人物关系，挖掘和展示个体之间的关系以及由个体构成的群体之间的关系也具有重要意义。常见对关系的可视化方法包括：散点图、气泡图、网络图、桑基图、弦图。

1. 散点图

散点图将所有数据以点的形式展现在坐标系上，以显示变量之间的相互关系，点的位置由变量的数值决定。数值型变量之间的相关关系，往往可以通过散点图直观地呈现。如果变量之间不存在相关性，散点图就会呈现为随机分布的离散点。如果变量之间存在某种相关性，大部分的点就会相对密集并呈现某种趋势。

例如，在上一节的实践操作中我们发现，在 2003 年至 2022 年，我国的人均国内生产总值与居民人均可支配收入具有极强的正相关关系，说明这 20 年间我国在经济增长的同时实现了居民收入的同步增长。然而，党的二十大还指出：“在充分肯定党和国家事业取得举世瞩目成就的同时，必须清醒看到，我们的工作还存在一些不足，面临不少困难和问题。主要有：发展不平衡不充分问题仍然突出……”据此，我们试图通过数据可视化的方式探究 31 省市自治区的人均 GDP 与人均可支配收入之间的关系，并试图揭示不同区域之间的差异。图 4-16 以散点图的形式呈现了 2022 年 31 省市自治区人均 GDP 与人均可支配收入的分布情况。可以看到，人均 GDP 与人均可支配收入之间存在着较强的相关关系，总的来说，人均 GDP 越高的地区，人均可支配收入也相对更高。此外，东部、中部、西部和东北四个区域的发展水平确实存在着不平衡的情况。

---

①资料来源：https：//www. tableau. com/zh-cn。
②资料来源：https：//echarts. apache. org/zh/index. html。
③资料来源：https：//dycharts. com。
④资料来源：https：//www. weiciyun. com/。

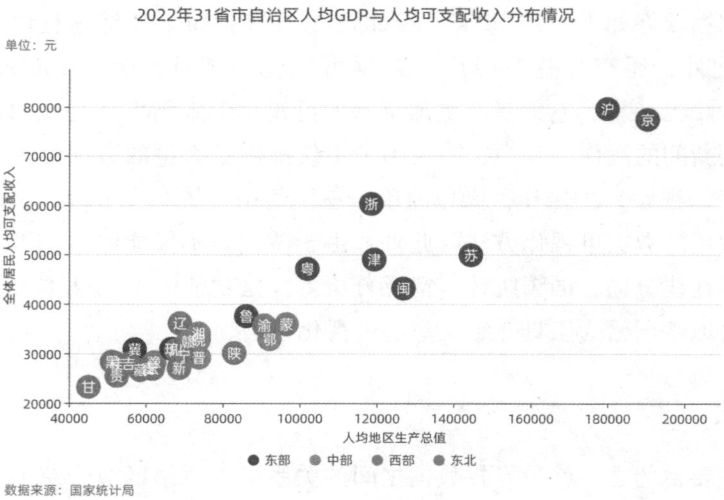

图 4-16　散点图　（扫描二维码查看彩图）

要通过镝数图表绘制散点图，首先需要在“图表模板”中选择要使用的图表类型“散点图”。然后在右侧的“编辑数据”栏中，根据样例数据的组织形式，上传待可视化的数据，本例为“分省年度数据（散点图气泡图）. xlsx”（扫描二维码下载数据）。接着在“编辑图表”栏中，设置画布属性、映射关系、标题、颜色、标签、图例、样式等一系列属性，对图表的可视化细节进行调整与优化，如图 4-17 所示。采用镝数图表绘制其他统计图表的方法与之类似，最关键的地方在于选择合适的图表类型，以及按照模板中样例数据的形式组织数据。

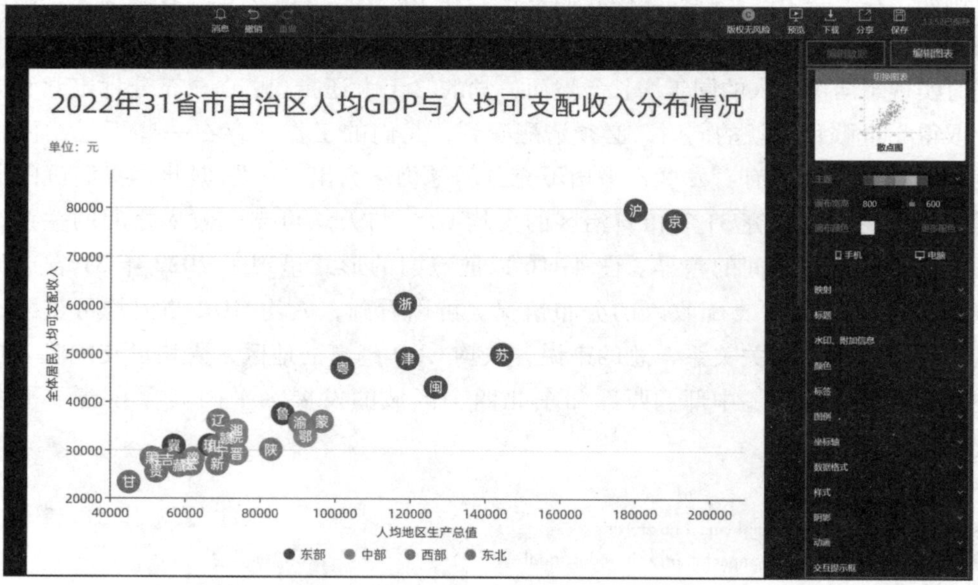

图 4-17　使用镝数图表绘制散点图

2. 气泡图

气泡图可以看作是散点图的一种变化，其中数据点被大小不同的气泡代替，从而增加了一个维度的数据展示。例如，图 4-18 在图 4-16 的基础上，新增了一个数据维度“年末常住人口数”，以气泡的面积大小来表示，进而描述了四维的数据。具体来说，在图 4-18 中，每个气泡对应一个省市自治区级行政单位，横坐标为人均地区生产总值，纵坐标为全体居民人均可支配收入，气泡颜色代表区域，气泡大小代表年末常住人口数。在镝数图表中选择“分组气泡图”即可绘制气泡图。

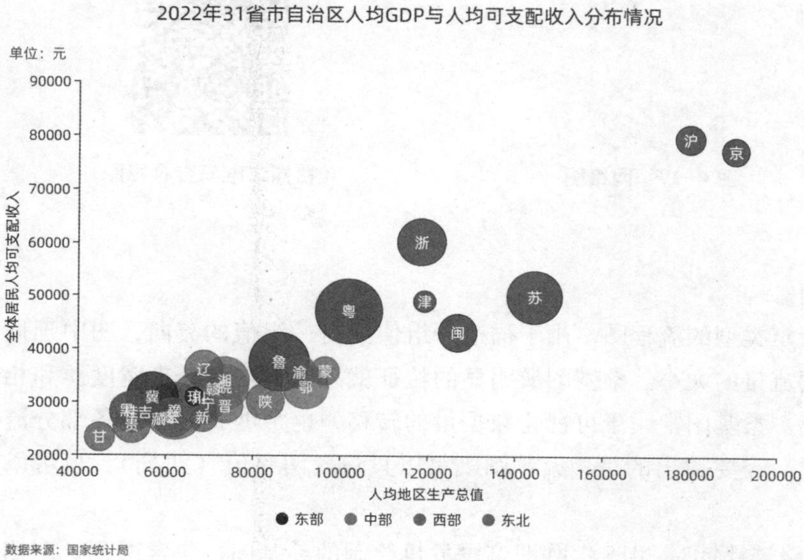

图 4-18 气泡图

（扫描二维码查看彩图）

3. 网络图

网络图（如图 4-19）常用于描述事物间的关系，例如社交媒体中用户的关注关系、好友关系或互动关系。在网络图中，对象用节点表示，节点可拥有大小和颜色两种属性。例如，当我们用节点表示社交网络中的用户时，节点的大小可用来表示该用户与其他用户的互动程度，与其他节点互动越频繁的用户，其对应的节点越大；节点的颜色则可用来标注不同用户所属的虚拟社区，相同社区的用户以同一种颜色表示。此外，在网络图中，节点间的连线表示两个节点的关系。连线可以分为无向和有向，连线的粗细表示了关系的强弱。例如，在上述社交网络中，若以节点间的连线表示用户间的转发关系，则连线是有向的，因为转发关系是非对称的；若以节点间的连线表示用户间的好友关系，则连线是无向的，因为好友关系是对称的。在转发关系构成的网络图中，我们还可以使用连线的粗细代表转发的频次。关于网络图的可视化，本书将在第九章详细介绍，此处不再展开。

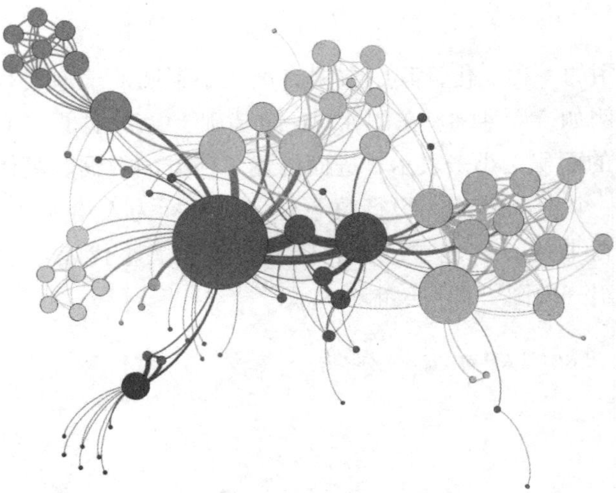

图 4-19 网络图

（扫描二维码查看彩图）

4. 桑基图

桑基图，是一种特定类型的流程图，用于描述一组值到另一组值的流向，图中延伸的分支的宽度对应数据流量的大小。桑基图最明显的特征就是始末端的分支宽度总和相等，保持数据量的平衡。桑基图常用于可视化数据量的转移，也帮助我们确定各部分流量在总体中的占比情况。需要指出的是，桑基图既可以只包含两组值（两列），也可以包含多组值（多列）。

例如，图 4-20 是路透社针对 2015 年欧洲难民危机绘制的桑基图，包含两列，左侧为难民来源国，右侧为难民目的地，两列之间不同分支的宽度对应了难民人数。图 4-21 是《经济学人》绘制的多列桑基图，提供了更加全面、详细的数据，从左往右的前两列与图 4-20 一致，分别为难民来源国和难民目的地，在此基础上，图 4-21 在第三列中进一步展示了难民庇护申请被不同国家接受或拒绝的情况，并且在第四列中展示了不同来源国的难民被批准或拒绝入境的情况。

在镝数图表中，选择“桑基图”便可根据需要进行绘制。需要说明的是，我们事先需要将数据整理成流出节点与流入节点的一一对应的关系。具体来说，数据表应包含三列，分别为 source 列、target 列和 value 列。其中，source 列代表各流出节点，target 列代表各流入节点，value 列为流量值。以图 4-20 为例，数据表中的 source 列对应难民来源国，target 列对应难民目的地，value 列为各来源国流向各目的地的难民人数。

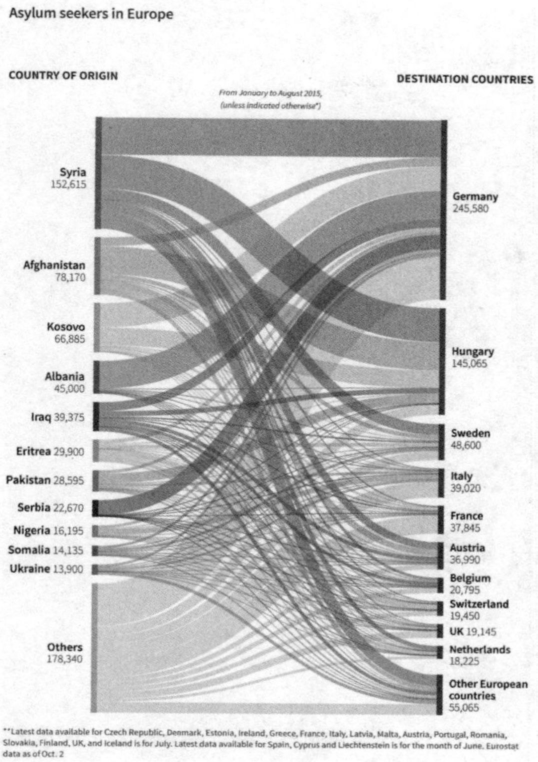

图 4-20　桑基图（两列）①

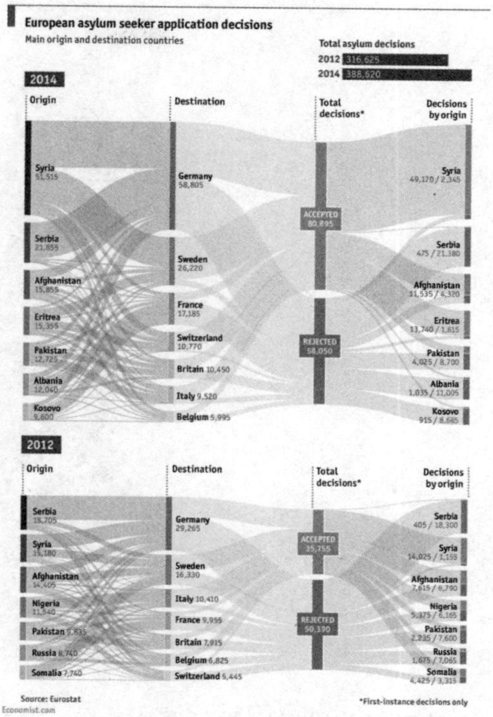

图 4-21　桑基图（多列）②

5. 弦图

弦图主要用于展示多个对象之间的关系。在弦图中，数据绕着一个圆呈放射状排列，圆上的每一段弧表示一个对象，弧之间的弦（连线）表示对象之间的关联关系，可以通过弦与圆的接触面积大小表示关联关系的强弱（即弦对应数值的大小），还可以用颜色将数据分成不同的类别，便于区分和比较。使用弦图有助于我们发现复杂数据中的关联关系，特别是双向关系以及数据的流动情况等。例如，图 4-22 是“澎湃·美数课”绘制的弦图，反映了 2017 年 NBA 休赛期各支球队之间的球员交易情况。镝数图表亦支持弦图的绘制，其数据准备格式与桑基图类似。

---

①图片来源：https：//graphics. thomsonreuters. com/15/migrants/index. html#section-asylum。

②图片来源：https：//www. economist. com/graphic-detail/2015/05/12/seeking-safety。

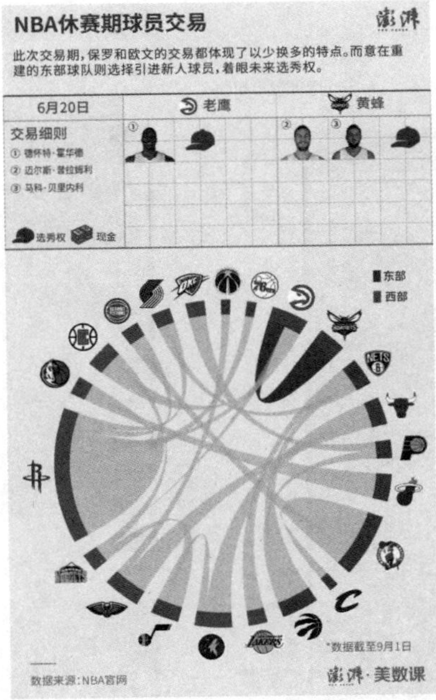

图 4-22　弦图①

（三）差异对比的可视化

数据可视化的另一个重要目标就是通过将数据转化为视觉形象，进行相似性比较和差异性对比，从而揭示数据中的规律和模式，使读者能进行深刻的洞察。差异对比的常见可视化方法包括：柱状图/条形图、南丁格尔玫瑰图，雷达图、热力图。

1. 柱状图/条形图

柱状图（如图 4-23）使用垂直的柱体进行类别之间的数值比较，其中横轴表示需要对比的分类维度，纵轴通过垂直方向柱子的高度代表相应的数值。柱状图是最常用的关于差异的可视化方法。

条形图（如图 4-24），又称为横向柱状图，其可被认为是横向分布的柱状图。

特别需要说明的是，当类别较多，或类别的名称较长时，建议使用条形图。例如，图 4-23 和图 4-24 均是对同一数据的可视化，对比二者可以发现：由于可视化对象的类别较多，且部分类别名称较长，柱状图（图 4-23）不能有效地将所有类别的名称（即省市自治区级行政单位名称）水平排布，不够美观；此外，若我们期望将可视化结果在移动端发布，柱状图就显得过于宽了，而条形图（图 4-24）则能更好地适配移动端竖屏“左右窄、上下长”的特点。

①图片来源：https：//www.thepaper.cn/newsDetail_ forward_ 1806505。

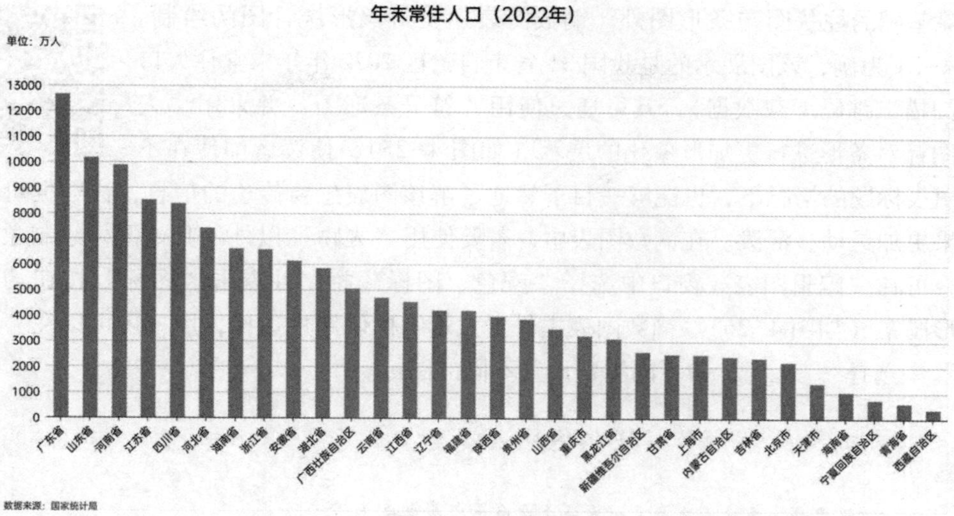

图 4-23　柱状图

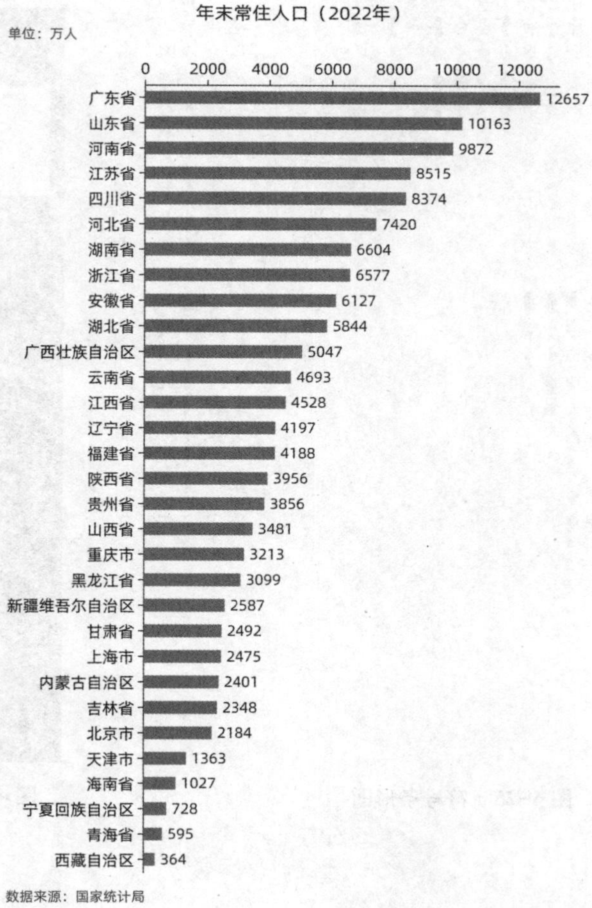

图 4-24　条形图

除基础的柱状图与条形图外，镝数图表还支持象形统计图的绘制。以图 4–24 为例，该图展示的是我国 31 省市自治区 2022 年年末常住人口数（扫描二维码下载数据），其可通过使用“符号条形图”并采用“人物”图标对条形进行更加形象化的展示（如图 4–25），使读者即使在不阅读图表标题的情况下，也能够一目了然地了解该图表想要传达的信息，让数据可视化的效果更加灵动、活泼。在镝数图表中，若要使用“人物”以外的其他图标绘制象形统计图，可在“编辑图表”窗口中选择“颜色、图标”栏，并点击“图标”按钮切换其他象形图案（如图 4–26）。镝数图表提供了大量图标供用户选择，用户还可以在“图标模式”中选择“多个”，为不同类别设置不同的图标。

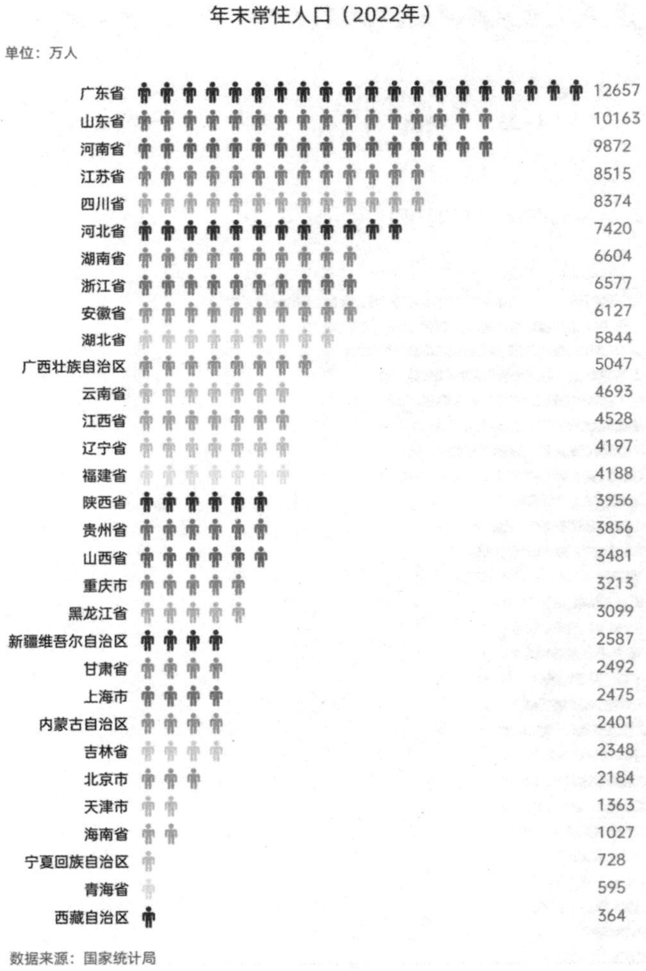

图 4–25 符号条形图

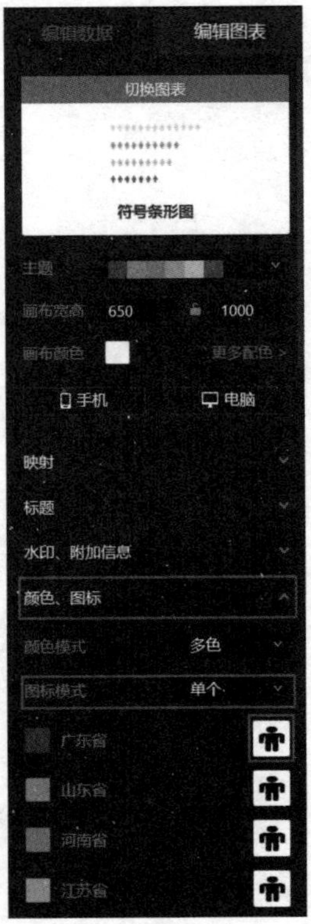

图 4–26 设置图标

2. 南丁格尔玫瑰图

南丁格尔玫瑰图（如图 4-27）是由近代护理学奠基人弗洛伦斯·南丁格尔（Florence Nightingale）发明的。该图将柱状图转变为更为美观的极坐标形式，外观与饼图类似。但其不同于饼图用角度表现数值或占比，南丁格尔玫瑰图使用扇形的半径表示数据的大小，而各扇形的角度则保持一致。由于面积与半径是平方的关系，因此南丁格尔玫瑰图会将数据之间的差异“放大”，尤其适合展示原本差异较小的数据。此外，由于圆形具有周期的特性，因此南丁格尔玫瑰图也常用于展示并比较一个周期内的数值变化，如季度、月份、星期等。

在镝数图表中选择“玫瑰图”“玫瑰图（扇形）”“玫瑰图（空心）”等均可绘制不同类型的南丁格尔玫瑰图，例如图 4-27 就是基于数据“常见饮料含糖量.xlsx”选择“玫瑰图（空心）”绘制的。

常见饮料含糖量
单位：g/100 ml

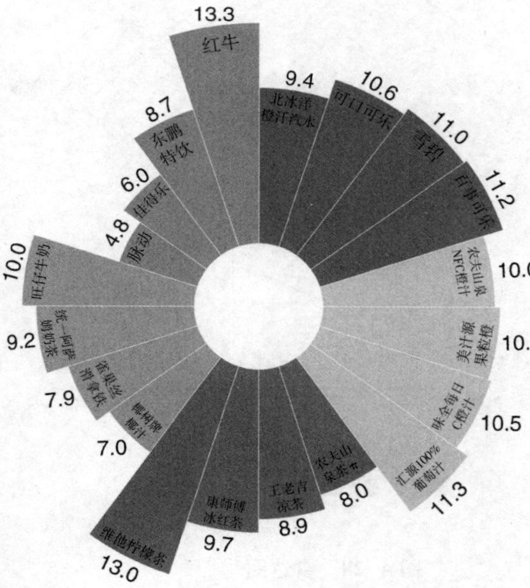

数据来源：根据电商网站与商超数据整理

图 4-27　南丁格尔玫瑰图

3. 雷达图

雷达图，也被称作星图、蜘蛛网图，是一种用于展示多变量数据的二维图表。雷达图通常有从同一点出发，以相等的角度间隔画出的三个或更多的轴，每个轴代表一个数值型变量。将这些轴上的点依次连接成线或形成几何图形，从而在视觉上形成一个封闭的图形，其可以用来对比不同对象在多个特征上的表现。由于其形状类似雷达的辐射状，故得名雷达图。通过雷达图，我们可以直观地观察和比较不同对象在各个维度上的表现，其常用于评估数据对象的综合性能或比较评估对象的优劣，例如进行食品的营养成分对比、运动员的能力或数据对比等。

例如，图 4-28 就是利用镝数图表绘制的雷达图，其展示了 NBA 现役中锋乔尔·恩比德（Joel Embiid）和尼古拉·约基奇（Nikola Jokic）在 2022—2023 赛季 NBA 常规赛的数据（扫描二维码下载数据）。通过图 4-28 我们可以一目了然地看到两位球星在得分、篮板、助攻、抢断、盖帽这五项数据上的差异，进而能够分析两位球星的技术特点，譬如恩比德更加擅长得分与盖帽，而约基奇在篮板、助攻和抢断方面更为在行。

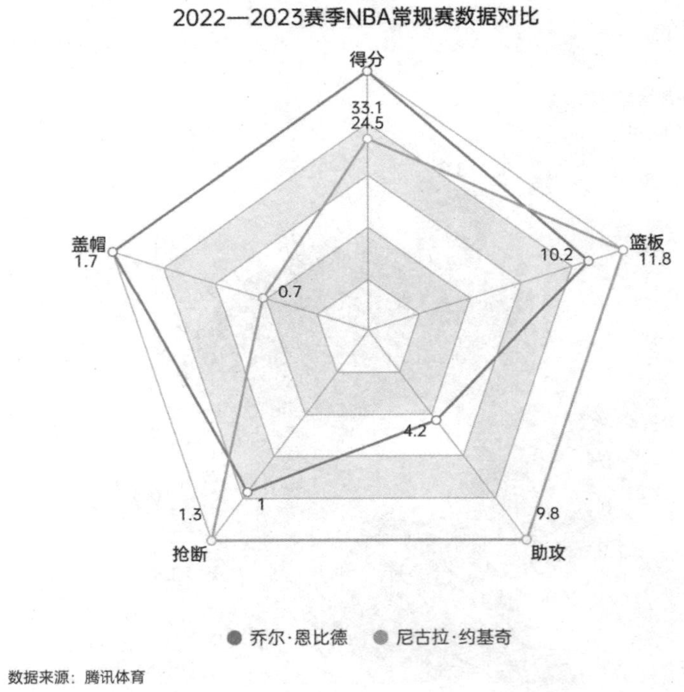

图 4-28　雷达图

（扫描二维码查看彩图）

4. 热力图

热力图是一种二维的数据可视化技术，常以矩阵形式呈现，通过矩阵中单元格的颜色变化来展示数据的强度。在热力图中，每种颜色代表了数据的一个范围，通常较亮（暖）的颜色表示较高的数值，较暗（冷）的颜色表示较低的数值。

例如，在本书作者发表于 *Nature* 增刊的一篇评论（Comment）中，就使用热力图呈现了全球主要国家之间的学术文献引用关系（如图 4-29）。矩阵中的每一行对应一个施引国家，每一列对应一个被引国家。相应地，每个单元格就反映了行国家引用列国家的情况，单元格的颜色越暖（趋向于红色，彩图请扫描二维码），说明行国家越多地引用了列国家的学术文献，也即列国家对于行国家有着更强的学术影响力。通过这个例子，我们能够发现，热力图不仅是一种擅长差异对比的可视化形式，也能够揭示不同对象之间的关系。

在镝数图表中，选择“笛卡尔热力图”即可绘制热力图。此外，镝数图表还提供了“极坐标热力图”和“热力日历图”两种形式，后者是热力图与日历图的叠加，在数据新闻中的使用也十分普遍。

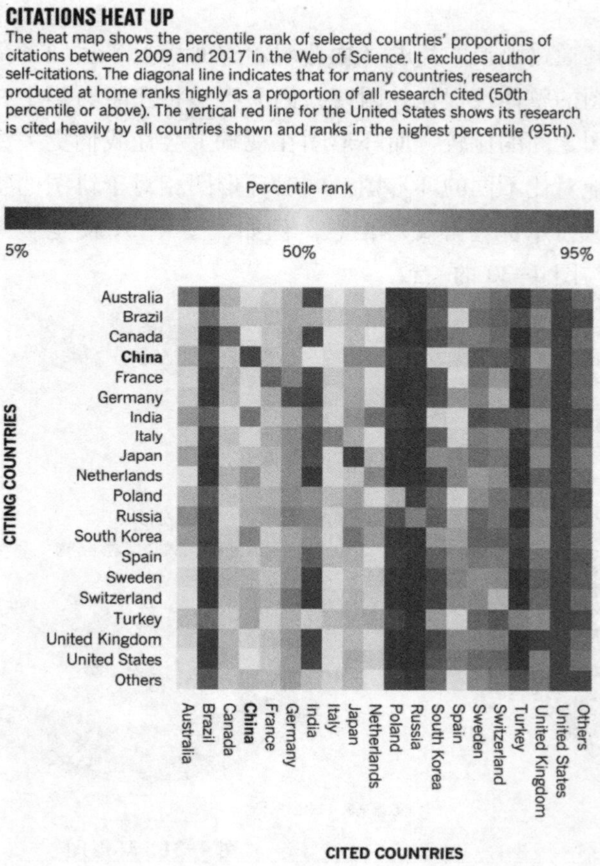

图 4-29　热力图①

（扫描二维码查看彩图）

（四）比例构成的可视化

当我们旨在通过可视化手段来探索和呈现数据中的比例构成关系时，常用的可视化方法包括：饼图、环形图、百分比堆叠柱状/条形图和板块层级图。

---

①LARIVIERE V, GONG K, Sugimoto C R. Citations strength begins at home［J］. Nature, 2018, 564（7735）: S70-S71.

1. 饼图

饼图是最常见的用于展示各部分数据在整体中所占比例的可视化形式，它由一个圆形区域和若干个扇形区域组成，每个扇形区域的大小对应数据集中一部分的比例。饼图能够直观地展示数据的组成结构，便于我们观察不同部分数据之间的相对大小。例如，图 4-30 就是利用镝数图表绘制的饼图，用于展示 2022 年中国的人口年龄结构（扫描二维码下载数据）。

2. 环形图

环形图与饼图类似，但其通过弧形的长度（而非扇形的面积）来反映各部分数据在整体中所占的比例。由于饼图的整体性很强，因此人们会容易将注意力集中在饼图各扇形的占比上，不容易进行饼图之间的比较。而环形图在视觉上会让我们更关注长度而不是面积，这样就能相对简单地对比不同的环形图。同时环形图相对于饼图的空间利用率更高，可以使用它的空心区域显示标题等文本信息。例如，图 4-31 便是利用镝数图表绘制的环形图，使用的数据与图 4-30 的一致。

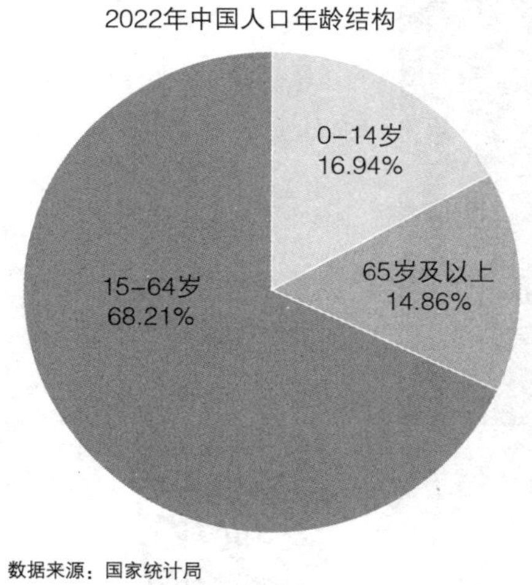

图 4-30 饼图

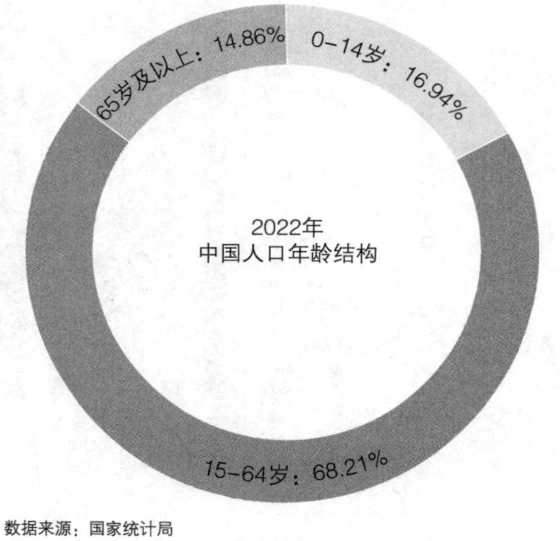

图 4-31 环形图

3. 百分比堆叠柱状/条形图

百分比堆叠柱状/条形图是在柱状图和条形图的基础之上演化而来的。此处以百分比堆叠柱状图为例进行说明，其中，不同的柱子对应不同的数据对象，而每根柱子又由不同颜色的部分组成，每种颜色对应一个类别，相应地，不同颜色的柱形长度也就映射了对应类别在某一数据对象中的占比。百分比堆叠柱状/条形图一方面继承了柱状图和条形图的优点，适用于比较差异；另一方面也继承了百分比堆积图的优点，适用于展示比例信息。例如，图 4-32

就是利用镝数图表绘制的百分比堆叠柱状图，展示了 2022 年东亚五国人口年龄结构（扫描二维码下载数据）。

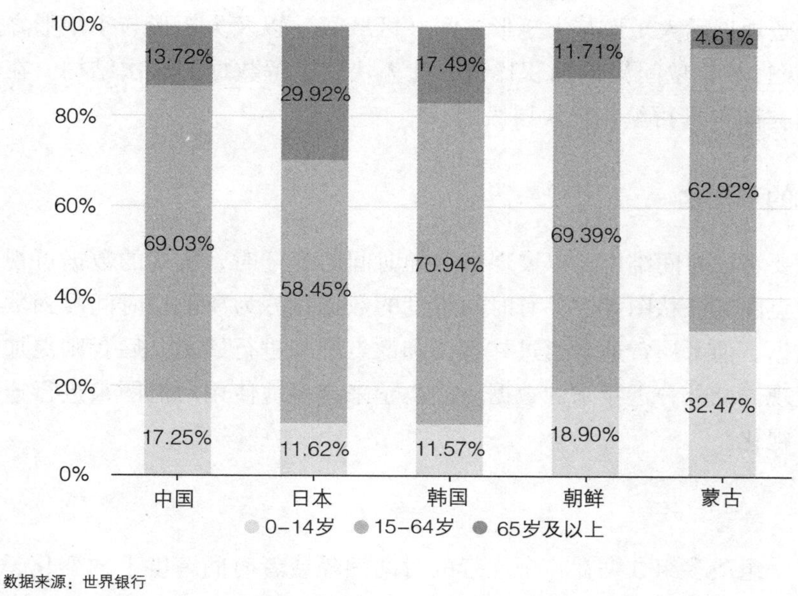

图 4–32　百分比堆叠柱状图　　（扫描二维码查看彩图）

4. 板块层级图

板块层级图又叫树状图。在板块层级图中，数据显示为一组嵌套的矩形。树的每个分支都用一个矩形表示，子分支由更小的矩形拼接而成。图 4–33 是由镝数图表绘制的

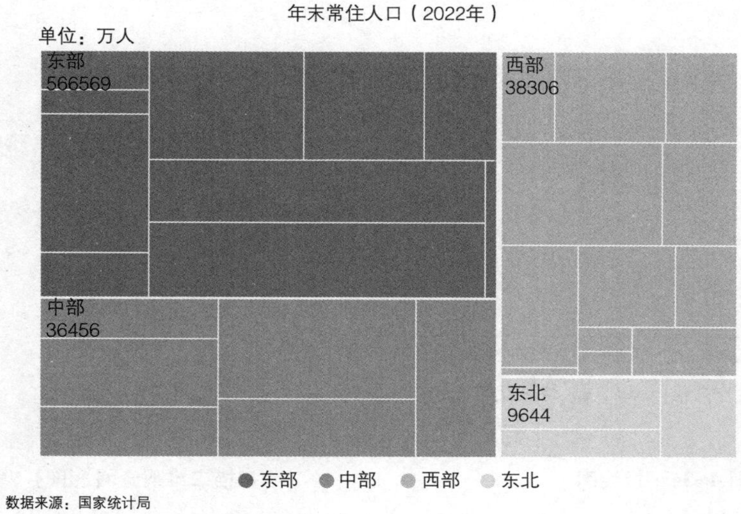

图 4–33　板块层级图　　（扫描二维码查看彩图）

板块层级图，展示了我国各地区2022年年末常住人口的分布情况，不同颜色的大矩形表示了东部、西部、中部、东北四大区域，每个大矩形内部的小矩形则代表了属于该区域的省市自治区级行政单位。矩形的面积越大，对应的数值（即2022年年末常住人口数）也越大。该图可以清楚地展示大矩形与大矩形之间（区域间）以及大矩形与小矩形之间（区域与省市自治区级行政单位间）的面积比例，让人快速了解数据的层次结构。在镝数图表中选择“矩形树图”即可绘制板块层级图。

（五）时间变化的可视化

当数据可视化需要考虑时间维度，以展现事物随时间的变迁时，常用的数据可视化方法包括折线图、散点图和柱状图等。具有时间维度的数据可分为离散型时间序列数据和连续型时间序列数据，前者通常适合通过柱状图和散点图来进行展示，后者则更加适合使用折线图进行呈现。此外，近年来的数据新闻也越来越多地使用河流图来进行连续型时间序列数据的可视化。

1. 折线图

折线图用于显示一组或多组数据在一个连续的时间间隔或者时间跨度上的变化，它的特点是反映事物随时间或有序类别而变化的趋势。需要说明的是，当水平轴的数据类型为无序的分类时，数据可视化不适合使用折线图。此外，当折线的条数过多时，不建议将多条折线绘制在一张图上。图4-34是利用镝数图表绘制的2003—2022年的20年间，我国人均GDP与人均可支配收入的变化趋势。

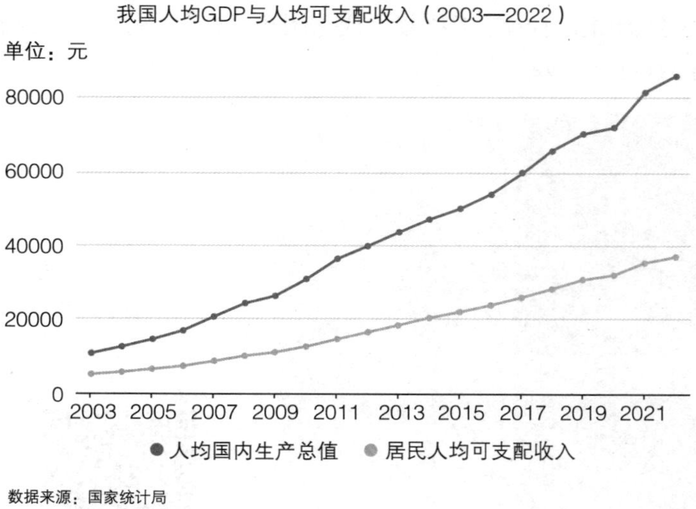

图 4-34　折线图

（扫描二维码查看彩图）

2. 河流图

河流图是堆叠面积图的一种变形，主要用来表示事件或主题等在一段时间内的变化，有时候也叫作“主题河流图”，通过“流动”的形状来展示不同类别的数据随时间的变化情况。在河流图中，不同颜色的条带就像不同的河流流过，分别代表着不同的数据对象在相同的时间段内的不同数值大小。在同一时间点上，我们还可对不同的数据对象进行对比。相较于折线图来说，河流图具有更强的视觉冲击力与吸引力，体现出一种流动的美感，尤其在数据波动变化较大时，它的可视化效果就更加明显，具有较高的可读性。因此，近年来常被应用于数据新闻领域。例如，图 4-35 是“澎湃 · 美数课”在其数据新闻作品《数说两会丨1978 年到 2023 年政府工作报告关键词盘点》中绘制的河流图，采用可视化的形式对比了几组关键词在这 46 年间的趋势变化。镝数图表同样提供了河流图的绘制模板。

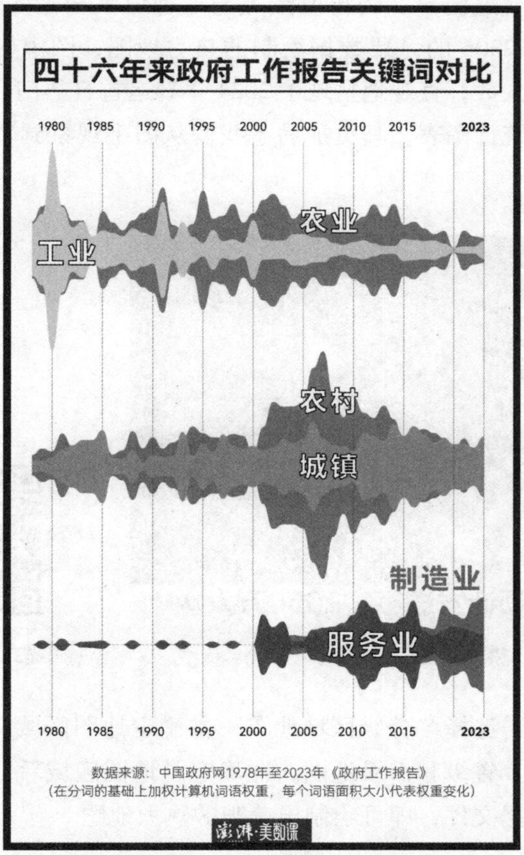

图 4-35　河流图①

（扫描二维码查看彩图）

①图片来源：https：//www. thepaper. cn/newsDetail_ forward_ 22123753。

（六）地理空间的可视化

将包含地理空间信息的数据投射到地图上，可以很好地揭示数据在地理空间上的分布。地理空间数据可视化极大地激发了人们对于地理空间模式、关系和趋势的视觉思考，可以推动人们更好地理解客观数据在整个地理空间上的意义。地理空间可视化的常见方法包括：热力地图和流向地图。其中，热力地图通常用于展示和比较不同地理空间的数据大小，而流向地图则主要用来展示不同地理空间之间的联系。

1. 热力地图

热力地图是热力图和地图的结合，它通过在地图上使用不同的颜色和色调来展示不同区域数据分布的密集程度或数据值的大小。在热力地图中，颜色越深或越亮的地方表示数据点越集中或数值越大，而颜色较浅或较暗的地方则表示数据点较少或数值较小。这种地图常用于展示人口分布、交通流量、销售业绩等与地理位置相关的数据。例如，图 4-36 就是央视新闻根据铁路 12306 的订票数据绘制的热力地图，图中各行政区域的颜色深浅代表了该目的地的旅客人数，直观地呈现了 2024 年春运首日热门目的地的空间分布。相较于传统的数字文本或统计图表，其更加易于我们从图中观察到数据在地理空间上的分布规律。

图 4-36 热力地图①　　（扫描二维码查看彩图）

在镝数图表中绘制热力地图需选择“分级区域地图”并确定地图区域，可用的地图范围包含了世界地图、中国地图、省级和市级地图。在确定了地图区域后，用户只要根据样例数据的格式组织并上传数据文件，即可绘制出美观的热力地图。

①图片来源：https：//tv. cctv. cn/2024/01/26/VIDEDh5f3ATbQMqkgZhNpZeD240126. shtml？ spm = C53156045404. P4HrRJ64VBfu. 0. 0。

2. 流向地图

流向地图常用于展示物体、信息、人员等从一个地点移动到另一个地点的流向和流量。在流向地图中，线条表示流向，线条的宽度可以表示流量的大小，即线条越宽，表示的流量越多。这种地图能够直观地揭示出物体跨空间流动的现象或规律，广泛应用于对交通流向、人口迁移、货物流动、信息传播等的可视化。例如，央视新闻绘制的流向地图（如图 4-37）便直观地呈现了 2024 年春运期间的热门线路及其空间分布。

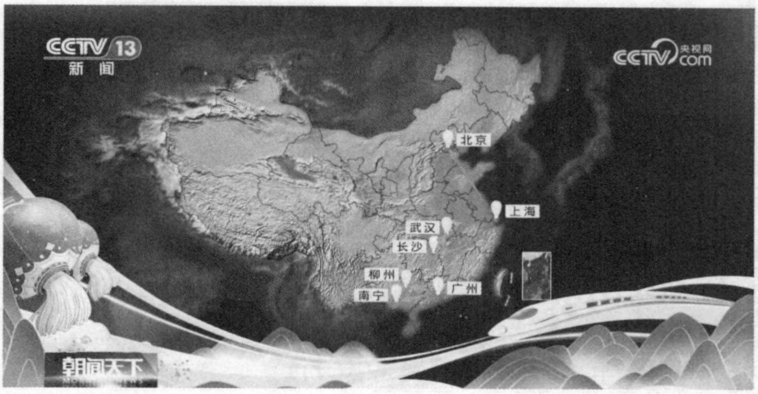

图 4-37　流向地图①

（扫描二维码查看彩图）

（七）文本的可视化

文本可视化是将文本数据转换为图形或图像的过程，以便读者更直观、更高效地理解和分析文本内容。词云图是最主要的文本可视化方法。

词云图将文本数据中的关键词或短语按照其出现频率以视觉化的形式展示出来。在词云图中，频率较高的词汇通常以较大的字体显示，而频率较低的词汇则字体较小，通过这种方式，读者可以快速地识别出文本中的主要话题和重点内容。

例如，央视新闻发布的《两会词云图 | 共同见证新时代丰收硕果 全国两会凝聚起高质量发展力量》就绘制了多张词云图。其中，“党的二十大报告词云图”（如图 4-38）直观地呈现了三万余字的报告中的高频词，其中最高频词是“发展”，进一步分析发现，围绕它展开的众多词语中，“高质量”出现次数最多。“经济高质量发展取得新突破”“构建优势互补、高质量发展的区域经济布局和国土空间体系”“推动共建‘一带一路’高质量发展”等，党的二十大报告指出，高质量发展是全面建设社会主义现代化国家的首要任务。此外，综合梳理 2023 年两会通道上代表委员的发言和人大网、政协网在两会期间收录公开的议案、建议、提案，并绘制“公开渠道发布的代表委员发声词云图”

---

①图片来源：https：//tv.cctv.cn/2024/01/26/VIDEzJons6FmfPYXXSFHH8hQ240126.shtml？spm=C53156045404.P4HrRJ64VBfu.0.0。

（如图 4-39），也发现了“高质量发展”这个高频词。进一步分析发现，与它紧密相连的左邻词是“经济社会”和“持续推动”，展现出促进全方位并贯穿始终的高质量发展决心。在它右边显著的高频词就是“首要任务”，牢牢把握高质量发展这个首要任务，代表委员们提出了“推进东数西算，构建全国一体化算力网体系”、在村里创新开展“全球合伙人计划”、“提升实体经济发展水平”等一个个创新、实在的发展畅想。从党的二十大到党的二十大后的首次全国两会，沿着高质量发展之路阔步前行，人们正凝心聚力，奔赴新征程。

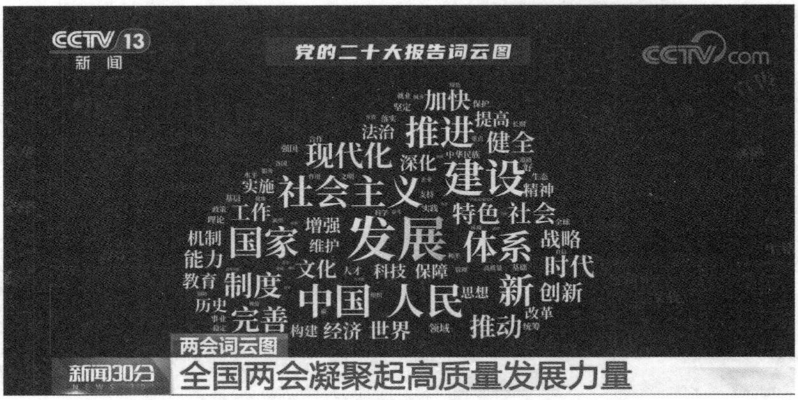

图 4-38　党的二十大报告词云图①

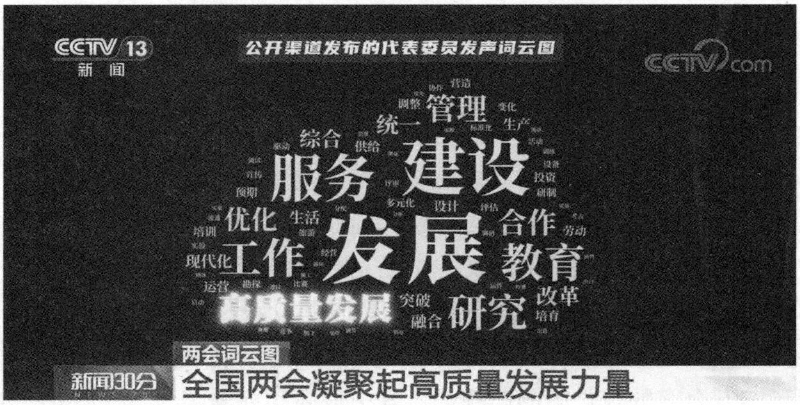

图 4-39　公开渠道发布的代表委员发声词云图②

使用微词云绘制词云图主要包括三个步骤，分别是导入文本、选择形状模板和修改配置，操作界面如图 4-40。其中，导入文本支持在线分词和关键词筛选，对于长文本，只需点击“导入单词”后选择“分词筛选后导入”，并将文本复制粘贴到文本框中，点

①图片来源：https：//news. cctv. com/2023/03/13/ARTIibz6ZgRsILpEDtVUAVtW230313. shtml。

②图片来源：https：//news. cctv. com/2023/03/13/ARTIibz6ZgRsILpEDtVUAVtW230313. shtml。

击“开始分词”并根据词性和词频筛选出需要的关键词，最后点击“确定使用所选单词”便可生成词云图。在导入文本后，还可点击主界面左侧的“形状”功能，选择适合的形状模版对词云进行渲染，将其修改为云朵、地图、心形等各类形状。若要优化可视化效果，还可点击主界面左侧的“配置”“插图”和“字体”功能对词云图进行微调，也可直接拖动词云图中的单词，调整其位置、颜色等属性。

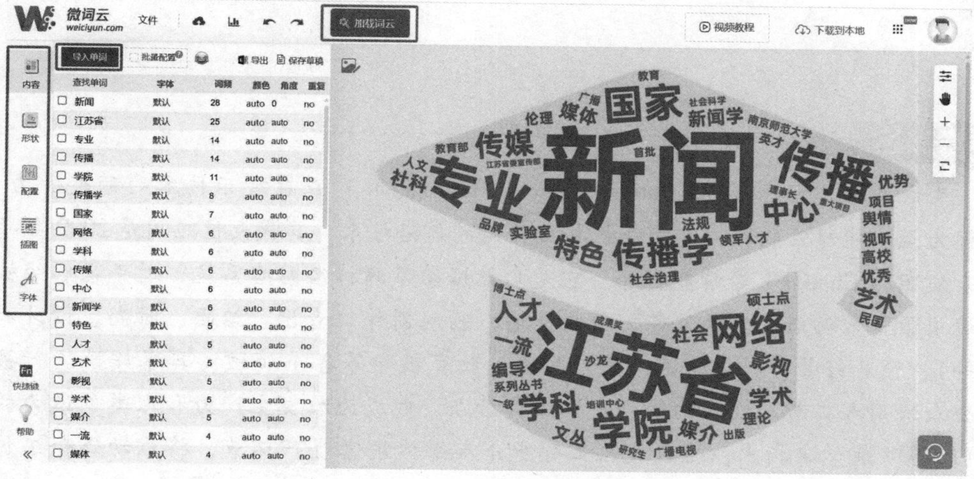

图 4-40　微词云操作界面

思考题

1. 数据新闻有别于传统新闻报道的特征有哪些？
2. 在制作数据新闻的过程中，选题和数据之间的关系是怎样的？
3. 独立或以小组合作的方式制作一篇数据新闻。

第五章　AI 创作

本章概述

生成式人工智能（Generative Artificial Intelligence）正在展示技术的颠覆性力量，被视为至少能与互联网、智能手机相提并论的前沿技术，其代表性应用是2022年年底以来发布的ChatGPT等智能程序。它是向数据学习的神经网络系统，近年来已经被广泛运用于日常对话、生活服务、新闻传播、艺术创作（音乐、绘画、时尚、设计和文学等）、商业经营、科学研究、医疗保健、教育教学等各个领域，其爆炸性流行被视为公众采用人工智能技术的第一个真正转折点，也成为激发生产力和人类创造力的巨大引擎①。有学者指出，生成式人工智能介入媒体内容生产环节，将推动媒介工作者的工作重心转向“提示工程”，即通过精心设计、优化输入信息（提示），来引导人工智能生成高质量、准确、有针对性的回应。本章将首先介绍生成式人工智能的技术背景，探讨人工智能技术对新媒体内容生产带来的变革与挑战，为读者介绍AI写作与绘图的常用技巧，并以“智谱清言”为工具展开实践。

教学目标

1. 了解生成式人工智能的技术背景。
2. 掌握AI写作与绘图的常用技巧。

学习建议

提示工程是一项需要高度经验性的工作，往往需要通过不断的实验和反馈来理解不同AI工具的优点和局限性，从而逐步优化提示词，以达到更好的内容生成效果。因此，建议读者多实践，尝试使用生成式AI工具协助解决学习工作中的实际问题。

---

①陈昌凤．生成式人工智能与新闻传播：实务赋能、理念挑战与角色重塑［J］．新闻界，2023（6）：4-12.

一、生成式人工智能与提示工程

（一）人工智能技术发展历程与类型

1. 人工智能技术的发展历程

人工智能（Artificial Intelligence，AI）的目的是使机器能够模拟人类的智能行为，从而扩展人类的能力。于是研究者通过赋予智能主体听觉（语音识别、机器翻译等）、视觉（图像识别、文字识别等）、自然语言能力（语音合成、人机对话等）、思考（人机对弈、专家系统等）、学习（知识表示、机器学习等）和行动（机器人、自动驾驶汽车等）的能力来实现。AI 技术自诞生以来，经历了多个技术研究以及应用方向，目前已经进入了飞速发展阶段，其智慧能力愈发强大且迭代速度加快，大致的发展历程总结如下①。

AI 诞生以及规则驱动时期（1943—1980 年）：1950 年，艾伦·麦席森·图灵（Alan Mathison Turing）提出了“图灵测试”，其目的是检验机器是否可以表现出与人类难以区分的智能，这一想法引发了机器产生智能的探讨。1956 年的达特茅斯会议首次提出了“人工智能”概念和理论。随后，人工智能领域出现了符号主义、联结主义（神经网络）等不同的研究方向，也取得了许多重要成果，如机器定理证明、跳棋程序和人机对话等。1957 年，费兰克·罗森布拉特（Frank Rosenblatt）设计出第一个计算机神经网络，即感知机，它被认为是第一个成功应用神经网络原理解决实际问题的算法。随后的 1958 年，赫伯特·西蒙（Herbert Simon）和艾伦·纽厄尔（Allen Newe）演示了第一个人工智能程序，名为逻辑理论家（LT-Logic Theorist）。早期的 AI 研究重点在于利用规则系统来模拟人类思维，采用一系列预先设定的规则来完成推理、分类等任务。

知识系统时期（1980—1990 年）：从 1970 年开始，学术界开始接受了一种新的思路：人工智能不仅需要研究解决问题的方法，还需要引入知识。1977 年的世界人工智能大会上，提出了“知识工程”的概念。专家系统应运而生，它们模拟人类专家的知识和经验，用于解决特定领域的问题，这标志着人工智能从理论研究转向了实际应用。日本的第五代计算机计划和英国的阿尔维计划等一系列计划推动了专家系统的高速发展。在这个时期，卡内基梅隆大学的 XCON 系统和 Stanford 医学专家系统等重要成果的出现使得专家系统在医疗、工业、金融等领域得到广泛应用。人工智能的研究方法也从逻辑推理、搜索算法等领域扩展到了知识表示、推理和学习等多个方面。

机器学习时期（1990—2010 年）：在这一时期，机器学习成了 AI 发展的焦点，这种

---

①卢翌．AIGC 深度报告：颠覆人机交互模式，内容生产进入新时代［R］．上海：中银国际证券股份有限公司，2023：5-8.

学习方式是通过算法根据给定的输入数据和对应的输出数据进行学习，从而发现规律和模式，并且能够对新的样本作出判断、识别或预测。机器学习方法包括支持向量机、决策树、朴素贝叶斯等。IBM 成为彼时 AI 领域的领导者：1997 年，由 IBM 开发的超级电脑“深蓝”战胜了国际象棋世界冠军卡斯帕罗夫，这是人工智能在智力运动方面的一次重大胜利。2006 年，企业开始引领 AI 发展，谷歌的塞巴斯蒂安·特龙（Sebastian Thurn）领导了自动驾驶汽车项目，企业对人工智能的投资也为其迅速发展注入了强劲动力。

深度神经网络时期（2011 年至今）：2010 年以来，AI 在以深度神经网络为代表的发展过程中，取得了在感知方面的重要进展，例如语音处理、图像分类、视频处理、知识问答、人机对弈、无人驾驶等。2011 年，IBM 的沃森（Watson）在一档美国电视智力竞赛节目《危险边缘》（*Jeopardy*!）中战胜人类选手获得冠军；同年，苹果推出了自然语言问答工具 Siri。谷歌于 2012 年正式发布谷歌知识图谱（Google Knowledge Graph）。2015 年，马斯克等人共同创建 OpenAI，其发布的热门产品包括 OpenAI Gym 和 GPT 等。2016 年，谷歌旗下 DeepMind 公司推出的阿尔法围棋（AlphaGo）战胜围棋世界冠军李世石。2018 年，谷歌发布了自然语言生成模型 BERT，成为自然语言处理（NLP）领域的重要进展。同时，DeepMind 发布的新版本阿尔法围棋（AlphaGo Zero）在没有人类知识的情况下自我学习并战胜前一版阿尔法围棋。OpenAI 于 2019 年发布了语言生成模型 GPT-2；2022 年和 2023 年先后发布了 GPT-3.5 和 GPT-4.0。

2. 人工智能技术的类型

人工智能技术按照应用的类型可以分为决策式人工智能与生成式人工智能。

决策式人工智能是基于数据挖掘、机器学习等大数据技术的 AI 应用，主要通过对大量数据的分析和挖掘，构建模型和算法来判断分析的对象，预测未来的趋势，发现隐藏的规律，优化决策等，被应用于人脸识别、拦截垃圾邮件、推荐系统、金融保险风控、商业分析、自动驾驶等场景。例如，在人脸识别领域，决策式人工智能对获取的人脸图像进行特征信息提取，再与人脸库中的特征数据匹配，从而实现人脸识别。又比如，在推荐系统领域，字节跳动的推荐算法“灵驹”通过对平台用户的基本特征、行为数据进行归纳分析，打上专属标签，实现内容和广告的精准推送。此外，Instagram、YouTube 等社交媒体巨头也使用了 Reels、Feed 等推荐算法，亚马逊则通过 FBT 算法（Frequently Bought Together）推荐用户搜索过的类似商品。本书第六章及其后续内容都可归属为决策式人工智能的应用。

生成式人工智能是指利用生成式 AI 技术，例如深度学习、自然语言处理等，让机器能够自动地创造文本、图像、音频、视频等多媒体内容。其工作方式是基于学习和推理，通过大量数据训练来学习规律并创造新的内容，而非仅仅分析现有的数据。生成式人工智能可以通过输入一些参数或者文本，生成符合语义的自然语言或者图像，应用场景包括自然语言生成、机器翻译、图像生成、音频合成等。例如，我们输入一段小说情节的简单描述，生成式人工智能便可以帮我们生成一篇完整的小说内容；再例如，生成式人工智能可以生成人物照片，而照片中的人物在现实世界中是完全不存在的。

3. 生成式人工智能技术的发展历程

生成式人工智能的发展与整体人工智能技术的发展历程基本相同，但在机器学习和深度神经网络发展阶段获得了加速进步。

小范围探索应用（1950—1990 年）：早在 1957 年，第一支由计算机创作的弦乐四重奏《依利亚克组》就已经出现。随后，第一款可与人进行对话的机器人“Eliza”于 1966 年问世。20 世纪 80 年代中期，IBM 创造的语音控制打字机 Tangora 也出现在市场上。然而，由于高昂的成本以及难以商业化，从 80 年代末到 90 年代中期，生成式人工智能仅能进行小范围的实验和应用，资本投入也因此受到了限制。

自主化生成能力尚弱（1990—2010 年）：生成式人工智能正逐渐从实验性向实用性转变，开始探索利用人工智能技术生成新闻、音乐、诗歌等内容。其中包括世界上第一部完全由人工智能创作的小说 1 *The Road*。然而，在这一阶段，生成式人工智能仍然受限于算法瓶颈和模板的缺陷，只能通过预先设置的规则和算法来生成内容，缺乏个性化和创意性。因此，生成式人工智能尚未达到真正的自主化水平。

深度学习促进快速发展（2010 年至今）：生成式人工智能的发展得到了深度学习算法不断迭代更新的助力，例如生成对抗网络（GAN）、变分自编码器（VAE）和语言模型等。AI 生成的内容变得百花齐放，往往能在短时间内快速生成，在一定程度上达到人类难以分辨的效果。这引起了许多知名机构和公司的关注和投入，他们开始大量研发和应用生成式人工智能技术：2017 年微软人工智能产品“小冰”推出世界首部 100%由人工智能写作的诗集《阳光失了玻璃窗》；英伟达（NVIDIA）2018 年发布 StyleGAN 模型可自动生成图片；DeepMind 于 2019 年发布 DVD-GAN 模型可生成连续视频。2022 年，OpenAI 推出了人工智能聊天原型 ChatGPT，这种文本生成模态应用模型能理解并生成文字；同年，Diffusion 扩散化模型出现，直接推动了生成式人工智能技术在图像生成领域的突破性发展。

（二）生成式人工智能的技术路径

在目前最为火热的文本类 AIGC 领域，预训练大语言模型（LLM）是表现最为突出的技术，GPT 和 BERT 是最具代表性的两个语言模型。它们都基于 Transformer 架构演变而来，但是分别对应 Transformer 架构的不同部分：Transformer 模型由编码器和解码器两部分组成，编码器（Encoder）用于将输入序列编码成抽象的表示，解码器（Decoder）用于将这个抽象表示解码成输出序列（如图 5-1）。GPT 模型主要是基于 Transformer 的解码器部分，训练时只考虑了给定词汇前的上下文信息，输出词汇依赖于先前生成的词汇，因此理论上具备更强的生成能力，主要用于文本生成任务，如文本自动完成、对话生成、文章摘要等；而 BERT 模型主要是基于 Transformer 的编码器部分，在训练中随机对输入序列中的部分词汇进行遮蔽后尝试预测，因此有能力同时捕捉上下文词汇的双向信息，主要用于自然语言理解任务，如问答系统、文本分类、相似度比较等。

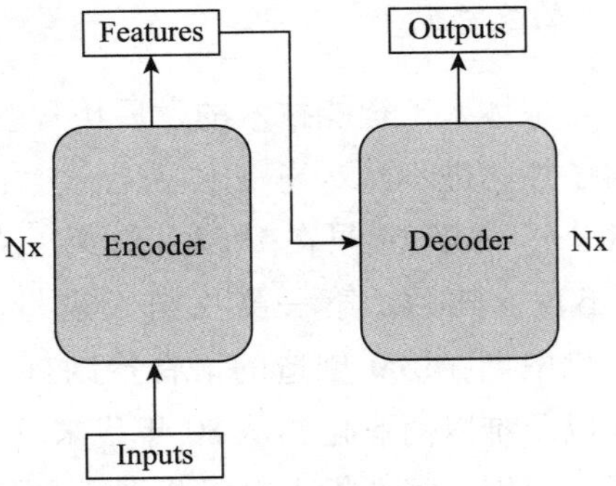

图 5-1 Transformer 架构

要获得类似 ChatGPT 的产品，首先，我们需要具备优质架构下的大规模预训练模型。预训练可以采用自监督学习方法，例如掩码语言模型或自回归模型。在这一阶段，需要使用大量无标签文本数据对模型进行预训练，从而使模型学习文本的潜在结构、语法、语义等信息。大语言模型中的“大”就体现在这一环节：一方面，“大”指的是模型的参数量大。参数是指在机器学习和深度学习模型中可学习的权重和偏置等变量，这些参数可以通过训练过程自动调整以捕获输入数据中的复杂关系。在大语言模型中，参数的数量通常会非常大，达到数百亿甚至数千亿，这使得模型能够学习和表示非常复杂的模式。另一方面，“大”也指的是训练数据的规模大。大语言模型通常在大规模的文本数据上进行训练，这种数据可以来自互联网、书籍、新闻等各种来源。以 GPT-3 为例，这个模型不仅包含了 1750 亿个参数，而且其训练集规模更是大得惊人：它包含两个相异的书籍数据集（一共 670 亿词符），已经过基础过滤的全网页爬虫数据集（4290 亿词符）和维基百科文章（30 亿词符）①。

其次，具备预训练模型后，我们还需要进行大量微调、优化和针对性的调整，以满足具体应用的需求。语言模型由于本身致力于预测可能性较高的下一个词汇，而非满足人类需求的答案，因此在解决该不一致性时，基于人类反馈的强化学习（RLHF）起到了重要的作用。RLHF 的主要步骤（如图 5-2）有如下三步。第一步是训练监督策略模型：在数据集中随机抽取问题，由专业标注人员给出高质量答案，形成问答对（QAG）。然后，使用这些人工标注好的数据以回答正确为目标来微调预训练模型，使得模型能够根据输入数据预测相应的输出标签，从而学习两者之间的关系。第二步是训练奖励模型（RM）：这个阶段主要通过人工标注训练数据来训练奖励模型。在数据集中随机抽取问题，使用第一阶段训练得到的模型，对于每个问题，生成多个不同的回答。人类标注者对这些结果综合考虑给出排名顺序，并使用这个排序结果数据来训练奖励模型，以建立

①丁磊．生成式人工智能：AIGC 的逻辑与应用［M］．北京：中信出版社，2023：41-58.

人类反馈模型。第三步是使用反馈模型进行强化学习：利用第二阶段训练好的奖励模型，通过给微调后 GPT 模型输出的结果打分来持续训练，形成模型与纯自然语言数据的反馈闭环。通过 RLHF，在提升回答质量、适应用户需求、减少不良内容、提高泛化能力等方面，ChatGPT 具备了比前几代模型更好的表现。

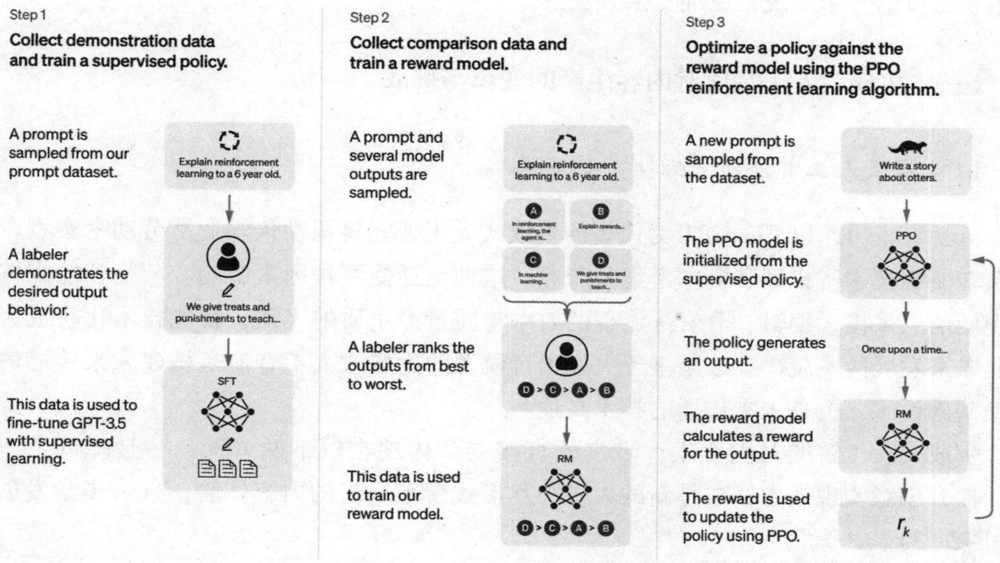

图 5-2　ChatGPT 训练过程①

对于 ChatGPT 表现出的惊艳效果，模型规模和海量数据带来的涌现能力（Emergent Capabilities）功不可没。涌现能力是一种不可预测的广泛存在于如物理学、经济学等领域的现象，当一个复杂系统由很多微小个体构成，这些微小个体凑到一起，相互作用，当数量足够多时，该复杂系统在宏观层面上展现出不同于其部分的行为，就可以称之为“涌现现象”。例如，自然界中雪花、气流旋涡的形成，金属中电子的超导性，宏观经济展现出不同于微观经济简单集合之后的特征等。在大语言模型领域，涌现能力指的是当模型规模超过一定阈值后，模型可以完成更加复杂的任务并大大提高精度，甚至具有未经过明确训练的能力。目前 GPT 等大语言模型表现出来的惊人的上下文学习能力（In-context Learning）就是涌现效应的部分证明。上下文学习能力是指不对模型参数进行调整，而是给大模型几个示例，AI 就可以从类比中学习，但是这种能力需要超过 400 亿的参数数量才能够达到。

业内对大模型涌现能力背后的原理有很多研究和探讨，但目前尚未形成公认的研究结果，包括上文所说的 AI 的上下文学习能力也仍是未解之谜。总体来说，涌现能力可能源自大模型内部神经网络之间的相互作用。此外，大模型的涌现能力和人类大脑学习知识在最终表现上也具有相似性。人类大脑通过不断接收和处理信息，建立起对世界的

①图片来源：https：//openai. com/blog/chatgpt。

认知和理解，这一过程中涉及的神经元之间的连接不断加强，从而形成更为复杂和准确的认知结构。类似地，大模型也是通过不断接收和处理海量数据，建立起对自然语言或图像等领域的认知和理解，这一过程中涉及的模型参数之间的连接也会不断加强。不同的是，大模型的学习和推理过程是由算法和数学模型来实现的，而人类大脑则通过一系列生物介质信号来实现，更加复杂和灵活。

（三）生成式人工智能对内容生产的变革与挑战

1. 生成式人工智能对内容生产的变革

有学者指出，以 ChatGPT 为代表的生成式人工智能将驱动传媒业从劳动密集型产业逐渐转变为技术密集型和资本密集型产业。这种变迁受两种因素影响。一是智能媒体的出现使信息采集、编辑、分发等流程的效率与质量产生质的飞跃，智能技术化将成为传媒业未来发展的主旋律。二是基于大型语言模型的生成式人工智能是构建未来传播的平台型基础设施，也是未来传播的技术高地①。

生成式人工智能对内容生产带来的直接变革体现在以下两方面：一是降低生产成本，提升创意实现效率；二是新的人机交互形式带来全新的内容体验，进一步激发创意（如图 5-3）。

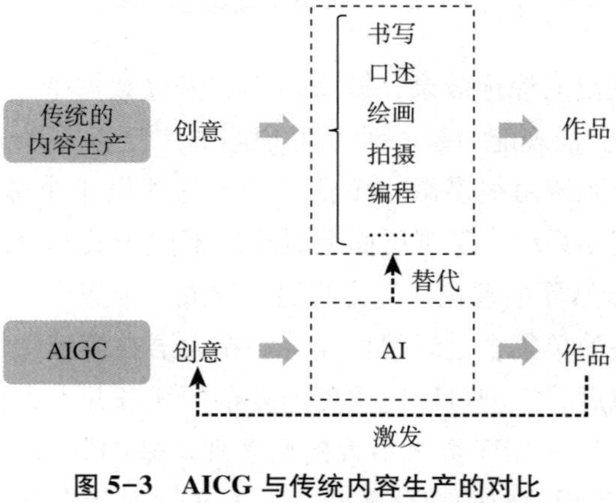

图 5-3　AICG 与传统内容生产的对比

在降本增效方面，传统的内容生产需要经历书写、口述、绘画、拍摄、编程等复杂的过程才能生成对应的内容。而生成式人工智能则只需要输入一些提示信息，就可以在短时间内生成大量的内容，用户只需要对生成的作品进行评估和调整即可。这显著提高了内容生产的效率，并降低了生产成本和门槛，同时也有助于激发新的创意。此外，低成本的各种内容形式，如图片、视频等，也将大幅降低用户间的沟通成本。

①喻国明，苏健威．生成式人工智能浪潮下的传播革命与媒介生态——从 ChatGPT 到全面智能化时代的未来［J］. 新疆师范大学学报（哲学社会科学版），2023，44（5）：81-90.

另外，大语言模型等 AI 技术结合新的交互形式，将为创作带来全新的可能性。通过 AI 技术的帮助，内容生产者可以更快速地掌握新的知识和技能，从而不断开拓新的创作题材。同时，AI 生成的内容也可以为创作提供新的灵感和素材。这种新的创作方式，将为内容生产者带来更广阔的发展空间，也将推动内容生产的创新发展。

总的来说，随着内容消费量不断增加，消费者对内容质量的要求也越来越高，同时内容生成呈现个性化和开放化的趋势，降低内容生产门槛和提高生产效率成了行业的迫切需求。人工智能生成内容（AIGC）正符合内容消费的这一发展趋势，预计未来将广泛应用于各种内容生产场景，为广大内容生产者提供支持，并有望成为未来互联网内容生产的基础设施。

2. 生成式人工智能应用于内容产业的风险与挑战

生成式人工智能给内容产业带来了前所未有的变革，但挑战与机遇并存，AIGC 应用于内容产业仍存在着以下风险与挑战亟待解决①。

（1）人工智能生成内容知识产权界定存疑，制约产业应用与发展

从著作权法角度来看，AI 生成内容属于重组式内容创新，AIGC 目前主要进行人机协作共创，尚不具备真正的内容自主创造能力。它不仅能够进行语言文字的自动学习生成，而且 AI 多模型的图像整合技术还能生成或修改图像、视频，让人难以察觉。但 AIGC 引发的新型知识产权风险正成为知识生产相关行业领域面临的迫切问题，尤其对教育、咨询、艺术等行业造成极大的法律危机。目前我国现行著作权法中尚未对生成式内容的知识产权进行明确界定，这意味 AIGC 的内容生产还游走在法律的边缘，对内容产业的合规化运营和发展造成潜在的威胁，这也将打击行业与 AI 技术融合发展的积极性和主动性。

（2）人工智能生成内容质量尚无保证，缺乏社会化传播基础

AIGC 模型的内容生成是以网络中大量的现有数据为基础的，其通过捕捉上下文内容的逻辑结构进行语言重组和表达，但除此之外，AIGC 本身也会对许多其无法检索到的信息及训练数据中不存在的内容强行捏造，根据自身预设对后续词语进行连接扩充，导致其内容输出在错误的方向上越走越远，这一现象被称为“AI 幻觉”（AI Hallucinations）。例如，ChatGPT 在用户的提示语下，有时就会生成一定的虚假内容，该虚假内容隐藏在完美的逻辑和语言下，令人难以分辨。

同时，虚拟世界伦理道德的问题也是 AIGC 发展的重要阻碍。在与 AI 技术有关的内容生产中，所谓道德准则、潜在的偏见或歧视性内容以及敏感话题和潜在伤害性内容如何处理，所属权或对人的主体性、人脑“意识”定义的冲击等问题在数智时代将愈加凸显。

①喻国明，曾嘉怡，黄沁雅．提示工程师：生成式 AI 浪潮下传播生态变局的关键加速器［J］．出版广角，2023（11）：26-31.

（3）AIGC 数据收集无序，隐私和数据安全隐忧

人工智能生成内容所依赖的数据可能涉及用户隐私，为了训练和改进人工智能生成内容的算法，大量的数据通常是必需的，这些数据可以包括用户的个人信息、文本、图像等。同时，在人工智能生成内容的领域，可能存在不同组织之间的数据共享和合作，数据传输过程如何保证数据不被泄露或将成为另一大技术性问题。

（四）媒介工作者的重心或将转向提示工程

有学者指出，生成式人工智能介入内容生产环节，势必会推动媒介工作者工作重心的转向——从直接的内容生产到数据挖掘与生产组织协调再到提示工程。大众传播时代，专业生产内容（PGC）、用户生产内容（UGC）和机构生产内容（OGC）是人类要素决定内容生产；万物互联时代，机器生产内容（MGC），即“传感器”类资讯是机器参与内容生产；生成式人工智能浪潮下，人工智能生成内容（AIGC）是 AI 大模型生成内容。传统媒介工作者从事的直接内容生产或将难以成为其功能实现和价值发挥的立足点，也无法应对技术革新带来的传播生态剧变。海量传感器资讯对人类生产内容的冲击迫使人类提升对数据资源的掌控和对数据价值的挖掘，提高社会内容生产的组织和协调能力。生成式 AI 进一步变革内容生产格局，对人类的提示工程能力提出了新的要求。随着 ChatGPT 等生成式 AI 的爆火，作为互补性职业的提示工程师（Prompt Engineer）进入社会各界的视线，Scale AI 创始人认为 AI 大模型可以被视为一种新型计算机，而提示工程师就是给它编程的程序员，通过合适的提示词能够挖掘出 AI 的最大潜力。未来传播的关键也许在于人人都将直接或间接地成为提示工程师的角色，提示工程能力或将成为个体的核心技能，提示工程能力的高低也将直接决定人工智能内容产出的质量优劣①。

1. 何为“提示”

“提示”（Prompt）指的是向人工智能提供的输入信息，这些信息通常包含关键词、问题或指令，旨在引导人工智能生成与用户期望相符的回应。ChatGPT 等现有的应用大多是以“Chat”（聊天）为核心，通过模拟人类的交流方式与用户进行互动。在互动过程中，它会努力理解用户的需求并给出相应的回答。而我们在聊天框中输入的信息，正是所谓的“提示”。在与聊天机器人的互动中，提示就像一条纽带，连接着我们与人工智能。一个精心设计的提示可以让人工智能更准确地捕捉我们的需求，从而为我们提供更有价值的回答。因此，掌握提示方法，对于充分发挥人工智能的潜力至关重要②。

2. 何为“提示工程”

我们使用生成式人工智能除了聊天，有时候还希望它帮助我们完成工作，如写文

①喻国明，李钒．内容范式的革命：生成式 AI 浪潮下内容生产的生态级演进［J］．新闻界，2023（7）：23-30.
②陈颢鹏，李子菡．ChatGPT 进阶：提示工程入门［M］．北京：北京大学出版社，2023：16.

章、写报告、写程序等大工程，这些工作要比日常聊天复杂得多。为了更好地与 AI 沟通，让它领会我们的需求与目的，“提示工程”便应运而生，旨在优化我们与人工智能互动的过程。试想一下，当我们与他人交谈时，我们的语言和表达方式会直接影响对方的理解和回应。同理，我们与人工智能的交流也是如此。

“提示工程”（Prompt Engineering）是通过精心设计、优化输入信息（提示），来引导人工智能生成高质量、准确、有针对性的回应。它是一门高度依赖经验的工程科学，涉及对问题表述、关键词选择、上下文设置及限制条件等方面的细致调整，以提高人工智能回应的有效性、可用性和满足用户需求的程度。①

当我们刚开始尝试使用生成式人工智能时，我们可能会急切地希望它能够迅速地为我们提供帮助。不过，有时可能会因为提问的方式不够恰当而收到不相关的回复。这种情况下，我们可能会感到沮丧，甚至开始质疑这个被誉为高智能的 AI 是否真的那么高明。但是，如果我们愿意花时间学习“提示工程”，就可以减少这种情况的发生，进而节省时间，提升回复的精确度，并获得更佳的使用体验。

二、AI 写作与绘图的常用技巧

生成式人工智能已诞生了大量的应用，除 ChatGPT 外，国内还有百度的“文心一言”②、科大讯飞的“讯飞星火”③、阿里巴巴的“通义千问”④、清华大学与智谱 AI 的“智谱清言”⑤ 等。考虑到工具的可访问性，本节将基于国内的 AI 应用展开介绍，使用的工具为“智谱清言”。需要说明的是，在使用 AI 进行文案写作与图片生成时，提示的设计规范与技巧在大多数 AI 中基本一致，但考虑到不同 AI 间仍存在着一定差别，具体应用时可根据 AI 的特点进行微调。

（一）具体描述需求

具体描述需求是指对问题或需求进行完整、清晰的陈述，以使 AI 更好地理解问题，进而生成更加准确、符合实际需求的内容。采用的方式有：

1. 在提示中增加主题关键词

主题关键词可以包括与需求相关的行业、领域、产品、对象或维度，或者是特定的文本要素、术语等。假设我们的需求是使用 AI 撰写一篇介绍“南京”这座城市的文章，那么主题关键词就可以包括地理、经济、历史、文化、教育、交通、环境、城市品牌与

---

①陈颢鹏，李子菡．ChatGPT 进阶：提示工程入门［M］．北京：北京大学出版社，2023：17.

②资料来源：https：//yiyan. baidu. com.

③资料来源：https：//xinghuo. xfyun. cn.

④资料来源：https：//tongyi. aliyun. com.

⑤资料来源：https：//chatglm. cn.

特色等。图 5-4 是我们不使用主题关键词与使用主题关键词的生成内容对比。可以看到，不使用主题关键词时，AI 从多个维度介绍了南京这座城市，但没有提及南京“世界文学之都”的城市品牌；而当我们在提示中加入了“突出‘世界文学之都’的城市品牌”这一主题关键词后，AI 生成的内容更有指向性，从而更好地满足了我们的需求。

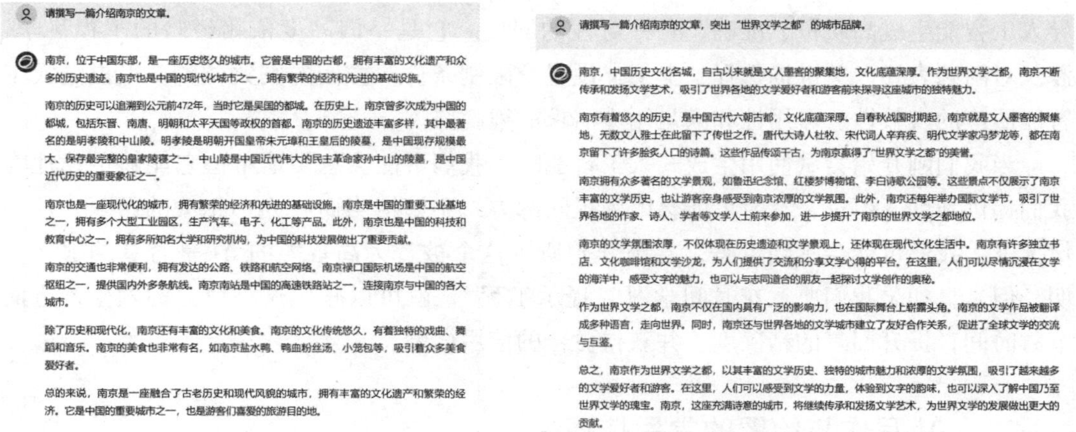

图 5-4　增加主题关键词前后对比

2. 明确目标、受众并给出细节要求

我们仍以前文案例为例。由于不同的新媒体平台有着风格迥异的文案风格，例如“知乎”的文案经常使用各类学术语言、专业术语，而“小红书”的文案则经常使用各类 emoji 表情，注重分享个人体会，为了使我们的文案更加符合发布平台的调性，文案的内容更加契合我们的目标受众，我们可以在提示中进一步细化文案的发布平台、文案风格、受众、目标等信息。例如，如图 5-5 所示，我们通过在提示中增加发布平台、文案风格、受众、目标等信息，“智谱清言”生成了更加具有“小红书”风格的推广文案。值得一提的是，通过类似的方法，我们还可以变换已有文案的风格，只需要将已有文案复制粘贴到提示框中，并详细说明修改文案的风格即可。

（二）量化你的要求

仍以前文案例为例，我们通过主题关键词和具体的说明，让 AI 生成了一篇具有“小红书”风格的文案，在介绍南京的同时凸显了“世界文学之都”的城市品牌如图 5-5。但对于“小红书”平台而言，图 5-5 的文案篇幅显得过长，因此，我们可以要求 AI 将篇幅控制在具体数值以内，例如 200 字以内（如图 5-6）。可以看到，新生成的文案既保留了原有的“小红书”风格，凸显了南京“世界文学之都”的城市品牌，也有效地控制了文案的字数，使之更加符合我们的实际需求。对要求进行量化是我们在设计提示时常用的方法，通常的量化对象除了字数外，还有段落数、句子数、论点数、步骤数等。例如，我们可以要求 AI 对某段文本进行概括，在概括时可采用“通过两句话概括以下内容”等提示，对生成的内容进行量化的限制。

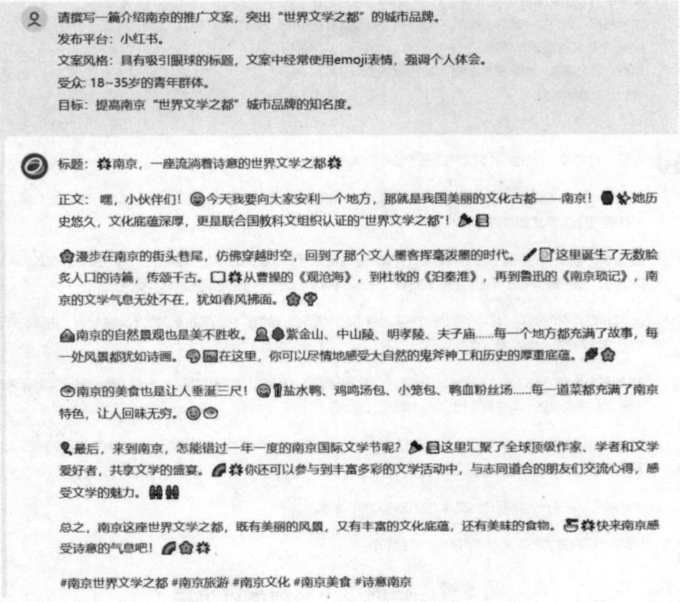

请撰写一篇介绍南京的推广文案，突出“世界文学之都”的城市品牌。
发布平台：小红书。
文案风格：具有吸引眼球的标题，文案中经常使用emoji表情，强调个人体会。
受众: 18~35岁的青年群体。
目标：提高南京“世界文学之都”城市品牌的知名度。

标题：南京，一座流淌着诗意的世界文学之都

正文：嘿，小伙伴们！今天我要向大家安利一个地方，那就是我国美丽的文化古都——南京！她历史悠久，文化底蕴深厚，更是联合国教科文组织认证的“世界文学之都”！

漫步在南京的街头巷尾，仿佛穿越时空，回到了那个文人墨客挥毫泼墨的时代。这里诞生了无数脍炙人口的诗篇，传颂千古。从曹操的《观沧海》，到杜牧的《泊秦淮》，再到鲁迅的《南京琐记》，南京的文学气息无处不在，犹如春风拂面。

南京的自然景观也是美不胜收。紫金山、中山陵、明孝陵、夫子庙……每一个地方都充满了故事，每一处风景都犹如诗画。在这里，你可以尽情地感受大自然的鬼斧神工和历史的厚重底蕴。

南京的美食也是让人垂涎三尺！盐水鸭、鸡鸣汤包、小笼包、鸭血粉丝汤……每一道菜都充满了南京特色，让人回味无穷。

最后，来到南京，怎能错过一年一度的南京国际文学节呢？这里汇聚了全球顶级作家、学者和文学爱好者，共享文学的盛宴。你还可以参与到丰富多彩的文学活动中，与志同道合的朋友们交流心得，感受文学的魅力。

总之，南京这座世界文学之都，既有美丽的风景，又有丰富的文化底蕴，还有美味的食物。快来南京感受诗意的气息吧！

#南京世界文学之都 #南京旅游 #南京文化 #南京美食 #诗意南京

图 5-5　在提示中增加发布平台、文案风格、受众、目标等信息

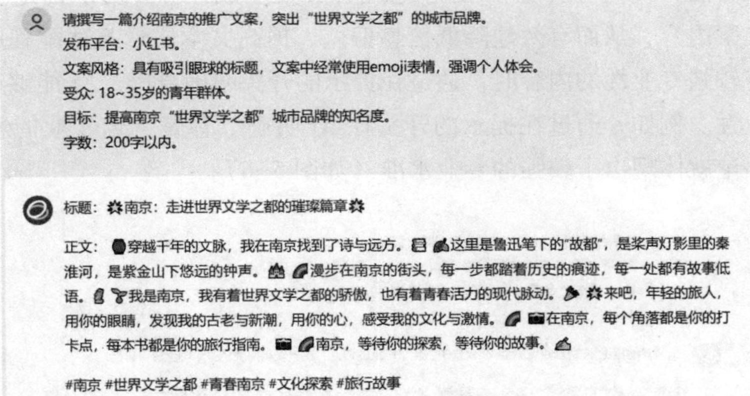

请撰写一篇介绍南京的推广文案，突出“世界文学之都”的城市品牌。
发布平台：小红书。
文案风格：具有吸引眼球的标题，文案中经常使用emoji表情，强调个人体会。
受众: 18~35岁的青年群体。
目标：提高南京“世界文学之都”城市品牌的知名度。
字数：200字以内。

标题：南京：走进世界文学之都的璀璨篇章

正文：穿越千年的文脉，我在南京找到了诗与远方。这里是鲁迅笔下的“故都”，是桨声灯影里的秦淮河，是紫金山下悠远的钟声。漫步在南京的街头，每一步都踏着历史的痕迹，每一处都有故事低语。我是南京，我有着世界文学之都的骄傲，也有着青春活力的现代脉动。来吧，年轻的旅人，用你的眼睛，发现我的古老与新潮，用你的心，感受我的文化与激情。在南京，每个角落都是你的打卡点，每本书都是你的旅行指南。南京，等待你的探索，等待你的故事。

#南京 #世界文学之都 #青春南京 #文化探索 #旅行故事

图 5-6　在提示中对部分要求进行量化

（三）明确身份角色

如图 5-6 所示，“智谱清言”生成的文案主要以南京为第一人称展开，适合南京市的官方账号发布。但作为在南京的大学生、南京市民或游客，他们又该怎样生成符合自身身份的文案呢？图 5-7 给出了一个可行的方案：只需在提示的开头添加一句对身份角色的说明“你是一名南京的大学生”，生成的文案（如图 5-7）就与图 5-6 所示文案产

生了很大的差别，不论是内容还是话语风格，都更加贴切“在宁大学生”这一角色。

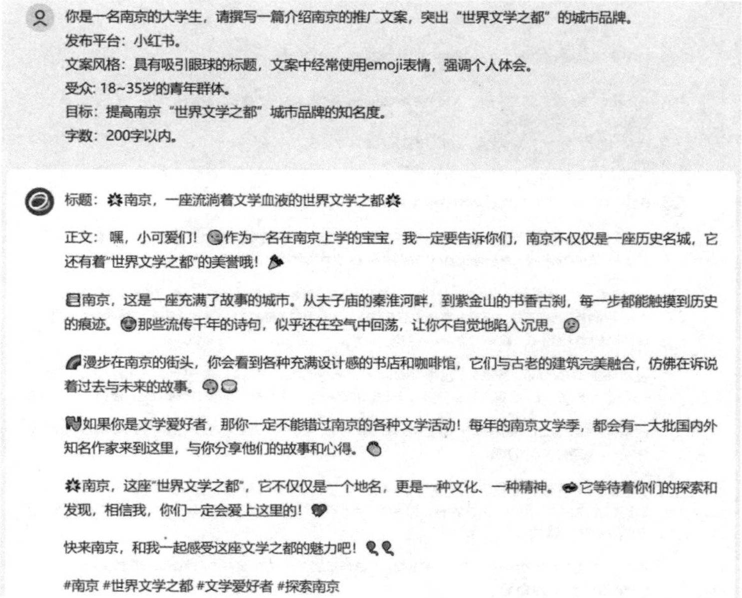
你是一名南京的大学生，请撰写一篇介绍南京的推广文案，突出“世界文学之都”的城市品牌。
发布平台：小红书。
文案风格：具有吸引眼球的标题，文案中经常使用emoji表情，强调个人体会。
受众：18~35岁的青年群体。
目标：提高南京“世界文学之都”城市品牌的知名度。
字数：200字以内。

标题：南京，一座流淌着文学血液的世界文学之都

正文：嘿，小可爱们！作为一名在南京上学的宝宝，我一定要告诉你们，南京不仅仅是一座历史名城，它还有着“世界文学之都”的美誉哦！

南京，这是一座充满了故事的城市。从夫子庙的秦淮河畔，到紫金山的书香古刹，每一步都能触摸到历史的痕迹。那些流传千年的诗句，似乎还在空气中回荡，让你不自觉地陷入沉思。

漫步在南京的街头，你会看到各种充满设计感的书店和咖啡馆，它们与古老的建筑完美融合，仿佛在诉说着过去与未来的故事。

如果你是文学爱好者，那你一定不能错过南京的各种文学活动！每年的南京文学季，都会有一大批国内外知名作家来到这里，与你分享他们的故事和心得。

南京，这座“世界文学之都”，它不仅仅是一个地名，更是一种文化、一种精神。它等待着你们的探索和发现，相信我，你们一定会爱上这里的！

快来南京，和我一起感受这座文学之都的魅力吧！

#南京 #世界文学之都 #文学爱好者 #探索南京

图 5-7　在提示中明确身份角色

事实上，在提示的开头对 AI 设定特定的身份或角色是我们最常用的提示设计技巧之一，通过该方法，我们可以使 AI 更好地理解文案生成任务，更准确地生成符合某一特定身份的文案内容，从而有效地降低信息偏差，提高文本质量与适配程度。特别是在生成某些具有较强专业性的内容时，通过在提示的开头明确身份，AI 能够有效地提高生成内容的专业性。例如，通过在提示的开头让 AI 明确“你是一名专业的新闻评论员”，生成的新闻评论就体现出了较强的专业水准（如图 5-8）。

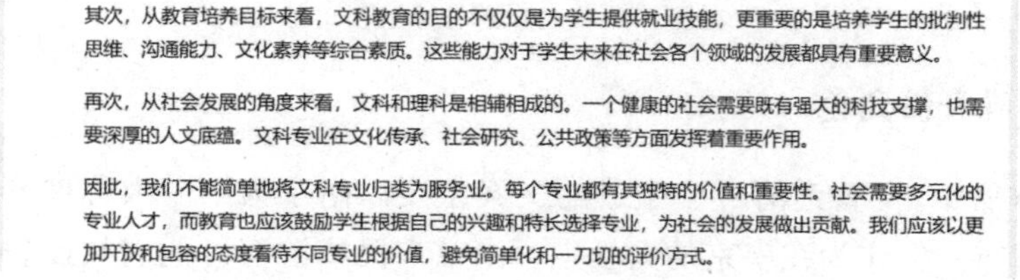
你是一名专业的新闻评论员，请就以下主题发表观点：
新闻事件：张雪峰称“文科都是服务业”。
内容要求：以理性、客观、中立的视角进行评论。

张雪峰的言论“文科都是服务业”在公众中引起了广泛的讨论。这一观点需要从多个角度进行分析。

首先，从就业市场的角度来看，文科专业毕业生确实在很多服务行业中有较高的就业比例，如教育、媒体、市场营销等。然而，这并不意味着所有文科专业都只能从事服务业工作。文科专业的学习涵盖了人文、社会、艺术等多个领域，这些领域的知识和技能在很多行业都有广泛的应用。

其次，从教育培养目标来看，文科教育的目的不仅仅是为学生提供就业技能，更重要的是培养学生的批判性思维、沟通能力、文化素养等综合素质。这些能力对于学生未来在社会各个领域的发展都具有重要意义。

再次，从社会发展的角度来看，文科和理科是相辅相成的。一个健康的社会需要既有强大的科技支撑，也需要深厚的人文底蕴。文科专业在文化传承、社会研究、公共政策等方面发挥着重要作用。

因此，我们不能简单地将文科专业归类为服务业。每个专业都有其独特的价值和重要性。社会需要多元化的专业人才，而教育也应该鼓励学生根据自己的兴趣和特长选择专业，为社会的发展做出贡献。我们应该以更加开放和包容的态度看待不同专业的价值，避免简单化和一刀切的评价方式。

图 5-8　在生成专业性内容的提示中明确身份角色

（四）提供背景信息

此处仍以撰写新闻评论为应用场景。由于新闻事件本身易于理解且不会产生歧义，故 AI 生成的内容较为贴切（如图 5-8）。但当我们选择其他新闻事件时，并不一定能生成同样高质量的内容。例如，2023 年末 2024 年初，“南方小土豆”成为网络热词，但如果我们仅仅只将图 5-8 中的新闻事件修改为“‘南方小土豆’成为网络热词”，AI 生成的内容便不尽如人意。其生成的主要都是关于我国南方土豆种植、销售等的内容，仅仅停留在了对“南方小土豆”字面意思的解读上，与实际的新闻事件没有任何关联。这是因为生成式人工智能本质上并不是搜索引擎，虽然其训练语料中包含了大量反映社会现实的文本材料，但其训练语料并不是实时更新的，因此对于最新发生的新闻事件，AI 并不掌握。要解决这一问题，我们需要为 AI 提供充足的背景信息，帮助其理解评论对象的实际含义。

例如，我们增加了对“‘南方小土豆’成为网络热词”这一新闻事件的背景介绍（如图 5-9），可以看到，通过对事件背景的详细描述，AI“理解”了“南方小土豆”一词的实际含义，“掌握”了该新闻事件中舆论的核心观点与主要争议，进而生成了一篇具有较高质量的新闻评论。

你是一名专业的新闻评论员，请就以下主题发表观点：
新闻事件：“南方小土豆”成为网络热词。
事件背景：2023年末2024年初，东北冰雪游人气“爆棚”，特别是在元旦假期间，哈尔滨游客接待量和旅游总收入达到历史峰值。而作为此次旅游热潮的主要群体——“南方小土豆”，也频频登上热搜。“南方小土豆”这一称呼，起初是部分南方游客到东北旅游的自称，而后多用以称呼到哈尔滨旅游的南方人。之所以被冠以“南方小土豆”这个昵称，主要是因为在东北游玩的南方游客，尤其是年轻的女游客她们多数身穿浅色羽绒服，头戴可爱帽子，身材相对东北本地人更加娇小。但随着哈尔滨旅游持续火爆，“南方小土豆”不断出圈，这一称呼引起争议，部分南方网友觉得这个称呼是对身高的冒犯，开始质疑这个称呼是偏见还是爱称。
内容要求：以客观中立的视角进行评论。

"南方小土豆"成为网络热词，背后反映出了我国地域文化差异以及网络语境下的语言趣味性。这一现象值得我们客观、全面地看待。

首先，从正面来看，这一昵称体现了我国地域间的友好互动。南方游客到东北旅游，体验冰雪文化，带动了当地旅游业的发展。而"南方小土豆"这一称呼，起初是南方游客的自嘲，表现出他们对东北人热情、豪爽性格的喜爱。这种自嘲式的幽默，也让东北人觉得亲切，增进了南北之间的友谊。

然而，随着"南方小土豆"这一称呼的广泛传播，部分南方网友开始觉得这个称呼带有歧视意味，是对身高的冒犯。这暴露出网络语境下，语言暴力和歧视的隐性问题。在网络平台上，一些不负责任的言论和行为很容易引发争议，对特定群体造成伤害。

针对这一现象，我们应当保持客观和理性，避免过度解读。同时，呼吁广大网友遵循社会主义核心价值观，尊重他人，摒弃歧视和偏见。在表达地域特色和文化差异时，应以友好、包容的态度为前提，避免使用可能引发争议的言辞。

此外，我们还应看到这一事件背后的旅游资源开发和宣传问题。哈尔滨市在冰雪旅游方面取得了显著成果，吸引了大量南方游客。但在今后的旅游宣传中，应更加注重突出地域特色和文化内涵，避免以身高等生理特征作为宣传点，以免引起不必要的争议。

总之，"南方小土豆"这一网络热词背后反映了我国地域文化差异和网络语境下的语言趣味性。在享受网络文化带来的便捷与乐趣的同时，我们应时刻警惕歧视和偏见的存在，倡导文明、理性、友好的网络环境。同时，各地在旅游资源开发和宣传中，应充分挖掘地域特色，弘扬优秀传统文化，为游客提供更加丰富、多元的旅游体验。

图 5-9　在提示中提供背景信息

通过上述案例我们可以发现，在利用 AI 生成内容时，向 AI 提供与生成对象有关的背景信息往往是必要的，因为 AI 尽管在模型的训练过程中“学习”了大量的人类语料，但它并非无所不知、无所不能。特别是针对某一具体的或刚出现的事件、现象、产品等对象时，若不向 AI 提供足够的背景信息，其生成的内容往往要么是泛泛而谈，要么与我们期望的内容毫不相干。例如，希望 AI 帮助我们为某一最新款手机设计一条广告语，那么在不提供背景信息的情况下，AI 所了解的只有产品的品类或名称，其生成的广告很难与产品的实际情况相匹配。因此，更好的做法是将产品的评测报告，甚至是产品的说明书作为背景信息添加到提示语中，帮助 AI 全方位“理解”其生成文案的对象。

（五）给出格式样例

如果我们希望 AI 生成的内容具有结构化的格式，抑或符合某一特定的但难以直接描述的语言风格时，给出具体的格式要求或文案样例是值得采用的方案。

1. 明确格式要求

以实体识别为例，实体识别是自然语言处理领域的一个重要任务，它的目标是从文本中找出并识别特定的实体，如人名、地名、组织名等。使用实体识别，我们可以快速、大量地提取出真正关键的信息，免去阅读大量文本的困扰。例如，我们可以通过实体识别，从社交媒体海量的文本中快速提取出舆情事件涉及的主体、发生的时间与地点等信息；也可以从长篇的访谈材料、采访记录中快速地抽取出新闻事件的核心人物、事件、时间、地点等要素，便于我们开展后续的新闻写作。通常而言，在实体识别任务中，为了使结果一目了然，我们倾向于以结构化数据的格式输出结果，其中 JSON 格式最常使用。例如，我们希望 AI 从一则新闻报道中快速提取出“5W1H”，即 What（何事）、Where（何地）、When（何时）、Who（何人）、Why（何因）、How（如何），并以 JSON 格式返回提取的信息，可以在提示中明确要提取的信息与输出的格式（如图 5-10）。

2. 给出文案样例

不同题材的文章有着差异化的行文风格，例如公文有着严谨、规范、庄重、简明、逻辑性强的行文风格，散文有着自由、轻松、富有文学性的行文风格，但并不是每一种写作风格都能够用语言直接描述。例如，同样是科幻小说家，《三体》系列的作者刘慈欣与《海底两万里》的作者儒勒·凡尔纳就有着截然不同的写作风格。同理，我们每个人也或多或少地有属于自己的语言风格。对于这些独特的语言风格，我们往往很难找到合适的词汇来形容。为了让 AI 生成的内容与我们期望的语言风格相匹配，一个可行做法是给出文案的样例，并让 AI 模仿该样例进行写作。例如，自电视剧《甄嬛传》2012 年热播以来，“甄嬛体”便成为一种在中文互联网上流行的模仿文体。如果我们期望 AI 以“甄嬛体”写一篇短文或改写一段文字，可行的做法便是向 AI 提供几句典型的“甄嬛体”文案，并让其模仿写作。例如，我们没有向 AI 描述何为“甄嬛体”，而是在提示中为 AI 提供了两个“甄嬛体”的示例，并要求 AI 使用“甄嬛体”的写作风格来改写文本，取得了不错的效果（如图 5-11）。同理，通过向 AI 提供相应的文案样例，我们可以让其生成出风格各异的文案。

你是一个从文本中提取实体的助手，请从“进行实体识别的文本”中提取出5W1H，即What（何事）、Where（何地）、When（何时）、Who（何人）、Why（何因）、How（如何），并以JSON格式返回。

进行实体识别的文本：

2001年7月13日晚，莫斯科，国际奥委会第112次全会上，时任国际奥委会主席萨马兰奇宣布：北京成为第29届夏季奥林匹克运动会的举办城市！北京以过半数优势赢得了奥运会举办权。

申奥成功的消息传来，中华大地瞬间沸腾起来，中华世纪坛礼花绽放，欢声雷动；天安门广场人如潮，歌如海。从恢宏的长安街到平安大道，从灯火通明的商场宾馆到四合院，从沸腾的高校到京郊大地，狂欢的人们将满心的喜悦汇成一句话：“2008，咱们的！”

承载过新中国无数次欢乐的天安门广场再次成为欢乐的海洋。成千上万的市民自发地涌来了，两千多名首都高校学生挥舞着彩旗走来了，大庆油田申奥自行车队40多人跋涉8天赶来了，美国、澳大利亚、加拿大的几名华裔中学生利用暑假专程飞来北京，他们打出了五星红旗，高呼“我们赢了”。

在经历了全民的喜悦与狂欢之后，从北京到青岛、天津、沈阳等奥运协办城市，乃至全国大江南北都投入到了奥运筹办的宏大工程中。

json　复制

```json
{
  "What": {
    "活动": "第29届夏季奥林匹克运动会",
    "事件": "北京获得举办权"
  },
  "Where": {
    "主要地点": "莫斯科",
    "举办城市": "北京",
    "庆祝地点": "中华世纪坛、天安门广场"
  },
  "When": {
    "宣布时间": "2001年7月13日",
    "奥运会时间": "2008年",
    "筹备时间": "申奥成功后至奥运会举办前"
  },
  "Who": {
    "主要人物": "萨马兰奇",
    "参与人群": "中华大地上的市民、首都高校学生、大庆油田申奥自行车队、美国、澳大利亚、加拿大
  },
  "Why": {
    "背景": "北京以其优势赢得奥运会举办权",
    "目的": "全民的喜悦与狂欢、奥运筹办"
  },
  "How": {
    "申奥过程": "北京在申奥中胜出",
    "庆祝方式": "中华世纪坛礼花绽放、天安门广场人群聚集、挥舞彩旗、高呼口号"
  }
}
```

图 5-10　在提示中明确格式要求

你是善于用“甄嬛体”写作的高手，以下是2个“甄嬛体”的示例：

例子1：方才在正想来老朋友已多年不见，也必定会想念彼此，若请你来小聚，应允的话就是极好的。念初我俩同窗数年，不撤风雪，情比金坚，此真也宛若在心。

例子2：平日听闻小主一直想要去那家餐厅用膳，私心想着若能今日随我同去也是极好的，平日里受你恩惠，能得机会请你一起用膳，倒也不负恩泽。若你能欣然应邀自是极好的！

请使用“甄嬛体”的写作风格，改写“今天天气不错，我想邀请你一起去爬紫金山。”

今日天朗气清，风和日丽，本宫心念着那紫金山上是否有新意，想那山色青翠，登顶之后，必然是心旷神怡。不如邀请汝同去，也好共赏这山中景致，汝若愿意同行，那便是极好的。汝可知，那山中路径，本宫亦曾踏过，但今日与汝同游，定是有不同的乐趣。

图 5-11　在提示中给出文案样例

（六）善用多轮交互

有时我们会发现，与 AI 交流的过程中，在同一个对话里聊同一件事或者相同的主题时，AI 似乎变得越来越聪明了。这主要是因为生成式人工智能具有上下文学习能力，其通过读取同一段对话中关于当前任务的上下文信息，产出了更高质量、更符合用户需求的内容，看起来就像“变聪明”了。这和人与人之间的沟通类似，相互之间经过多次交流能够更好地理解对方的意图。因此，我们可以通过以下两个技巧来利用 AI 的上下文学习能力，更好地发挥它的作用。

1. 在同一对话中保持主题的连贯性

在同一个对话中保持对同一主题的深度讨论，可以帮助 AI 更好地把握我们的偏好，理解问题的具体背景和环境，从而使其回答更能切中要害。此外，若 AI 生成的内容在某些方面没有达到我们的要求，也可在同一对话中直接提出我们希望 AI 修改的内容并指明修改方向、提出修改建议，AI 便可根据反馈对之前生成的内容进行修改，以生成更加满足我们需要的内容。例如，如果希望 AI 帮助我们共同“创作”一篇科幻小说，可以在一次对话中首先让 AI 根据某一主题生成几个备选大纲，然后选择其中的一个让 AI 展开谈谈，接着让其列出哪些作家的写作风格适合该故事情节，接着让 AI 根据某一作家的写作风格生成小说的一个章节，我们还可以让 AI 根据我们的要求修改其中的人物、情节、身份等。总的来说，在与 AI 的同一段对话中保持主题的连贯性是生成高质量内容的重要保障。

2. 创建新对话生成另一主题的内容

如果我们在同一段对话中讨论的两个主题风马牛不相及，AI 在生成内容时仍然会读取上下文。由于前一个主题仍处在对话中，与其相关的内容便会被 AI 读取，这很有可能会影响到后一个主题生成的内容，使 AI 回答的效果大打折扣。因此，要讨论新的主题时，通过点击“创建新对话”（如图 5-12）新建一个全新的、没有上下文信息的对话，就可以让 AI 针对新的主题给出更好的回答了。

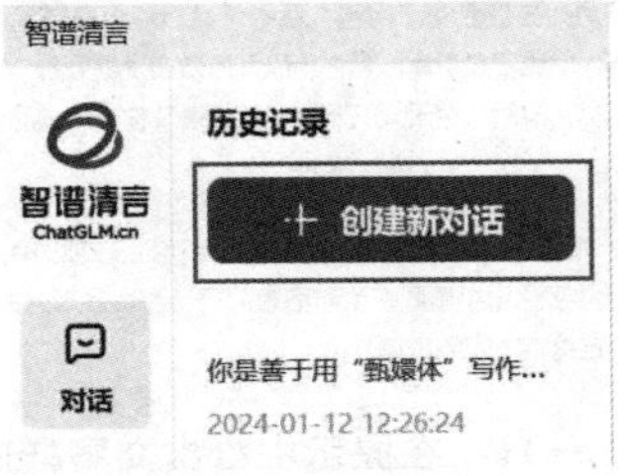

图 5-12 点击“创建新对话”生成另一主题的内容

（七）巧用 AI 生成绘画提示

在 AI 图片生成领域，除 Midjourney、Stable Diffusion 等国外应用外，“智谱清言” 等国内 AI 工具也接入了图片生成功能，此处仍以 “智谱清言” 为例进行介绍。一般而言，为了提高 AI 生成图片的准确性，我们可以套用以下公式，其中的五个部分可根据需求组合使用。公式如下：

画面主题+环境描述+构图方式+画面风格+图像参数①

- 画面主题：使用“主语+谓语+宾语”描述画面中的人或场景。
- 环境描述：描述氛围、场景、光感及光线和背景的颜色等。
- 构图方式：确定物体或人物的位置、景深（全景、中景、特写等）及角度（仰角、平视等）。
- 画面风格：可以参考艺术家的名称、摄影师的名称、绘画风格（如维多利亚风格、水墨风格等）和画面风格（如 3D、插画等）。
- 图像参数：使用关键词（如--ar、--s 等）来控制输出的比例、画面元素等。

如果我们具有一定的美术设计功底，能够较好地从上述五个方面描述想生成的图片，那么可以自行设计提示语，让 AI 帮助我们绘图。但如果我们对此并不在行，一个可行的思路是让 AI 帮助我们从上述几个方面设计用于生成图片的提示语，然后将 AI 生成的提示语输入提示框中，让 AI 据此生成图片。例如，我们套用公式让 AI 生成了描述“故宫里的猫”的绘画提示语（如图 5-13）。然后，我们用 AI 设计的提示语让 AI 生成了对应的图片（如图 5-14）。在具体应用过程中，我们还可根据自己的需求，对 AI 生成的绘画提示语进行微调，以使其更加符合实际需求。

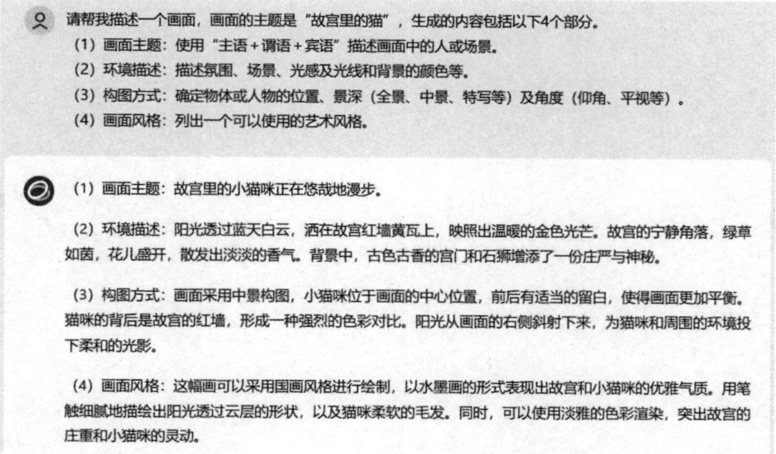

图 5-13　套用公式让 AI 生成绘画提示

①陈振轩．巧用 ChatGPT 轻松玩转新媒体运营［M］．北京：北京大学出版社，2023：168.

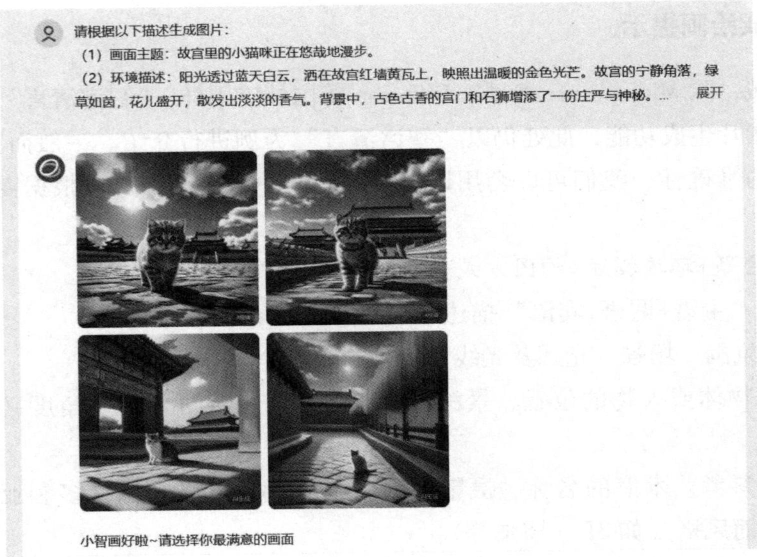

图 5-14　用 AI 生成的绘画提示生成图片

（扫描二维码查看彩图）

思考题

1. 人工智能与大数据之间有着怎样的关系？
2. 有人说生成式人工智能将取代媒体工作者，你怎么看？
3. 谈谈生成式人工智能应用于新媒体内容生产的利弊。
4. 尝试使用多种生成式人工智能工具并比较它们的优势与劣势。

数据挖掘篇

第六章　推荐系统

本章概述

在新媒体内容生产之后的分发环节，如何让不同的用户根据其潜在的个性化需求精准地接收最合适的内容是大数据需要解决的重要问题，推荐系统应运而生。例如：抖音、网易云音乐、今日头条等新媒体应用均会根据我们过往的使用行为，为我们推荐感兴趣的视频、音乐与文章；当我们在京东等电商平台将某一商品加入购物车后，其还会提示我们购买了该商品的用户还购买了哪些商品，为我们提供建议。应当说，推荐系统已广泛应用于互联网特别是新媒体领域。本章将首先介绍推荐系统的概念、价值与常见类别，然后聚焦推荐算法中的一个子类别——基于关联规则挖掘的推荐算法，介绍关联规则挖掘算法的基本原理及其应用于个性化推荐的思路，最终采用 SPSS Modeler 实践关联规则挖掘与个性化推荐。

教学目标

1. 了解推荐系统的概念、价值与类别。

2. 理解 Apriori 等关联规则挖掘算法的基本原理及其在推荐系统中的应用。

3. 熟练使用 SPSS Modeler 挖掘关联规则，并利用挖掘出的关联规则开展个性化推荐。

学习建议

本章将首次接触到具体的数据挖掘算法，内容的复杂程度相较于前几章有所提升。虽然在实践环节，只需遵照规范步骤操作软件便能挖掘出关联规则，但理解算法原理对于深入挖掘数据价值、迁移算法的应用场景具有极为重要的意义，因此建议读者通过本章学习能够对关联规则挖掘算法的基本原理有所掌握。

一、推荐系统概述

（一）推荐系统的概念

随着互联网的迅猛发展，网络信息的快速膨胀已经将人们从信息匮乏的时代推向了信息过载的时代①。利用搜索引擎，用户可以在庞大的信息资源中迅速定位到自己所寻找的内容。不过，要想有效地使用这个工具，用户首先需要有一个清晰的需求，并且能够将这个需求转换成精确的关键词来进行搜索。

但是，当用户缺乏特定的需求又或者难以准确地用关键词描述其需求时，又该怎么办呢？举例来说，某天你闲暇感到无聊，想要看部电影来消磨时间。但当你打开一个在线电影网站，面对着成百上千部电影，你可能会感到难以选择。此时，你就遇到了信息过载问题，你渴望有人或工具能助你一臂之力，为你提供选择建议。比如，你也许会寻找身边的影迷朋友为你推荐几部电影，又或者去豆瓣等影评网站看看有没有流行的影片。但我们不可能时时刻刻都去找“专家”咨询，豆瓣等影评网站上流行的热门电影也不一定适合你胃口，这时候我们就需要一个自动化工具来解决这个问题。这个工具会依据你的历史喜好，自动从庞大的电影资源库中筛选出几部与你兴趣相投的电影供你选择，它就是个性化推荐系统。

具体来说，推荐系统是一种能够自动将用户与内容联系起来的工具，它通过分析用户的历史记录来了解用户的喜好，一方面帮助用户发现对自己有价值的内容，另一方面让内容能够展现在对它感兴趣的用户面前，从而实现内容消费者和内容生产者的双赢，有效地解决信息过载的问题②。

推荐系统的工作原理及其流程主要包括三个步骤：一是从移动端、网页、社交网络等各种途径获取用户大量的行为历史数据，通过清洗和筛选产生有效的用户日志数据；二是推荐算法从用户日志数据中挖掘用户特征，对用户的兴趣偏好进行建模，预测用户对候选内容的喜爱程度；三是根据预测的用户对候选内容的喜爱程度对其排序，将排名较高的内容推荐给用户。用户对推荐的内容进行浏览、点击或者购买等行为，形成新的用户交互记录，用于更新用户兴趣偏好③。

（二）推荐系统的价值

如前文所述，推荐系统的核心价值在于在信息过载的环境下实现用户与内容的自动匹配，从而减少了用户和内容生产者在市场上寻找双方的时间，在一定程度上提高了市

---

①林子雨．大数据技术原理与应用（第2版）［M］．北京：人民邮电出版社，2017：242.

②项亮．推荐系统实践［M］．北京：人民邮电出版社，2012：2.

③中国人民大学高瓴人工智能学院．算法向善与个性化推荐发展研究报告［EB/OL］．（2022-1-7）［2024-3-7］．http：//ai. ruc. edu. cn/newslist/newsdetail/20220107001. html.

场运行的效率，使得用户和内容生产者的需求都能得到满足。例如，在 Netflix 中，有60%的用户是通过其推荐系统找到自己感兴趣的电影和视频的；在 Google 新闻中，有38%的点击量来自推荐；而 Amazon 至少有 35%的销售来自推荐①；字节跳动更是凭借着以推荐算法为主要特点的产品（抖音、今日头条等），仅用 11 年就成了全球第一的独角兽公司，全球月活用户数超 25 亿②。

推荐系统能够取得不俗的效果，与其能够更好地发掘“长尾”（Long Tail）密不可分。在传统营销方式中，存在一个大家普遍承认的定律——二八定律，即 80%的销售额来自 20%的热门商品。然而，在 2004 年，美国《连线》杂志主编克里斯·安德森（Chris Anderson）在形容 Amazon 和 Netflix 等的商业模式时，首次运用了“长尾”一词。以电子商务平台为例，在互联网条件下，得益于极其低廉的货架成本，电商平台能够陈列比传统实体零售店铺多得多的商品。尽管这些商品中大多数并不热门，但它们的总量却十分庞大。相较于传统零售，这些非热门的“长尾”商品所积累的销售总额也是非常可观的，有时甚至能超过热门商品的销售额。热门商品主要满足大众的普遍需求，而非热门的“长尾”商品则更多反映了少数消费者的个性化需求。要想充分利用“长尾”商品的潜力以提升销售业绩，关键就在于深度挖掘消费者的兴趣，而这正是个性化推荐系统的主要功能。推荐系统通过分析用户的行为，精准定位他们的个性化需求，并将相应的“长尾”商品推荐给他们。这样一来，用户就能够轻松发现那些他们感兴趣但却很难发现的商品，最终实现用户与商家的双赢。新媒体平台亦如此。

不过相较于电商领域，当推荐系统应用于与内容更加相关的新媒体领域时，我们既要承认其在满足用户个性化需求上的卓越价值，也要关注其可能带来的负面问题，包括信息茧房、虚假新闻与低俗内容③、算法偏见与歧视、用户隐私与安全④等，从而促进算法“向善”，更好地造福人类。

（三）推荐算法的类别

总体而言，推荐系统采用的算法可分为非个性化推荐和个性化推荐两大类别。

非个性化推荐，从字面上就可以理解，它不考虑每个用户的个体差异和他们的历史行为，不对用户的兴趣偏好进行个性化的建模，因此推荐结果通常是“千人一面”的。这类推荐系统主要通过对内容的点击量、热度、流行度、销量等属性特征进行统计，然后将排序后的结果推荐给用户。这样的推荐模式使得即使是有不同兴趣偏好的用户也会拥有几乎相同的推荐结果。

---

①项亮．推荐系统实践［M］．北京：人民邮电出版社，2012：7-9.

②长江商学院．仅用 11 年成为全球第一独角兽公司，字节跳动的关键选择［EB/OL］．(2023-4-19)［2024-3-7］．https：//new. qq. com/rain/a/20230419A045UT00.

③陈昌凤，师文．个性化新闻推荐算法的技术解读与价值探讨［J］．中国编辑，2018（10）：9-14.

④温凤鸣，解学芳．短视频推荐算法的运行逻辑与伦理隐忧——基于行动者网络理论视角［J］．西南民族大学学报（人文社会科学版），2022，43（2）：160-169.

而个性化推荐系统就是为每一个单独的用户提供定制化的服务，实现“千人千面”。它的核心功能是根据用户的历史行为、社交关系、兴趣点、所处上下文环境等信息来识别用户的兴趣偏好，以此来预测用户是否对某些内容感兴趣，并按照用户可能感兴趣的程度来为他们推荐内容。

具体来说，根据推荐方法的不同，目前主流的推荐算法可分为基于统计的推荐算法、基于内容的推荐算法、基于关联规则的推荐算法、基于协同过滤的推荐算法和混合推荐算法，其中第一种是非个性化推荐，后四种属于个性化推荐①。

1. 基于统计的推荐算法

基于统计的推荐算法主要是依据对 PV（Page View，即访问量）、UV（Unique Visitor，即独立访客数）、收藏量、分享率、完播率等数据的统计来计算内容的热度或流行度，并根据热度排序推荐给用户。例如微博热搜榜、音乐排行榜、商品销量榜都是基于统计的推荐。这种推荐方法的优点在于简单直观、易于实现，并且适用于刚注册的新用户，能够解决对新用户进行推荐的冷启动问题（冷启动详见后文）。但存在的问题是无法针对用户提供个性化的推荐。

2. 基于内容的推荐算法

基于内容的推荐算法是在推荐系统出现之初应用最为广泛的推荐机制，它的核心思想是对一个给定的用户，推荐与他之前喜欢的物品（Item）在内容上有相似性的其他物品。例如，当你于某在线电影网站观看了电影《哈利·波特Ⅰ》，基于内容的推荐算法发现《哈利·波特Ⅱ》—《哈利·波特Ⅵ》与你之前观看的影片在内容属性上有很大相似性（如有共同的片名、演员、编剧等），于是就把哈利·波特系列的其他几部电影推荐给你。这种推荐仅需要得到两类信息：物品特征的描述和用户过去的喜好信息。关键技术是对物品建模和对用户的喜好建模，并计算它们的相似性。

基于内容的推荐算法的优点在于：（1）直观易懂、可解释性强；（2）基于物品本身的特征进行推荐，不存在过度推荐热门物品的问题；（3）可以更加容易地解决冷启动问题，因为只要用户有一个操作行为，就可以基于内容为用户做推荐。

基于内容的推荐算法主要有两个缺陷：（1）推荐给用户的物品与该用户已经消费过的物品在内容上十分相似，这可能导致用户无法发现那些他们在内容上不熟悉但可能感兴趣的新物品，从而降低了推荐的新颖性和惊喜感。（2）为了从物品中提取能够代表其内容的特征，需要对其进行预处理，但是在处理多媒体数据（例如图像、音频和视频等）时，这种预处理往往会变得十分复杂且具有挑战性。针对这一问题，主要有两种解决办法：一是利用领域专家给物品打标签，二是由用户给物品打标签，也即大众分类系统②。

---

①冷亚军，陆青，梁昌勇．协同过滤推荐技术综述［J］．模式识别与人工智能，2014（8）：720-734.

②朱扬勇，孙婧．推荐系统研究进展［J］．计算机科学与探索，2015，9（5）：513-525.

3. 基于关联规则的推荐算法

基于关联规则的推荐算法的首要目标是挖掘出关联规则，比如购物篮问题，通过关联规则的挖掘，可以找到哪些物品经常被用户同时购买，或者用户购买了一些物品后通常会购买哪些其他物品（最耳熟能详的例子是“啤酒与尿布”）。挖掘出这些关联规则之后，也就找到了物品与物品之间的关系，进而算法可以基于这些规则来根据用户的历史行为预测用户可能感兴趣的物品，为用户进行推荐（例如当用户购买了“啤酒”后向其推荐“尿布”）。目前主流的关联规则挖掘算法主要包括 Apriori 和 FP-Growth 以及这两个算法的演变版本。具体的关联规则挖掘算法以及基于关联规则的推荐系统实践将在本章第二节和第三节进行具体介绍。

基于关联规则的推荐算法具有以下三个优点：（1）利用关联规则算法可以挖掘出用户可能未曾意识到的深层次物品关联，这种关联并非内容相关，而是建立在物品总是被用户们同时消费/使用/喜欢，因此算法本身无须了解物品的属性特征，还能为用户推荐一些在内容上有较大新颖性的物品；（2）基于关联规则的推荐算法一般拥有较高的转化率，因为当用户已经消费/使用/喜欢了频繁项集中的若干物品后，其消费/使用/喜欢该频繁项集中其他物品的可能性也相对较高；（3）由于推荐基于用户的历史行为数据，因此其能够较为敏感地捕捉到用户偏好的变化。

基于关联规则的推荐算法存在着以下三点不足：（1）关联规则的挖掘是一个计算密集型任务，若物品更新较为频繁，实时更新关联规则可能面临性能挑战，但在物品更新不十分频繁的情况下，由于关联规则的挖掘可以离线计算，因此影响不大；（2）由于采用用户历史行为数据，因此不可避免地存在冷启动和稀疏性问题；（3）基于关联规则的推荐算法还在一定程度上存在着热门物品容易被过度推荐的问题。

4. 基于协同过滤的推荐算法

协同过滤（Collaborative Filtering）是一种在推荐系统中应用最为广泛的算法，对于整个推荐领域的发展起着至关重要的作用，甚至一度成为推荐系统的代名词。它是一种完全基于用户和物品之间行为关系的推荐算法。“协同过滤”这个名称实际上很好地解释了该算法的工作原理：它是通过协同大家的反馈、评价和偏好，对海量的数据进行过滤，从而筛选出用户可能感兴趣的内容。简而言之，这种方法遵循了“物以类聚，人以群分”的原则。以看电影为例，当我们在众多影片中犹豫不决时，我们往往会向那些与我们观影喜好相似的朋友寻求建议，因为他们喜欢并推荐的电影大概率也符合我们的品位。

目前，基于协同过滤的推荐算法主要包括两类：基于用户的协同过滤（User-based CF）和基于物品的协同过滤（Item-based CF）①。

---

①高阳团．推荐系统开发实战［M］．北京：电子工业出版社，2019：124.

（1）基于用户的协同过滤

基于用户的协同过滤算法符合我们对“人以群分”的认知，即兴趣相似的用户通常对物品有着相同的喜好。当目标用户需要个性化推荐时，算法可以先找到和目标用户有着相似兴趣的用户群体，然后将这个用户群体喜欢但目标用户尚未体验过的物品推荐给目标用户。简单来说，就是给目标用户推荐和他兴趣相似的其他用户喜欢的物品。因此，基于用户的协同过滤算法主要包括两个步骤：

① 找到和目标用户兴趣相似的用户集合。

② 找到该集合中用户喜欢但目标用户尚未体验过的物品并推荐给目标用户。

例如，有用户 *A*、*B*、*C* 和电影Ⅰ、Ⅱ、Ⅲ、Ⅳ（如图 6-1），其中，用户 *A* 和用户 *C* 都喜欢电影Ⅲ，因此认为用户 *A* 和用户 *C* 是兴趣相似的用户，于是将用户 *C* 喜欢但用户 *A* 没有接触过的电影Ⅳ推荐给用户 *A*。

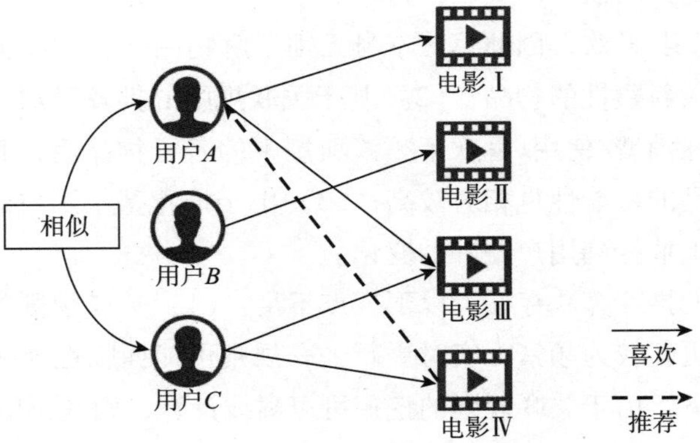

图 6-1 基于用户的协同过滤推荐

（2）基于物品的协同过滤

基于物品的协同过滤算法符合我们对“物以类聚”的认知，基本思想是给目标用户推荐那些和他们之前喜欢的物品相似的物品。但需要注意的是，这里的“相似”并不是指物品内容属性的相似，在基于物品的协同过滤算法中，物品之间的相似度是基于对用户行为数据的分析来计算的。具体来说，该算法认为：物品 *A* 和物品 *B* 具有较高的相似度是因为喜欢物品 *A* 的用户大多也喜欢物品 *B*。基于物品的协同过滤与基于用户的协同过滤算法类似，也分为两步：

① 计算物品之间的相似度。

② 根据物品的相似度和用户的历史行为，给用户生成推荐列表。

例如，有用户 *A*、*B*、*C* 和电影Ⅰ、Ⅱ、Ⅲ（如图 6-2），由于用户 *A* 和用户 *B* 都喜欢电影Ⅰ和电影Ⅲ，因此可以认为电影Ⅰ和电影Ⅲ是相似的。由于目标用户 *C* 喜欢电影Ⅰ，因此向其推荐与电影Ⅰ相似但其没有观看过的电影Ⅲ。

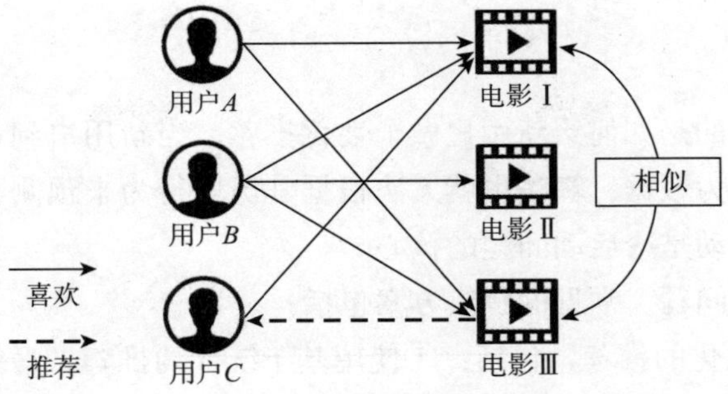

图 6-2 基于物品的协同过滤推荐

(3) 基于用户与基于物品的协同过滤推荐算法对比

基于用户的协同过滤推荐算法在新闻推荐、微博话题推荐等物品实时动态更新的领域表现出色，尤其在推荐新颖内容方面。然而，当用户数量增加时，用户间相似度的计算会变得更为复杂，其运算时间和空间复杂度将以近似平方的速度增长。此外，基于用户的协同过滤推荐的内容关联性较低，倾向于推荐热门内容，并且难以对推荐结果提供明确解释。新用户或活跃度较低的用户还可能面临“冷启动”问题，即难以找到足够相似的用户以生成准确的推荐。

基于物品的协同过滤推荐算法在电子商务、电影、图书推荐等物品较为稳定的场景中有广泛应用，其优势在于能够借助用户的历史行为对推荐进行解释，增强了用户对推荐结果的信任度。不过，基于物品的协同过滤倾向于推荐与用户已有购买记录相似的商品，可能会造成推荐结果的多样性和新颖性不足。

5. 混合推荐算法

各种推荐算法都有各自的优势与局限性。在实际的应用场景中，为了更有效地解决问题，通常会采用多种推荐算法的组合，这种方法被称为混合推荐。混合推荐的目标是通过融合各种算法的特点，发挥各自的优势，弥补彼此的不足，以生成更贴近用户需求的个性化推荐①。目前，大型成熟网站（平台）的推荐系统基本都是基于各种推荐算法的优缺点，针对具体的业务场景组合使用的混合算法。

（四）推荐系统冷启动问题

个性化推荐系统一般都需要根据用户的历史行为和兴趣来预测用户未来的行为和兴趣，如何在没有用户行为数据又或者对用户一无所知的情况下进行最有效的推荐呢？这就衍生出了三类冷启动（Cold Start）问题②。

①王国霞，刘贺平．个性化推荐系统综述［J］．计算机工程与应用，2012，48（7）：66-76.

②项亮．推荐系统实践［M］．北京：人民邮电出版社，2012：78-95.

1. 用户冷启动

用户冷启动关心的是如何给新用户做个性化推荐。当新用户到来时，因为其没有在产品上留下任何的行为数据，算法也就无法根据其历史行为来预测喜好，无法为其做个性化推荐。用户冷启动是冷启动问题的核心。

面对用户冷启动问题，常见的解决方案包括：

（1）提供非个性化的推荐，包括：①使用基于统计的推荐，最简单的例子就是给用户推荐热门排行榜，等到用户数据收集到一定程度，再切换为个性化推荐；②随机推荐热门内容，再通过评估用户的反馈来快速调整；③提供具有很高覆盖率的启动物品集合，具体来说，在冷启动时，由于不知道用户的兴趣而用户的兴趣可能非常多样，因此算法需要提供具有很高覆盖率的启动物品集合，这些物品能覆盖几乎所有主流的用户兴趣。

（2）利用用户注册信息，包括：①人口统计学信息，包括性别、年龄、职业、学历和地区等，例如当我们知道新注册的用户是一名老年人时，就可以给他推荐老年人普遍喜欢的热门物品，尽管这个推荐的个性化粒度较粗，但相较于不区分年龄的方式，这种推荐的精度已经大大提高了；②用户兴趣的描述，例如部分平台会在用户第一次注册登录时，通过勾选等方式让用户描述兴趣或是对一些物品进行反馈，收集用户对这些物品的兴趣信息，然后给用户推荐相似的物品；③从其他平台导入用户的站外行为数据，例如用户在使用微博、微信等社交媒体账号登录时，社交媒体经过用户授权可以获取其在社交媒体上的一些行为数据与社交网络数据，然后利用这些数据进行推荐，比如给用户推荐其好友喜欢的物品。

2. 物品冷启动

物品冷启动关心的是如何将新的物品推荐给可能对它感兴趣的用户。因为新物品还没有用户关于它的行为数据，自然也无法预测什么样的用户会对其感兴趣。物品冷启动在新闻网站等时效性很强的资讯类产品中非常重要，因为这些资讯类产品中时时刻刻都有新加入的物品，而且每个物品必须要在第一时间展现给用户，否则经过一段时间后，物品的价值就大大降低了。

一般而言，对于新加入的物品，可以利用内容信息，采用基于内容的推荐算法，将其推荐给那些曾经喜欢过类似内容的用户。

3. 系统冷启动

系统冷启动关心的是如何在一个新开发的平台上建立个性化推荐系统，从而在平台刚发布时就让用户体会到个性化推荐。很多推荐系统在建立时，既没有用户的行为数据，也没有充足的物品内容信息来计算准确的物品相似度。为了在推荐系统建立时就让用户得到比较好的体验，很多系统都利用专家进行标注。

二、关联规则挖掘算法

（一）关联规则的概念与评估指标

谈到关联规则就不得不提大数据领域耳熟能详的“啤酒与尿布”的传说：美国沃尔玛超市为了深入了解顾客在门店的购物模式，对顾客的购物数据进行了分析，意外发现跟尿布一起购买最多的商品竟然是啤酒！进一步调查显示，美国的太太们常叮嘱她们的丈夫在下班后为小孩购买尿布，而丈夫们在购买尿布以后又随手带回了他们喜欢的啤酒。于是沃尔玛将尿布与啤酒放在相邻的货架上一起销售，二者的销量果然双双上涨①。对于隐藏在啤酒与尿布这类看起来毫无关系的商品背后的隐性关联，如果不通过大数据挖掘技术是难以被发现的。

所谓关联，在自然界中，是指某种事物发生时其他事物也会发生的联系。而在数据挖掘中，关联规则描述了数据集中数据项之间的相互依赖性或关联性。相应地，关联规则挖掘的目的就是找寻给定数据记录中数据项之间隐藏的关联关系。

例如，上述“啤酒与尿布”的案例也被称为“购物篮分析”，是关联规则挖掘最典型的应用场景之一。在“购物篮分析”问题中，关联规则用于描述在一笔交易中，物品之间同时出现的规律，换句话说，关联规则通过数字表示物品 X 的出现对物品 Y 的出现有多大影响②。关联规则的一般表示形式：

$X \rightarrow Y$（支持度，置信度）

式中，X 称为规则的“前项”，可以是一个项目或项集；Y 称为规则的“后项”，一般为一个项目，表示某种结论或事实。式中的“支持度”与“置信度”是两个百分比数字，用于评估关联规则。

我们通过两个例子理解 $X \rightarrow Y$：{尿布} → {啤酒}，前项和后项均为一个项目，含义是顾客购买尿布的同时会购买啤酒。{牛奶，尿布} → {面包}，前项是一个项集，后项是一个项目，含义是顾客购买了牛奶和尿布的同时，还会购买面包。所谓项集，就是项目集合，在购物篮分析中也就是一个商品或多个商品的组合。如果项集 X 中包含 p 个项目，则称项集为 p-项集。例如：{尿布} 是一个 1-项集，{牛奶，尿布} 是一个 2-项集。

在建立关联规则时，最重要的就是关联规则表达式中的支持度（Support）和置信度（Confidence）这两个指标，以下通过一个具体的案例介绍这两个概念：

4 名顾客某天的购买数据如表 6-1 中，TID 称为事务标识，用以唯一确定一个事务（例如一次消费行为或一个顾客，本例为一个顾客），A、B、C、D、E 分别为商品代码，

---

①周涛．为数据而生：大数据创新实践［M］．北京：北京联合出版公司，2016：77.

②李御玺，唐绍祖，马伯，等．SPSS Modeler+Weka 数据挖掘从入门到实战［M］．北京：中国工信出版集团，电子工业出版社，2019：253.

例如第一行中项集｛A，C，D｝表示 1 号顾客购买了商品 A、C、D。

表 6-1 顾客购买数据示例

TID	购物项集
1	A，C，D
2	B，C，E
3	A，B，C，E
4	B，E

在获取了顾客购买商品的数据之后，便可以开始探索商品之间的关联规则了。这里先假设一条规则：顾客购买商品 A 的同时会购买商品 C，即｛A｝→｛C｝。那么，如何评价这条规则的有效性呢？最常用的指标如下：

1. 支持度

支持度表示规则中的项目 X 和项目 Y 同时出现的概率，测度了关联规则的普遍性。数学表达式为

$$Support(X \rightarrow Y) = \frac{Count(X \cap Y)}{N}$$

其中，$Count(X \cap Y)$ 表示同时包含了前项 X 和后项 Y 的事务数量，N 表示数据集中事务的总数量。

例如：｛A｝→｛C｝这条规则的支持度，即商品 A 和商品 C 被同时购买的概率。本例中共有 4 位顾客，同时购买商品 A 和商品 C 的顾客有 2 个人，所以该规则的支持度为 $Support(\{A\} \rightarrow \{C\}) = 2/4 = 50\%$。

2. 置信度

置信度表示在先决条件 X 发生的情况下，由关联规则 $X \rightarrow Y$ 推出发生 Y 的概率，即在含有 X 的项集中，含有 Y 的可能性。置信度测度了关联规则的可靠性。其数学表达式为

$$Confidence(X \rightarrow Y) = \frac{Support(X \rightarrow Y)}{Support(X)} = \frac{Count(X \cap Y)}{Count(X)}$$

其中，$Count(X \cap Y)$ 表示同时包含了前项 X 和后项 Y 的事务数量，$Count(X)$ 表示包含了前项 X 的事务数量。

例如：｛A｝→｛C｝这条规则的置信度，即顾客在已经购买了商品 A 的情况下，有多大概率还会购买商品 C。本例中，有 2 位顾客购买了商品 A，这 2 位顾客也都购买了 C，所以该规则的置信度为 $Confidence(\{A\} \rightarrow \{C\}) = Count(A \cap C) / Count(A) = 2/2 = 100\%$。

需要特别注意的是规则｛A｝→｛C｝与规则｛C｝→｛A｝的支持度相同，但置信

度不同。规则 $\{C\} \rightarrow \{A\}$ 中，先决条件是项目 $\{C\}$，此时共有 3 位顾客购买了商品 C，但其中只有 2 位也购买了商品 A，因此，$Confidence(\{C\} \rightarrow \{A\}) = Count(A \cap C) / Count(C) = 2/3 = 66.6\%$。

一个合适的关联规则应该同时有较高的支持度和置信度。如果某关联规则有较高的支持度但置信度比较低，则说明规则关联性较弱，可靠性较差。如果某关联规则具有较高的置信度但支持度比较低，则说明该规则普遍性较低，可能只是偶然事件，不具备应用推广意义[①]。例如，在 10 000 个事务中，仅有 1 个顾客在购买了自行车的同时还购买了微波炉，虽然规则 {自行车} → {微波炉} 的置信度高达 100%，但其支持度只有 0.01%，因此只能说明这种关联属于偶发事件，缺乏普遍性，不能说明自行车和微波炉有明确的关联。

因此，为了挖掘出合适的关联规则，通常需要设置“最小支持度”和“最小置信度”的阈值。换句话说，只有当某一规则的支持度大于等于最小支持度，并且规则的置信度也大于等于最小置信度时，才认为这条规则是一条有效的关联规则。相应的，关联规则挖掘的目的就是在众多可能的规则中筛选出满足最小支持度和最小置信度的关联规则。

在刚刚的例子中，假如我们设定关联规则的最小支持度为 50%，最小置信度为 70%[②]，便有：

规则 $\{A\} \rightarrow \{C\}$ 的支持度为 50%，置信度为 100%，满足要求，故 $\{A\} \rightarrow \{C\}$ 是一条有效的关联规则，即顾客在购买商品 A 的同时会购买商品 C。根据前文关联规则的表示形式，这样一条关联规则可写为 $\{A\} \rightarrow \{C\}$（$S=50\%$，$C=100\%$）。

规则 $\{C\} \rightarrow \{A\}$ 的支持度也为 50%，但置信度为 66.6%，此时，虽然规则的支持度满足了最小支持度，但置信度小于阈值，故 $\{C\} \rightarrow \{A\}$ 不是有效的关联规则。

我们还可以继续计算，规则 $\{A\} \rightarrow \{B\}$ 的支持度为 $Support(\{A\} \rightarrow \{B\}) = 1/4 = 25\%$，置信度 $Confidence(\{A\} \rightarrow \{B\}) = 1/2 = 50\%$。规则的支持度与置信度均不满足最小支持度和最小置信度的阈值，因此，$\{A\} \rightarrow \{B\}$ 也不是有效的关联规则。

以此类推，通过穷举数据集中所有可能的规则，并计算每条规则的支持度与置信度，便可找到所有满足最小支持度和最小置信度的有效关联规则。

（二）Apriori 算法

通过上节，我们可以发现，关联规则挖掘的基本思想并不复杂，在设定好最小支持度和最小置信度后，我们可以通过穷举的方式列出所有的规则并逐一判断。但问题的关键在于，这种穷举法是非常低效的。对于一个包含 n 个项目的数据集来说，能够产生的

---

①张浩彬，周伟珠．IBM SPSS Modeler 18.0 数据挖掘权威指南［M］．北京：人民邮电出版社，2019：358.

②注：根据支持度和置信度的计算公式可知，规则的置信度必然大于等于支持度，因此最小支持度和最小置信度的阈值往往并不一致，后者必然大于等于前者。

最大规则数量是 $3^n-2^{(n+1)}+1$，即使对于表 6-1 中仅包含 5 个项目的小数据集而言，穷举法也需要计算 180 条规则的支持度与置信度，假设一个普通超市有大约 10 000 种商品，那么可能的规则数量就将超过 10^{400}，可见直接采用穷举法求解并不现实。为了能够有效提高关联规则挖掘的计算效率，Agrawal 和 Srikant 在 1994 年提出了 Apriori 算法①。经过多年的发展完善，Apriori 算法已成为关联规则挖掘的核心算法。

仍以“购物篮分析”问题为例，Apriori 算法的核心思想是所有被顾客频繁购买的商品的集合，它的子集也会被顾客频繁购买；反过来，如果一个子集不被顾客频繁购买，则它的集合就一定不会被顾客频繁购买，在计算时不需要考虑。

例如，如表 6-1 所示，商品 D 只被 1 位顾客购买过，购买概率只有 1/4＝25%，即商品 D 没有被顾客频繁购买，那么商品 D 和其他商品的组合也必然不会被顾客频繁购买。换句话说，商品 D 的支持度已经低于我们设定的最小支持度 50%了，那么它与其他项目组合成项集的支持度也必然低于我们设定的最小支持度，在计算时就都不需要考虑了。

因此，Apriori 算法的核心步骤便包括了两大部分：

第一，根据最小支持度生成频繁项集。

第二，基于频繁项集，根据最小置信度生成关联规则。

1. 生成频繁项集

（1）频繁项集

所谓频繁项集，是指支持度大于等于用户指定的最小支持度的项目集合。包含 1 个项目的频繁项集称为“频繁 1-项集”，记为 L_1；包含 k 个项目的频繁项集称为“频繁 k-项集”，记为 L_k。

在表 6-1 的例子中，假设最小支持度为 50%，则：项集 $\{A\}$ 的支持度 $Support = 2/4 = 50\%$，满足最小支持度，是频繁 1-项集，同理 $\{B\}$、$\{C\}$、$\{E\}$ 也是频繁 1-项集；但项集 $\{D\}$ 的支持度 $Support = 1/4 = 25\%$，不满足最小支持度，故 $\{D\}$ 不是频繁 1-项集。

项集 $\{A, C\}$ 的支持度 $Support=2/4=50\%$，满足最小支持度，是频繁 2-项集，同理 $\{B, C\}$、$\{B, E\}$、$\{C, E\}$ 也是频繁 2-项集；但项集 $\{A, B\}$ 的支持度 $Support=1/4=25\%$，不满足最小支持度，故 $\{A, B\}$ 不是频繁 2-项集。

以此类推……生成频繁项集的目的是确保后续生成的关联规则是在满足最小支持度的项集上生成的。

（2）寻找频繁项集

频繁项集是 Apriori 算法提高关联规则挖掘效率的关键。Apriori 寻找频繁项集的策略是自底向上的，即从包含少量项目的项集开始依次向包含多个项目的项集搜索。以图 6-

①AGRAWAL R，SRIKANT R. Fast algorithms for mining association rules in large databases［C］// Proceedings of the 20th International Conference on Very Large Data Bases. 1994：487-499.

3 为例，其基本原则是，如果底层中只包含 D 项的 1-项集 $\{D\}$ 不是频繁项集，则包含 D 的其他所有项集（即 $\{D\}$ 的超集，在图 6-3 中以灰色圆形表示）都不可能是频繁项集，后续无须再对这些项集进行判断。

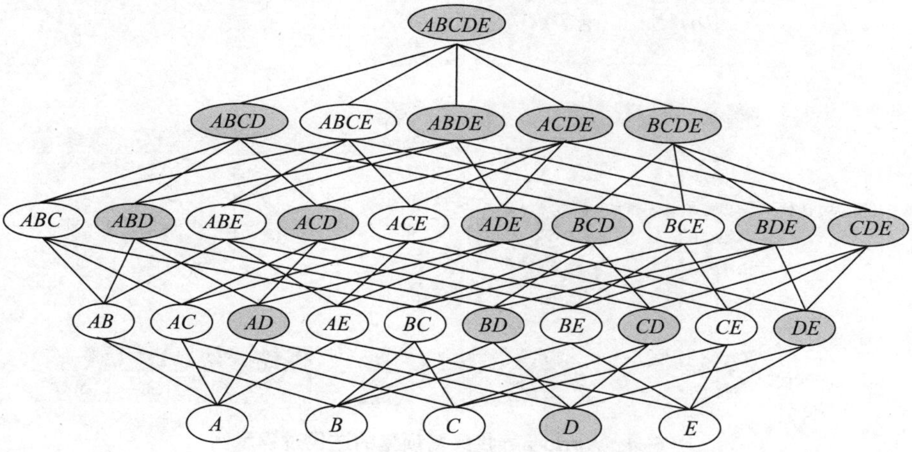

图 6-3　寻找频繁项集示例

Apriori 寻找频繁项集是一个不断迭代的过程，具体步骤如下：

Step 1：扫描数据集生成全部候选 1-项集。对于每个候选 1-项集计算其支持度，支持度大于等于最小支持度阈值的即为频繁 1-项集 L_1。

Step 2：迭代计算。对于上一步找到的频繁（k-1）-项集，通过 $L_{k-1}\times L_{k-1}$ 方法，生成候选 k-项集，对每个候选 k-项集计算其支持度，支持度大于等于最小支持度阈值的为频繁 k-项集 L_k。

$L_{k-1}\times L_{k-1}$ 方法：有频繁（k-1）-项集 $p=\{p_1, p_2, \cdots, p_{k-2}, p_{k-1}\}$ 和频繁（k-1）-项集 $q=\{q_1, q_2, \cdots, q_{k-2}, q_{k-1}\}$，当它们的前 k-2 项相同时，即有 $p_i=q_i$，$i=1, 2, \cdots, k-2$ 时，把项集 q 的最后一项 q_{k-1} 合并到 p 中，生成新的候选 k-项集。

Step 3：当无法生成新的候选项集时，算法结束。

以表 6-1 的数据为例说明上述迭代过程。假设用户指定的最小支持度阈值为 50%，其三次迭代过程如图 6-4 所示，图中的计数是对应项目（或项集）在事务中出现的次数，支持度为对应项目（或项集）的支持度。

在第一次迭代中，$\{D\}$ 的支持度小于 50%，没有进入频繁 1-项集。在第二次迭代中，候选 2-项集是频繁 1-项集中所有项目的组合，计算各 2-项集的支持度，发现 $\{A, C\}$、$\{B, C\}$、$\{B, E\}$、$\{C, E\}$ 的支持度大于等于 50%，构成频繁 2-项集。在第三次迭代中，根据 $L_{k-1}\times L_{k-1}$ 方法，只有 $\{B, C, E\}$ 构成候选 3-项集，计算该项集支持度为 50%，满足最小支持度阈值，故 $\{B, C, E\}$ 为频繁 3-项集。由于无法基于频繁 3-项集生成候选 4-项集，故迭代结束。

生成候选项集 → 计算支持度 → 生成频繁项集

第一次迭代

候选1-项集
{A}
{B}
{C}
{D}
{E}

1-项集	计数	支持度
{A}	2	50%
{B}	3	75%
{C}	3	75%
{D}	1	25%
{E}	3	75%

频繁1-项集	计数	支持度
{A}	2	50%
{B}	3	75%
{C}	3	75%
{E}	3	75%

第二次迭代

候选2-项集
{A, B}
{A, C}
{A, E}
{B, C}
{B, E}
{C, E}

2-项集	计数	支持度
{A, B}	1	25%
{A, C}	2	50%
{A, E}	1	25%
{B, C}	2	50%
{B, E}	3	75%
{C, E}	2	50%

频繁2-项集	计数	支持度
{A, C}	2	50%
{B, C}	2	50%
{B, E}	3	75%
{C, E}	2	50%

第三次迭代

候选3-项集
{B, C, E}

3-项集	计数	支持度
{B, C, E}	2	50%

频繁3-项集	计数	支持度
{B, C, E}	2	50%

图 6-4　Apriori 寻找频繁项集的迭代过程示例

2. 生成关联规则

当生成频繁项集后，就能够从频繁项集中抽取规则，选择置信度大于等于用户指定最小置信度阈值的规则，即为有效的关联规则。

在前文例子中，由于频繁 1-项集中仅包含一个项目，故无法生成规则。

频繁 2-项集可生成的规则包括：{A} → {C}、{C} → {A}、{B} → {C}、{C} → {B}、{B} → {E}、{E} → {B}、{C} → {E}、{E} → {C}。

频繁 3-项集可生成的规则包括：{B，C} → {E}、{B，E} → {C}、{C，E} → {B}。

计算以上所有规则的置信度可知：

Confidence（{A} → {C}）= 2/2 = 100%，*Confidence*（{C} → {A}）= 2/3 = 66.6%，*Confidence*（{B} → {C}）= 2/3 = 66.6%，*Confidence*（{C} → {B}）= 2/3 = 66.6%，*Confidence*（{B} → {E}）= 3/3 = 100%，*Confidence*（{E} → {B}）= 3/3 = 100%，*Confidence*（{C} → {E}）= 2/3 = 66.6%，*Confidence*（{E} → {C}）= 2/3 = 66.6%，*Confidence*（{B，C} → {E}）= 2/2 = 100%，*Confidence*（{B，E} → {C}）= 2/3 = 66.6%，*Confidence*（{C，E} → {B}）= 2/2 = 100%。

因此，若将最小置信度的阈值设为 60%，以上所有规则均为有效的关联规则；若将最小置信度阈值设为 70%，则有效的关联规则将仅包括以下五条：

{A} → {C}（S=50%，C=100%）

{B} → {E}（S=75%，C=100%）

{E} → {B}（S=75%，C=100%）

{B，C} → {E}（S=50%，C=100%）

$\{C, E\} \rightarrow \{B\}$ ($S=50\%$, $C=100\%$)

至此，我们就基于 Apriori 算法快速地实现了关联规则的挖掘。

(三) 对支持度和置信度的补充

通常情况下，判断一条规则是否为有效的关联规则，主要依靠的就是支持度与置信度两个指标。然而，有效的规则就一定实用吗？我们来看一个例子。

例如，某超市统计了 2000 名顾客购买家电与生鲜的情况，如表 6-2 所示。

表 6-2　购买家电与生鲜的列联表

单位：名

	买生鲜	不买生鲜	合计
买家电	400	200	600
不买家电	1300	100	1400
合计	1700	300	2000

如果我们指定最小支持度阈值为 20%，最小置信度阈值为 60%，那么通过数据可以计算出一条有效的关联规则：{买家电} → {买生鲜} (S=20%，C=66.7%)，似乎能够说明购买家电的人也倾向于购买生鲜。

但进一步对数据检查后发现，不论顾客是否购买家电，购买生鲜的整体比例已经达到了 85%。这意味着，当一名顾客购买家电时，其购买生鲜的概率反而由整体的 85%下降到了 66.7%，因此真实的结论是顾客购买家电反而会降低购买生鲜的可能。此时，买家电与买生鲜的关联实际是反向的，因此规则 {买家电} → {买生鲜} 并没有提供有价值的指导作用，反而具有误导性，因为只有买家电的顾客中购买生鲜的比例高于总体中购买生鲜的顾客的比例，规则才对决策有指导意义。

在上述分析过程中，我们主要比较了两个百分比数值，分别是 66.7%和 85%。其中，66.7%是规则的置信度，代表了买家电的顾客中买生鲜的比例。而 85%是总体中购买生鲜的顾客的比例，实际上对应于规则后项 {买生鲜} 的支持度。因此，上述的分析过程实际上比较的是规则的置信度与规则后项的支持度，只有当规则的置信度大于规则后项的支持度时，我们才能认为前项对后项具有正向影响，该规则对决策有指导意义。这就引出了关联规则挖掘中的另一个重要的实用性指标：提升度。

规则的提升度是规则置信度与规则后项支持度的比值，其数学表达式：

$$Lift(X \rightarrow Y) = \frac{Confidence(X \rightarrow Y)}{Support(Y)} = \frac{Count(X \cap Y)}{Count(X)} \Big/ \frac{Count(Y)}{N}$$

由于规则后项的支持度反映了后项的普遍程度，因此规则提升度 $Lift(X \rightarrow Y)$ 反映了相比于总体，前项 X 的出现对后项 Y 出现的影响程度。当提升度 $Lift(X \rightarrow Y) > 1$ 时，我们可以认为前项对后项具有正向影响（即 X 的出现对 Y 的出现有促进作用），提升度越大，正向影响的程度越高，一般规则的提升度越大越好。当提升度 $Lift(X \rightarrow Y) < 1$

时，可认为前项对后项具有负向影响，规则不具有实用性。而当提升度 *Lift*（$X \to Y$）= 1 时，一般认为规则反映的只是一种前后项无关联下的随机性关联，并没有提供更有意义的指导性信息，因而也不具有实用性①。

在表 6-2 的例子中，有：

$$Lift(\{买家电\} \to \{买生鲜\}) = \frac{Confidence(\{买家电\} \to \{买生鲜\})}{Support(\{买生鲜\})} = \frac{66.7\%}{85\%} < 1$$

因此，买家电对买生鲜有负向的影响，规则不具有实用性。

三、基于关联规则的推荐算法实践

（一）基于关联规则的推荐思路

在学习了关联规则挖掘算法之后，如何将其应用于推荐系统中呢？

考虑这样一个场景：当用户于在线电影网站观看并点赞（喜欢）了一部电影后，向该用户推荐其可能喜欢的其他电影。此时，推荐目标是希望推荐的电影与用户刚刚点赞的电影有较强的“关联”，进而吸引用户观看被推荐的电影。

根据前文可知，这里的“关联”并非指电影在内容属性上相似，此处的“关联”指的是被推荐的电影与用户刚刚点赞的电影被许多用户同时喜欢。换句话说，如果我们有一个用户观影喜好数据集，该数据集记录了电影网站用户对该网站收录电影的喜好情况，那么我们就可以从数据中挖掘出用户对电影喜好的关联规则。

因此，推荐算法的首要任务是利用关联规则挖掘算法（如 Apriori）从用户观影喜好数据集中找到最有可能被用户同时喜欢的关联电影。当挖掘出电影被用户同时喜欢的关联规则以后，便可利用关联规则进行推荐。可行的推荐思路是当用户点赞（喜欢）了关联规则中的前项电影时，向其推荐关联规则中的后项电影。

此时还涉及一个问题：若用户点赞（喜欢）的某一电影对应多条关联规则，如何对多个后项电影进行排序？换句话说，如何根据电影被用户喜欢的可能性将推荐的电影降序排列，从而使最有可能被用户喜欢的电影排在推荐列表的前面？

根据本章第二节可知，由于关联规则的置信度 *Confidence*（$X \to Y$）表示在先决条件 X 发生的情况下，Y 发生的可能性。那么相应地，在本例的推荐场景中，置信度就代表了当用户点赞（喜欢）了某条关联规则中的前项电影时，喜欢该关联规则中的后项电影（即被推荐的电影）的可能性。因此，可基于关联规则的置信度对被推荐的电影排序，置信度越高的后项电影在推荐列表中更加靠前。

（二）SPSS Modeler 关联规则挖掘与推荐实践

首先，以“用户观影喜好数据集 .xlsx”为例（扫描二维码下载数据），说明关联规

①薛薇．SPSS Modeler 数据挖掘方法及应用（第 3 版）［M］. 北京：电子工业出版社，2020：303-304.

则算法 Apriori 在 SPSS Modeler 中的具体操作。然后，利用挖掘出的关联规则，根据“推荐对象数据 . xlsx”（扫描二维码下载数据）对用户进行电影推荐。

1. 挖掘关联规则

“用户观影喜好数据集 . xlsx”提供了 591 名用户对 100 部电影的喜好情况，数据集共有 591 条记录、101 个字段。其中，第 1 个字段是用户编号，剩余 100 个字段分别为用户对每一部电影的喜好情况，属于二分类型变量，取值为“T”表示喜欢，取值为“F”表示不喜欢。

首先，通过“源”选项卡中的“Excel”节点读入数据。

其次，连接“类型”节点，点击“读取值”实现数据的实例化，并将“用户编号”字段的测量级别设为“无类型”。此外，还应确保其他电影字段的测量级别均为“标记”，即二分类变量。

需要特别说明的是，我们可在“类型”节点中设置电影字段进入模型的角色，也可在连接“Apriori”节点后在“Apriori”中指定规则的前项与后项字段。若在“类型”节点中设置电影字段的角色，如果被设为“输入”，则该项目在关联规则中只会作为前项出现；而如果被设为“目标”，则该项目在关联规则中只会作为后项出现；只有被设为“任意”，该项目才既作为前项也作为后项进入模型。因此，在本例中，如果在“类型”节点中设置电影字段的角色，应按住 shift 键全选 100 个电影字段，将它们的“角色”统一设为“任意”（见图 6-5）。

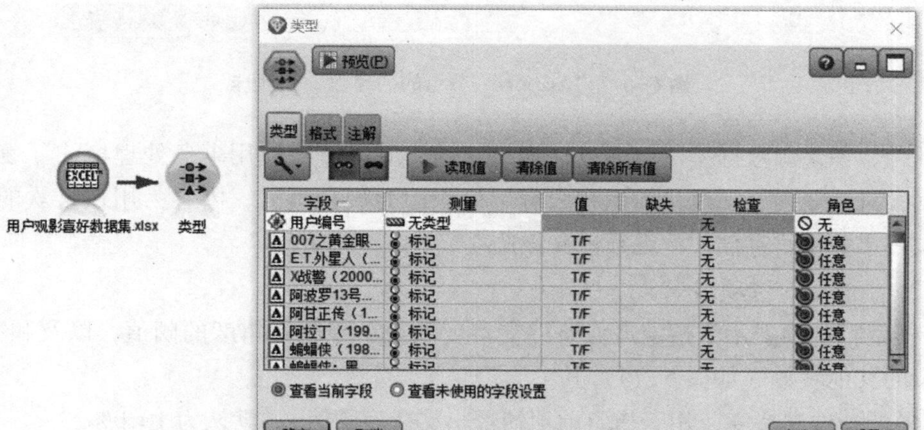

图 6-5　关联规则挖掘中在“类型”节点设置“角色”

最后，选择“建模”选项卡中的“Apriori”节点，将其添加到数据流中，连接在“类型”节点的后方，双击打开“Apriori”节点进行参数设置。“Apriori”节点共包括“字段”“模型”“专家”“注解”四个选项卡，以下对前三个选项卡进行介绍。

（1）“字段”选项卡

“字段”选项卡用来指定关联规则中的前项字段和后项字段。其中：

“使用预定义角色”选项表示采用数据流中“类型”节点所指定的字段角色建立模型。若我们在“类型”节点中已将100个电影字段的“角色”设为“任意”，可选择该选项，否则应选择“使用定制字段分配”选项。

“使用定制字段分配”选项表示在“Apriori”节点中指定规则的前项字段和后项字段，如果没有在“类型”节点设置字段的角色，应选择该选项。本例的目标是找到被用户同时喜欢的关联电影，故在选择“使用定制字段分配”时，应将所有100个电影字段都选入“后项”与“前项”框中（如图6-6）。

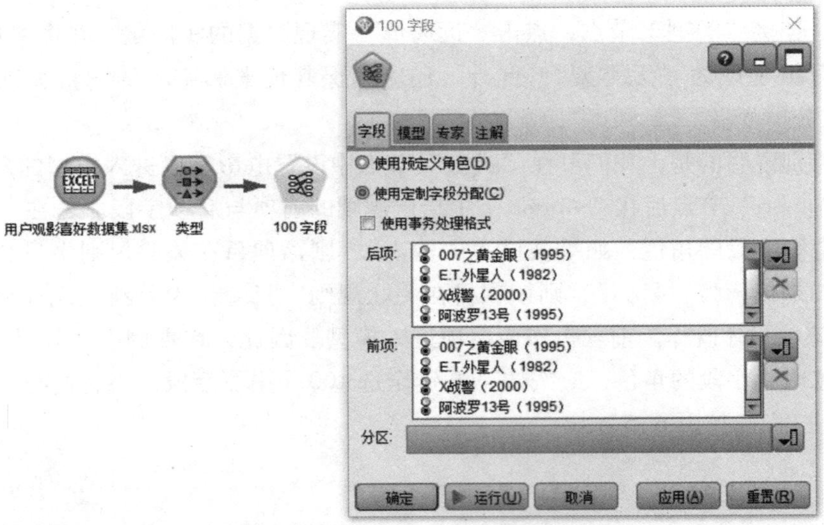

图6-6 “Apriori”节点的“字段”选项卡

此外，如果源数据是按照事务格式组织的，应选择“使用事务处理格式”复选框。事务格式只需要两个字段：标识和内容。标识即为用户编号，内容为用户喜欢的电影。本例未按事务格式存储，故无须选择该选项。

（2）“模型”选项卡

“模型”选项卡用于指定最低条件支持度和最小规则置信度的阈值，以及和关联规则有关的其他参数（如图6-7）。其中：

“最低条件支持度”用于指定前项的最小支持度阈值①，默认为10.0%。

①特别要注意的是，“最低条件支持度”指定的是关联规则“前项”的最小支持度阈值，而非我们在第二节所讲的“关联规则”的最小支持度阈值。

“最小规则置信度（%）”用于指定关联规则的最小置信度阈值，默认为80%。由于本例的目标是利用关联规则进行推荐，希望生成的关联规则略多一些，相应地，置信度无须过于严格，故可将“最小规则置信度（%）”设为50.0%。

“最大前项数”用于指定关联规则中前项最多能包含的项目数量，默认为5，通过约束最大前项数，可避免生成过于复杂的关联规则，也能减少算法运行时间。由于本例的推荐场景是用户在观看并点赞（喜欢）了1部电影之后为其推荐，故推荐时应用的关联规则前项仅包含1部电影即可，故可将“最大前项数”设为1。

选中“仅包含标志变量的true值”表示只生成项目取值为“真”的关联，在本例中即为只生成用户“喜欢”的电影的关联，符合本例需求，故应勾选该选项。

（3）“专家”选项卡

对于与本例类似的一般性任务，选择“简单”即可（如图6-8）。

对于有特殊需求的复杂任务，可选择“专家”选项进行微调，指定关联规则的评价指标，其中：“评估测量”提供了5种评价关联规则的测度指标，默认的评估方法是规则置信度。若选择了其他评估指标，还应在“评估尺度下限”中给定相应的最小值。勾选“允许没有前项的规则”表示允许关联规则没有前项，意味着将只输出频繁项集。

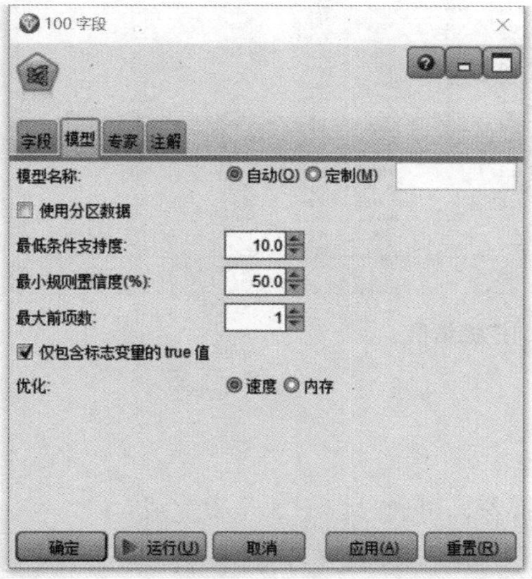

图6-7 “Apriori”节点“模型”选项卡

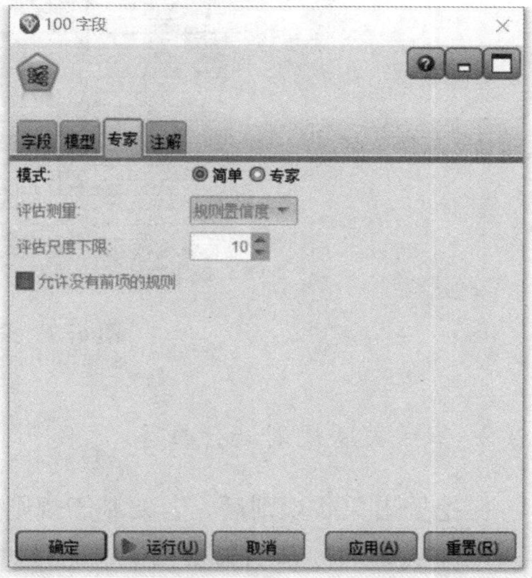

图6-8 “Apriori”节点“专家”选项卡

在设置好“Apriori”节点的各项参数后点击“运行”按钮，产生金黄色的“模型块”节点（本例节点名为“100字段”），双击打开后即可查看挖掘出的关联规则。在窗口中点击“显示/隐藏条件菜单”按钮“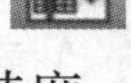”，并点击“全部显示”，便可了解关联规则挖掘结果的更多评估指标（如规则支持度、提升度等）（如图6-9）。

图6-9以列表的形式展示了挖掘出的关联规则，列表各项的含义依次为后项、前项、规则标识（关联规则标号）、实例（包含前项的样本量）、规则支持度百分比（前

项支持度）、置信度百分比（规则置信度）、规则支持度百分比（规则支持度）、增益（规则提升度）、部署能力①。

例如，图 6-9 中第一行的 1553 号关联规则是用户喜欢电影《教父 2》（1974）（前项）的同时会喜欢电影《教父》（1972）（后项）。喜欢电影《教父 2》（1974）的用户有 124 人（实例），占数据集中全体用户总数的 20.981%（支持度百分比）。喜欢电影《教父 2》（1974）的用户有 96.774%的可能也喜欢电影《教父》（1972）（置信度百分比），该规则的支持度为 20.305%（规则支持度百分比），具有较高的普遍性和可推广性，规则的提升度 3.213（增益）大于 1，意味着前项的出现对于后项有促进作用，该规则具有实用性。

此外，还可点击图 6-9 中的“显示过滤器”按钮“ ”，筛选出满足一定条件的规则，例如筛选出规则提升度（即“增益”）大于 1 的关联规则。

后项	前项	规则标识	实例	支持度百分比	置信度百分比	规则支持度百分比	增益	部署能力
教父（1972）	教父2（1974）	1,553	124	20.981	96.774	20.305	3.213	0.677
阿甘正传（1994）	窈窕奶爸（1993）	492	121	20.474	93.388	19.12	1.752	1.354
杀死比尔（2003）	杀死比尔2（2004）	689	101	17.09	93.069	15.905	4.472	1.184
黑客帝国（1999）	少数派报告（2002年）	1,301	107	18.105	89.72	16.244	2.063	1.861
逃亡者（1993）	燃眉追击（1994）	16	102	17.259	89.216	15.398	2.897	1.861
阿甘正传（1994）	漂亮女人（1990）	335	120	20.305	89.167	18.105	1.673	2.2
指环王：护戒使者（2001）	指环王2：双塔奇兵（2002）	2,357	174	29.442	89.08	26.227	2.877	3.215
指环王：护戒使者（2001）	指环王3：王者无敌（2003）	2,374	174	29.442	89.08	26.227	2.877	3.215
夺宝奇兵（1981）	夺宝奇兵3（1989）	2,153	135	22.843	88.889	20.305	2.75	2.538
星球大战（1977）	星球大战2：帝国反击战（1980）	2,603	199	33.672	88.442	29.78	2.234	3.892
终结者2：审判日（1991）	终结者（1984）	1,917	120	20.305	87.5	17.766	2.462	2.538
低俗小说（1994）	落水狗（1992）	1,958	124	20.981	87.097	18.274	1.794	2.707
星球大战（1977）	星球大战3：绝地归来（1983）	2,559	185	31.303	87.027	27.242	2.198	4.061
黑客帝国（1999）	第五元素（1997）	774	100	16.92	87.0	14.721	2.001	2.2
黑客帝国（1999）	终结者（1984）	1,923	120	20.305	86.667	17.597	1.993	2.707
指环王3：王者无敌（2003）	指环王2：双塔奇兵（2002）	2,355	174	29.442	86.207	25.381	2.928	4.061
指环王2：双塔奇兵（2002）	指环王3：王者无敌（2003）	2,356	174	29.442	86.207	25.381	2.928	4.061
低俗小说（1994）	好家伙（1990）	1,540	122	20.643	86.066	17.766	1.772	2.876
搏击俱乐部（1999）	杀死比尔2（2004）	714	101	17.09	85.149	14.552	2.443	2.538
指环王2：双塔奇兵（2002）	指环王：护戒使者（2001）	2,358	183	30.964	84.699	26.227	2.877	4.738

图 6-9 关联规则挖掘结果

2. 基于关联规则进行推荐

在挖掘出关联规则后，若要基于规则进行推荐，可通过以下 3 步骤完成：

（1）在关联规则结果窗口中，通过“设置”选项卡设置推荐方法

点击图 6-9 中的“设置”选项卡（如图 6-10），其中：

“最大预测数”表示最多应用几个关联规则进行推荐，可根据需要自定义数值 n，本例采用默认值 3。

“规则标准”表示如何对符合要求的关联规则排序，本例采用默认选项“置信度”，即在符合要求的关联规则中，采用置信度最高的前 3 个规则进行推荐。

“允许重复预测”表示推荐的物品允许重复。例如，假设｛电影 A｝→｛电影 C｝

---

①注：“部署能力”测度了样本中满足前项但不满足后项的情况，部署能力 = 前项支持度 - 规则支持度。

和｛电影 B｝→｛电影 C｝都是排名前 n 的有效规则，那么勾选“允许重复预测”后，推荐会分别应用这两条规则，电影 C 会在推荐的电影中出现 2 次。这在推荐中并不实用，因此一般不勾选该选项。

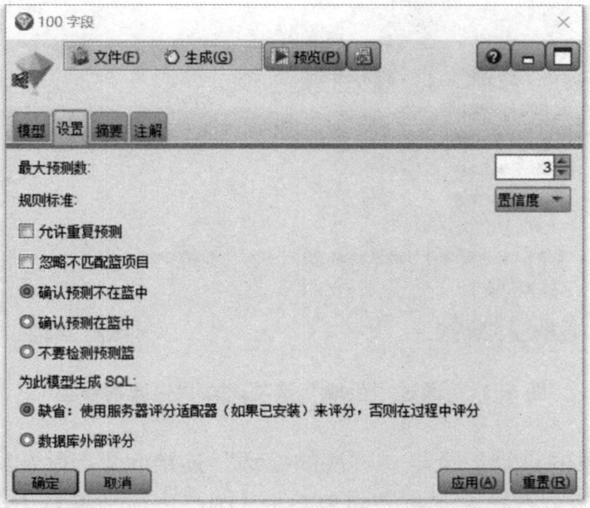

图 6-10　关联规则挖掘结果的“设置”选项卡

“忽略不匹配篮项目”表示如果样本应用规则时不能按顺序完全匹配前项的所有项目，允许采用非精确匹配，忽略后面一些无法匹配的项目。本例生成的规则前项仅有 1 个项目，不存在该问题，故无须勾选。

对于“确认预测不在篮中”“确认预测在篮中”和“不要检测预测篮”三个选项，根据推荐的需求与应用场景，选择其中一个即可。具体来说：

选择“确认预测不在篮中”表示应用关联规则时，推荐的物品（即规则后项）不应出现在推荐的依据（即规则前项）中。例如，如果用户刚刚观看了电影 A，那么无论关联规则多么有效和有价值，在本例的应用场景中，也不应该向用户重复推荐他刚刚看过的电影 A。故本例选择该选项。

选择“确认预测在篮中”表示应用关联规则时，给出的后项结果应在前项中出现过。这不符合推荐的需求，故在应用关联规则推荐时，不应选择该选项。

选择“不要检测预测篮”表示应用关联规则时，推荐的物品（即规则后项）不考虑其是否在推荐的依据（即规则前项）中出现过。例如，在日用消费品推荐中，即使顾客刚刚下单了面包，仍然可以推荐他再购买一份面包，因为对于低价值的日用消费品而言，一次多买一些也无妨。不过，该推荐思路在本例中并不适用，故不应选择该选项。

（2）在关联规则结果窗口中，通过“生成”选项建立“过滤的模型”

在设置完推荐方法后，点击“生成”选项，选择“过滤的模型”，在弹出的窗口中输入新模型的名称（如图 6-11），例如“基于关联规则的推荐”，点击“确定”按钮后，在数据流编辑区中生成了一个新的金黄色的“基于关联规则的推荐”节点。

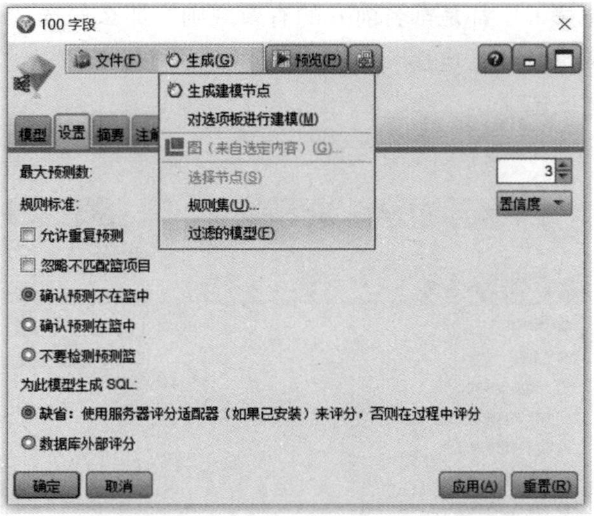

图 6-11　通过“生成”选项建立“过滤的模型”

（3）将推荐对象的点赞记录与“过滤的模型”连接起来，输出结果

通过“Excel”源节点导入“推荐对象数据 . xlsx”，该数据集中存储了 3 位用户最新的点赞（喜欢）记录，其中编号为 1001 的用户刚刚观看并点赞了电影《007 之黄金眼（1995）》，编号为 1002 的用户刚刚观看并点赞了电影《X 战警（2000）》，编号为 1003 的用户刚刚观看并点赞了电影《阿甘正传（1994）》。

将“类型”节点连接在源节点后对数据进行实例化，并将“用户编号”字段的测量级别设为“无类型”。

然后，将第（2）步生成的“基于关联规则的推荐”节点连接到“类型”节点后，并在“基于关联规则的推荐”节点后添加“表格”节点，运行后便可浏览基于关联规则的推荐结果。本次实践的完整数据流与推荐结果见图 6-12。

在“表格”中，SPSS Modeler 将在原始记录的右侧增加每个样本（即推荐对象）应用关联规则的推荐结果、置信度和规则编号，字段名分别以 $ A、$ AC、$ A-Rule_ID 开头。由于之前将“最大预测数”设置为 3，故 SPSS Modeler 产生了置信度最高的前 3 个规则的推荐结果（如图 6-12）。此外，如果推荐的结果中有系统缺失值 $ null $，则意味着没有合适的关联规则适用于该用户，也即该用户刚刚观看并点赞的电影不是我们挖掘出的任意一个关联规则的前项。

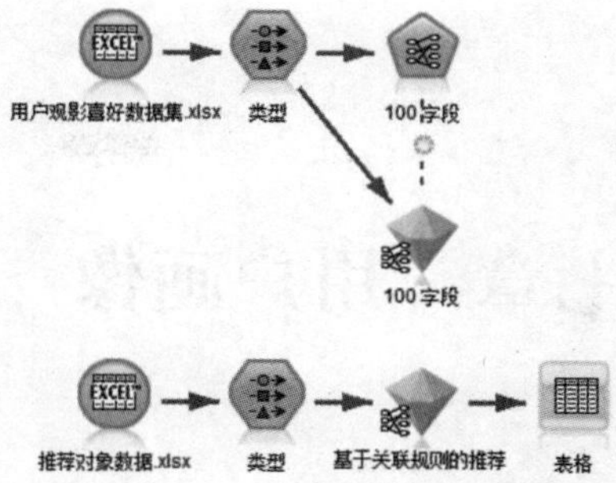

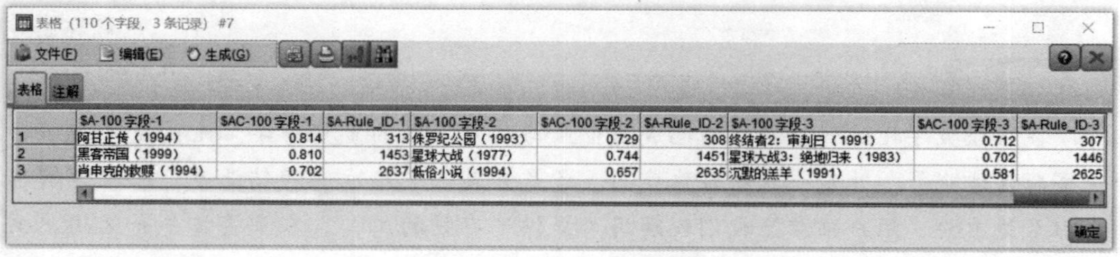

	$A-100 字段-1	$AC-100 字段-1	$A-Rule_ID-1	$A-100 字段-2	$AC-100 字段-2	$A-Rule_ID-2	$A-100 字段-3	$AC-100 字段-3	$A-Rule_ID-3
1	阿甘正传（1994）	0.814	313	侏罗纪公园（1993）	0.729	308	终结者2：审判日（1991）	0.712	307
2	黑客帝国（1999）	0.810	1453	星球大战（1977）	0.744	1451	星球大战3：绝地归来（1983）	0.702	1446
3	肖申克的救赎（1994）	0.702	2637	低俗小说（1994）	0.657	2635	沉默的羔羊（1991）	0.581	2625

图 6-12　完整数据流与推荐结果

思考题

1. 请谈一谈个性化推荐与信息茧房之间的关系。

2. 不同的推荐算法各自有着怎样的优势和劣势？

3. 请使用 SPSS Modeler 从软件自带的购物篮数据集“BASKETS1n”中挖掘出商品之间的关联规则，并阐述如何将挖掘出的关联规则应用于个性化推荐。

4. 除个性化推荐以外，你认为关联规则挖掘算法在新媒体（或新闻传播）领域还有哪些可行的应用？

第七章　用户画像

本章概述

在当今数字化时代，新媒体已成为企业与用户互动的重要桥梁。无论是希望运营一个新媒体账号，开发一款新媒体产品，还是开展一次精准的营销活动，深入理解用户都至关重要。用户画像为我们理解用户提供了有效的工具。本章将首先介绍用户画像的概念、价值、类别与建构流程，其次以构建用户画像为应用场景介绍聚类分析的概念和 *K*-均值聚类算法的基本原理，最终采用 SPSS Modeler 实践 *K*-均值算法并基于聚类结果构建用户画像。

教学目标

1. 了解用户画像的概念、价值、类别与构建流程。
2. 理解 *K*-均值等聚类算法的基本原理及其在用户画像中的应用。
3. 熟练使用 SPSS Modeler 实践聚类算法，并利用聚类结果构建用户画像。

学习建议

对于数据挖掘算法的学习，理解原理与勤于实践相辅相成、缺一不可。理解以下两点对掌握 *K*-均值算法的原理至关重要：一是如何将数据特征映射到空间维度，二是算法的迭代优化思想。

一、用户画像概述

（一）用户画像的概念

用户画像（User Persona）这一概念最早由“交互设计之父”阿兰·库帕（Alan Cooper）提出，他认为用户画像是真实用户的虚拟代表，是基于诸多真实数据的目标用户模型。通过用户调研去了解用户，根据他们的目标、行为和观点的差异将他们区分为不同的类型，然后从每种类型中抽取出典型的共同特征，并设定名字、照片、人口统计学要素、场景等对其进行描述，就形成了用户画像①。

而早期研究者大卫·特拉维斯（David Travis）则从用户画像的构成要件出发理解这一概念，他认为一个令人信服的用户画像要满足七个条件，即“PERSONA”（翻译为中文即“用户画像”）②。其中，P 代表基本性（Primary Research），指用户画像是否基于对真实用户的情景访谈。E 代表移情性（Empathy），指用户画像中包含姓名、照片和产品相关的描述，是否能引起同理心。R 代表真实性（Realistic），指对那些每天与顾客打交道的人来说，用户画像是否看起来像真实人物。S 代表独特性（Singular），指每个用户画像是否是独特的，彼此之间很少有相似性。O 代表目标性（Objectives），指该用户画像是否包含与产品相关的高层次目标，是否包含关键词来描述该目标。N 代表数量（Number），关心的是用户画像的数量是否小到足以让设计团队记住每个角色的名称，并且其中是否有一个被确定为主要的用户角色。A 代表应用性（Applicable），指开发团队能否将用户画像作为制定设计决策的实用工具③。

由于用户画像这个概念本身源于设计领域，故其在延伸到其他行业包括营销传播领域的过程中，学界和业界对这个名词的概念也产生了不同的理解。结合国内外学界和业界的探讨，刘珊将用户画像定义为一种建立在对目标用户大量相关数据进行搜集与分析的基础之上，勾画目标用户形象与偏好，并将这些特征抽象化，模拟成为几个经典虚拟用户形象角色的过程④。

具体来说，用户画像的内涵包含三个要素：用户属性、用户特征、用户标签。其中，用户属性分为静态属性和动态属性，静态属性指用户的基本信息（如姓名、性别、职业等）及其他相对稳定的属性；动态属性指用户的行为信息（如访问频次、访问时长、浏览记录等）及其他动态属性，用户属性可以根据研究目的有针对性地划分，以此构建更精准的用户画像。用户特征是通过一定的方法从用户属性中抽取出来的特性或共

---

①阿兰·库帕．交互设计之路［M］．北京：电子工业出版社，2006：115-135.

②刘海鸥，孙晶晶，苏妍嫄等．国内外用户画像研究综述［J］．情报理论与实践，2018，41（11）：155-160.

③TRAVIS D. How to create personas your design team will believe in［EB/OL］．（2009-8-3）［2024-4-1］．https：//userfocus. co. uk/articles/personas. html.

④刘珊．大数据与新媒体运营［M］．北京：中国传媒大学出版社，2017：129-131.

性。而用户标签是根据用户特征进一步提炼出来的标签化文本，可以精炼准确地表达用户特征，易于理解和应用。因此，用户画像的实质是标签化的用户全貌，构建用户画像的过程就是基于广泛的用户数据，通过用户属性的分类并利用一定的技术方法抽取得到用户特征，提炼成用户标签，最终得到用户画像。区别于普通的用户研究，用户画像研究更加关注用户整体特征，试图还原用户全貌从而了解用户需求并提供服务①。

（二）用户画像的价值

正如前文所述，用户画像最大的价值在于其能够帮助我们深入地理解用户。

对于新媒体运营者来说，只有准确定位目标受众，才能确保内容创作和信息传达能够有效地吸引预期的用户群体。

对于新媒体产品开发人员，深入理解用户是设计出一款符合用户需求与行为模式的成功产品的关键。纵览成功的产品案例，他们服务的目标用户通常都非常清晰，其特征明显，体现在产品上就是专注、极致，能解决核心问题。比如豆瓣，深耕文艺事业十多年，专注为“文艺青年”服务，用户黏性非常高，文艺青年在这里能找到知音，找到归宿。又比如虎扑，紧抓“直男”群体，从原先专注于篮球资讯的体育类新媒体产品发展为包含体育、游戏、影视等内容的泛娱乐社区产品，用户迎来爆发式增长。正如在互联网行业流行的一句话：给特定群体提供专注的服务，远比给广泛人群提供低标准的服务更接近成功。

而对于媒体营销人员，深入理解用户则意味着能够策划出引发目标受众共鸣、触达用户痛点与需求的营销活动。用户画像也可以帮助我们理解用户并为其提供精准服务或个性化服务。比如，某电商平台希望利用新媒体开展一次精准营销活动，其目的是给不同层次的用户发放不同类型的优惠券，以最大限度地实现交易转化，那么就可以利用用户画像对用户进行划分，比如将用户划分为不同付费活跃度的用户群体，然后根据用户活跃度画像向其发放不同类型的优惠券，进而有效提高营销的效率。此外，在媒体营销中，通过构建用户画像，还能够将我们对用户的理解进一步反馈到企业的产品设计与生产中去。相比过去较为传统的企业生产什么就卖什么，如今“用户需要什么企业就生产什么”成为主流，于是许多企业把用户真实的需求摆在了最重要的位置。在以用户需求为导向的产品研发中，企业通过获取海量的目标用户数据构建用户画像，对用户的喜好、需求进行统计、分析和预测，从而能够设计、制造出更加符合目标用户核心需求的新产品，为用户提供更加良好的体验和服务。

因此，在数字化浪潮持续涌动的今天，深入理解用户成了每一个新媒体从业者不可忽视的核心竞争力，用户画像是我们的得力工具。

---

①宋美琦，陈烨，张瑞．用户画像研究述评［J］．情报科学，2019，37（4）：171-177.

（三）用户画像的类别

用户画像可以根据其描述对象的范围分为单个用户画像和群体用户画像，后者是本章重点关注的内容。

1. 单个用户画像

单个用户画像即针对特定用户个体所构建的画像，其通过对业务场景下的每个用户抽取用户特征、提炼用户标签构建用户画像，可以直接反映出具体用户的行为、需求、兴趣、偏好等特点，进而实现个性化服务，提升用户体验。例如，电商平台根据用户的购物记录、浏览行为等数据，为用户构建购物偏好画像，可据此向每一位用户推荐他们可能感兴趣的商品，实现“千人千面”。

2. 群体用户画像

用户画像作为目标用户的标签化，不仅可用来分析用户，还应该包含用户间的关联和趋势。群体用户画像是对目标用户群体真实特征的勾勒，是群体用户的综合原型，代表了一群真实的用户①。具体来说，群体用户画像旨在依据不同的评估维度和模型算法，通过聚类方式将具有相同特征的用户划归成同一类簇（不同特征的用户划归为不同类簇），然后抽象出同一类簇内部用户的共同特点作为该群体的标签，从而为具有不同特征的用户群体构建不同类型的用户画像。群体用户画像有助于我们发现用户群体的规律和趋势，进行市场细分和精准营销。例如，在社交媒体平台上，根据用户的活动、兴趣等因素构建画像，可以将用户划分为“科技迷”“旅游爱好者”“爱宠人士”等群体，并针对这些群体进行内容定制或广告投放。

（四）用户画像的构建流程

用户画像的构建流程一般包括数据收集、聚类分析、画像表示三个步骤。

1. 数据收集

一般来说，根据具体的业务内容和不同的业务目标，会使用不同的数据。最传统的方式是通过以观察、访谈、问卷调查为代表的社会调查方法收集数据。而大数据能够帮助我们通过互联网方便地获取更为广泛的用户画像数据，例如通过网络爬虫获取用户的公开信息、社交媒体内容等数据，又或者直接从运营平台的数据库调取系统日志与用户历史记录等用户数据。

在新媒体领域，用户画像常用的数据包含以下特征：①人口属性，例如性别、年龄、地域、职业、教育水平等；②社会特征，例如婚姻状况、家庭情况、社交/信息渠

---

①牛温佳，刘吉强，石川等．用户网络行为画像［M］．北京：电子工业出版社，2016：31.

道偏好等；③兴趣特征，例如兴趣爱好、使用App/网站、浏览/收藏内容、互动内容、品牌偏好、产品偏好等；④消费特征，例如收入状况、购买力水平、已购商品、购买渠道偏好、最后购买时间、购买频次等。

以上特征有些是直接获取的，有些则是根据用户已有特征推导的。例如，根据用户经常购买女士衣物、化妆品等消费记录推导出该用户的性别为女。又比如，根据用户发布社交媒体消息的手机型号为最新款且价值5000元以上，推导出该用户的购买力水平较高等。

2. 聚类分析

“物以类聚，人以群分。”用户画像的聚类分析是根据用户的特征将全体用户划分为多个类簇的过程，以使得类簇内部的差异尽可能小，而类簇之间的差异尽可能大。算法通过聚类分析，可以将用户根据他们的属性特征、行为模式、消费习惯、兴趣偏好等进行分组，从而发现不同的用户群体。因此，聚类分析是构建用户画像过程中的关键核心步骤，本章将在第二节和第三节进行详细介绍。

3. 画像表示

画像表示是以各种直观明了的可视化图形将构建的用户画像呈现出来的过程，表示方法多种多样。例如，可以使用标签云来展示用户标签，其中标签的大小表示了用户特征的重要性；另外，也可以利用诸如直方图、雷达图等统计图表来展示用户画像；还可以通过将用户标签与人物图片相结合来呈现用户画像①。例如，凯度咨询发布的一项报告，就采用人物图片与用户标签相结合的方式，为“618”年中购物狂欢节的中国消费者构建了八大用户画像（如图7-1），以期帮助品牌对人群进行精准运营，实现人、货、场高效匹配。

---

①宋美琦，陈烨，张瑞．用户画像研究述评［J］．情报科学，2019，37（4）：171-177.

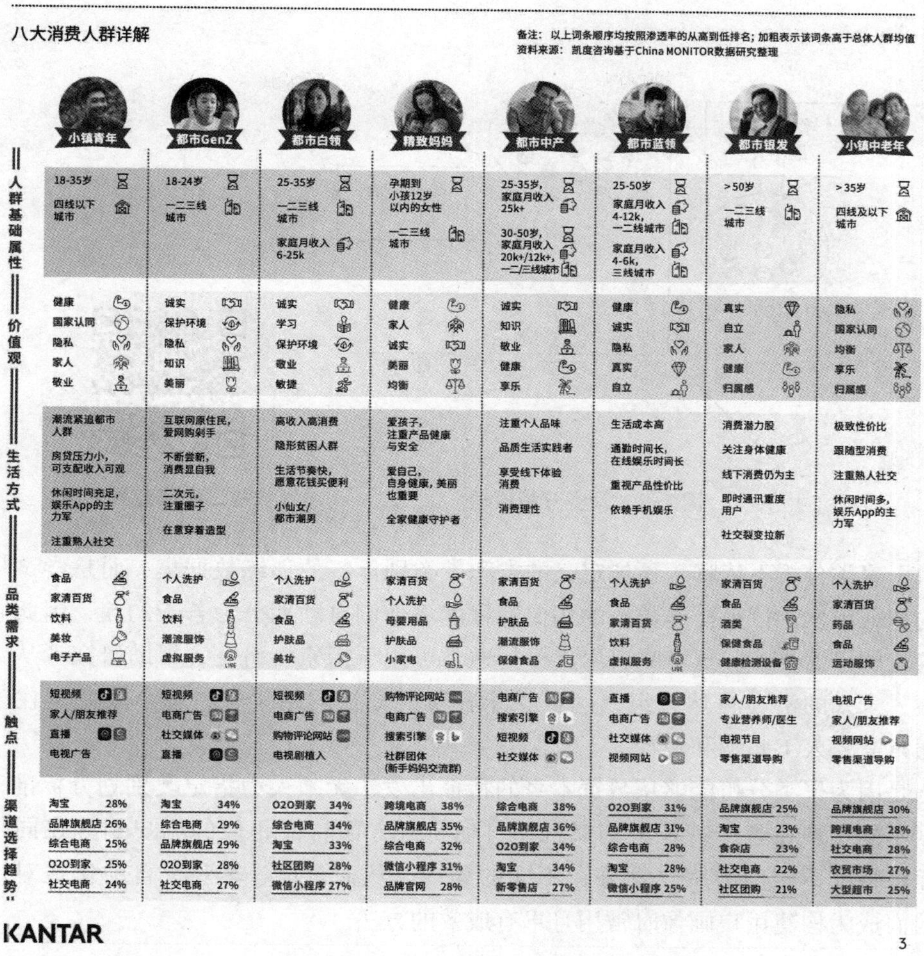

图 7-1　用户画像示例①

二、聚类算法

（一）聚类分析的概念

聚类分析（Clustering Analysis）是在事先没有给定类别划分的情况下，根据样本数据在诸多特征上的相似性程度，将其自动划分为多个簇（Cluster）的过程，使得簇内部的样本具有较大的相似性，而不同簇之间的样本具有较小的相似性。在聚类分析算法中，样本数据的相似性常用距离度量，换句话说，对于有 p 个特征的 n 个样本，将其看作是 p 维空间上的 n 个数据点，那么相应地，样本的相似性大就意味着样本在空间上距离接近，反之则在空间上距离较远。通过图 7-2，我们可以较为形象地理解聚类分析的

①图片来源：https：//mp. weixin. qq. com/s/UOq-4szORyyOugLZrvz02g

基本原理。

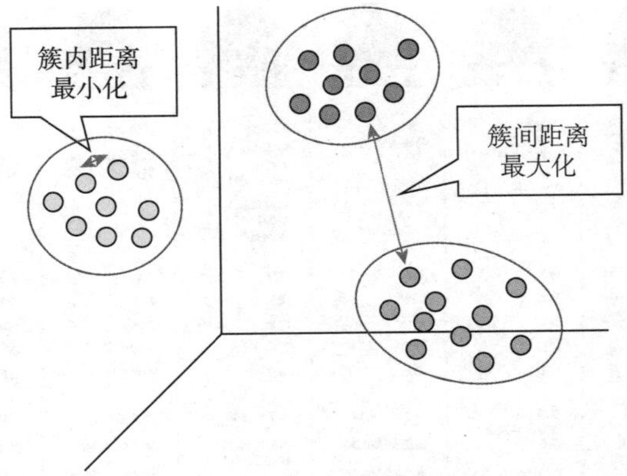

图 7-2 聚类分析原理 （扫描二维码查看彩图）

由于聚类分析不依赖于预先定义的类和带类别标签的训练数据集，而是尝试从数据本身的特征出发，依据样本数据的相似性程度将他们自动划分为若干的簇，因此它是一种无监督的机器学习。这意味着聚类分析通常可用于探索性研究，帮助研究者从数据中发现事先未知的潜在自然分组，这也意味着聚类分析的结果中，每个簇究竟代表着什么，通常需要人工归纳和解释。

正是因为聚类分析能够从数据本身的特征出发，无须人为指定类别划分标准，便能够根据不同用户在各个特征上的属性，自动将各方面特征相似的用户划分在同一个簇内，而将特征不相似的用户划分在不同的簇内，从而全面、客观、自动化地对用户分群，故而成为构建用户画像时常用且卓有成效的方法。

（二）*K*-均值聚类算法

1. *K*-均值聚类算法原理

K-均值聚类也称 *K*-Means 聚类或快速聚类，是目前应用最为广泛的经典聚类算法，一般用距离作为衡量样本间相似性的指标，得到的聚类结果中，每个样本都唯一属于一个簇。

K-均值聚类算法的核心思想：首先从数据集中随机选取 K 个初始聚类中心 C_i（$1 \leqslant i \leqslant k$），计算其余样本与聚类中心 C_i 的距离，找出距离目标样本最近的聚类中心 C_i，并将样本分配到聚类中心 C_i 所对应的簇中。其次计算每个簇中样本的平均值作为新的聚类中心，进行下一次迭代，直到聚类中心不再变化或达到最大的迭代次数停止[①]。*K*-均值聚类的具体过程如下（见图 7-3）。

①杨俊闯，赵超．*K*-Means 聚类算法研究综述［J］. 计算机工程与应用，2019，55（23）：7-14，63.

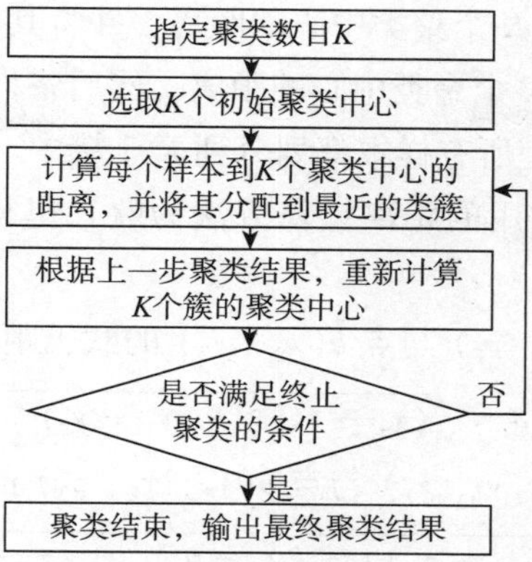

图 7-3　K-均值聚类算法流程图

Step 1：指定聚类数目 K

在 K-均值聚类算法中，我们需要事先决定想要将数据聚成几个类簇。聚类数目 K 的选择既要考虑到聚类结果的质量，也要兼顾到分析目标的具体要求。如果聚类的数目太多或太少，聚类的价值会大打折扣。

在没有足够背景信息指导的情况下，挑选理想的 K 值可能需要经过一系列的试验和尝试。在实际操作中，可以先从一个较小的 K 值开始，然后逐步增加这个值，每次都运行聚类算法以查看不同 K 值的聚类结果。通过比较不同 K 值下的聚类效果，我们可以找出哪个 K 值能够产生最优的聚类结果。聚类结果的好坏既可以根据它是否符合业务需求进行评价，还可以通过量化指标如轮廓系数进行测度，轮廓系数越大，聚类效果越好。关于轮廓系数的介绍详见本节后续内容。

Step 2：选取 K 个初始聚类中心

聚类中心是各个类簇的代表。在指定聚类数目 K 后，就需要确定 K 个类簇的初始聚类中心。初始聚类中心的选取不仅会影响算法的效率，也会影响最终的效果。对于初始聚类中心的选取，学界展开了大量的尝试①，常用的方法有：

（1）随机法：随机选取 K 个样本点作为初始聚类中心。该方法的局限在于有可能造成原本同属一个类簇的样本被强行当作两个类簇的初始聚类中心，使得聚类结果最终只能收敛于局部最优解②。

（2）最远距离法：随机选择 1 个样本点作为第一个初始聚类中心，然后计算数据集中每个样本点与已选择的初始聚类中心之间的距离，并选择距离最远的点作为下一个初始聚类中心，以此类推，直至生成 K 个初始聚类中心。最远距离法的优点是能够使初始聚类中心之间尽可能地分散，从而有助于避免聚类结果受到初始中心选择的影响。

（3）经验法：依据过往经验对样本的聚类数量及聚类方式有基本认识，然后挑选出每类中最具代表性的样本点作为初始聚类中心。

---

①龚凯乐，成颖，孙建军．基于参与者共现分析的博文聚类研究［J］．现代图书情报技术，2016（10）：50-58.

②吴夙慧，成颖，郑彦宁等．K-Means 算法研究综述［J］．现代图书情报技术，2011（5）：28-35.

Step 3：计算每个样本到 K 个聚类中心的距离，并将其分配到最近的类簇

依次计算每个样本点到 K 个聚类中心的距离，然后将样本点分配到与其距离最近的聚类中心所在的簇中，最终把所有样本都划分到 K 个簇中。

在 K-均值算法中，最常用的距离计算方法为欧几里得距离（Euclidean Distance），也称欧氏距离。

在二维平面上，点 $a(x_1, y_1)$ 与点 $b(x_2, y_2)$ 的欧氏距离计算为

$$d = \sqrt{(x_1 - x_2)^2 + (y_1 - y_2)^2}$$

在三维空间内，点 $a(x_1, y_1, z_1)$ 与点 $b(x_2, y_2, z_2)$ 的欧氏距离计算公式为

$$d = \sqrt{(x_1 - x_2)^2 + (y_1 - y_2)^2 + (z_1 - z_2)^2}$$

拓展到 p 维空间，点 $a(x_1, x_2, x_3 \cdots x_p)$ 与点 $b(y_1, y_2, y_3 \cdots y_p)$ 的欧氏距离计算公式为

$$d = \sqrt{(x_1 - y_1)^2 + (x_2 - y_2)^2 + (x_3 - y_3)^2 + \cdots + (x_p - y_p)^2} = \sqrt{\sum_{i=1}^{p} (x_i - y_i)^2}$$

Step 4：根据上一步聚类结果，重新计算 K 个簇的聚类中心

更新聚类中心的方法：对于每个簇，计算所有属于该簇的样本点在每个特征维度上的平均值，然后将每个簇的聚类中心更新为计算得到的均值点。新的聚类中心将代表该簇样本点的中心位置。

Step 5：判断是否满足终止聚类的条件，若没有满足则返回 Step 3 重复上述过程，直到满足迭代终止条件

当聚类算法满足以下两个条件中的任何一个时，聚类结束。

一是迭代次数，即当目前的迭代次数达到预设的迭代次数时，聚类过程终止。

二是聚类中心的偏移量，即当新的中心点相对于前一次中心点的最大偏移量小于预设的阈值时，聚类过程结束。

根据上述过程，我们可以发现，K-均值聚类是一个反复迭代的过程，在这一过程中，样本点所属的类簇会不断调整，直至达到稳定的状态。

以可视化的形式直观地反映了 K-均值聚类的过程，梳理该图，可以帮助我们更好地理解 K-均值算法的迭代过程（如图 7-4）。在图 7-4 中，“×”表示聚类中心，不同颜色代表不同类簇，聚类过程如下：

在图①中，首先指定聚类数目 $K=2$，并根据随机法选取了 2 个样本点作为初始聚类中心，然后计算每个样本点到 2 个聚类中心的距离，并将样本点分配到最近的聚类中心所属的类簇中。

在图②中，根据图①的聚类结果，重新计算 2 个类簇的聚类中心，然后根据最近原则将每个样本点分配到最近的聚类中心所属的类簇中。

以此类推，图③经历了和图②类似的迭代过程。

图④的聚类中心点由图③的聚类结果得出，此时，根据最近原则将每个样本点分配到最近的类簇后，新的聚类中心点相较于图④的聚类中心点不再发生位移，满足迭代终

止的条件，聚类结束。

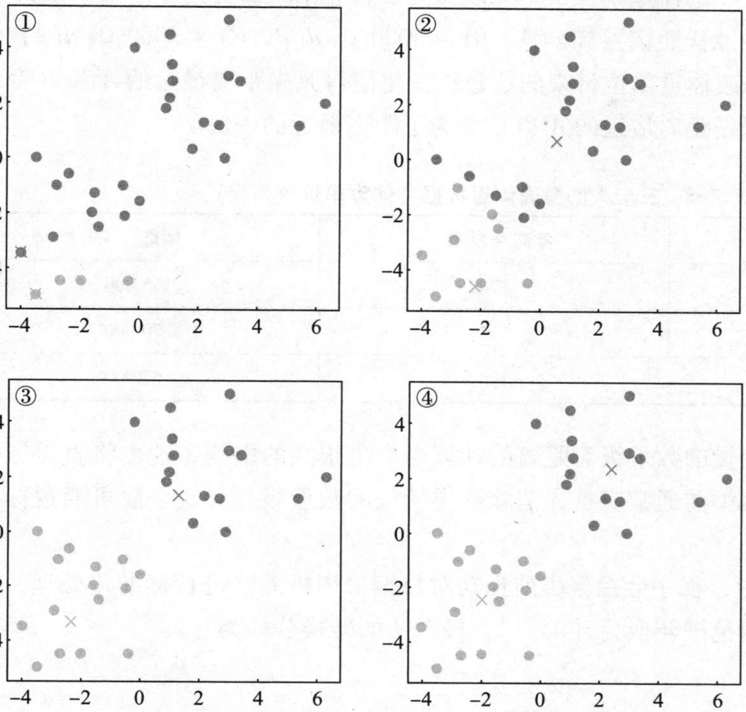

图 7-4　*K*-均值聚类过程示意图

（扫描二维码查看彩图）

2. *K*-均值聚类的注意事项

距离是 *K*-均值聚类算法衡量样本间相似性的关键，将对最终的聚类结果产生十分重要的影响。因此，在使用 *K*-均值算法进行聚类前，应留意可能影响距离正确计算的因素，并对其作出相应的处理。主要包括以下两个方面：

（1）对聚类特征的取值做标准化，以消除数量级上的差异

聚类特征的数量级差异将对距离的计算产生十分巨大的影响。此处以三个人的身高体重数据为例进行说明。表 7-1 展示了三个人的身高体重数据，其中身高单位为厘米，体重单位为千克。

表 7-1　三个人的身高体重数据

人物代号	身高（厘米）	体重（千克）
A	170	65
B	175	70
C	195	67

计算两两之间的欧氏距离可知 $d(A,\ B)=7.1$，$d(B,\ C)=20.2$，$d(A,\ C)=25.1$。此

时，A 与 B 之间的欧氏距离最小，而 A 与 C 之间的欧氏距离最大。

而当我们将表 7-1 中的体重单位由千克改为克后，三个人的身高体重数据见表 7-2。由表 7-2 计算两两之间欧氏距离可知 $d(A, B) = 5000.0$，$d(B, C) = 3000.0$，$d(A, C) = 2000.1$。可以发现，修改体重单位带来的数量级变化使得原先距离最近的 A 和 B 变成了距离最远的一对，而原先距离最远的 A 和 C 变为了距离最近的一对。

表 7-2　三个人的身高体重数据（体重单位改为克）

人物代号	身高（厘米）	体重（克）
A	170	65 000
B	175	70 000
C	195	67 000

以上的例子说明变量的数量级对距离的计算会产生很大的影响，这也将直接影响聚类的结果。因此，在聚类前通常应首先消除聚类特征的数量级差异，一般可通过标准化处理实现。

在 SPSS Modeler 中，程序会在聚类前自动对数据采用极差法进行标准化处理，从而将所有聚类特征的取值范围转换为［0，1］。极差法的转换公式为

$$x'_i = \frac{x_i - x_{\min}}{x_{\max} - x_{\min}}$$

其中，x_i 是聚类特征 x 在第 i 个记录上的取值，$x_{\max}$ 和 $x_{\min}$ 分别是聚类特征 x 在所有记录中的最大值和最小值，x'_i 即为标准化后的取值。

（2）将分类型变量转换为虚拟变量，以符合距离计算的要求

由于 K-均值聚类的距离计算方法是基于数值的，因此当聚类特征中包含分类型变量时，其无法直接进行计算，需要将分类型变量进行数值化处理，转变为虚拟变量。具体来说，对于拥有 k 个类别的多分类变量，可以引入 k 个取值为 0 或 1 的虚拟变量，当某个类别出现时，对应的虚拟变量取值为 1，否则为 0。

例如，有分类型变量 x，包括 A、B、C 共 3 个类别，要对其进行数值化处理，需要引入 3 个虚拟变量 x_A、x_B、x_C，如表 7-3 所示。当 x 取值为 A 时，$x_A=1$、$x_B=0$、$x_C=0$；当 x 取值为 B 时，$x_A=0$、$x_B=1$、$x_C=0$；当 x 取值为 C 时，$x_A=0$、$x_B=0$、$x_C=1$。

表 7-3　分类型变量转换为虚拟变量示例

记录	原分类型变量	虚拟变量		
	x	x_A	x_B	x_C
1	A	1	0	0
2	B	0	1	0
3	C	0	0	1

通过虚拟变量能够有效解决分类型变量的距离计算问题，但由此也会引发一个新的问

题，即采用虚拟变量进行欧氏距离的计算，将导致分类型变量的权重高于其他数值型变量。

例如，表 7-3 中的记录 1 和记录 2 的取值只相差一个水平，但采用虚拟变量计算两者在变量 x 上欧氏距离为 $\sqrt{(1-0)^2+(0-1)^2+(0-0)^2}=\sqrt{2}$ 。

由前文可知，数值型变量在标准化后的取值范围是［0，1］，相应地，数值型变量在计算距离时的最大值将为 1。这就意味着分类型变量在计算距离时的权重会高于数值型变量，这显然是不合理的。

为此，SPSS Modeler 采取了一定措施对虚拟变量也进行了标准化，具体来说，就是将虚拟变量的取值由 1 调整为 $\sqrt{\frac{1}{2}}$ 。调整后，重新计算表 7-3 中记录 1 和记录 2 在变量 x 上的欧氏距离为 $\sqrt{\left(\sqrt{\frac{1}{2}}-0\right)^2+\left(0-\sqrt{\frac{1}{2}}\right)^2+(0-0)^2}=1$。此时，分类型变量将与数值型变量在计算距离时拥有一致的权重。

3. K-均值聚类结果的评价指标

在聚类算法的大多数应用场景中，我们事先并不知道样本应该被划分为哪些类别。换句话说，作为无监督的机器学习，聚类算法没有一个已知对错的目标变量供我们判断结果的好坏。

为了评价聚类的质量，我们回归到聚类算法的核心目标：通过聚类，使得同一个类簇内部的样本尽可能接近，而不同类簇的样本之间则尽可能相远。相应地，我们可以用兼顾了以上两方面的评价指标——轮廓系数来评估聚类的质量①。

轮廓系数的计算方法如图 7-5 所示。对于样本点 i，定义 $a(i)$ 为样本点 i 到同簇其他样本点的平均距离，$a(i)$ 越小，说明样本点 i 越应该被分到其所属的类簇。此外，计算样本点 i 到异簇 C_k 中所有样本点的平均距离 D_{iC_k} ，定义 $b(i)=\min(D_{iC_k})$ 。$b(i)$ 越大，说明样本点 i 越不应该被划分到其他类簇中。据此，定义样本点 i 的轮廓系数为

$$s(i)=\frac{b(i)-a(i)}{\max[b(i),a(i)]}$$

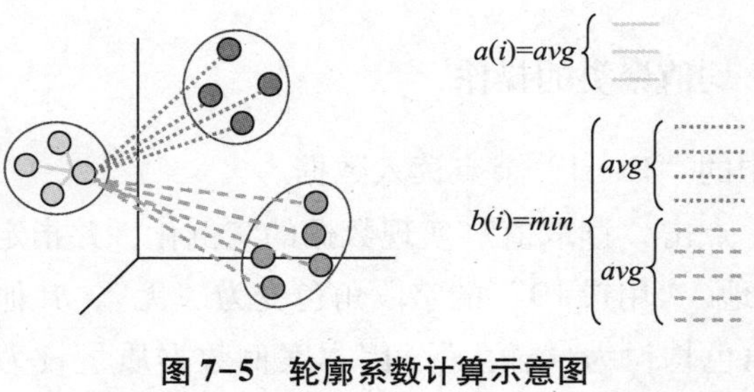

图 7-5　轮廓系数计算示意图　　（扫描二维码查看彩图）

①张浩彬，周伟珠．IBM SPSS Modeler 18.0 数据挖掘权威指南［M］．北京：人民邮电出版社，2019：333-334.

对于包含 n 个样本点的数据集合 D 来说，在计算出所有样本点的轮廓系数后，聚类结果的轮廓系数即为所有样本的轮廓系数均值：

$$S = \frac{1}{n}\sum_{i=1}^{n} s(i)$$

由计算公式可知，轮廓系数的取值范围为［-1，1］，轮廓系数越大，表明聚类效果越好。一般认为，当轮廓系数大于 0.5 时，聚类质量较好；而当轮廓系数小于 0.2 时，聚类的分群效果不太明显。

需要说明的是，在样本量较大的情况下，计算轮廓系数所需的资源会显著增加。为了降低这种计算成本，SPSS Modeler 采取了简化方案来计算前面提到的 $a(i)$ 和 $b(i)$。具体来说，将 $a(i)$ 简化为样本点 i 到其所属类簇的聚类中心的距离，将 $b(i)$ 简化为样本点 i 到其异簇的聚类中心的最小距离（如图 7-6）。

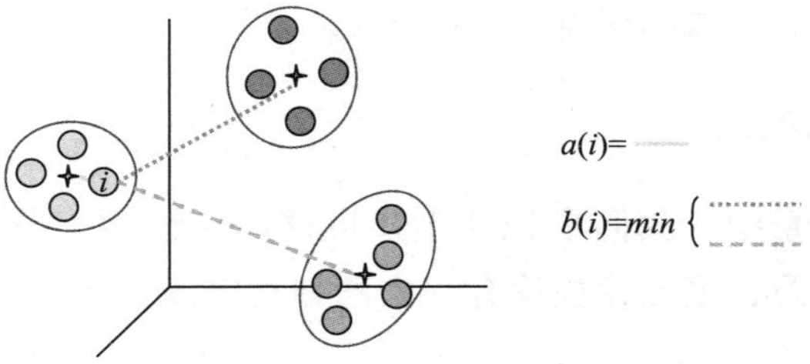

图 7-6 SPSS Modeler 的轮廓系数计算示意图　（扫描二维码查看彩图）

三、基于聚类算法构建用户画像实践

此处，以“用户画像数据 .xlsx”为例（扫描二维码下载数据）介绍 SPSS Modeler 中 K-均值聚类的具体操作和 K-均值聚类在用户画像中的实践应用。

“用户画像数据 .xlsx”是简化后的用户画像数据集，共包含 200 位用户的 ID、人口统计学特征（性别、年龄）与消费特征（年收入、消费水平）。本次实践的目标是通过 K-均值聚类构建用户画像。

（一）SPSS Modeler 中 K-均值聚类的操作

首先，通过“源”选项卡中的“Excel”节点读入数据。

其次，连接“类型”节点，点击“读取值”实现数据的实例化，并指定“用户 ID”的测量级别为“无类型”，相应地，“用户 ID”的字段角色变为“无”，其他字段均作为聚类模型的输入字段，因此将角色均设为“输入”。因本案例数据质量较为优良，故省略数据清洗步骤。

最后，将“建模”选项卡中的“K-Means”节点拖动到数据流编辑区中，并连接至“类型”节点的后方。双击“K-Means”节点进行参数设置，共包括“字段”“模型”

“专家”和“注解”四张选项卡。因前述步骤中已设置字段角色，故“字段”选项卡默认“使用预定义角色”即可，此处重点介绍“模型”和“专家”选项卡。

1. “模型”选项卡

“模型”选项卡用于设置 K-均值聚类的主要参数和输出结果（如图 7-7）。其中，

“使用分区数据”：若勾选此项，将使用训练集进行模型训练，其前提条件是在数据流中使用了分区节点或预定义了分区字段。由于聚类是无监督学习，其应用场景一般不做分区，故无须勾选。

“聚类数”：用于指定聚类数目 K，默认 $K=5$，可根据需要自行设置。

“生成距离字段”：若勾选此项，输出模型将添加“距离”字段，给出每个样本距离所属聚类中心的距离。

“聚类标签”：用于指定聚类结果中类簇的命名方式，有字符串和数字两种格式。选择“字符串”，将根据“标签前缀”生成形如“聚类-1”“聚类-2”的标签作为类簇名称。选择“数字”，将生成“1”“2”等标签作为类簇名称。

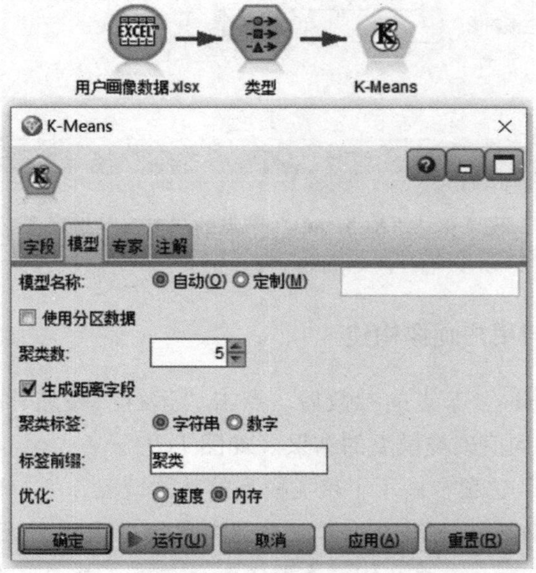

图 7-7　“*K*-Means”节点的“模型”选项卡

2. “专家”选项卡

“专家”选项卡用于设置聚类的迭代终止条件（如图 7-8）。其中，

“模式”：选择“简单”模式将使用默认参数；选择“专家”模式可通过设置“停止”参数修改迭代的终止条件，并对“集合编码值”进行修改。

“停止”：用于指定 K-均值聚类的迭代终止条件。默认的终止条件是迭代次数达到

20 或最大的聚类中心偏移量小于 0.000001，满足两个条件中的一个即停止聚类。用户可通过调整参数修改 K-均值聚类的迭代终止条件。

"集合编码值"：用于设置分类型变量转换为虚拟变量的权重，默认为 $\sqrt{\frac{1}{2}} \approx 0.70711$。该值越接近于 1，分类型变量的权重就大于数值型变量越多。用户可调整该值，但不合理的值将使聚类结果产生偏差。

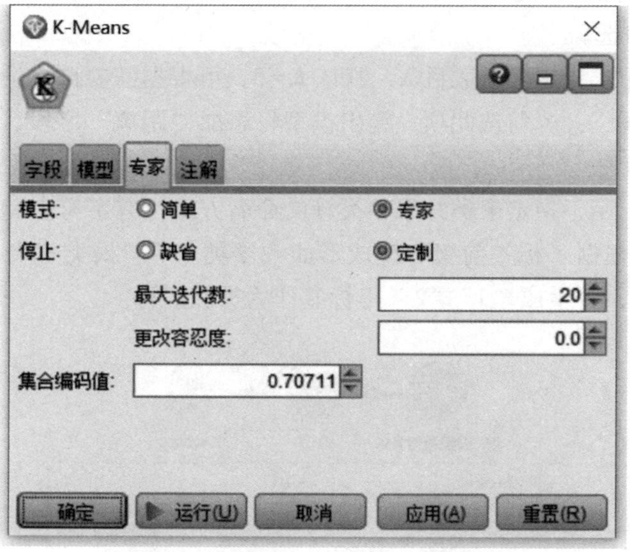

图 7-8 "*K*-Means"节点的"专家"选项卡

（二）结果解读与用户画像构建

在设置完"*K*-Means"节点的参数后，点击"运行"按钮，生成金色的钻石节点，双击打开即可查看 K-均值聚类模型的结果（如图 7-9）。

图 7-9 的"模型"选项卡展示了聚类模型的整体情况。

在左侧的"模型概要"窗口中，可以看到本次聚类采用了 K-均值算法，共使用 4 个输入字段作为聚类特征，并将全体样本聚成 5 个类簇。由"聚类质量"可知，本次聚类结果的轮廓系数接近 0.5，说明聚类效果良好，可被接受。

通过右侧的"聚类大小"窗口，我们可以看到每个类簇的样本量分布情况，其中"聚类-3"包含的样本最多，共 57 个，占整体样本的 28.5%，而"聚类-4"是最小类簇，包含 19 个样本，占整体样本的 9.5%。这两个类簇的样本量之比为 3。

除整体情况外，用户还可点击图 7-9 左侧窗口中的"查看"下拉列表，选择"聚类"，查看每个类簇的样本量大小，以及每个类簇在各输入字段上的平均值（分类型字段显示最频繁的类别及其占比）和重要性。按住 Shift 键在左侧窗口中选中所有类簇，并在右侧窗口的"查看"下拉列表中选择"聚类比较"，可以可视化的方式呈现各类簇在全体输入字段上的取值分布情况（如图 7-10）。

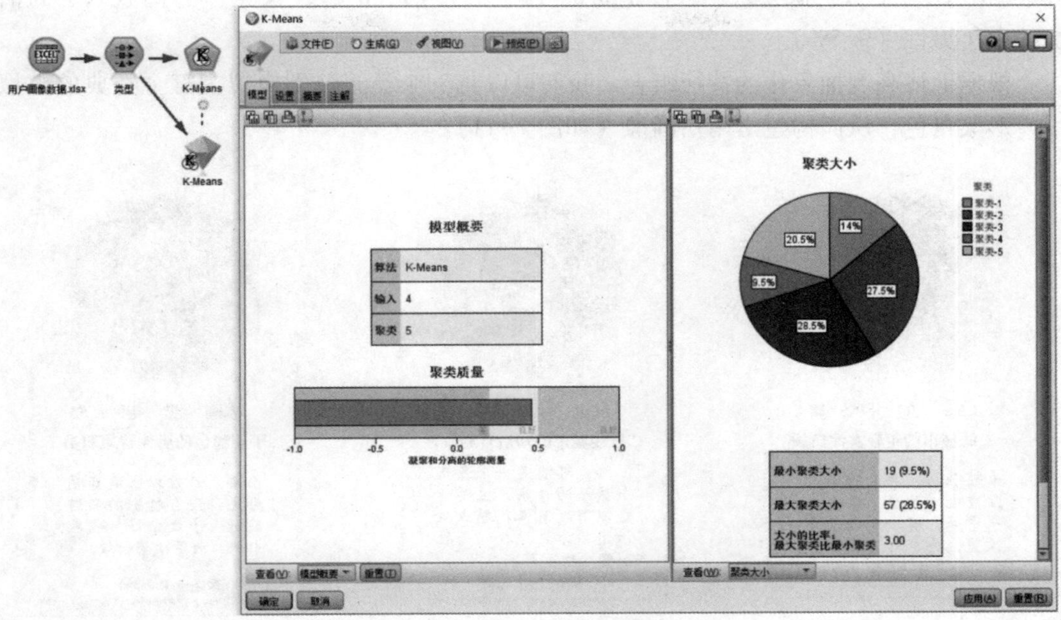

图 7-9　*K*-均值聚类模型的整体结果

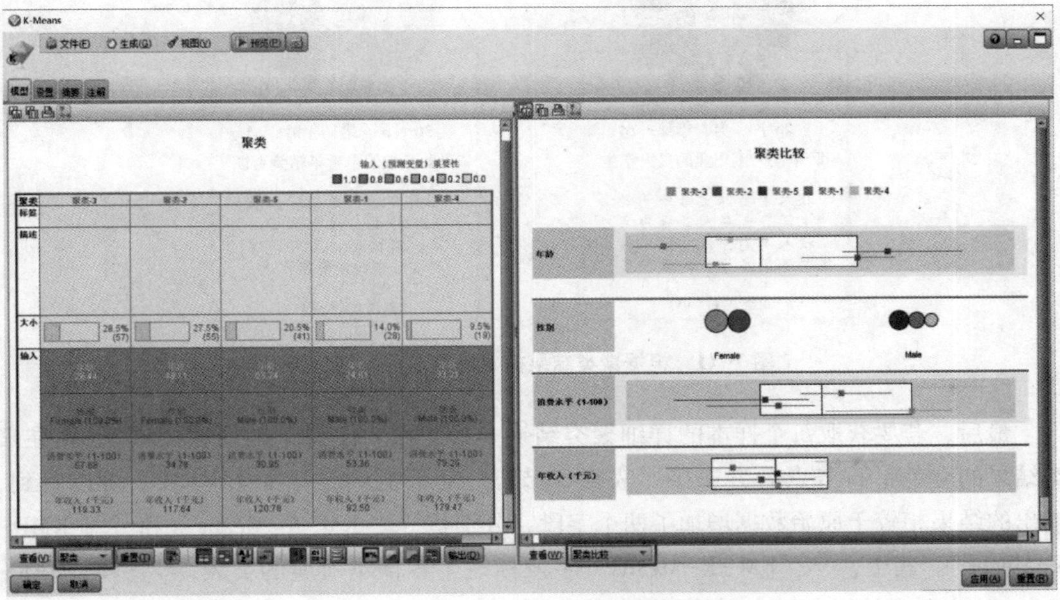

图 7-10　*K*-均值聚类结果中各类簇的取值分布情况

根据图 7-10，我们可以认为，*K*-均值聚类算法帮助我们从用户数据中发现了五类典型用户，分别是聚类-3：中等收入、高消费的年轻女性（28.5%）；聚类-2：中等偏低收入、低消费的年长女性（27.5%）；聚类-5：中等收入、低消费的年长男性（20.5%）；聚类-1：低收入、较高消费的年轻男性（14.0%）；聚类-4：高收入、高消费的中年男性（9.5%）。

根据上述高度抽象化的特征组合，我们可以将五个类簇分别模拟为五个经典的虚拟用户形象角色，从而构建出用户画像（如图7-11）。

图7-11 根据聚类结果构建出的用户画像示例

最后，若要获取每个样本的详细聚类结果（即了解每个样本的所属类簇），可在聚类结果的金色钻石节点后方连接“表格”节点，运行后的结果如图7-12。可以看到，输出的结果相较于原始数据增加了两个字段，分别是“$ KM-*K*-Means”和“$ KMD-*K*-Means”。其中，“$ KM-*K*-Means”字段标注了各样本所属的类簇，“$ KMD-*K*-Means”字段存储了各样本到其所属聚类中心的距离。

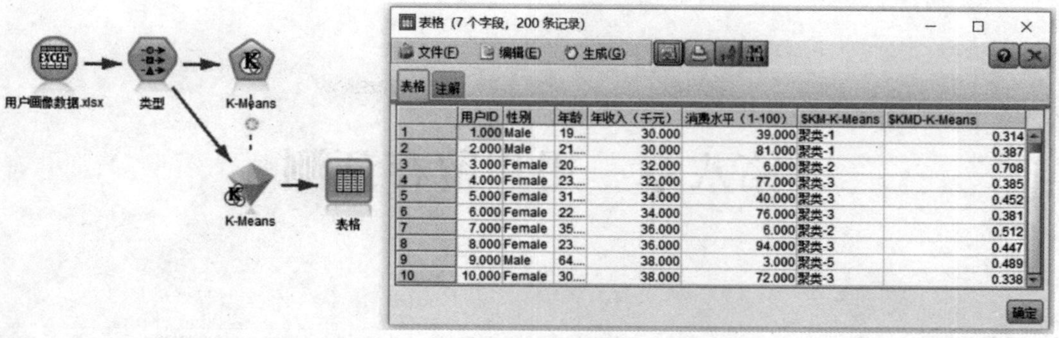

图 7-12 通过“表格”节点输出每个样本的聚类结果

思考题

1. 使用 K-均值算法聚类时需要重点关注的关键参数有哪些？

2. 请从 UCI 数据集（archive. ics. uci. edu）中选择合适数据，使用 SPSS Modeler 实践聚类分析，对聚类结果进行合理解释并评估聚类质量。

3. 除了构建用画像，你认为聚类算法在新媒体（或新闻传播）领域还有哪些可行的应用？

第八章　用户留存预测

本章概述

在如今新媒体行业迅猛发展的背景下，其市场也逐渐趋向饱和。获取一个新用户的难度要大大超过维系现有用户的难度，老用户的流失不仅代表着收入的减少，也预示着市场份额的缩水。可以说，新媒体行业的竞争一定程度上就是对用户资源的竞争。然而，用户流失往往是无法避免的，其流失的原因也不尽相同。若想要在用户流失前进行预防，或是在流失后进行挽回，关键就在于通过数据挖掘总结经验，预测未来。本章将首先介绍用户留存预测的概念与价值，并结合该应用场景介绍分类的概念、常用的分类算法和分类模型的评估指标。在此基础上，本章将重点介绍 *K*-近邻和决策树两大经典分类算法，并采用 SPSS Modeler 实践算法以将其应用于用户留存的预测。

教学目标

1. 了解用户留存预测的概念与价值。
2. 理解分类的概念并掌握常用的分类模型评估指标。
3. 理解 *K*-近邻和决策树算法的基本原理及其在用户留存预测中的应用。
4. 熟练使用 SPSS Modeler 实践分类算法，并将其用于用户留存的预测。

学习建议

分类预测是数据挖掘中最常见的任务之一，许多现实生活中的实际问题均可转换为分类任务，例如医疗诊断、信用评分、垃圾邮件识别等。因此建议读者重视本章内容，勤于练习实践，在学习过程中不断思考和拓展分类算法的应用场景。此外，厘清分类与聚类之间的区别与联系也有助于读者更好地理解本章内容。

一、用户留存概述

（一）用户留存的概念

现代管理学之父彼得·德鲁克（Peter F. Drucker）曾指出，企业的首要任务就是“创造顾客”。尽管大多数服务提供商专注于新客户的增加，但要想获得商业上的成功，还必须尽可能地减少用户流失。当企业的产品或服务难以满足用户的需求时，用户流失现象就会发生。一般认为，当用户停止使用服务或取消订阅时，即发生了用户流失（Customer Churn）。

需要说明的是，如果产品或服务是通过订阅的方式提供给用户的，那么当用户的订阅终止或取消时，即可视为用户流失。而如果用户不是通过订阅来使用服务或产品，一般通过一个框架，即“多久（Time）没有进行特定行为（Action）”来定义用户流失，包含关键行为和时间长度两个主要条件。关键行为一般是登录访问，部分产品也会选择发布、购买、付费等作为关键行为。时间长度的判断要结合产品和用户特征进行具体分析，常见的思路是结合用户的平均访问周期（即一般用户隔多久使用一次产品）和沉默用户的回访时长（长期未访问用户过多久又使用产品）来综合进行判断。

与用户流失相对的另一个概念就是用户留存（Customer Retention），所谓用户留存，就是让客户继续使用服务并续订他们的订阅（如果有订阅）①。正因为用户流失与用户留存是相反的两个概念，减少客户流失就等于增加客户留存，因此这两个术语在很大程度上是可以互换的。

那么我们应当如何看待用户流失？相关领域的学者总结了以下两点②：

1. 用户流失不可避免

在如今的数字经济时代，随着用户转换服务提供商的成本、风险逐步降低，用户的流动的可能性也越来越大。换言之，无论何种类型的用户，都存在着随时可能离开的风险。许多企业对于用户流失的情况极为敏感，甚至设定了“零用户流失”的愿景。然而，这一目标实际上并不可行。试图挽留每一位用户不仅不切实际，而且投入的成本可能远远超过他们为企业带来的收益。

实际上，部分用户的流失是自然且无法避免的现象，例如，对于学术/学业型社交媒体，用户因考研升学、科研交流等需求开始使用，但当其放弃考研或是毕业离开学术界后，就不再需要产品，自然发生流失。又比如，对于财经类新媒体，用户一直将其作为投资信息交流平台，但当用户突然遭遇财务危机，短期内不再有投资行为时，尽管其

---

①卡尔·戈尔德．客户留存数据分析与预测［M］．北京：清华大学出版社，2023：4.

②李珊，贺雅文．顾客流失管理——基于贝叶斯理论的预测方法［M］．北京：科学出版社，2017：2-3.

还认可产品，但也不会再继续使用该产品或服务。对于上述这部分用户的流失，企业往往难以直接施加有效的影响。因此，更为理智的做法是接受并非所有用户都能留存的事实，并采取措施将用户流失降至最低。

2. 流失用户有被挽回的可能

尽管用户流失是不可避免的，但对于部分已经流失或可能流失的用户，其仍然有被挽回的可能。相关研究表明，企业对于已流失的用户进行再销售的成功率大约为四分之一，而对那些从未体验过公司产品或服务的新潜在用户的推销成功率则仅有六分之一左右。显然，挽回流失用户的可能性较高，这主要归功于两个关键因素：

首先，企业对已流失或可能流失的用户拥有详尽的数据，包括其个人特质、消费偏好和历史记录等，这些信息有助于企业制订更为有效的精准营销策略。

其次，相较于新用户，流失的用户对于产品和服务本身也有一定的认知，如果企业能够真诚地解决问题，改善造成客户流失的产品设计或运营环节，主动采取友好的召回措施，重新赢得流失用户的信任并将其成功挽回是完全可行的。

（二）用户留存预测的价值

对于企业来说，维护用户的重要性不言而喻。相关统计数据显示，仅在传统的实体营商环境下，企业每年会有9%至20%的用户流失，但如果能将用户水平提高20%，企业的营业额有望增长40%①。在数字经济时代，流量更是成为新媒体公司和其他数字服务商营利的关键，用户的数量和活跃度直接关系到企业的市场影响力和营利能力，用户留存对于企业营收与健康发展的重要性进一步加强。其原因主要有以下几点：

首先，在数字经济时代，信息量呈爆炸式增长，用户的注意力成为稀缺资源。企业吸引流量的本质是在争夺用户的注意力，因为用户的注意力可以转化为点击率、观看时间等。考虑到新媒体公司和其他数字服务商在国内的主要商业模式是以广告作为其重要的收入来源，广告商愿意为能够触及大量活跃用户的平台支付更高的费用，用户数量和活跃度也将直接影响广告的曝光率、点击率与转化率等，进而影响公司的广告收入。

其次，随着数字技术的发展，除广告收入外，新媒体公司等数字服务商还可以通过会员服务、虚拟商品、电子商务等多种方式变现。而这些变现方式的效果在很大程度上取决于用户的数量和质量。

此外，在数字经济时代，用户不再是被动的接受者，而是可以参与到内容的创造和传播中。网络效应成为数字经济中一个重要的经济现象。所谓网络效应，是指产品或服务的价值随着使用该产品或服务的用户数量增加而增加的经济现象。例如，当一个新媒体平台上的用户越多，就有越多的用户生产内容供其他用户消费，相应地，平台对其他

---

①GREMLER D D, BROWN S W. Service loyalty: its nature, importance, and implications [J]. Advancing Service Quality: A Global Perspective, 1996, 5 (1): 171-181.

用户的价值就越大，这会吸引更多的用户加入，形成一个正向循环。因此，用户数量的留存与增长对于新媒体公司来说至关重要。

最后，在数字经济中，市场和消费者需求变化迅速，用户在使用新媒体等数字服务时会产生大量的数据，这些数据对于企业来说具有重要的价值。拥有大量活跃用户的公司能够更快地通过对用户数据的分析来获取市场反馈，优化服务，精准营销，并进行产品创新和迭代，从而保持更高的竞争力。

因此，许多企业将提高用户规模视为其发展的关键战略之一。考虑到吸引新用户的成本大约是保持现有用户的 5 到 8 倍①，挽回即将流失的老用户就成了提升用户规模的关键一环。

然而，企业怎样知道哪些用户即将流失呢？这就涉及用户流失的预测问题。如果企业能够在用户流失前预见到这一情况，它一定会尽全力留住这些用户。但如果无法进行预测，企业就只剩下两个选择：要么假定所有用户都可能会流失，并逐一进行询问和安抚；要么假定没有用户会流失，从而不采取任何行动。显然，这两种极端的做法都不理想。前者不仅会导致企业投入大量不必要的资源，付出与回报不成正比的人力、物力、财力，而且在面对虚拟环境下的海量用户时，这种做法也是不切实际的。但若不采取行动，则会让企业直接面临因顾客流失带来的损失，从而对企业营收和长期发展带来不利影响。当然，还有一种可能性不容忽视，那就是企业能对用户流失进行预测，但预测能力不够准确。在这种情况下，企业会面临两难的选择。如果选择信任这些预测，企业就需要承受预测不准确的风险，导致企业在做了大量无用功的同时，忽视了那些没有被预测到的真正即将流失的用户。然而，假若公司对预测持怀疑态度，那么这与公司无法作出预测在本质上并无二致。如此一来，讨论将回归原点，而最终的结论依旧是对企业大为不利。由此可见，能够进行足够准确的用户流失预测对企业来说是何等的重要。

大数据时代，分类算法为我们依据海量的用户数据准确地预测用户留存提供了有效的手段，下一节我们将对分类算法进行详细的介绍。

二、分类算法

（一）分类的概念

分类是一种重要的数据挖掘技术。分类的目的是根据数据集的特点构造一个分类模型（也称分类器），该模型能够根据样本的属性特征，把未知类别的样本映射到预先定义好的类别中②。

分类算法的过程有两步③（如图 8-1）：

---

①李珊，贺雅文．顾客流失管理——基于贝叶斯理论的预测方法［M］．北京：科学出版社，2017：50.

②罗可，林睦纲，郗东妹．数据挖掘中分类算法综述［J］．计算机工程，2005（1）：3-5，11.

③张良均，谭立云，刘名军，等．Python 数据分析与挖掘实战（第 2 版）［M］．北京：机械工业出版社，2019：103.

第一步是学习步，通过归纳分析训练样本集来建立分类模型，得到分类规则。

第二步是分类步，先用已知的测试样本集评估分类规则的准确率，如果准确率是可以接受的，则使用该模型对未知类别标号的待测样本集进行预测。

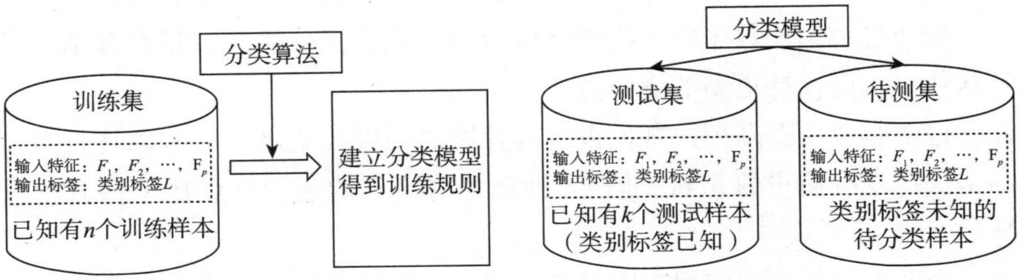

图 8-1　分类算法的实现过程

从机器学习的角度来看，分类算法属于有监督学习，原因在于这类算法在训练过程中需要使用有标签（即类别标签）的数据样本。具体来说，有监督学习是指算法通过分析输入数据（即属性特征）和对应的输出标签（即类别标签）之间的关系来学习。分类算法就是通过学习这些标记过的样本，建立一个能够将未见过的数据样本进行分类的模型。这个过程中，算法会尝试找出输入特征与输出标签之间的潜在关系，并试图对新的、未见过的数据类别进行准确的预测。

（二）常用的分类算法

常用的分类算法见表 8-1。本章将在第三节和第四节重点介绍 K-近邻和决策树两类算法，并以用户留存预测为应用场景，采用 SPSS Modeler 展开实践。

表 8-1　常用的分类算法

算法名称	算法描述
K-近邻（KNN）	K-近邻是一种基于邻域的分类算法，它通过在特征空间中查找最接近新数据点的 K 个已知类别标签的数据点进行分类
决策树	决策树采用自顶向下的递归方式，在内部节点进行属性值的比较，并根据不同的属性值从该节点向下分支，最终得到的叶节点是学习划分的类
Logistic 回归	Logistic 回归是一种广泛应用于分类问题的统计方法，特别是在二分类问题中，它通过拟合一个逻辑函数来估计样本属于某一类别的概率，并使用这个概率来进行分类
支持向量机（SVM）	支持向量机通过在多维空间中找到一个最优的超平面来实现数据的分类。这个超平面的选择旨在最大化不同类别数据点之间的间隔，从而提高模型的泛化能力和预测准确性
人工神经网络	人工神经网络是一种模仿大脑神经网络结构和功能而建立的信息处理系统，表示神经网络的输入和输出变量之间关系的模型
贝叶斯分类	贝叶斯分类算法基于概率统计学的贝叶斯定理，是一种在先验概率与类条件概率已知的情况下，预测类成员关系可能性的模式分类算法

（三）分类模型的评估指标

正如前文所谈到的，在应用分类模型进行预测前，我们需要先用已知的测试样本集评估分类的准确性，只有当分类模型的准确性是可被接受的，才能将其用于预测。这就涉及分类模型的评估问题。

一般来说，我们习惯用准确率（Accuracy）来评估分类质量，所谓准确率，即分类正确的预测数与总预测数的比值。但是，对于不平衡的数据集而言，准确率并不是一个好的指标。试想一个场景，假设我们有 100 封邮件，其中 95 封是正常邮件，5 封是垃圾邮件，我们希望训练出一个二分类器，能够识别出垃圾邮件。在这样一个数据集中，正常邮件是常见类（Majority Class），当常见类的样本（正常邮件）数量远超其他类别（垃圾邮件）时，如果采用准确率来评估分类器的好坏，那么即使模型的性能很差，也可以得到较高的准确率值（例如：无论输入什么邮件，都预测为正常邮件，准确率=95%）。此时，准确率值虽然很高，但意义不大，当数据异常不平衡时，用准确率评估模型分类效果的缺陷就尤为明显。

这就引出了精确率（Precision）、召回率（Recall）和 $F1$ 值三个评估指标。考虑到二分类和多分类模型中评估指标的计算方法略有不同，此处分开讨论。

1. 二分类模型的评估指标

在二分类问题中，假设该样本一共有两种类别：阳性（Positive）和阴性（Negative）。当分类器预测结束，我们可以绘制出混淆矩阵（Confusion Matrix）（如图 8-2）。混淆矩阵中四个单元格的含义如下：

真阳性（True Positive，TP）：把阳性样本成功预测为阳性的数量；

真阴性（True Negative，TN）：把阴性样本成功预测为阴性的数量；

假阳性（False Positive，FP）：把阴性样本错误地预测为阳性的数量；

假阴性（False Negative，FN）：把阳性样本错误地预测为阴性的数量。

预测的类

实际的类		Positive	Negative
	Positive	True Positive	False Negative
	Negative	False Positive	True Negative

图 8-2 混淆矩阵

相应地，在二分类模型中，准确率（Accuracy）、精确率（Precision）、召回率（Recall）和 $F1$ 值的定义如下：

$$Accuracy = \frac{TP + TN}{TP + TN + FP + FN}$$

$$Precision = \frac{TP}{TP + FP}$$

$$Recall = \frac{TP}{TP + FN}$$

$$F1 = \frac{2 \times Precision \times Recall}{Precision + Recall}$$

其中，精确率着重评估在预测为阳性的所有数据中，实际真实为阳性的数据到底占多少；而召回率则着重评估在所有的实际为阳性的数据中，到底有多少数据被成功预测为阳性；$F1$ 值则是精确率和召回率两者的综合。

例如，在识别垃圾邮件的例子中，如果我们把一封邮件是垃圾邮件定义为阳性，不是垃圾邮件（即为正常邮件）定义为阴性，不同评估指标关注的问题如下：

准确率：在一堆邮件中，有多少被系统给出了正确的判断结果？

精确率：在被识别为垃圾邮件的邮件中，有多少真的是垃圾邮件？

召回率：在一堆垃圾邮件中，有多少能被系统成功识别为垃圾邮件？

准确率存在的问题，我们前面已经论述过了，那么对于精确率和召回率这两个指标，我们何时应该更加关注精确率？何时又应当更加关注召回率呢？

总的来说，当假阳性的成本代价很高，即把阴性样本错误预测为阳性的后果很严重时，一般期望尽量避免产生假阳性，故应该着重考虑提高精确率指标。例如，在垃圾邮件识别系统中，垃圾邮件是阳性，正常邮件是阴性，假阳性即将正常邮件识别为垃圾邮件，这种情况是最应该避免的，因为它会对我们的工作产生了极大干扰。我们宁可把垃圾邮件标记为正常邮件，也不能让正常邮件直接进垃圾箱。因此，在垃圾邮件识别系统中，可行的策略是尽可能提高精确率，哪怕牺牲一部分召回率。

与之相对应地，当假阴性的成本代价很高，即把阳性样本错误地预测为阴性的后果很严重时，一般期望尽量避免产生假阴性，故应着重考虑提高召回率指标。例如，在癌症 AI 诊断系统中，把病人得癌症定义为阳性，没得癌症定义为阴性，假阴性即实际得了癌症的病人没有被诊断出癌症，这种情况是最应该避免的。因此，在癌症 AI 诊断系统中，可行的策略是尽可能提高召回率，哪怕牺牲一部分精确率。同理，在用户流失的预测中也是如此。

最后，不论是精确率还是召回率，我们显然都希望越高越好，但是实际情况是两者往往是相互矛盾和制约的：追求高精确率，则召回率会低；追求高召回率，通常会影响精确率。这就需要综合考虑它们，最常见的方法就是前文提到的 $F1$ 值。

2. 多分类模型的评估指标

此处通过一个示例来介绍多分类模型的评估指标。所谓多分类模型，即分类预测的结果中包含三个及三个以上的类别。例如，在一个交通信号灯识别系统中，分类器通过输入交通信号灯的图片来区分是红灯、绿灯还是黄灯。向分类器输入 140 张图片后，分类结果的混淆矩阵如图 8-3 所示。

预测的类

实际的类	红灯	绿灯	黄灯
红灯	25	10	5
绿灯	10	50	15
黄灯	0	5	20

图 8-3　多分类混淆矩阵示例

准确率是分类正确的预测数与总预测数的比值，相应地，上述分类结果的准确率就等于混淆矩阵对角线上的样本数之和除以总样本数，即 $Accuracy=(25+50+20)/140\times100\%=67.9\%$。

准确率评价的是全局样本的预测情况，但对于精确率和召回率而言，每个类别都需要单独计算。以红灯为例，真阳性、假阳性、假阴性在混淆矩阵中对应的单元格如图 8-4 所示。

预测的类

实际的类	红灯	绿灯	黄灯
红灯	TP	FN	FN
绿灯	FP		
黄灯	FP		

图 8-4　多分类混淆矩阵示例（红灯）

相应地，对于红灯来说，其精确率和召回率分别为

$$Precision_{红灯}=\frac{TP}{TP+FP}=\frac{25}{25+10+0}\times100\%=71.4\%$$

$$Recall_{红灯}=\frac{TP}{TP+FN}=\frac{25}{25+10+5}\times100\%=62.5\%$$

同理，绿灯的精确率和召回率分别为

$$Precision_{绿灯}=\frac{50}{50+10+5}\times100\%=76.9\%$$

$$Recall_{绿灯}=\frac{50}{50+10+15}\times100\%=66.7\%$$

黄灯的精确率和召回率分别为

$$Precision_{黄灯}=\frac{20}{20+5+15}\times100\%=50\%$$

$$Recall_{黄灯} = \frac{20}{20 + 0 + 5} \times 100\% = 80\%$$

如果想评估整个分类器的预测效果，就必须综合考虑红灯、绿灯、黄灯三个类别的预测性能，常用的对多分类场景下的模型精确率和召回率的计算方法如下：

（1）宏平均法（Macro-average）

该方法最为简单，直接将不同类别的评估指标（Precision/Recall/$F1$ 值）求算术平均值。由于该方法对于所有类别赋予相同的权重，故其能平等对待每个类别，但也较容易受到稀有类别的影响。在本例中，分类模型的宏精确率（Macro-Precision）和宏召回率（Macro-Recall）如下：

$$Macro - Precision = \frac{Precision_{红灯} + Precision_{绿灯} + Precision_{黄灯}}{3} = 66.1\%$$

$$Macro - Recall = \frac{Recall_{红灯} + Recall_{绿灯} + Recall_{黄灯}}{3} = 69.7\%$$

（2）加权平均法（Weighted-average）

该方法对于不同的类别赋予不同的权重，一般而言，某一类别的权重即为实际情况下，该类别样本数占样本总数的比例。相应地，模型整体的评估指标即为各类别的评估指标乘以权重后求和。该方法考虑了类别不平衡的情况，但也更容易受到常见类的影响。在本例中，红灯的权重 $W_{红灯}$ = （25+10+5）/140 = 40/140，绿灯的权重 $W_{绿灯}$ = （10+50+15）/140 = 75/140，黄灯的权重 $W_{黄灯}$ = （0+5+20）/140 = 25/140。分类模型的加权精确率（Weighted-Precision）和加权召回率（Weighted-Recall）如下：

$$Weighted-Precision = Precision_{红灯} \times W_{红灯} + Precision_{绿灯} \times W_{绿灯} + Precision_{黄灯} \times W_{黄灯} = 70.5\%$$

$$Weighted-Recall = Recall_{红灯} \times W_{红灯} + Recall_{绿灯} \times W_{绿灯} + Recall_{黄灯} \times W_{黄灯} = 67.9\%$$

三、*K*-近邻算法及其在用户留存预测中的实践

（一）*K*-近邻算法

1. *K*-近邻算法原理

K-近邻算法（*K*-Nearest Neighbour），又称 KNN 算法，是数据挖掘技术中原理最简单，同时也是应用最广泛的经典算法之一。

与第七章介绍的 *K*-均值算法类似，*K*-近邻算法也将拥有 p 个特征的样本，被看作是 p 维空间中的样本点，从而基于欧氏距离（常用的还有曼哈顿距离等）测度样本间的相似性。

K-近邻算法的工作原理：给定一个已知类别标签的训练数据集，输入没有类别标签的新数据后，在训练数据集中找到与新数据距离最接近（即最邻近）的 K 个样本，如果

这 K 个样本中的多数属于某个类别，则新数据就属于这个类别。

通过一个案例进一步解释 K-近邻算法的工作原理。例如，在某次分类任务中有 A 和 B 两个类别，我们有 10 个类别标签已知的训练样本，若想要根据 2 个特征对类别标签未知的样本"☆"采用 K-近邻算法进行分类，我们可以将 10 个训练样本和 1 个待分类样本都基于他们在 2 个特征上的取值映射到二维平面上（如图 8-5）。当 K 取 1 时，距离样本"☆"最近的 1 个训练样本类别为 A，故样本"☆"属于类别 A（如图 8-6）。当 K 取 3 时，距离样本"☆"最近的 3 个训练样本中，类别 B 为多数，故样本"☆"属于类别 B（如图 8-7）。当 K 取 5 时，距离样本"☆"最近的 5 个训练样本中，类别 B 为多数，故样本"☆"属于类别 B（如图 8-8）。当 K 取 7 时，距离样本☆最近的 7 个训练样本中，类别 A 为多数，故样本"☆"属于类别 A（如图 8-9）。

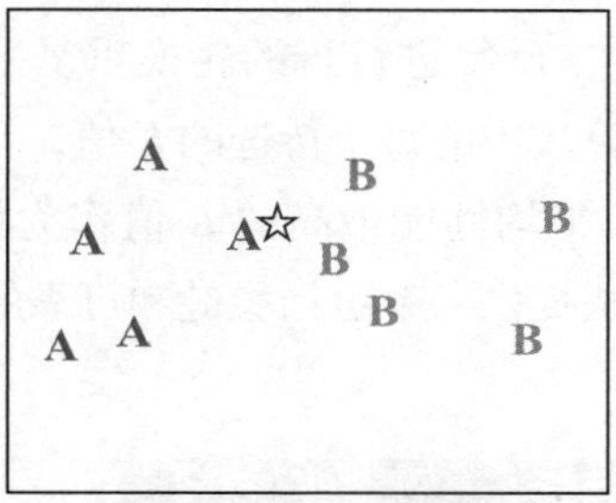

图 8-5　K-近邻分类示例

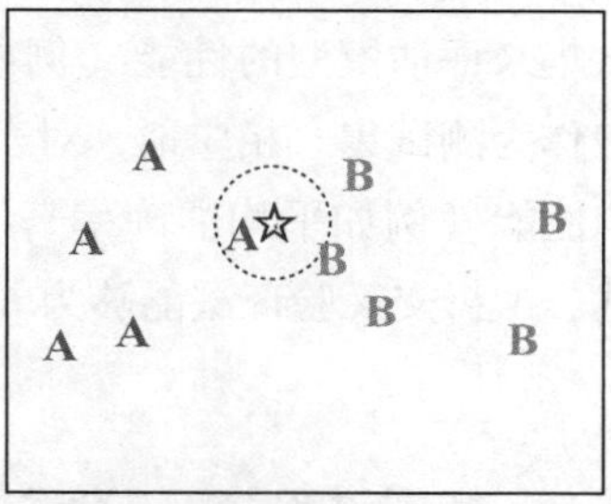

图 8-6　K-近邻分类示例（K=1）

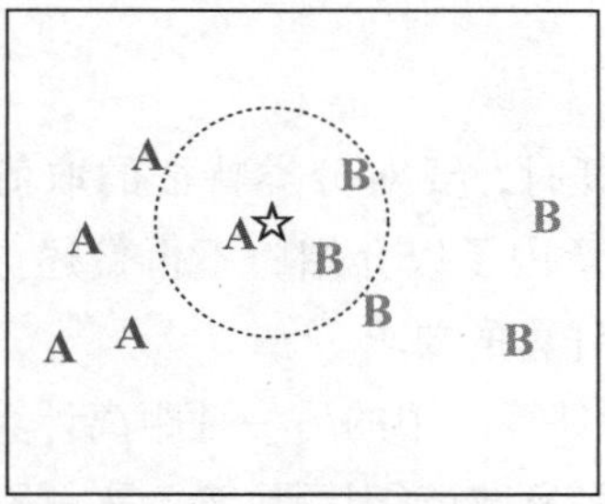

图 8-7　K-近邻分类示例（K=3）

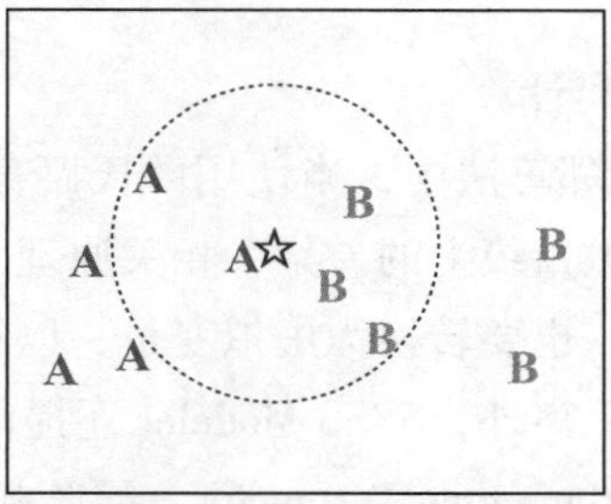

图 8-8　K-近邻分类示例（K=5）

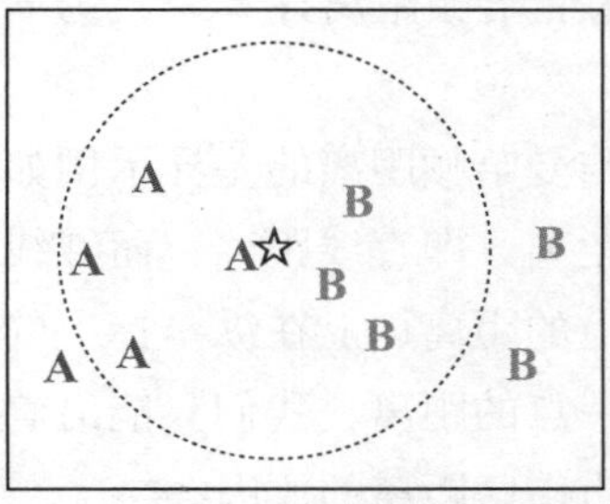

图 8-9　K-近邻分类示例（K=7）

2. *K*-近邻算法的注意事项

（1）*K* 值选取

由图 8-5～图 8-9 可知，当 *K* 取不同值时，分类的结果并不一致。*K* 值太小可能导致模型对噪声敏感，发生过拟合；而 *K* 值太大可能导致模型对输入数据的特征不够敏感，出现欠拟合。因此，在 *K*-近邻算法中，我们需要采用合适的方法来选取一个恰当的 *K* 值，以提高分类的质量。

N 折交叉验证法（N-fold Cross-validation）可以帮助我们在多个 *K* 值中选取一个最优的 *K* 值。N 折交叉验证法的原理如下：首先将数据集分为 *N* 个大小相等的互斥子集（*N* 通常取 10），每个子集称为一个“折”（Fold）。对于每一折，使用其余 *N*-1 折的数据作为训练集来训练 KNN 模型，将这一折作为测试集（如图 8-10）。其次在训练完成后，使用测试集来评估模型的性能（例如准确率）。反复进行折的轮换重复上述过程，直到每一折都曾作为测试集。相应地，对于 *K*-近邻算法中的每个待选的 *K* 值，计算其在所有 *N* 折上的平均性能（例如平均准确率）。最终选取平均性能最高的 *K* 值作为最优的 *K* 值。通过这种方式，*N* 折交叉验证法能够为 *K*-近邻算法提供一个更加稳健和可靠的 *K* 值。

1	2	3	4	5
测试样本集	训练样本集	训练样本集	训练样本集	训练样本集

图 8-10　五折交叉验证法示例

（2）距离计算

在 *K*-近邻算法中，当使用欧氏距离进行计算时，要对分类特征的取值做标准化处理，以消除数量级上的差异，相关原理已在第七章中予以介绍，不再赘述。此外，对于定类型变量，也要转换为虚拟变量，以符合距离计算的要求。

除欧氏距离外，SPSS Modeler 还提供了 *K*-近邻算法中的另一种距离计算方法，即曼哈顿距离（Manhattan Distance）。曼哈顿距离又称为城市街区距离，是一种计算两个点在标准坐标系（如二维平面直角坐标系）中的距离的方法，它表示的是两点在各个坐标轴方向上的绝对轴距总和。具体来说，如果有两个点 $a(x_1, x_2, x_3 \cdots x_p)$ 与点 $b(y_1, y_2, y_3 \cdots y_p)$，那么它们之间的曼哈顿距离计算公式为 $d = |x_1 - y_1| + |x_2 - y_2| + \cdots + |x_p - y_p|$。

在二维平面中，欧氏距离与曼哈顿距离的差异示例如图 8-11 观察得出。在图 8-11 中，绿线代表两点之间的欧氏距离，即直线距离；而红线、蓝线与黄线均为两点之间的曼哈顿距离，即两点在横坐标上的距离加上在纵坐标上的距离。曼哈顿距离的计算方式类似在城市街道上从一点到另一点的距离，我们只能沿着街道的方向移动，而不能直接穿过街区，这也是它被称为城市街区距离的原因。

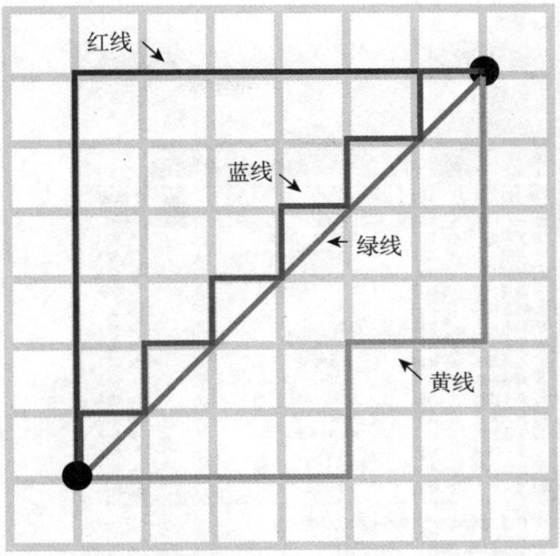

图 8-11 欧氏距离与曼哈顿距离示例　　（扫描二维码查看彩图）

欧氏距离是最为常用的距离度量方法，那什么时候建议使用曼哈顿距离呢？一是当问题域的网格状结构使其成为更合适的相似性度量时，使用曼哈顿距离可能会有所帮助；二是与欧氏距离相比，曼哈顿距离对异常值的敏感性较低，因为它没有对差异进行平方，这可以使它更适合于数据集中存在可能对模型性能产生重大影响的异常值的情况。

（二）SPSS Modeler 基于 *K*-近邻算法的用户留存预测实践

本节以“用户流失数据 . sav”为例（扫描二维码下载数据），介绍 SPSS Modeler 中 *K*-近邻算法的具体操作和 *K*-近邻分类在用户留存预测中的实践应用。“用户流失数据 . sav”中存储的是某新媒体公司的用户数据，供包含用户 ID、IP 属地、年龄、性别、教育水平、婚姻状况、收入（百元）、设备数量、会员时长（月）、是否开通增值服务、上月基本费用、上月限制性免费服务项目的费用、增值服务费用、是否开通电子账单、开通的会员类型、是否流失 16 个字段。

本次实践的目标是根据“用户流失数据 . sav”，使用 *K*-近邻算法建立用户流失预测模型，帮助该新媒体公司从“用户流失数据_ 待测集 . sav”（扫描二维码下载数据）中识别出可能流失的用户，从而为后续的业务优化和精准营销提供依据，减少用户流失。

首先，通过“源”选项卡中的“Statistics 文件”节点读入数据。

其次，连接“字段选项”选项卡中的“类型”节点，点击“读取值”按钮实现数据的实例化，同时修改部分字段的测量级别，并设置各字段在 *K*-近邻分类中的角色（如图 8-12）。具体来说，“用户 ID”字段不参加建模，故角色是“无”；“流失”字段存储的是每个样本在分类任务中的类别标签，也即预测目标，故角色为“目标”；剩余字段均为分类依据，也即输入特征，故角色为“输入”。

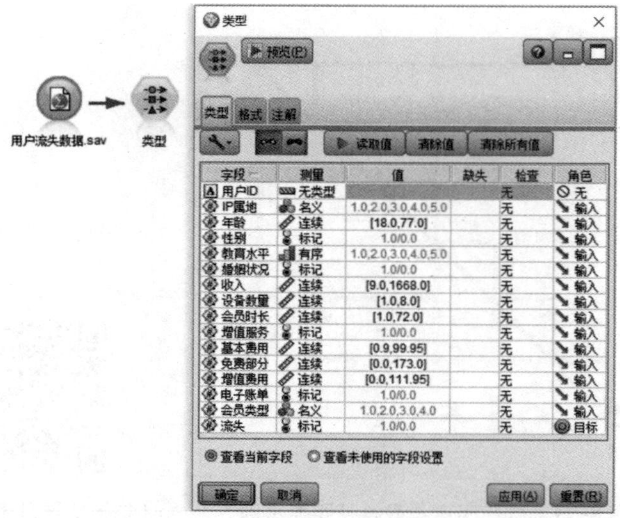

图 8-12 *K*-近邻分类任务中的“类型”节点设置

最后，将“字段选项”选项卡中的“分区”节点连接在“类型”节点的后方，双击打开“分区”节点设置参数，从而将全体样本随机划分为“训练集”和“测试集”。其中，训练集用于建立分类模型，测试集用于评估模型的分类质量。“分区”节点的参数设置窗口如图 8-13 所示，其中：

“分区字段”用于命名“分区”节点生成的一个新字段，这个字段标识了哪些样本属于训练集，哪些样本属于测试集。

“分区”用于选择如何划分分区子集，可以划分为训练集和测试集 2 个子集，也可以划分为训练集、测试集和验证集 3 个子集。

“训练/测试/验证分区大小”用于指定每个分区的相对大小，需要注意的是，所有分区的大小之和应为 100。本例中，将“训练分区大小”设为 70，“测试分区大小”设为 30，以将样本集按 70% 和 30% 的比例随机划分为训练集和测试集。

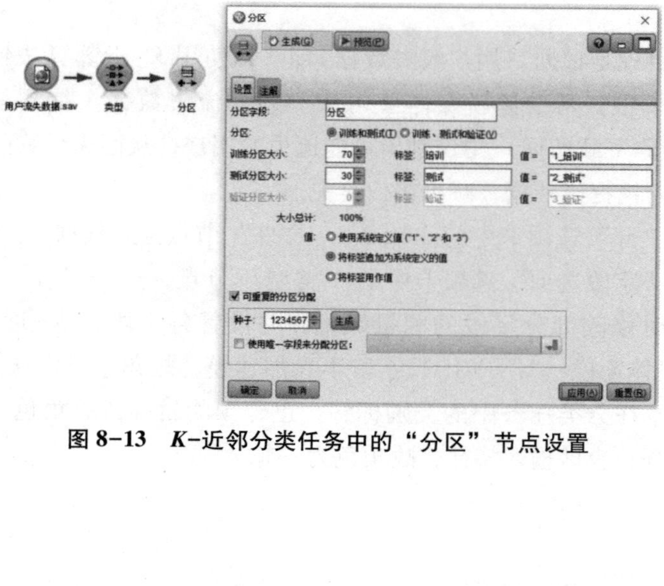

图 8-13 *K*-近邻分类任务中的“分区”节点设置

“可重复的分区分配”若被勾选，表示希望随机的样本划分结果可以在多次执行数据流时重复出现，此外还可单击“生成”按钮生成随机数种子。

在设置完“分区”节点后，选择“建模”选项卡中的“KNN”节点，将其连接到“分区”节点的后方。双击打开“KNN”节点进行参数设置，共包括目标、字段、设置和注解四张选项卡。因前述步骤中，已设置字段角色，故“字段”选项卡默认“使用预定义角色”即可，此处重点介绍“目标”和“设置”选项卡。

1. “目标”选项卡

SPSS Modeler 中的“KNN”节点可执行两种任务：一是分类预测，二是最近邻识别。“目标”选项卡用于确定 KNN 节点的运行目标，即执行何种分析任务（如图 8-14）。其中：

“预测目标字段”表示执行分类预测任务。若选中该选项，可进一步设置“您的目标是什么?”以确定 K 值的选取方法。本例中，应选中“预测目标字段”。

“只识别最相邻值”表示不进行分类预测，只找到每个样本的 K 个最近邻。若选中该选项，则不可设置“您的目标是什么?”。

选中“预测目标字段”后，“您的目标是什么?”中的选项被激活，用于设置 K 值的选取方法。其中：

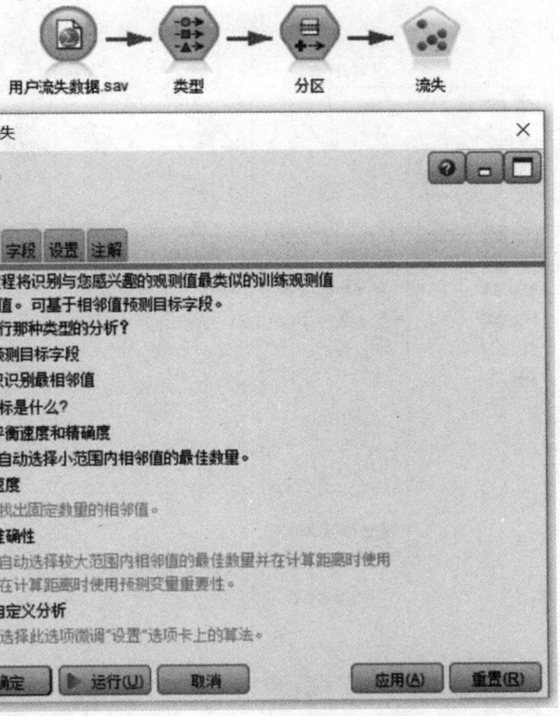

图 8-14　“KNN”节点的“目标”选项卡

“平衡速度和精确度”表示在一个较小的范围（3 到 5）选择不同的 K 值进行检验分析，以效果最好的 K 值作为最终模型的参数。本例中，可选择此项。

“速度”表示为了优化运行速度，选择固定的 K 值（默认 $K=3$）建模，可在“设置”选项卡中修改默认的 K 值。

“准确性”表示在一个较大的范围（3 到 7）选择不同的 K 值进行检验分析，以效果最好的 K 值作为最终模型的参数。同时，在计算样本间距离时，还将按重要性对特征加权。

“自定义分析”表示将手动配置“设置”选项卡中的参数建模。

2.“设置”选项卡

“设置”选项卡用于进一步设定模型参数，包含“模型”“相邻元素”“特征选择”“交叉验证”“分析”5 个选项。

（1）“模型”选项窗口如图 8-15 所示，其中：

“使用分区数据”表示根据上游“分区”节点对数据集的划分，在训练样本集上建立分类模型。本例中，应勾选此项。

“为每个分割构建模型”表示如果在上游“类型”节点中定义了分割字段（即把某字段的角色设置为“拆分”），则模型将为该字段下的每个分割单独构建一个模型。例如，若在“类型”节点中将本例的“会员类型”字段（包括 4 个水平：1、2、3、4）的角色设为“拆分”，那么建模节点将针对 4 种不同的会员类型构建 4 个独立的模型。本例中，无须勾选此项。

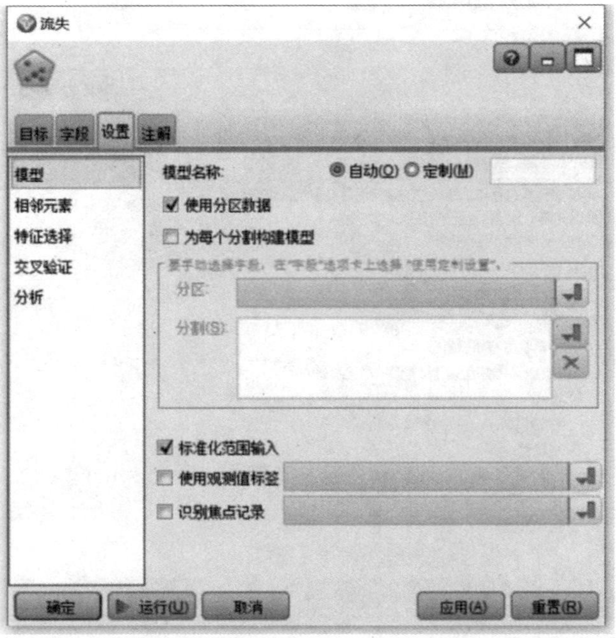

图 8-15 “KNN”节点“设置”选项卡的“模型”选项

“标准化范围输入”表示为解决字段在单位或数量级上的差异，对数据进行标准化处理，转换公式为 $x_i' = \frac{2(x_i - x_{min})}{x_{max} - x_{min}} - 1$，转换后的取值范围介于［-1，1］。本例中，应勾选此项。

“使用观测值标签”勾选后，在输出模型的“模型查看器”中，每个样本都具有识别标签。取消此项，将以每个样本的行号作为标签。由于本例的任务是分类预测而非最近邻识别，“模型查看器”并不重要，故无须勾选此项。

“识别焦点记录”勾选后，“模型查看器”将自动选择代表该字段的点作为焦点进行展示。同理，由于本例的目标不是最近邻识别，故也无须勾选此项。

(2)“相邻元素”选项窗口如图 8-16 所示，其中：

“最近邻元素个数”用于指定模型参数 *K*。

若选择“指定固定 *K*”，表示将以输入框中的 *K* 值作为模型参数。

若选择“自动选择 *K*”，表示将在输入框中指定 *K* 的取值范围，“KNN”节点将在该范围内选择最优 *K* 值作为最终模型的参数。需要说明的是，如果在“特征选择”选项中设置了“特征选择”，那么将对范围中的每个 *K* 值计算其误差，选择误差最低的 *K* 值作为最终参数；如果没有设置“特征选择”，那么将使用 *N* 折交叉验证法获得最佳的 *K* 值。本例中，由于在“目标”选项卡中选择了“平衡速度和精确度”，故此处默认选择了“自动选择 *K*”，*K* 的取值范围默认为“3”到“5”。

“距离计算”用于指定样本间距离的计算方法。默认为“Euclidean 测量”，即欧氏距离。另一个可选的距离计算方法为“城市街区度量”，即曼哈顿距离。

图 8-16　“KNN”节点“设置”选项卡的“相邻元素”选项

“计算距离时按重要性加权特征”表示在计算样本间距离时将以特征的重要性作为权重进入公式进行计算，重要性越大的特征将拥有更大的权重。本例中，无须勾选。

“最近邻元素值平均值”和“最近邻元素值中值”适用于预测目标是数值型字段的特殊情况，将使用最近邻样本的平均值/中位数作为最终的预测目标。由于该场景极不常用，一般无须关心。

（3）“特征选择”选项窗口如图 8-17 所示，其中：

“执行特征选择”若被勾选，表示将采取类似于回归分析中前进法的方法进行特征选择。在特征被加入模型前，算法将计算所有未加入模型的特征在加入模型后的误差下降值，并从中选择使得模型误差下降最大的特征进入模型，如此往复直到满足中止条件为止。当用于分类的特征过多时，可勾选该选项，通过移除不相关或冗余的特征，可以减少噪声，提高模型的准确性。此外，过多的特征可能会导致模型对训练数据过于敏感，从而过于拟合。特征选择有助于减少这种情况的发生，从而提升模型的泛化能力。

勾选“执行特征选择”的情况下，“强制条目”用于人为指定哪些特征强制进入模型。“中止条件”中的“在选择了指定数目的特征时中止”表示除了被强制纳入模型的特征，前项选择也将加入固定数量的其他特征用于模型误差的改善；“在绝对误差比率变化小于或等于最小值时中止”表示当模型的误差在加入新特征后的变化小于或等于指定的阈值时，将中止算法输出结果，较小的阈值将生成拥有更多特征的模型。

本例中，无须勾选“执行特征选择”。

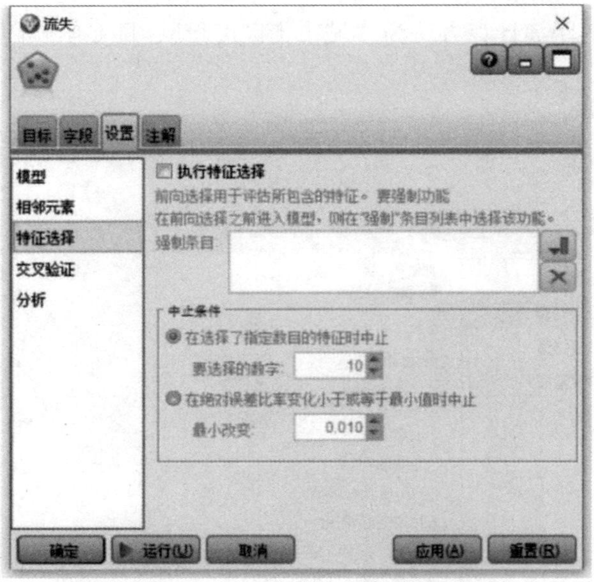

图 8-17 “KNN”节点“设置”选项卡的“特征选择”选项

（4）“交叉验证”选项窗口如图 8-18 所示。如果之前在“相邻元素”选项窗口选择了“自动选择 K”但无须执行特征选择，则“KNN”节点将通过 N 折交叉验证法选择

合适的 K 值。用户可以在此指定交叉验证的次数和设置随机种子。本例中，保持默认设置即可。

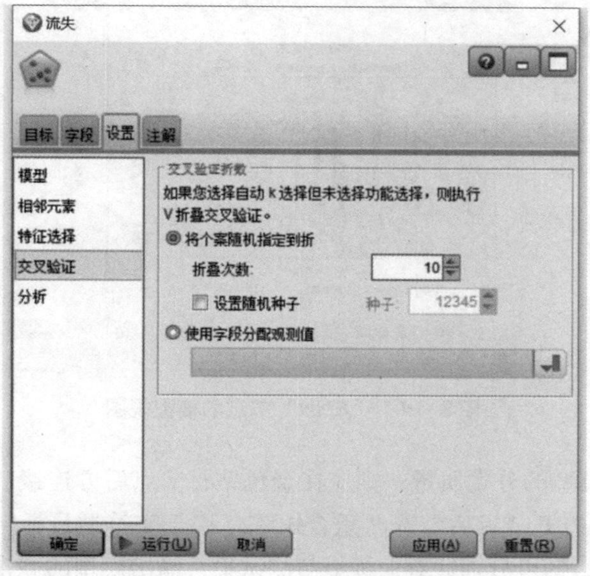

图 8-18　“KNN”节点“设置”选项卡的“交叉验证”选项

（5）“分析”选项窗口用于指定模型是否要对每个样本增加新的字段以包含：所有可能的分类结果的概率、样本和最近邻元素之间的距离、原始和调整后的倾向评分。本例中，均无须勾选。

在“KNN”节点中设置完所有参数后，点击“运行”按钮，得到“KNN”分类模型，并生成了相应的金色钻石节点。双击打开钻石节点，可查看模型结果（如图 8-19）。“KNN”的模型视图中，包含两个面板：“主面板”与“辅助面板”。由于模型视图主要用于最近邻识别，而本例的主要目标是分类预测，故仅需在右侧的“辅助面板”中查看“K 选择”，了解本次建模过程中不同 K 值的错误率，由图 8-19 可知，根据 N 折交叉验证法，当 K 取 4 时模型的错误率最低，故本次 K-近邻分类的 K 取 4。

关于模型视图的其他内容，这里做一个简单介绍。左侧的“主面板”展示了样本在低维预测空间中的映射分布情况，选中某个样本点作为焦点，将自动连接对应的 K 近邻样本点，可通过点击“编辑模式”（画笔图标）切换默认的坐标轴。通过右侧的“辅助面板”，除“K 选择”外，还可查看“分类表”以获取模型的混淆矩阵，查看“误差汇总”以了解模型的误差情况。此外，当在“主面板”中选中某个样本点作为焦点后，还可通过“辅助面板”中的“邻元素和距离表”显示焦点的 K 个近邻元素及其对应的距离；通过“对等”和“象限图”查看焦点在一个预测目标（即类别标签）和多个分类特征上的分布情况。

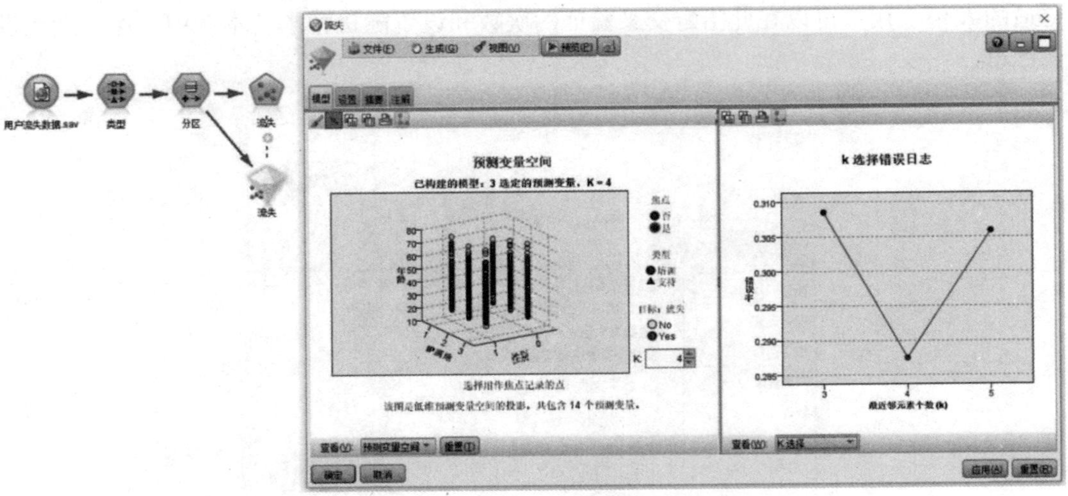

图 8-19 “KNN” 节点的模型视图

如果想要评估模型的分类质量，则应在金色钻石节点后方连接“输出”选项卡中的“分析”节点，双击打开节点后勾选“重合矩阵（用于字符型目标字段）”和“按分区分隔”（如图 8-20），即可分别针对训练集与测试集，输出模型的“准确率”和“混淆矩阵”（如图 8-21）。根据测试集的“混淆矩阵”，我们还能进一步评估分类模型的精确率、召回率和 $F1$ 值。

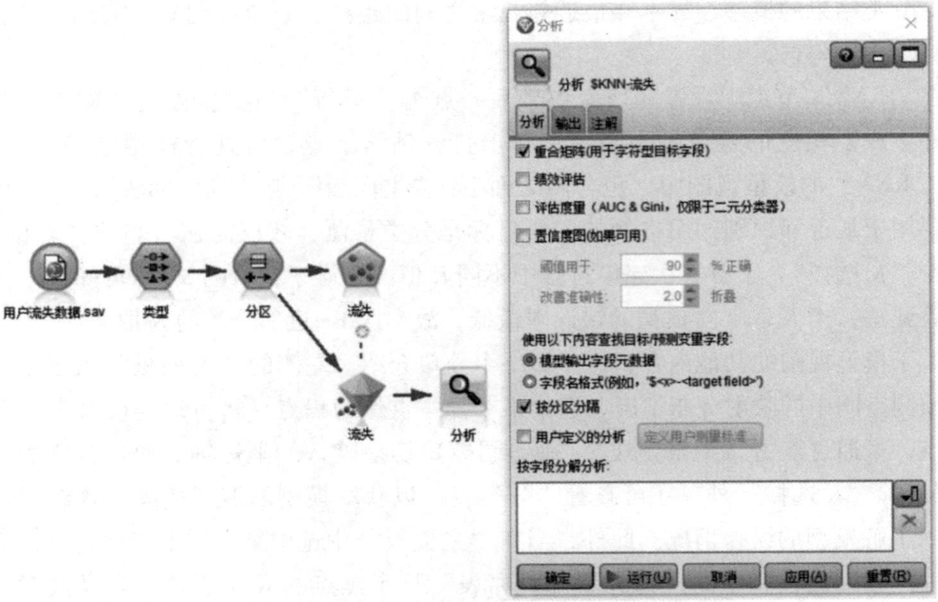

图 8-20 通过“分析”节点评估分类质量

由图 8-21 可知，在本例中，K-近邻分类在测试集中的准确率为 75%，精确率 = 19/（19+14）×100% = 57.6%，召回率 = 19/（19+61）×100% = 23.8%，$F1$ = （2×0.576×

0. 238）/（0. 576+0. 238）×100% = 33. 7%。通过这个例子也可以看出，在不平衡的数据集中，准确率确实不是一个好的指标，精确率、召回率和 $F1$ 值更加能够反映分类模型的真实性能。关于模型优化策略我们将在下一节详细说明。

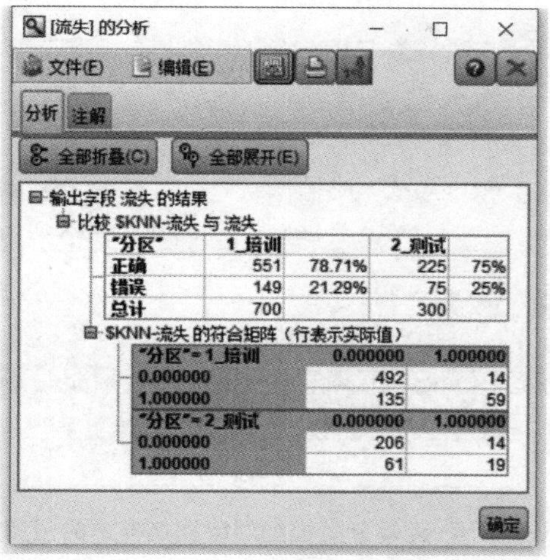

图 8-21　“分析”节点输出 *K*-近邻模型的准确率和混淆矩阵

除“分析”节点外，还可在金色钻石节点后方连接“输出”选项卡中的“表格”节点，运行后查看训练集和测试集中每个样本依据 *K*-近邻算法预测的类别（表格中新增“$ KNN-fieldname”字段，本例为“$ KNN-流失”）和预测值的概率（表格中新增“$ KNNP-fieldname”字段，本例为“$ KNNP-流失”）（如图 8-22）。

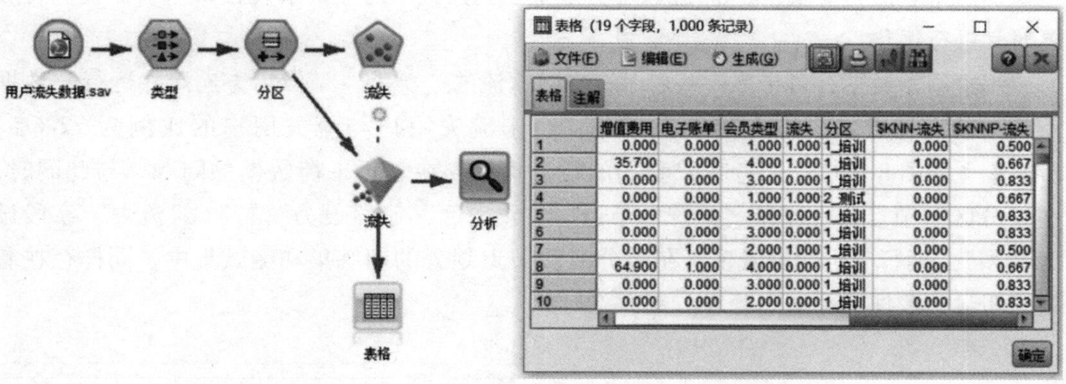

图 8-22　“表格”节点输出训练样本和测试样本的预测结果

最后，若要使用训练后的 *K*-近邻分类模型对待测集中新数据的“流失”类别进行预测，只需复制一份金色钻石节点，并将其添加到待测集的数据流中，最终连接并运行“表格”节点，即可查看待测集中新数据“流失”类别的预测结果（如图 8-23）。可以看到，对于 ID 为 U1001 的用户，*K*-近邻算法对其“流失”类别的预测结果为“0. 000”，即不会流失，因此我们无须对该用户予以特别关注。但从图中还可以看到，对于 ID 为 U1002 的用户，*K*-近邻算法对其“流失”类别的预测结果为“1.000”，即该用户会流失，我们就需要根据该用户的基本信息与消费特征，及时采取精准营销策略（例如定向投放增值服务优惠券）防止用户流失。

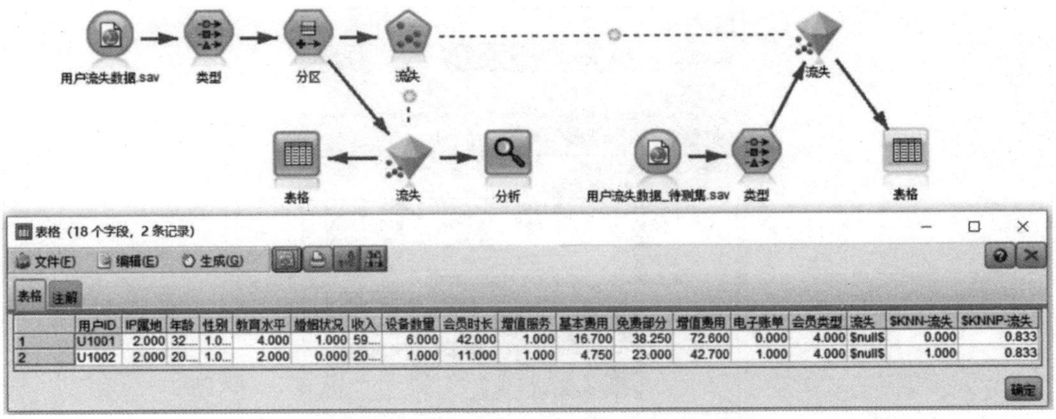

图 8-23　*K*-近邻分类模型对待测集样本的预测结果

（三）应对分类中的不平衡数据问题

在上一节中，我们提到，虽然 *K*-近邻分类算法在测试集中拥有较高的准确率，但在其他指标上的表现均不尽如人意。特别是在用户留存预测这一应用场景中，一般而言，我们希望分类模型表现出较高的召回率，以帮助运营者把即将流失的用户尽可能多地识别出来。但在上节中，*K*-近邻分类模型在测试集中的召回率仅有 23.8%，我们有必要对其进行优化。

观察原始数据，可带来一些启示。在数据流的“类型”节点后方连接并运行“数据审核”节点可以发现，在整个数据集中，未流失用户与流失用户的比例为 72.6%：27.4%（如图 8-24），这意味着我们的数据集中存在着不平衡数据的问题。与此同时，在“分区”节点后方连接“矩阵”节点，将“分区”字段设为“行”，“流失”字段设为“列”，运行后也能够发现，在“分区”节点划分的训练集和测试集中，同样存在着较为明显的数据不平衡问题（如图 8-25）。

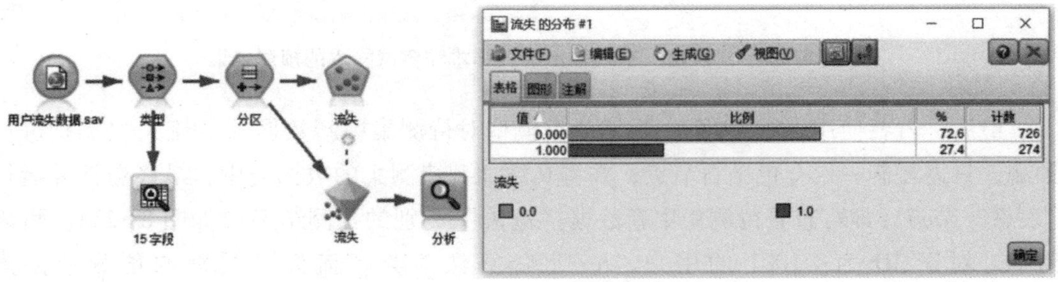

图 8-24　数据集中未流失用户与流失用户的比例

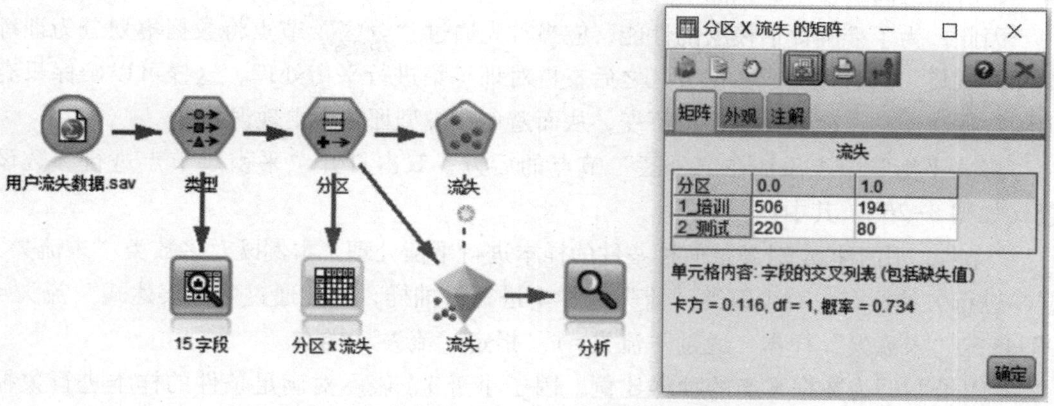

图 8-25 训练集和测试集中未流失用户与流失用户的数量

所谓不平衡数据，是指数据集中的某一类或某几类的样本量远大于其他类的样本量。通常我们将样本量多的一类或几类样本称为多数类，并将样本量少的类称为少数类。

不平衡数据将会极大地影响分类模型的性能，这是因为模型总是力求分类尽可能准确，因此在面对不平衡数据时，模型总会偏向于多数类样本。例如，为建立某疾病的分类预测模型，医学机构在某地区搜集了 10 万人数据，而这其中仅有 100 人患病，换句话说，在该数据集中，未患病样本和患病样本的比例为 1000∶1，这是一个典型的不平衡数据。若不对数据进行任何处理，分类模型很有可能在分类时将 10 万人全都判定为未患病样本，这是因为即使不对患病样本进行任何预测，分类模型的准确率也能达到 99.9%，但这样的分类显然是没有任何价值的。为了解决上述问题，我们需要对数据进行平衡处理。

在 SPSS Modeler 中，“记录选项”选项卡中的“平衡”节点可用于对数据做平衡处理。数据平衡的方法主要有两种：

一是欠抽样（Under-sampling），即通过对数据集中的多数类样本进行随机抽样，减少多数类的样本量，以此来降低数据集的不平衡程度。

二是过抽样（Over-sampling），即通过随机抽样的方式选择少数类中的样本进行复制，增加少数类的样本量，以此来降低数据集的不平衡程度。

在将“平衡”节点添加到数据流之前，还有一个问题有待回答，即“平衡”节点应该被添加在什么位置？具体来说，是添加在“分区”节点之前还是之后？

答案是应该添加在“分区”节点之后，且仅针对训练集进行数据平衡。这是因为在对数据进行平衡处理（尤其是过抽样）后，新的数据集将包含大量重复的样本。如果在数据平衡之后才进行训练集和测试集的划分，那么这些重复的样本就有可能会同时出现在训练集和测试集中。在这种情况下，对包含重复样本的数据进行模型训练和评估，很可能会导致对模型性能的高估，因为模型在测试阶段可能会遇到在训练阶段已经见过的样本，从而提高了模型的预测准确率。

因此，为了准确评估模型的性能，应当首先通过“分区”节点将数据集划分为训练集和测试集。然后在完成数据分区之后，再对训练集进行平衡处理，这样可以确保只有训练数据被调整，而测试集保持不变，从而避免在模型评估中出现误导。

将“平衡”节点添加在“分区”节点的后方，双击打开“平衡”节点进行参数设置（如图 8-26）。其中：

“条件”用于指定对满足何种条件的样本进行平衡处理。本例既对多数类“未流失”样本进行欠抽样，也对少数类“流失”样本进行过抽样，因此通过条件表达式“流失=0”指定“未流失”样本，通过“流失=1”指定“流失”样本。

“因子”即为数据平衡的抽样比例，因子小于 1，表示对满足条件的样本进行欠抽样；因子大于 1，表示对满足条件的样本进行过抽样。本例中，“未流失”样本的因子为 0.8，意味着从“未流失”样本中随机抽取约 80%，从而减少多数类；“流失”样本的因子为 2.0，意味着随机复制“流失”样本以达到目前“流失”样本量的约 200%，从而增加少数类。

“仅平衡训练数据”意味着仅针对训练集样本进行平衡处理。

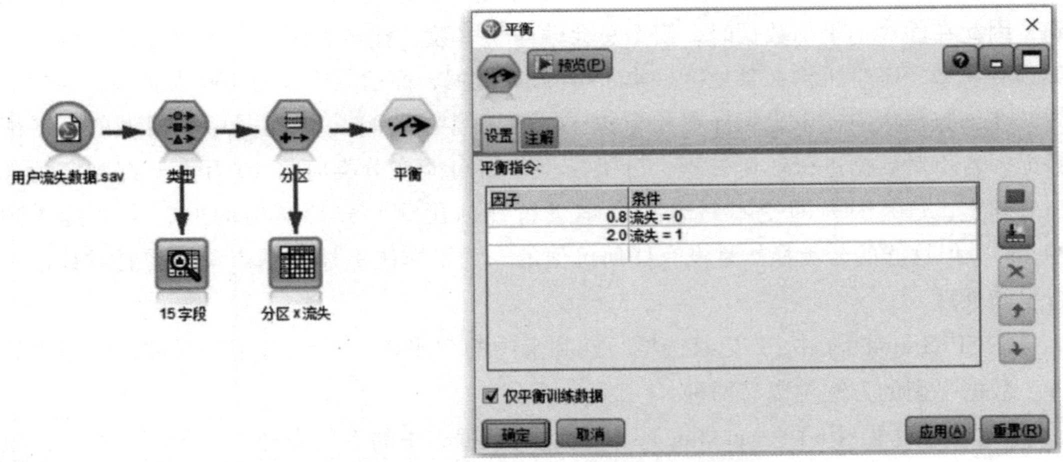

图 8-26 “平衡”节点的参数设置

在设置完“平衡”节点后，我们在其后方连接“矩阵”节点，以“分区”字段为“行”，“流失”字段为“列”运行后可以发现（如图 8-27），经过数据平衡，测试集的样本分布没有变化，但训练集中的“未流失”样本相对减少且“流失”样本的数量相应增加了，“未流失”与“流失”样本在训练集中的占比接近平衡。

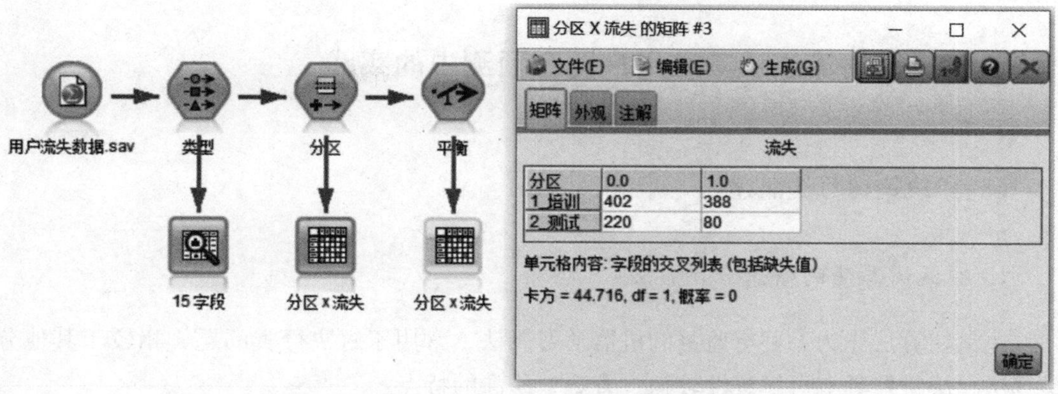

图 8-27 数据平衡后训练集和测试集中未流失用户与流失用户的数量

将“KNN”节点与分类模型重新添加到数据流中，运行“分析”节点的结果如图 8-28。可以发现，在数据平衡后，分类模型在测试集中的准确率、精确率虽然相较于数据平衡前（如图 8-21）均有所降低。但是，在本应用场景中更为重要的评估指标召回率已由原先的 23.8%极大地提升为 68.8%①，这也就意味着基于平衡后的训练集数据建立的 K-近邻分类模型更加适用于用户留存预测的应用场景，使用新的分类模型能够取得更好的预测效果。

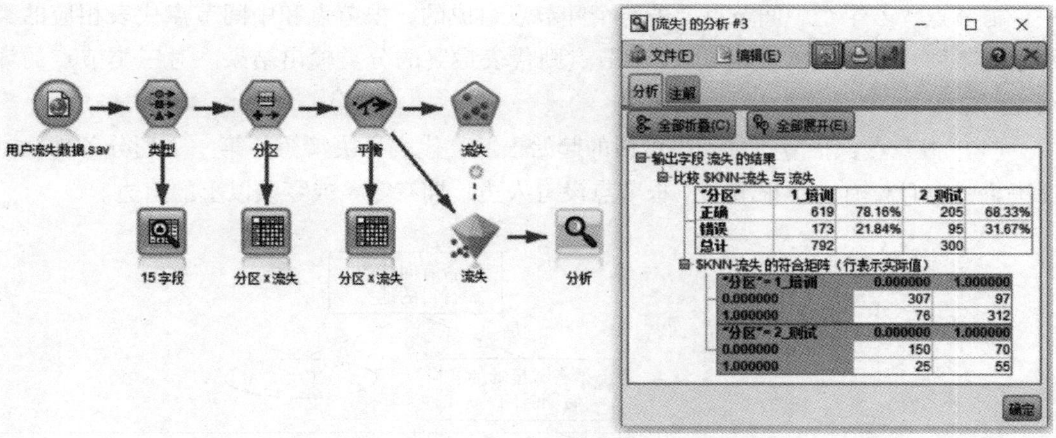

图 8-28 数据平衡后的模型分类预测效果

①计算方法：召回率（Recall）= 55/（55+25）×100% = 68.8%。

四、决策树算法及其在用户留存预测中的实践

（一）决策树算法概述

1. 决策树算法的概念

决策树算法作为一种有监督的机器学习算法，常用于解决分类问题，相较于其他分类算法，决策树具有可解释性较强、直观、易懂的特点。

如果我们把决策视为一种分类问题，例如将“是否去旅行?”的决策视作“去/不去”的二分类问题，那么基于决策树的分类逻辑与我们在现实中的决策逻辑便十分相似（如图 8-29）。在图中，对于最终去或不去旅行的决策目标，我们经历了如下的决策过程：（1）是否有向往的旅行目的地？如果没有就不去旅行，如果有就思考下一个问题；（2）是否有足够的度假时间？如果没有就不去旅行，如果有就继续思考下一个问题；（3）是否有足够的旅行经费？如果没有就不去旅行，如果有就决定去旅行。

决策树算法实际上就是一种根据训练数据集，通过一系列测试问题（如“是否有向往的旅行目的地?”），实现对分类目标的划分和输出的过程。从图形上看，决策树是由一个根节点、若干个中间节点及若干个叶节点组成的，根节点和中间节点代表相应的类别划分条件（也叫分支准则），而叶节点则代表最终的分类输出结果。对三类节点的详细说明如下：

（1）根节点：根节点位于决策树的起始根部，代表了决策树的第一个划分条件。一棵决策树有且仅有一个根节点，根节点没有入边，拥有零条或零条以上的出边。

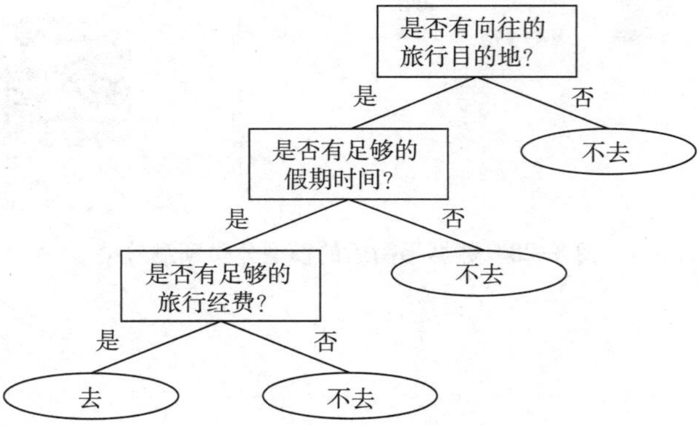

图 8-29 “是否去旅行?”的决策过程

（2）中间节点：位于根节点之下且还有下层的节点称为中间节点，中间节点与根节点一样，也代表了一种划分条件。一棵决策树可以有多个中间节点，中间节点有一条入边，拥有两条或两条以上的出边。

（3）叶节点：叶节点是决策树的终端节点，代表决策树的输出结果（即类别划分结果）。一棵决策树可以有多个叶节点，叶节点只有一条入边且没有出边。

决策树算法拥有其他分类算法所不能比拟的直观，只要从根节点出发到任意一个叶子节点，都将形成一条逻辑清晰的判断规则，例如图 8-29 体现的判断规则包括：

IF（是否有向往的旅行目的地？=否）THEN 不去；

IF（是否有向往的旅行目的地？=是）AND（是否有足够的假期时间？=否）THEN 不去；

IF（是否有向往的旅行目的地？=是）AND（是否有足够的假期时间？=是）AND（是否有足够的旅行经费？=否）THEN 不去；

IF（是否有向往的旅行目的地？=是）AND（是否有足够的假期时间？=是）AND（是否有足够的旅行经费？=是）THEN 去。

值得注意的是，通过决策树所形成的规则应当是互斥且完备的，即对于任意一个样本数据，有且只有一条规则与其对应并输出最终的分类结果。相应地，对于一个新的数据对象，要预测其类别，只需从根节点出发依次根据其输入特征的取值，进入决策树的不同分支，直至叶节点便可得到其最终的类别划分结果。

2. 决策树的核心步骤

在现实应用中，我们通常希望从海量的样本数据中挖掘出潜在的规律。因此，接下来要解决的问题转变为如何运用决策树算法来提炼样本数据中蕴含的逻辑。如果要通过决策树算法进行分类预测，构建分类模型的步骤主要分为两个方面：一是决策树的生长，二是决策树的剪枝。

（1）决策树的生长

决策树的生长过程是对训练数据集不断分组的过程，决策树上的各个分支是在数据不断分组的过程中生长出来的。换句话说，决策树的生长，其实也就是一个个节点（也即划分条件）生成的过程，最终通过划分条件实现对所有训练样本的类别划分。因此，在生成决策树时需重点关注以下两个问题：

① 如何从众多的输入特征中选择当前划分效果最佳的特征作为划分条件（即优先选择哪个字段作为决策树中的根节点或中间节点）？

从分类的角度看，我们的目标是通过对训练数据集应用划分条件，将其细分为两个或两个以上的子集，使得每个子集在分类上更加“纯净”，即每个子集中的样本尽可能都在事实上属于同一个类别。因此，在决策树的生成过程中，每次对训练数据集进行划分时，都应当选取那些能够让子集变得更加“纯净”的特征作为划分条件。随着数据集被不断地划分，子集的“纯净”程度也会逐渐提升。

② 何种情况下可以结束类别划分（即停止决策树的生长）？

随着训练数据集的不断划分，子集也会越来越“纯净”，当对子集的继续划分不再有意义时，就应该停止决策树的生长。具体来说，一是当子集中的所有样本都属于同一类别时，此时就不再需要划分样本，决策树即停止生长；二是当子集中的所有样本在输入特征上完全一致时，无法对其继续划分，决策树亦停止生长。

决策树的生长过程如图 8-30 所示。我们可以看到，决策树生长的重点在于通过对划分后子集“纯净”程度的计算，选择当前划分效果最佳的特征作为划分条件。不同的决策树算法（如 C5.0、CART 等）将使用不同的方法计算“纯净”程度。

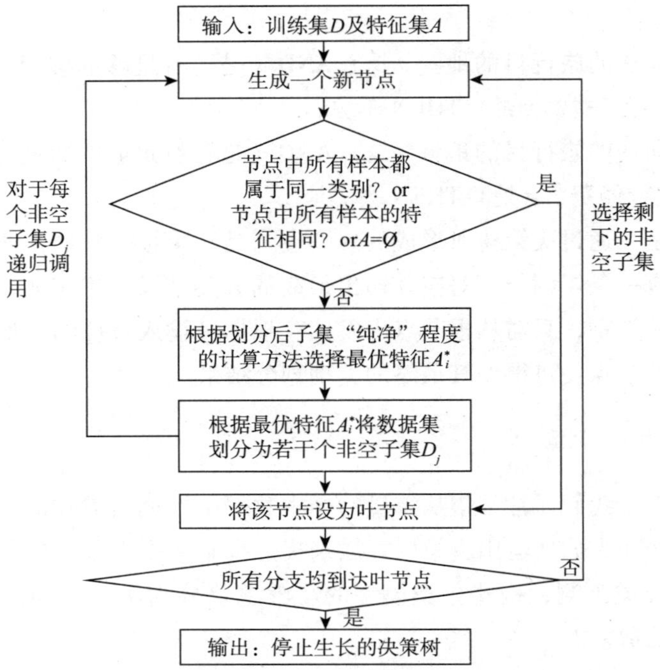

图 8-30　决策树的生长过程

（2）决策树的剪枝

根据决策树的生长过程及其停止生长的标准不难发现，通过不断地引入新的特征作为划分条件对训练数据集进行细分，我们可以构建出一个极其“详尽且精确”的决策树，从而在训练集上实现 100%的准确率。但实际上，这棵“详尽且精确”的决策树却并不是用于分类预测的最佳选择。

这是因为随着决策树的生长，它所处理的样本量不断减少，对数据总体规律的代表性将不断降低。在根节点处确定划分条件时，处理的对象是整个训练数据集，此时样本量最大。随着第二层分支的产生，整个数据集被划分为多个子集，后续的划分条件将基于这些子集来确定，处理的样本量相较于根节点有所减少。随着上述过程的持续进行，每一层节点的划分条件都是基于更小的样本子集来确定的。因此，随着决策树的生长，越深层处节点所体现的数据特征就越个性化，一般性就越差。例如，在本章的用户留存预测问题中，极端情况下甚至有可能会产生如下的一条推理规则：“ID 为 U1、IP 属地为地区 3、年龄 44 岁、大学学历、已婚、月收入 6400 元、绑定 2 个设备、会员时长 13 个月、开通基础会员的男性用户会流失”。这条规则在训练数据集中的精确性是毋庸置疑的，但显然，它不具备任何的推广性，出现了严重的“过拟合”问题。所谓过拟合，是指分类模型虽然能够准确地反映训练数据集中的样本特征，但因其失去了一般性而无法用于对新数据进行分类预测。

如图 8-31 所呈现的，在决策树生长的早期阶段，随着决策树的不断生长，模型逐渐与数据特征相拟合，不论是在训练集还是测试集中，模型的预测误差都在快速减少。但随着决策树的不断生长，模型预测误差的降低速度开始减缓。当决策树的深度达到某一临界位置后，训练集的预测误差虽然还在持续减少，但决策树在测试集上的预测误差开始反弹增大，此时就很有可能出现了“过拟合”问题。

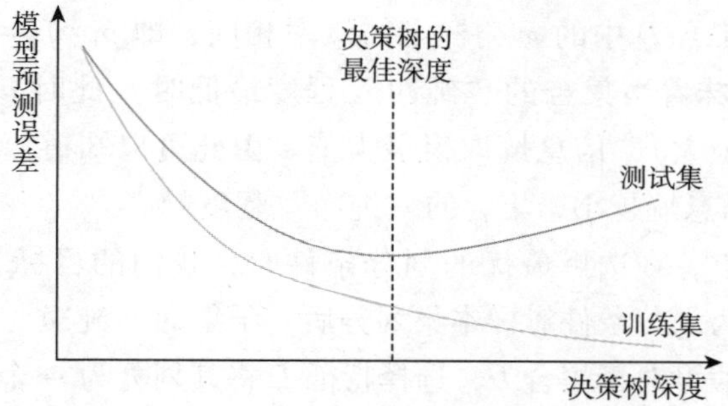

图 8-31 决策树的剪枝位置

解决“过拟合”的主要方法是决策树的剪枝，修剪技术又可分为预剪枝（Pre-pruning）和后剪枝（Post-pruning）。预剪枝主要通过增加决策树生长的限制条件（如指定决策树的最大深度或节点所含样本量的最小值等）来防止“过拟合”的出现。而后剪枝技术则是在决策树生长充分后，再依据一定的标准对决策树的某些分支进行剪除，以避免模型出现“过拟合”问题。与决策树的生长相类似的，C5. 0、CART 等不同决策树算法所采用的剪枝策略也不尽相同。

（二）C5. 0 算法

C5. 0 算法是在经典的决策树算法 ID3 的基础上演化而来的。ID3 算法最早由约翰·罗斯·昆兰（J. R. Quinlan）在 1979 年提出，并经过后续的迭代改进，逐步演变成了决策树领域的重要里程碑——C4. 5 算法。C5. 0 算法作为 C4. 5 算法的商业实现，保留了 C4. 5 算法的核心原理，同时在性能和内存利用方面进行了增强。由于 C5. 0 的算法细节尚未公开，本书将基于 C4. 5 算法进行介绍。不过，为了与实际软件应用保持一致，在本节我们仍将使用 C5. 0 这一术语。

1. C5. 0 算法的决策树生长

在上一节介绍决策树算法的生长策略时，我们提到，决策树生长的关键在于选择当前划分效果最优的特征作为划分条件，而特征的选择依据就在于划分后子集的“纯净”程度。C5.0 算法使用“信息熵”来测度集合的“纯净”程度。

信息熵由信息论之父克劳德·艾尔伍德·香农（C. E. Shannon）提出，用于描述信息的不确定性，信息的不确定性程度越高，信息熵越大。相应地，在 C5.0 算法中，假设样本集合 D 中含 n 类样本，对应每类样本的概率（也即比例）分别为 p_i（$i=1,2,\cdots,n$），则集合 D 的信息熵的计算公式为

$$Ent(D)=\sum_{i=1}^{n}p_i\log_2\frac{1}{p_i}=-\sum_{i=1}^{n}p_i\log_2 p_i$$

由上式可知，当集合 D 中存在 $p_k=1$，即集合 D 中仅包含类别 k 的样本时，$Ent(D)=0$，意味着当集合的“纯净”程度最高时（此时信息的不确定性程度最低），信息熵取得最小值。相反，当集合 D 中的 n 类样本的概率相同，即 $p_1=p_2=\cdots=p_n=1/n$ 时，$Ent(D)$ 取得最大值，意味着当集合的“纯净”程度最低时（此时 n 种情况等概率发生，信息的不确定性程度最大），信息熵取得最大值。由此可以知道，信息熵越大，集合的“纯净”程度越低；信息熵越小，集合的“纯净”程度越高。

显然，对于父节点，在选择最优的划分条件时，我们的目标就转变为选择一个特征，使用这个特征作为划分条件对样本集划分后，子集的“纯净”程度最高，即划分后子集的信息熵最小。假设对于集合 D，选择特征 F 将其划分为 m 个子集，则每个子集 D_j 的信息熵为

$$Ent(D_j)=Ent(D|f_j)=-\sum_{i=1}^{n}p(d_i|f_j)\log_2 p(d_i|f_j)$$

上式中，$Ent(D_j)$ 表示第 j 个子集的信息熵，$Ent(D|F)$ 是集合 D 在已知随机变量 F 条件下的信息熵，而 $p(d_i|f_j)$ 表示根据条件 $F=f_j$ 划分出的子集 D_j 出现第 i 类样本的概率。而所有子集的信息熵总和则可以表示为

$$Ent(D|F)=\sum_{j=1}^{m}\frac{N(D_j)}{N}Ent(D_j)$$

其中，N 是父节点的样本数量，m 是划分条件的分组数量（也即依据特征 F 划分后的子集数量，例如，性别可以分为男、女，则 $m=2$），而 $N(D_j)$ 则是每个分组子集的样本数量。

前面提到，为了使划分后的子集尽可能“纯净”，我们希望划分后子集的信息熵尽可能小。这就引出了一个新的测度指标：信息增益。信息增益用于比较划分前后的信息熵，计算公式为

$$Gain(D,F)=Ent(D)-Ent(D|F)=Ent(D)-\sum_{j=1}^{m}\frac{N(D_j)}{N}Ent(D_j)$$

由上式可知，信息增益越大，说明使用特征 F 划分后的信息熵下降得越多，也即特征 F 的划分效果越好。因此，每次在选择划分条件时，都应该选择信息增益最大的特征作为最佳的划分条件。

为了进一步说明如何应用信息熵和信息增益选择最优的特征作为划分条件，回到本

节最初“是否去旅行?”的决策例子。对于是否去旅行的问题，假设我们收集了10个人的决策数据（见表8-2），考虑“是否有足够的假期时间”和“是否有足够的旅行经费”两个划分条件，在生成决策树时，我们要回答的问题是优先选择哪个作为划分条件?

表8-2　是否去旅行的决策数据

ID	是否有足够的假期时间	是否有足够的旅行经费	是否去旅行
1	是	充足	去
2	是	一般	去
3	否	短缺	不去
4	否	短缺	不去
5	是	充足	去
6	否	短缺	不去
7	是	一般	去
8	是	充足	去
9	否	一般	不去
10	是	短缺	不去

根据信息熵的计算公式，可以得到根节点的信息熵为

$$Ent(D) = -\sum_{i=1}^{n} p_i \log_2 p_i = -\left(\frac{1}{2}\log_2\frac{1}{2} + \frac{1}{2}\log_2\frac{1}{2}\right) = 1$$

接下来，我们分别计算利用不同划分条件划分后的信息增益。

以特征“是否有足够的假期时间?”作为划分条件为例，划分后，共包括2个子集，分别是“是否有足够的假期时间?=是”对应的子集D_1（去，去，去，去，去，不去），以及“是否有足够的假期时间?=否”对应的子集D_2（不去，不去，不去，不去）。相应地，子集D_1中正例（去）的比例$p_{11}=5/6$，反例（不去）的比例$p_{12}=1/6$；子集D_2中正例（去）的比例$p_{21}=0$，反例（不去）的比例$p_{22}=1$。

因此，利用“是否有足够的假期时间?”作为划分条件划分后的每个子集的信息熵为

$$Ent(D_1) = -\left(\frac{5}{6}\log_2\frac{5}{6} + \frac{1}{6}\log_2\frac{1}{6}\right) = 0.650$$

$$Ent(D_2) = -(0\log_2 0 + 1\log_2 1) = 0$$

相应地，采用“是否有足够的假期时间?”作为划分条件的信息增益为

$$Gain(D, F = \text{是否有足够的假期时间？}) = Ent(D) - \sum_{j=1}^{2}\frac{N(D_j)}{N}Ent(D_j)$$

$$= 1 - \left(\frac{6}{10}\times 0.650 + \frac{4}{10}\times 0\right) = 0.610$$

同理，也可以计算出使用“是否有足够的旅行经费?”作为划分条件的信息增益为

$$Gain(D,\ F=\text{是否有足够的旅行经费？})=Ent(D)-\sum_{j=1}^{3}\frac{N(D_j)}{N}Ent(D_j)$$

$$=1-\left(\frac{3}{10}\times 0+\frac{3}{10}\times 0.918+\frac{4}{10}\times 0\right)=0.725$$

据此可以认为，优先选择“是否有足够的旅行经费?”作为划分条件，将获得更高的信息增益。

但这里特别需要注意的是，根据信息熵的计算公式，划分的子集越多，信息熵往往会变得越小，相应地，信息增益就会变大。换句话说，当依据信息增益选择划分条件时，会天然地倾向于选择更多分类的特征。这是因为二分类的划分实际上就是把多分类的一些特征给合并了，这必然会降低划分后子集的“纯净”程度。举一个极端的例子，在表 8-2 的数据集中，还有“ID”这个字段，假设使用这个字段作为划分条件，显然信息增益将达到最大值 1，这是因为“ID”字段将数据集划分为了 10 个子集，每个子集内部有且仅有一个样本，子集的信息熵全部为 0。但显然，这样的划分条件对于预测来说，没有任何帮助。

因此，为了有效缓解信息增益倾向于选择具有更多分类的特征所带来的问题，C5.0 算法改进使用了信息增益率作为划分条件的选择标准，信息增益率的计算公式为

$$Gain\ ratio(D,\ F)=\frac{Gain(D,\ F)}{Ent(F)}$$

其中，$Ent(F)$ 的计算方法为

$$Ent(F)=-\sum_{j=1}^{m}\frac{N(D_j)}{N}\log_2\frac{N(D_j)}{N}$$

由信息增益率的计算公式可知，$Ent(F)$ 用于修正多分类带来的偏差，可被看作是选择特征 F 作为划分条件所带来的“代价”。相应地，在本节的例子中：

$$Ent(F=\text{是否有足够的假期时间？})=-\left(\frac{6}{10}\log_2\frac{6}{10}+\frac{4}{10}\log_2\frac{4}{10}\right)=0.971$$

$$Ent(F=\text{是否有足够的旅行经费？})=-\left(\frac{3}{10}\log_2\frac{3}{10}+\frac{3}{10}\log_2\frac{3}{10}+\frac{4}{10}\log_2\frac{4}{10}\right)=1.571$$

$$Gain\ ratio(D,\ F=\text{是否有足够的假期时间？})=\frac{0.610}{0.971}=0.628$$

$$Gain\ ratio(D,\ F=\text{是否有足够的旅行经费？})=\frac{0.725}{1.571}=0.461$$

此时，C5.0 算法将优先选择信息增益率更高的“是否有足够的假期时间?”作为决策树生长的划分条件。

2. C5.0 算法的决策树剪枝

正如上一节所提到的，决策树算法的剪枝策略分为预剪枝和后剪枝两种。

在 C5.0 算法中，预剪枝的做法比较简单直接，它主要通过为每个子节点设定一个

最小的样本量阈值来实现。只有当分支生成节点的样本量满足最小样本量阈值时，该节点才允许被生成，否则，将限制该节点的生成。

C5.0算法的后剪枝策略是基于误差估计进行剪枝，具体来说，就是判断分支节点的加权平均误差是否大于父节点的误差，如果大于则可以将子节点剪除，否则不能剪除，表示为

$$\sum_{j=1}^{m}\frac{N(D_j)}{N}e_j > e,\ j=1,\ 2,\ \cdots,\ m$$

其中，e 为父节点的估计误差，N 是父节点中的样本数量，m 是父节点划分后的子节点数量（也即划分后的子集数量），e_j 是父节点生成的第 j 个子节点的估计误差，$N(D_j)$ 则是对应第 j 个子节点中的样本数量。

通常情况下，可以使用测试集上的预测误差来估计节点的误差。然而，C5.0算法采取了不同的方法，它使用统计学中的置信区间估计方法，直接采用训练数据集的估计误差上限（即悲观误差估计）作为估计误差。在置信度为 $1-\alpha$ 下，节点 j 的悲观误差估计为

$$e_j = r_j + z_{\frac{\alpha}{2}}\sqrt{\frac{r_j(1-r_j)}{N_j}}$$

其中，r_j 为节点 j 的观测误差，即节点中 j 观测到的样本错误率，$z_{\frac{\alpha}{2}}$ 为正态分布的临界值（C5.0算法默认的 α 为0.25，此时 $z_{\frac{\alpha}{2}}=1.15$），$N_j$ 为节点 j 的样本数量。

例如，在图8-32所示的决策树中，有中间节点 B 和叶节点 C 和 D，括号中的第一个数字表示本节点所含的样本量，第二个数字为本节点错判的样本量。判断是否应采用后剪枝策略剪除叶节点 C 和 D 的过程如下：

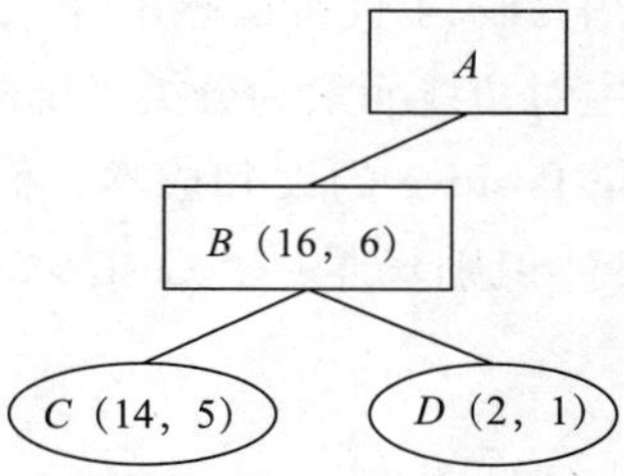

图8-32　C5.0算法剪枝示例

首先，计算父节点 B 的悲观误差估计为

$$e_B = \frac{6}{16} + 1.15\times\sqrt{\frac{\frac{6}{16}(1-\frac{6}{16})}{16}} = 0.514$$

其次，分别计算子节点 C 和 D 的悲观误差估计为

$$e_C = \frac{5}{14} + 1.15 \times \sqrt{\frac{\frac{5}{14}(1 - \frac{5}{14})}{14}} = 0.504$$

$$e_D = \frac{1}{2} + 1.15 \times \sqrt{\frac{\frac{1}{2}(1 - \frac{1}{2})}{2}} = 0.907$$

然后，计算子节点 C 和 D 的加权平均误差为

$$\frac{14}{16} \times 0.504 + \frac{2}{16} \times 0.907 = 0.554$$

最终，由于子节点 C 和 D 的加权平均误差 0.554 大于父节点 B 的悲观误差 0.514，故应将子节点 C 和 D 剪除。

3. 代价敏感学习

在分类任务中，模型的准确率往往不能到达 100%，因此就会出现误判的情况。在第二节中，我们提到，在二分类问题中，混淆矩阵（如图 8-2）报告了所有可能的分类预测结果。二分类模型混淆矩阵的主对角线元素（True Positive 和 True Negative）为分类正确的样本量，次对角线元素（False Positive 和 False Negative）为分类错误的样本量。当时，我们还提到，在不同的分类预测场景中，False Positive 和 False Negative 的错判成本（即错判的危害程度）是不一样的。例如，在垃圾邮件识别场景中，False Positive 的错判成本要远大于 False Negative；而在癌症 AI 诊断场景中，False Negative 的错判成本则要远大于 False Positive。

为了在模型分类时考虑两种不同的分类错误所产生的错判成本，并尽可能减少成本较高的错判类型出现，C5.0 算法中引入了代价敏感矩阵（如图 8-33）。代价敏感矩阵与第二节中的混淆矩阵十分相似，主对角线元素为分类正确的情况，因此对应的代价为 0；次对角线元素中的 $Cost_1$ 代表 False Positive 的误判成本，而 $Cost_2$ 则代表了 False Negative 的误判成本。相应地，在垃圾邮件识别场景中，$Cost_1 > Cost_2$；在癌症 AI 诊断场景中，$Cost_1 < Cost_2$。

预测的类

实际的类		Positive	Negative
	Positive	0	$Cost_2$
	Negative	$Cost_1$	0

图 8-33 二分类模型的代价敏感矩阵

在原始的 C5.0 算法中，决定子节点是否被修剪的依据是子节点的加权平均误差是否大于父节点的误差。而在引入了代价敏感矩阵后，决定子节点是否被修剪的依据则转

变为了子节点的加权错误分类代价是否高于其父节点，若高于则可以将子节点剪除，否则不能剪除，表示为

$$\sum_{j=1}^{m} \frac{N(D_j)}{N} e_j\, cost_j > ecost, \ j = 1, 2, \cdots, m$$

（三）SPSS Modeler 基于 C5.0 算法的用户留存预测实践

本节仍以“用户流失数据.sav”为例，介绍 SPSS Modeler 中 C5.0 算法的具体操作和 C5.0 算法在用户留存预测中的实践应用。

值得注意的是，在介绍决策树算法时，我们均将分类型字段作为划分条件，然而，“用户流失数据.sav”中还有大量的数值型字段（例如：收入、会员时长等），这些字段能作为 C5.0 算法中的划分条件吗？

答案是肯定的。只需要通过分箱技术将数值型字段转换为分类型字段即可。一种方法是在数据预处理阶段通过“分级化”节点自定义各个数值型字段的分箱方法，将数值型字段转变为分类型字段。若不在数据预处理阶段自行分箱，亦可直接将数值型字段作为 SPSS Modeler“C5.0”节点的输入字段，因为该节点本身包含了 MDLP 分箱算法，它将自动完成数值型输入字段的分箱，无须用户干预。

建模前的数据处理流程与第三节类似：依次通过“源”选项卡中的“Statistics 文件”节点读入数据，连接“字段选项”选项卡中的“类型”节点设置各字段在建模中的角色，通过“字段选项”选项卡中的“分区”节点将全体样本划分为“训练集”（70%）和“测试集”（30%）。

然后，将“建模”选项卡中的“C5.0”节点添加到数据流中，双击打开“C5.0”节点后可以发现，该节点包含“字段”“模型”“成本”“分析”和“注解”五个选项卡。由于我们在“类型”节点中设置了各字段的角色，因此在“C5.0”节点的“字段”选项卡中选择“使用预定义角色”即可。接下来我们重点介绍“模型”和“成本”选项卡。

1.“模型”选项卡

“模型”选项卡用于设置 C5.0 算法的主要参数（如图 8-34）。其中：

“使用分区数据”和“为每个分割构建模型”的含义与“KNN”节点“设置”选项卡“模型”选项中的含义（详见第三节）一致，此处不再赘述。本例中，应勾选“使用分区数据”。

“输出类型”用于设定“C5.0”节点使用的算法和输出的结果。选择“决策树”，将使用 C5.0 算法建模，并输出决策树。选择“规则集”，将使用另一种名为 PRISM 的生成规则集算法（非 C5.0 算法）建模，并输出推理规则集。本例中，应选择“决策树”。

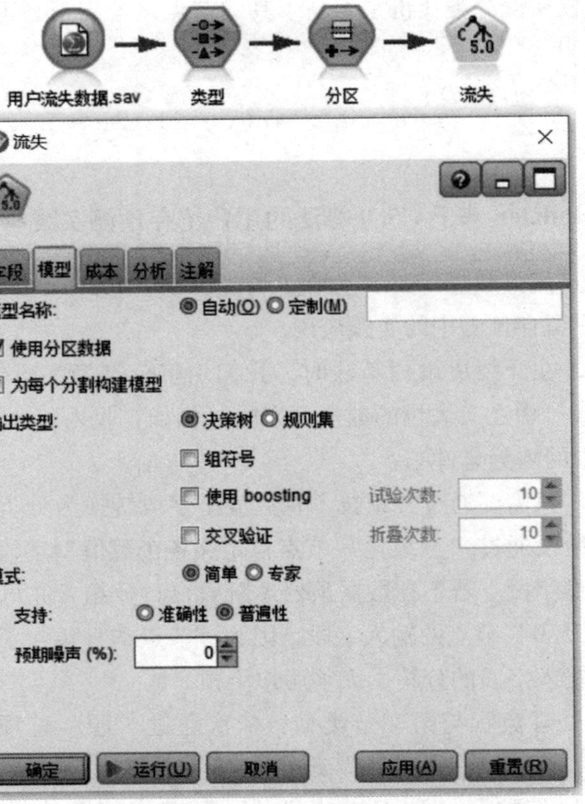

图 8-34 “C5.0”节点的“模型”选项卡

“组符号”若被选中，表示将利用 ChiMerge 分箱法检查作为划分条件的字段的各个类别能否合并，若可以则先合并后再分支，从而得到比较精简的决策树。本例中，可不勾选。

“使用 boosting”若被选中，表示将使用模型组装技术 Boosting 生成多棵决策树，并通过组合投票的方式得出最终结果，一般情况下，该选项将提高模型的准确率和稳健性。本例中，可不勾选。

“交叉验证”若被选中，表示将使用 N 折交叉验证法建立模型。本例中，可不勾选。

“模式”用于指定决策树建模中的参数设置方式。选择“简单”表示将由 SPSS Modeler 自动调整参数，选择“专家”表示将由用户手动调整参数。

（1）“简单”模式

当选择“简单”模式时，可进一步设置“支持”和“预期噪声（%）”的参数。

“支持”用于选择决策树的生成模式，包括“准确性”和“普遍性”。选择“准确性”将生成一个更加详尽且精确的模型，不过也可能带来过拟合的问题。选择“普遍性”，将生成一个更加精简且更具普遍性的模型，不过该模型在训练集中的精度可能会有所下降。本例中，可选择“普遍性”。

“预期噪声（%）”用于指定数据中所含噪声样本的比例，一般可不指定。

(2)“专家”模式

若选择“专家”模式，需要在“修剪严重性”输入框中指定决策树修剪时所采用的悲观误差估计方法的置信度，默认为75%（1-25%），该值越大，得到的决策树就越精简。此外，还要在“每个子分支的最小记录数”输入框中指定每个节点允许的最少样本量，即C5.0算法的预剪枝策略。

2. “成本”选项卡

“成本”选项卡主要用于设置C5.0算法的代价敏感矩阵（如图8-35）。

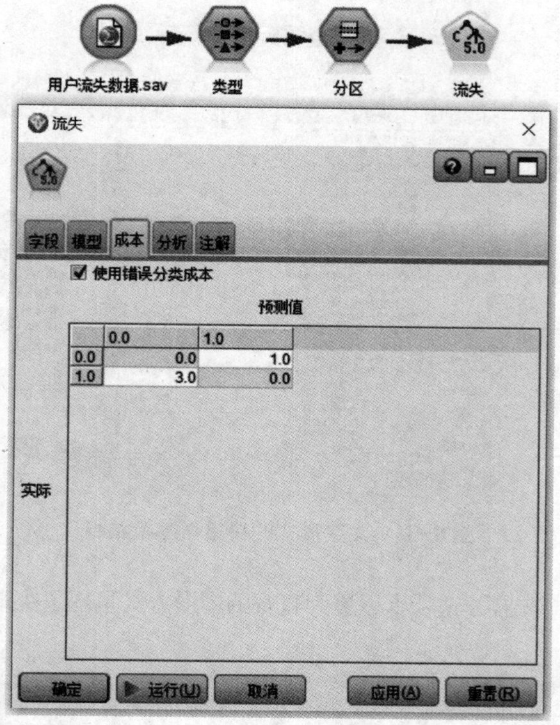

图8-35　“C5.0”节点的“成本”选项卡

在本例中，由于我们希望尽可能多地将流失用户预测出来，因此，实际流失但未预测出来（实际=1，预测=0）的误判成本高于实际未流失但预测为流失（实际=0，预测=1）的误判成本。故可将（实际=1，预测=0）的误判成本相应提高，具体数值可根据业务经验设置，例如设为3.0。

“C5.0”节点的参数设置完毕后点击“运行”按钮，得到模型结果，并生成了相应的金色钻石节点。双击生成的金色钻石型节点，可查看模型结果。“C5.0”节点的模型结果以文字和图形两种形式呈现，分别显示在钻石型节点的“模型”和“查看器”选项卡中。

在钻石型节点的“模型”选项卡中，左侧窗口以文字形式显示了决策树生成的规则结果，右侧窗口显示了预测变量重要性（如图 8-36）。在左侧的规则结果中，可以看到逐层递进的规则条件，点击“1 2 3 4 5 6 7 全部”可选择规则的展示层数，点击“ ”可灵活展开或折叠某个具体分支的层次，点击“ ”将在每个文字规则的右侧展示该规则对应的样本量和准确率，点击“ ”将在规则下方显示被选中的某条规则的详细信息，包括规则的层数、每层的规则等。例如，对于图 8-36 中选中的规则，可解读为：根据训练样本集，会员时长≤30，未开通电子账单，会员类型为 1，未婚，基本费用 >10. 25的用户会流失，并且在训练样本集中，有 3 个用户符合该规则，且全为实际流失用户，规则的准确率为 100%。

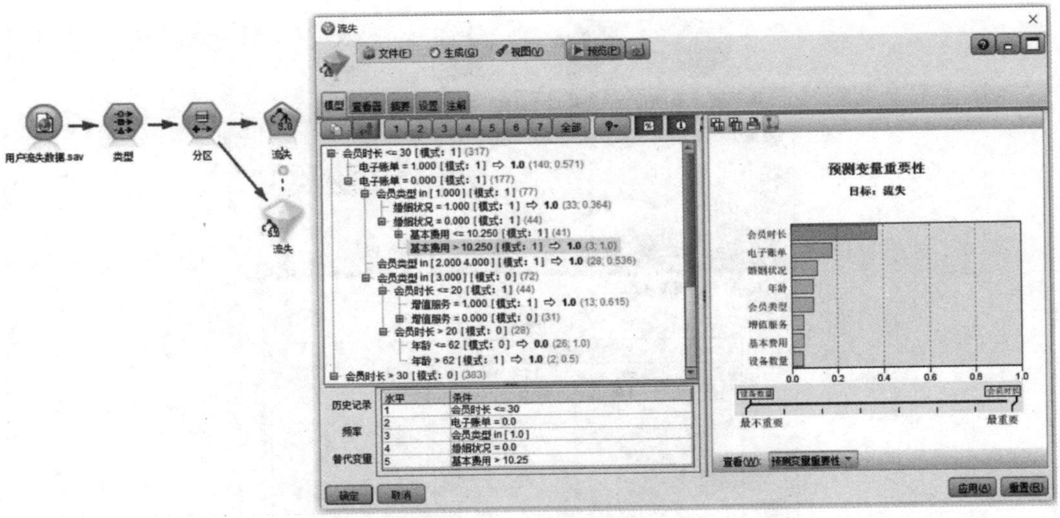

图 8-36 文字形式的决策树建模结果

钻石型节点的“查看器”选项卡以更为直观的图形方式呈现了决策树结果（如图8-37）。

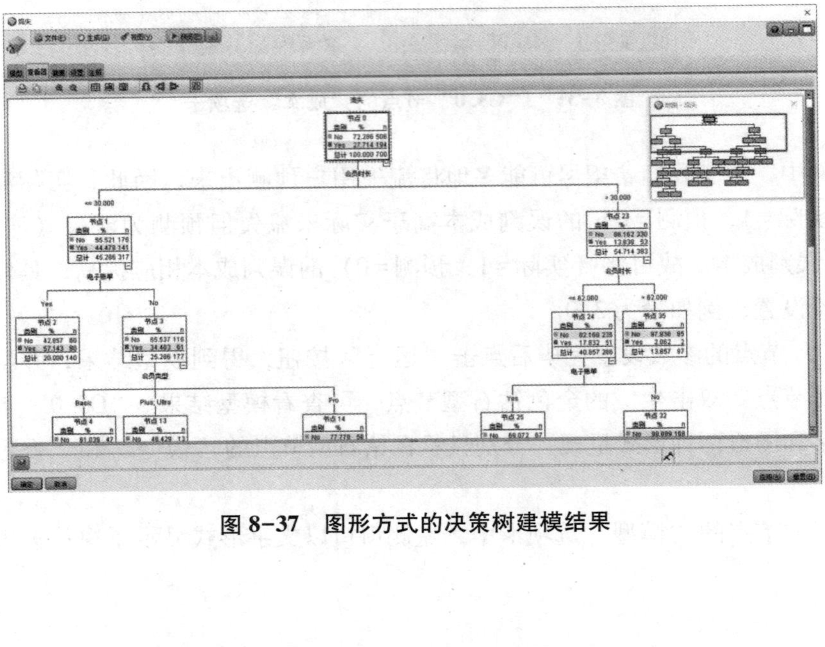

图 8-37 图形方式的决策树建模结果

为了评估决策树模型的分类质量，在金色钻石型节点的后方连接并打开“输出”选项卡中的“分析”节点，勾选“重合矩阵”和“按分区分隔”，即可针对训练集和测试集分别输出模型的“准确率”和“混淆矩阵”，结果如图 8-38 所示。从图中可以看到，由于我们在代价敏感矩阵中将“实际=1，预测=0”的误判成本相应提高，因此不论是在训练集还是在测试集中，分类模型均具有较高的召回率。具体来说，在训练集中，模型的召回率达到了 90.2%；而在测试集中，模型的召回率也达到了 83.8%。

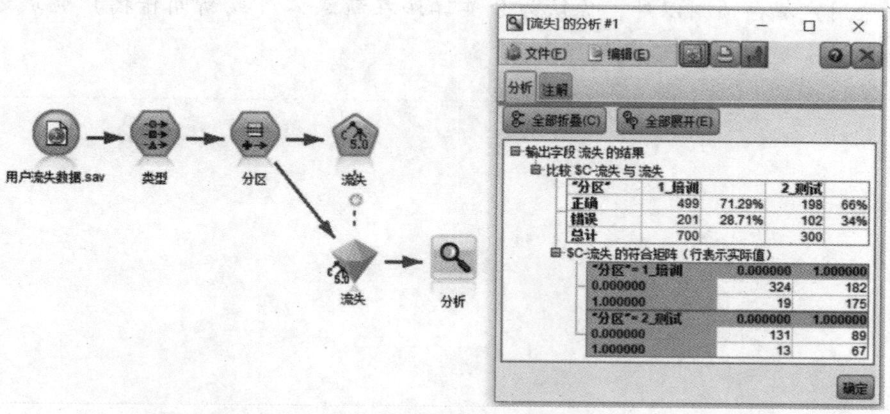

图 8-38 “分析”节点输出决策树模型的准确率和混淆矩阵

最后，若要使用训练后的决策树模型对待测集中新数据的“流失”类别进行预测，只需复制一份金色钻石节点，并将其添加到待测集的数据流中，最终连接并运行“表格”节点，即可查看待测集中新数据“流失”类别的预测结果（如图 8-39）。

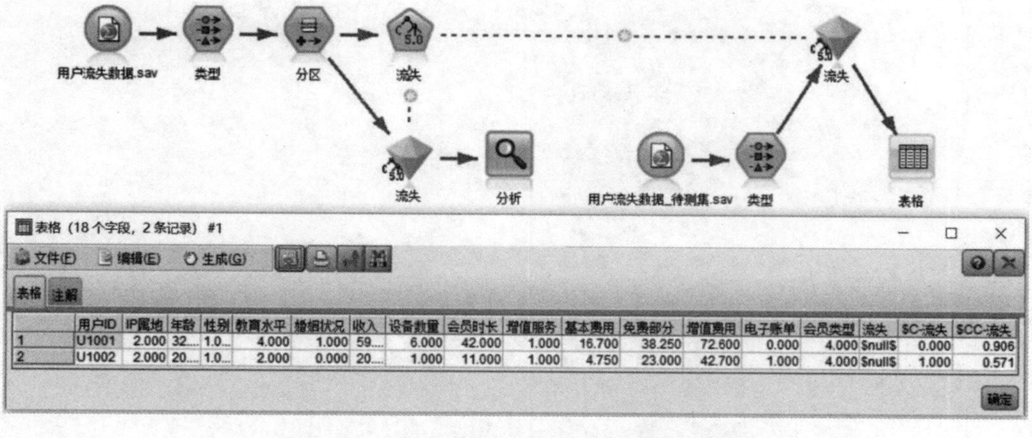

图 8-39 决策树模型对待测集样本的预测结果

思考题

1. 分类与聚类有哪些区别与联系？

2. K–近邻分类算法与 K–均值聚类算法中的 K 分别代表什么？

3. K–近邻算法和决策树算法分别更加适合什么类型的数据？

4. 在何种情况下应该更关注分类结果的精确率？在什么情况下应该更加关注分类结果的召回率？

5. 除用户留存预测以外，你认为分类算法在新媒体（或新闻传播）领域还有哪些可行的应用场景？

第九章　社会网络分析

本章概述

新媒体时代，社交网络信息的传播变得极为便捷和迅速，每个人都拥有了网络话语权。部分信息一旦通过社交网络发布，就像“核裂变”一样迅速传播开来。在这个过程中，信息的影响力通过意见领袖的放大，将促使具有相同观点和诉求的人群快速聚集，形成一个又一个虚拟社区，同质化的意见和观点便会在社区内部互动中不断得到增强和极化。虚拟的社交网络与现实社会相互交融，将对真实社会产生巨大且深远的影响。因此，在新媒体时代，对社交网络开展全面且深入的研究显得尤为重要，社会网络分析成为我们开展该领域研究的得力工具。本章将首先对社会网络分析进行概述，介绍社会网络的表达形式、社会网络分析的基本内容与分析工具。在此基础上，本章将围绕节点中心性与影响力分析、网络结构特征分析、社区发现与社会网络可视化等几个方面对社会网络分析方法进行全面系统地介绍，并采用 Gephi 展开实践。

教学目标

1. 了解社会网络分析的概念、内容、工具与方法。
2. 理解社会网络节点中心性的含义，掌握节点中心性指标的计算方法，了解 PageRank、HITS 等节点影响力分析算法的基本原理。
3. 了解社会网络结构特征分析方法与常用指标。
4. 了解社区结构的概念，理解基于模块度的社区发现算法。
5. 熟练使用 Gephi 开展社会网络分析与可视化。

学习建议

本章在知识体系和实践工具等方面与前几章存在较大差异，建议读者通过实践练习，加强对社会网络分析方法与分析工具的认识。

一、社会网络分析概述

（一）在线社交网络与社会网络分析

随着论坛、微博、微信、小红书等在线社交网络应用的出现和迅猛发展，人类使用互联网的方式产生了深刻变革——由简单信息搜索和网页浏览转向网上社会关系的构建与维护、基于社会关系的信息创造、交流和共享，在线社交网络进入了我们社会经济生活的各个方面①。

一个在线社交网络就是一群人或者某些团体利用社交网络应用按照某种关系构成的一个系统。抽象来说，在线社交网络是由作为节点的新媒体用户和由这些用户的在线社交关系表示的边构成的集合。用户是在线社交网络中的节点，具有主观性、能动性、复杂性等特征；用户之间的在线社交关系（如关注、好友、转发关系等）是连接这些用户的边，其中用户之间关系的差异可以由连接边的权重所区分②。

随着在线社交网络应用的全民普及，当大部分人听到“社会网络”一词时，常常会将其与前文提到的“在线社交网络”等价起来。但实际上，“社会网络”一词的应用范围要广泛得多，有些应用令人耳目一新。例如，图 9-1 展示了金庸武侠小说《射雕英雄传》和《神雕侠侣》中人物的社会网络。图中的节点为小说人物，节点大小代表了人物在网络中的中心性（第二节详述），节点的颜色代表了人物所处的虚拟社区（第四节详述），节点之间的边代表人物共同出现，边的粗细则代表了人物关系的亲密程度，边越粗，表示共现次数越多，关系越亲密。

---

①方滨兴，贾焰，韩毅．社交网络分析核心科学问题、研究现状及未来展望［J］. 中国科学院院刊，2015，30（2）：187-199.

②马晓悦，刘蒙阙．新媒体数据分析及应用：微课版［M］. 北京：人民邮电出版社，2021：119-120.

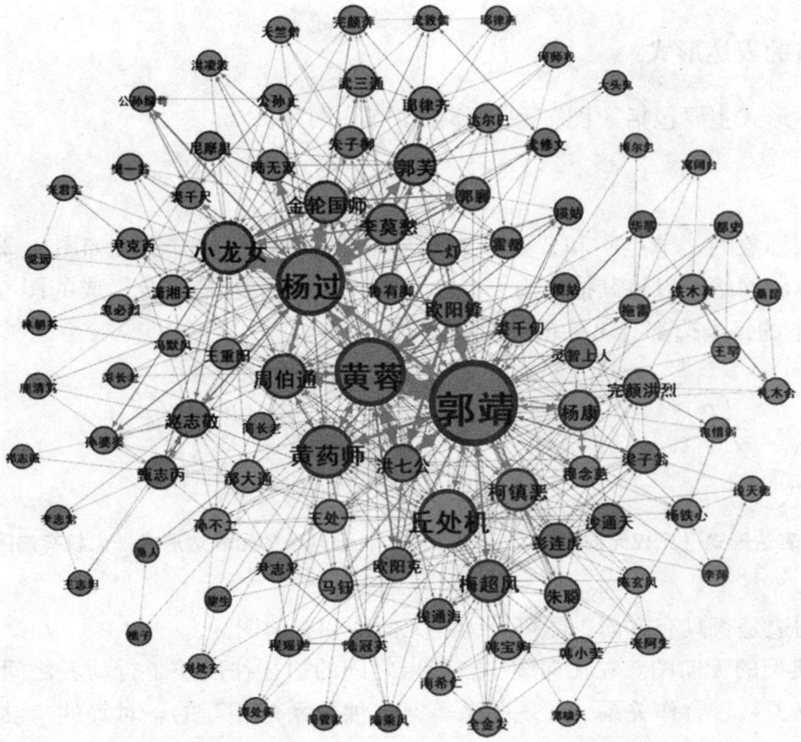

图 9-1　《射雕英雄传》和《神雕侠侣》中人物的社会网络①　　**（扫描二维码查看彩图）**

正是“社会网络”这一概念相较于“在线社交网络”有着更加宽泛的应用，因此，有必要在这里对“社会网络”的概念作更加明确的界定：一个社会网络包含一系列的节点，这些节点通过某种关系（或称边、链接、连线）相互连接。节点通常代表行动者，可以是个体、群体、团队、社区、组织、政党乃至民族国家。因此，社会网络既包含代表社会存在或组织的节点，又要包含代表某种形式社会互动的关系（如和某人玩耍、转发某条消息、与某公司竞争等）②。

根据上述定义可知，不同类型的关系形成了不同的社会网络，例如，根据学者之间的合作关系可以构成学术合作网络，根据货物运输关系可形成物流网络。那么相应地，“在线社交网络”与“社会网络”两个概念之间的关系也变得明晰起来：在线社交网络是基于用户之间的在线社交关系构成的一种特殊的社会网络。

因此，本章所介绍的社会网络分析方法可用于对在线社交网络进行研究。当然，正如图 9-1 的例子所展示的，社会网络分析方法的应用场景远不止于对在线社交网络的研究。

①姚睿琦，张辉，姚云洪．社会网络分析方法在金庸小说人物关系中的应用研究［J］．文献与数据学报，2021，13（3）：68-80.

②杨松，弗朗西斯卡·B. 凯勒，郑路．社会网络分析：方法与应用［M］．北京：社会科学文献出版社，2019：4-5.

（二）社会网络的表达形式

社会网络的表达形式主要包括“图”和“邻接矩阵”两种。

1. 图

图提供了一种用抽象的“节点”和“边”表示具体的社会网络的方法（如图9-2）。具体来说，一个具体的网络可以将其抽象为一个由节点 V 集合和边 E 集合组成的图 $G=(V, E)$，其中，E 中的每条边都有 V 中的一对节点与之对应。

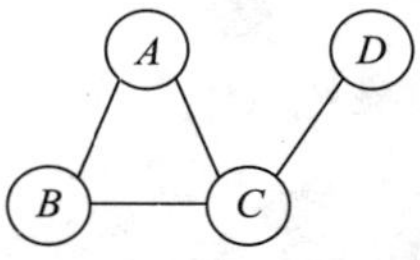

图 9-2　社会网络的图表达形式（无权无向图）

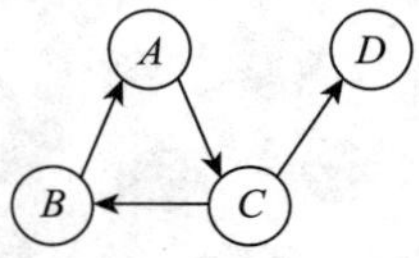

图 9-3　社会网络的图表达形式（无权有向图）

按照节点之间的边是否具有方向，图可分为：无向图和有向图。

图9-2是一个典型的无向图。在无向图中，节点之间的边往往反映了行动者之间的对称关系，例如好友关系、合作关系、共现关系等，这种关系是相互的、对等的、没有方向的。

图9-3是一个典型的有向图。在有向图中，节点之间的边反映了行动者之间的非对称关系，例如关注关系、转发关系、引用关系等，这种关系均是由一方指向另一方的、明确具有方向的。

按照节点之间的边是否具有权重，图可分为无权图和加权图。

图9-2和图9-3均为无权图。在无权图中，节点之间的边，也即行动者之间的关系没有大小差异。

图9-4和图9-5均为加权图。在加权图中，节点之间的边根据行动者之间的关系大小（例如亲密程度、互动频率、物理距离、引用次数等）赋予不同的权重。

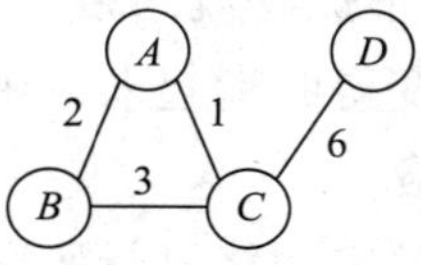

图 9-4　社会网络的图表达形式（加权无向图）

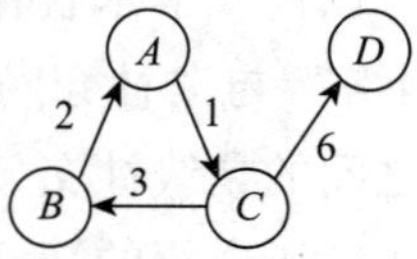

图 9-5　社会网络的图表达形式（加权有向图）

综合方向和权重两方面属性，图又可进一步细分为无权无向图（如图9-2）、无权有向图（如图9-3）、加权无向图（如图9-4）和加权有向图（如图9-5）。

2. 邻接矩阵

在进行社会网络分析时，我们需要将网络表示为计算机可以理解与运算的形式。其中，最常用的方法就是使用邻接矩阵。如图 9-6，这是一个无权无向图与和一个无权有向图的邻接矩阵表达形式。

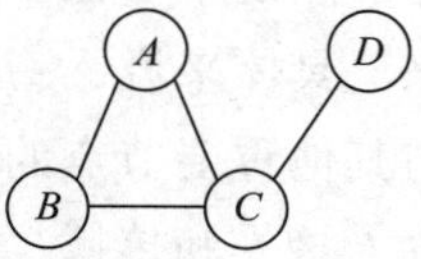

$$A_{ij}=\begin{bmatrix}0&1&1&0\\1&0&1&0\\1&1&0&1\\0&0&1&0\end{bmatrix}$$

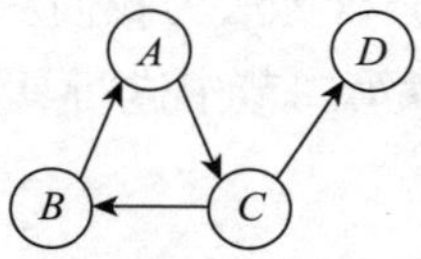

$$A_{ij}=\begin{bmatrix}0&0&1&0\\1&0&0&0\\0&1&0&1\\0&0&0&0\end{bmatrix}$$

图 9-6　社会网络的邻接矩阵表达形式

具体来说，当社会网络中有 n 个节点，就可以用一个 $n \times n$ 的邻接矩阵来表示。当我们对节点编号后，邻接矩阵的第 i 行和第 i 列均代表第 i 个节点。例如，在图 9-6 中，不论是无向图还是有向图，邻接矩阵的第 1 行和第 1 列均代表节点 A，第 2 行和第 2 列均代表节点 B，第 3 行和第 3 列均代表节点 C，第 4 行和第 4 列均代表节点 D。

进一步地，在无权无向图中，如果节点 i 和节点 j 之间存在关系（即有一条边相连），那么矩阵中的元素 a_{ij} 和 a_{ji} 取值均为 1，否则为 0。由此容易推出，由于无向图中节点之间的关系是对称的，无向图的邻接矩阵也一定是对称的，即有 $a_{ij}=a_{ji}$。

而在有向图中，邻接矩阵并不一定是对称的。这是因为在有向图中，节点 i 和节点 j 之间的边是有方向的，邻接矩阵的行对应边的出端，列对应边的入端。例如，在无权有向图中，节点 i 和节点 j 之间有且仅有一条由 i 指向 j 的边，那么相应地，邻接矩阵中的元素 $a_{ij}=1$ 但 $a_{ji}=0$。

最后，加权图相较于无权图而言，需要将邻接矩阵中的 1 替换为对应边的权重。总的来说，采用邻接矩阵的形式来表示社会网络，能够清晰准确地反映出两个节点之间的关系，并且数字化的形式也更加便于计算机存储与处理，矩阵的表示形式还允许我们运用矩阵分析的方法来探究图的种种性质。

（三）社会网络分析的基本内容

社会网络分析的基本内容主要包含三个方面，如下：

1. 社会网络的节点中心性与影响力分析

社会网络中不同的节点往往存在着不同的功能与地位。以在线社交网络微博为例，其中一般包含中心“大 V”用户、普通用户等。节点因其所处的结构位置而拥有了差异化的权力，就像微博中的“大 V”用户，他们对于整个在线社交网络的影响力都是不可忽视的，小到电商广告的推送、在线购物的营销，大到舆论传播、谣言扩散等都有这些节点的身影。为了量化节点在社会网络中所处的位置，中心性（Centrality）及其相关概念被提出，用于量化一个节点在整个社会网络中心的程度，这个程度通过数字表示就成为中心度。根据不同的中心性测量方法，能够反映社会网络中的节点所具有的不同方面的权力，我们将在第二节中予以详细的讨论。除节点的中心性以外，社会网络中个体的影响力还可以通过节点之间的互动行为体现出来。具体来说，一个节点的影响力不仅仅取决于其直接连接的节点数量，还可能来自他与其他重要节点的联系与互动，这种联系一定程度上决定了他们的观点和行为能够被多少人接受和传播，进而形成了他们在整个社会网络中的影响力。PageRank、HITS 等链接分析算法为我们从行为视角研究社会网络中节点的影响力提供了有力工具，同样将在本章第二节中进行具体介绍。

2. 社会网络的结构特征分析

社会网络的结构特征分析是指利用统计学指标对于社会网络的规模、拓扑性质等进行量化分析和计算。规模一般由网络中的节点总数衡量。拓扑性质，则是指那些与社会网络中节点的大小、位置、形状等无关，而只与社会网络的连通性、密度等因素有关。有了这些特征，我们便可以揭示社会网络的内在规律。例如，规模可以反映出社会网络的覆盖范围，连通性则描述了整个网络的传播效率，密度则代表了网络中个体之间的互动程度。通过对这些特征的量化分析，我们可以揭示社会网络的传播机制、信息扩散速度以及个体之间的互动模式等。关于社会网络的结构特征分析，我们将在本章第三节进行详细说明。

3. 社会网络的社区发现

社区发现是指在社会网络分析中，使用算法和数学工具来识别和划分网络中的社区结构，即那些由紧密相连的节点组成的子群。这些社区内的成员通常具有相似的兴趣、行为模式或者某种共同的特征，而社区之间的联系则相对较弱。社会网络中的行动者能够自发形成社区，其原因大体来自两个方面：一是选择，即人们总是倾向于选择和自己相似的人群建立联系，所谓“物以类聚，人以群分”；二是影响，即人们因为与他人连接而受到影响，进而变得愈发相似，所谓“近朱者赤，近墨者黑”。社区发现的目的就是在于揭示社会网络中的隐藏结构，理解网络中的信息流和互动模式。在应用层面，通过在线社交网络中的社区发现，我们可以识别出不同的用户群体，从而实现更精准的内容推荐、广告投放和舆情管理。本书将在本章第四节中介绍基于模块度的社区发现方法。

（四）Gephi 简介

Gephi① 是一款开源、免费的交互式网络分析软件，支持 Windows、Mac OS X 和 Linux 三种操作系统，以及英语、中文、法语等多种语言。Gephi 能够处理包含多达十万个节点和一百万条边的网络数据，不仅可以进行社会网络的中心性、影响力、结构特征

---

① 资料来源：http：//gephi. org。

分析以及社区发现，还提供了卓越的可视化能力，“Like Photoshop™ for graphs”是开发者 Gephi 的期望。

1. Gephi 的主界面与核心功能

Gephi 的主界面如图 9-7 所示。

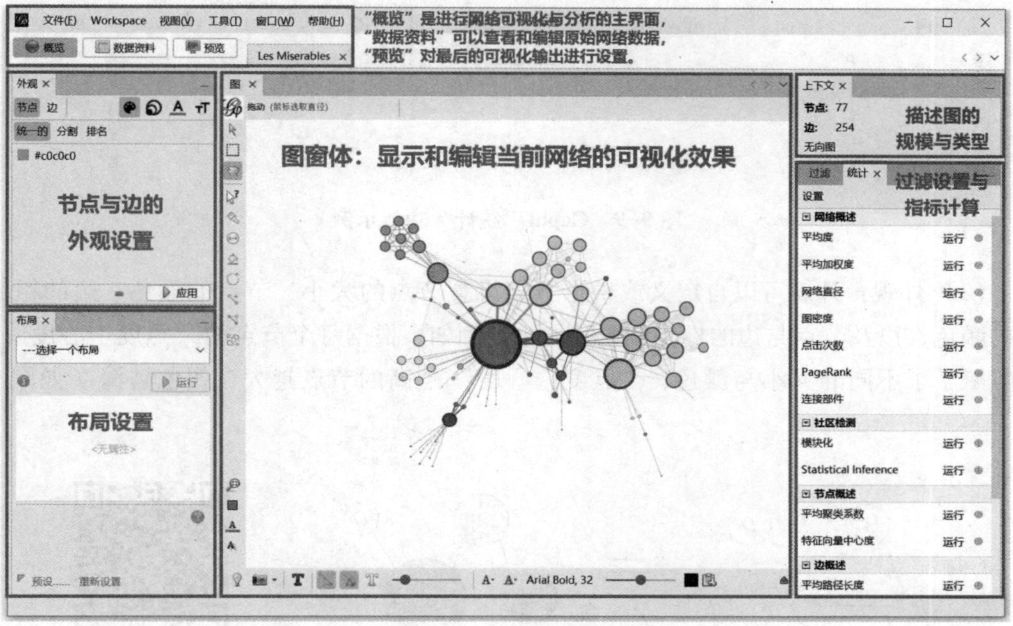

图 9-7　Gephi 主界面

其中，图窗体是 Gephi 中显示和编辑图形的主要区域，在图窗体中，左侧一列是用于直接操作节点和边的工具，下方一行是编辑标签和控制显示属性的工具。

在主界面的左上方，“概览”是进行网络可视化与分析的主界面（如图 9-7）；“数据资料”可用于查看和编辑原始网络数据（以节点表格和边表格形式存储）；“预览”用于对最终的可视化输出结果进行设置。

布局、统计、外观、过滤是 Gephi 操作界面中最重要的四个功能。以下通过一个由 5 个节点构成的无向图例子，简要介绍这四个功能。

（1）布局：布局可以把图形合理展开以便于查看（如图 9-8）。

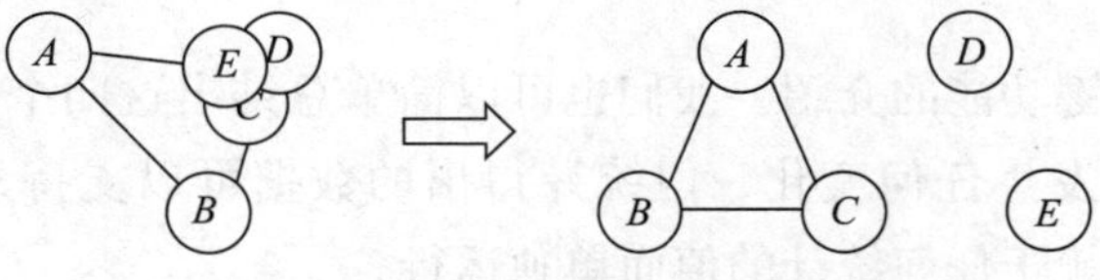

图 9-8　Gephi“布局”功能示例

（2）统计：统计主要用于实现节点中心性与影响力的计算，以及网络的结构特征分析与社区发现。例如，利用统计功能计算出了每个节点的“点度中心度”（计算方法在第二节中详述）（如图9-9）。

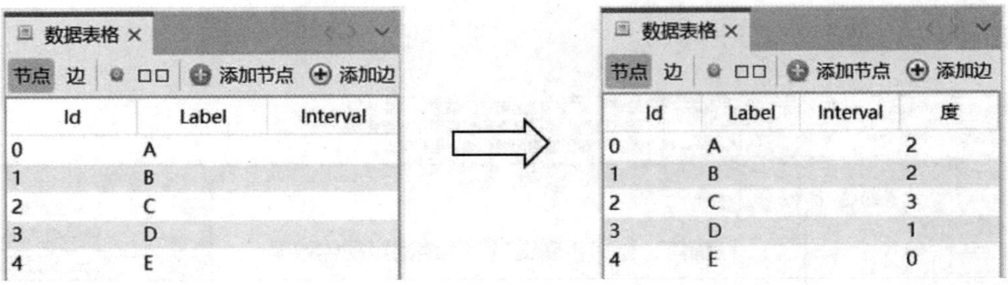

图9-9　Gephi“统计”功能示例

（3）外观：外观可以自定义或根据数据设置节点的大小、节点的颜色、边的粗细、边的颜色，以及节点与边的标签颜色及大小。例如，根据每个节点的“点度中心度”为节点赋予了不同的大小与颜色，“点度中心度”越高的节点越大、颜色越深（如图9-10）。

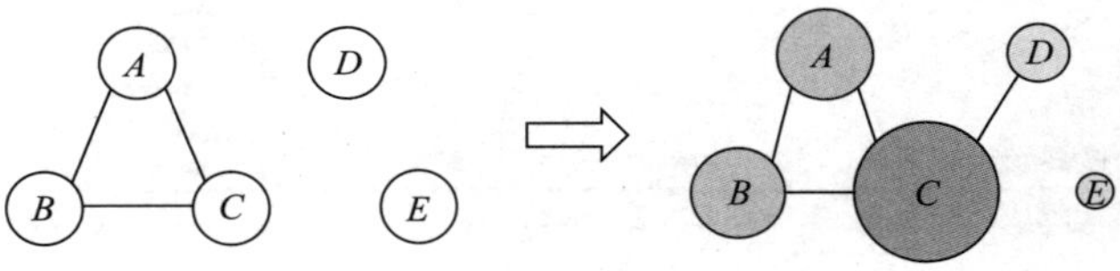

图9-10　Gephi“外观”功能示例

（扫描二维码查看彩图）

（4）过滤：过滤可以根据筛选条件显示或不显示一部分节点。例如，过滤掉“点度中心度”为0（即没有任何一条边与其他节点相连）的节点，不再将其显示出来（如图9-11）。

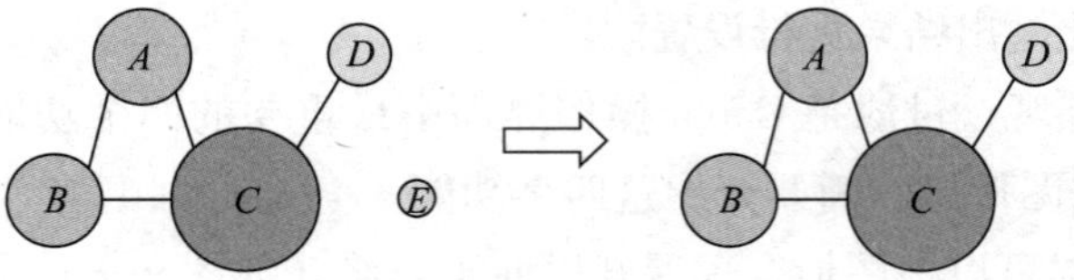

图9-11　Gephi“过滤”功能示例

通过上述四个关键功能的介绍，我们也可以简单总结出这四个功能之间的联系，即统计本身不会使图形发生任何变化，但统计得出的数据可以支持外观和过滤功能的实现，而布局可以不依赖于任何统计的值而单独运行。

2. Gephi 的数据导入

在 Gephi 中，既可在“数据资料”窗口中直接输入节点和边的数据，也可以通过“导入电子表格”功能批量导入以 xlsx 或 csv 格式存储的外部数据。

（1）直接输入数据

在“数据资料”窗口中点击“添加节点”，并在“标记”框中输入节点的标签即可建立一个新的节点（如图 9-12）。相应地，在“概览”窗口的图窗体中，也会新增一个图形化节点。

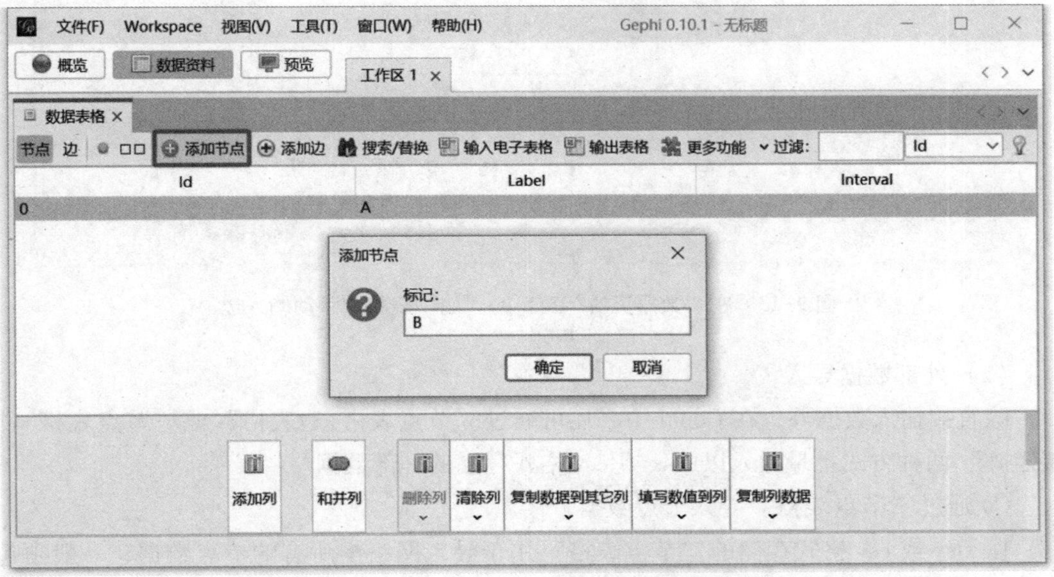

图 9-12　在“数据资料”窗口的“节点”表格中手动输入节点

在节点添加完成后，点击“数据资料”窗口中的“添加边”便可手动添加节点之间的边（如图 9-13）。在图 9-13 中，可设置的边的属性包括：边的类型（有向的/无向的）、边的源节点和目标节点、边种类。当边输入完成后，“概览”窗口的图窗体中便会在对应节点之间新增一条图形化的边。此外，用户还可在“数据资料”窗口“边”表格中修改边的标签、权重等属性。

图 9-13　在“数据资料”窗口的“边”表格中手动输入边

（2）外部数据导入

除直接输入数据外，在 Gephi 中，还可通过“节点表格+边表格”或“节点表格+邻接矩阵”两种方式批量导入以 xlsx 或 csv 格式存储的外部数据。

① 通过“节点表格”导入节点数据

以 xlsx 或 csv 格式存储的“节点表格”用于导入网络中所有的节点数据，一般须包含 Id 和 Label 两个字段，其中，Id 字段存储的是每个节点的编号（从 0 开始），Label 字段存储的是节点的标签（也即名称）。除上述两个字段外，节点表格中还可包含 Interval 字段，用于存储节点的动态数据属性。

点击菜单栏中的“文件”按钮，选择“导入电子表格”，选中要导入的节点表格文件（扫描二维码下载数据），便可打开导入参数的设置窗口，注意将“导入为”设置为“节点表格”（如图 9-14）。点击“下一步”按钮，选中要导入的字段，点击“完成”按钮，然后在“输入报告”窗口中选择“图的类型”是有向图、无向图还是混合图，并指定表格中的节点是添加到“新的工作区”还是“添加到现在的工作区”，即可完成节点数据的导入（如图 9-15）。此时，不论是在“概览”窗口的图窗体中，还是在“数据资料”窗口的节点表格中，均可以看到刚刚导入的节点。不过截至目前，节点之间的边还没有导入，因此可通过导入“边表格”或导入“邻接矩阵”两种方式建立起节点之间的边。

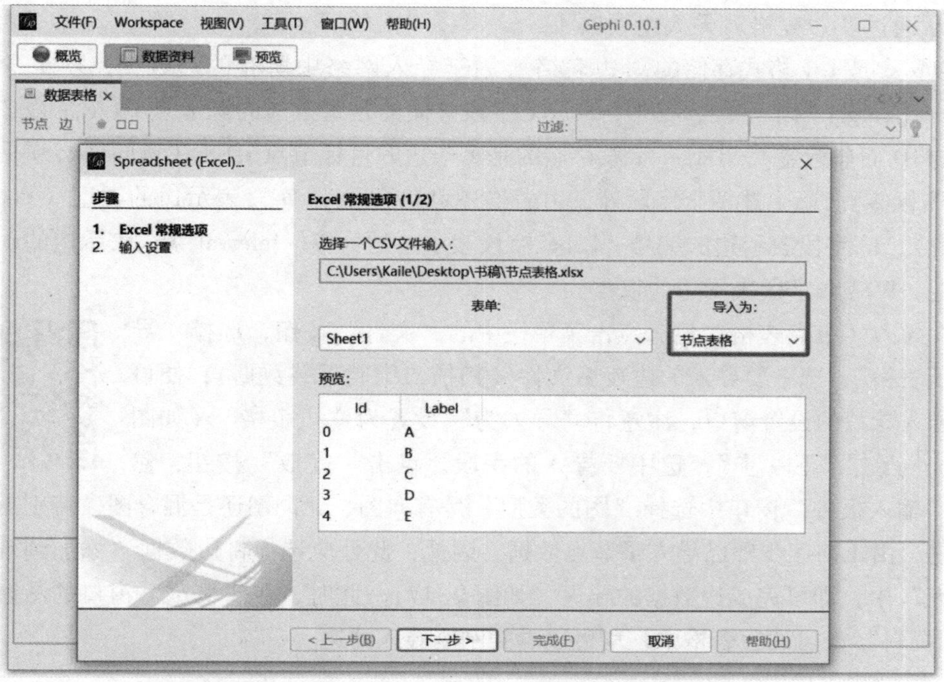

图 9-14　导入“节点表格”的参数设置窗口

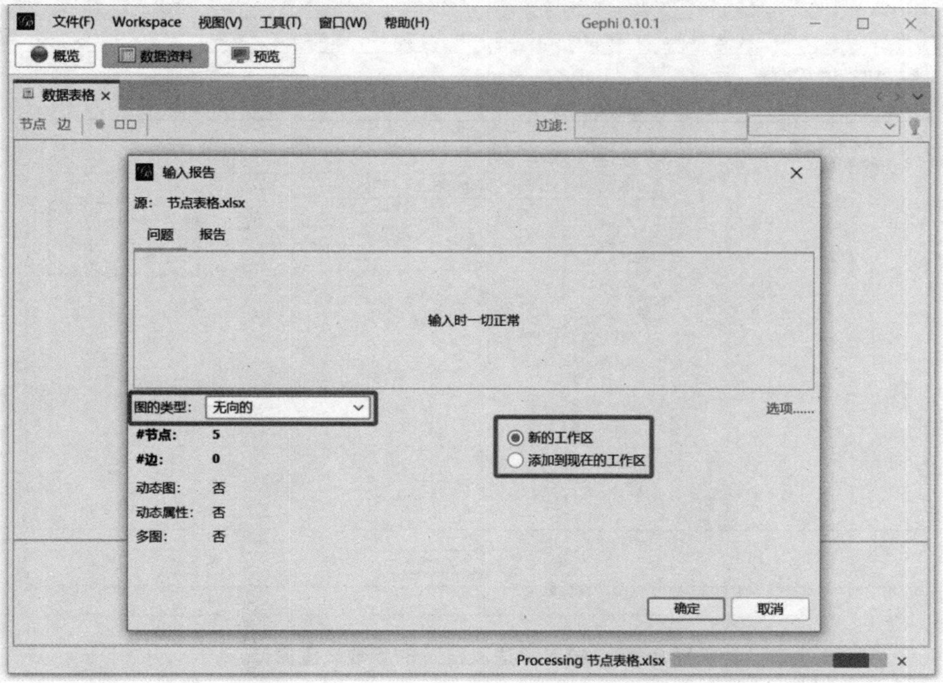

图 9-15　导入“节点表格”的“输入报告”窗口

② 通过“边表格”导入边数据

以 xlsx 或 csv 格式存储的“边表格”用于导入网络中所有的边数据，须至少包含 Source 和 Target 两个字段，其中，Source 字段存储的是每条边的源节点 ID（注意必须是节点的 ID 而非标签），Target 字段存储的是每条边的目标节点 ID（注意同样必须是节点 ID 而非标签）。除上述两个字段外，边表格还可包含 Type 字段表示边的类型（有向的/无向的）、Id 字段表示边的编号、Label 字段表示边的标签、Interval 字段表示边的动态数据属性、Weight 字段表示边的权重。

在导入“节点表格”后，点击菜单栏中的“文件”按钮，选择“导入电子表格”，选中要导入的边表格文件（扫描二维码下载数据），便可打开导入参数的设置窗口，注意将“导入为”设置为“边表格”（如图 9-16）。点击“下一步”，选中要导入的字段，点击“完成”按钮，然后在“输入报告”窗口中选择“图的类型”是有向图、无向图还是混合图，特别需要说明的是，由于前序步骤已导入了节点数据，因此，此处应选择将边数据“添加到现在的工作区”中，即可完成边数据的导入（如图 9-17）。此时，在“概览”窗口的图窗体和“数据资料”窗口的边表格中，均可以看到刚刚导入的边。

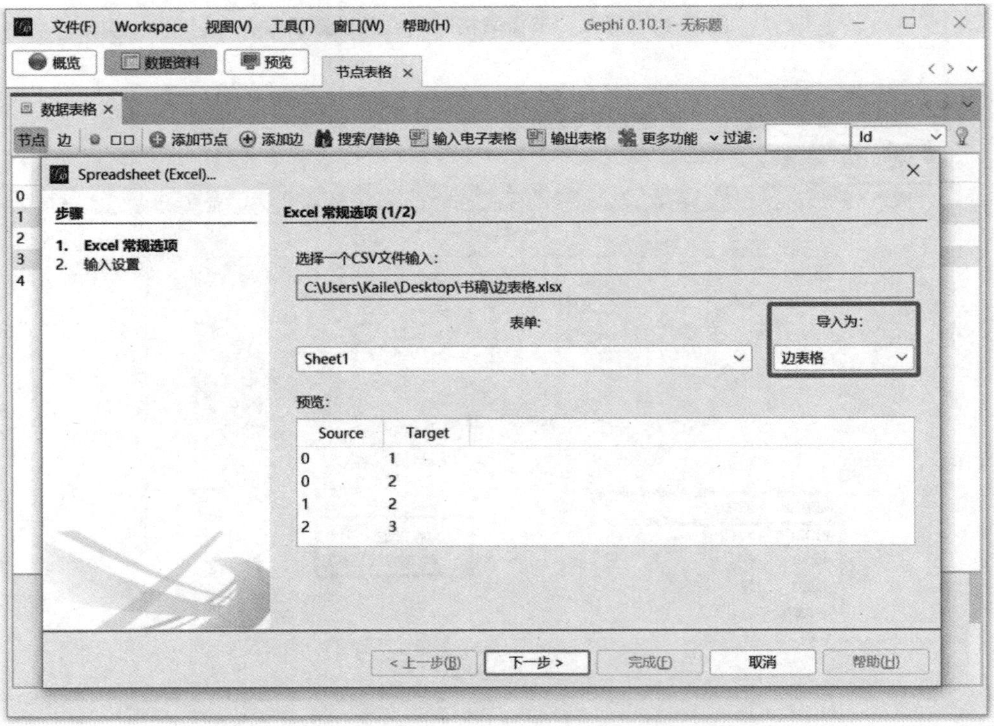

图 9-16　导入“边表格”的参数设置窗口

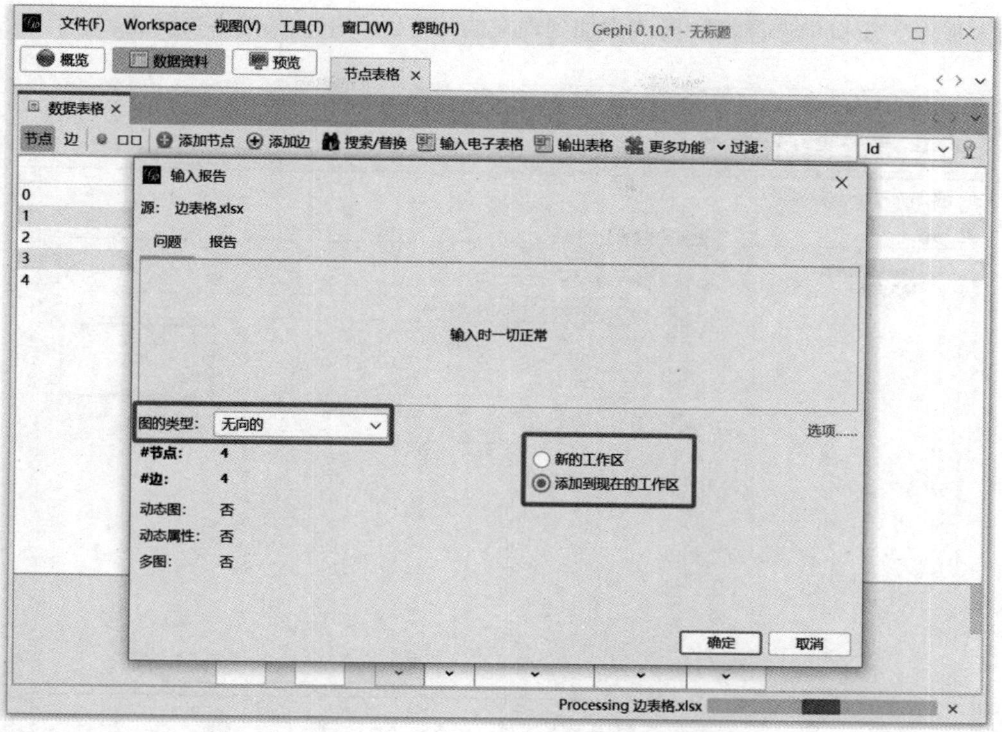

图 9-17　导入“边表格”的“输入报告”窗口

③ 通过“邻接矩阵”导入边数据

在导入“节点表格”后，除采用“边表格”导入边数据外，另一种常用的方法是通过“邻接矩阵”建立起节点之间的边。特别需要注意的是，在邻接矩阵中，需要在第一行与第一列中标出节点的 ID（如图 9-18）。相应地，邻接矩阵中的元素代表的就是节点之间边的有无或权重。

	A	B	C	D	E	F
1		0	1	2	3	4
2	0	0	1	1	0	0
3	1	1	0	1	0	0
4	2	1	1	0	1	0
5	3	0	0	1	0	0
6	4	0	0	0	0	0

图 9-18　“邻接矩阵”的数据存储格式

在导入“节点表格”后，点击菜单栏中的“文件”按钮，选择“导入电子表格”，选中要导入的邻接矩阵文件（扫描二维码下载数据），便可打开导入参数的设置窗口，注意将“导入为”设置为“矩阵”（如图 9-19）。后续步骤与导入边表格没有太大差异，同样需要注意的是在

"输入报告"窗口中选择将数据"添加到现在的工作区"中，其他不再赘述。

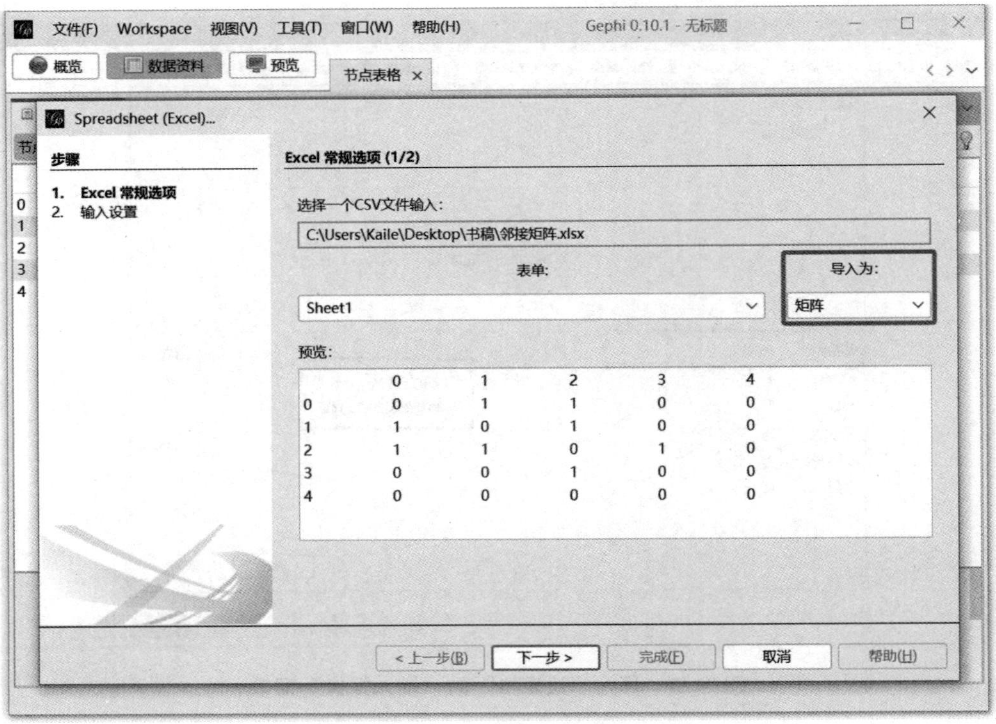

图 9-19 导入"邻接矩阵"的参数设置窗口

二、节点中心性与影响力分析

（一）节点的位置与权力

网络思维为社会权力提供了若干重要观点，其中最为关键的是，它认为权力在本质上是一种关系。在网络中，孤立个体无法拥有权力，只有通过对他人施加影响，个体才能获得权力。也就是说，一个人的权力源自对他人的依赖。社会网络分析通常将行动者置于关系网络的背景中进行研究，这种研究方法揭示了行动者所面临的限制和机遇。行动者所受到的限制越少，拥有的机会就越多，其在网络中的结构位置就越有利。处于优势结构位置的行动者，拥有更大的议价空间和影响力，同时也可能成为处于劣势位置的行动者所关注和防范的对象①。

为了直观地呈现社会网络结构位置与权力的关系，并介绍社会网络分析方法探究上

①罗伯特·A. 汉尼曼，马克·里德尔．社会网络分析方法：UCINET 的应用［M］．北京：知识产权出版社，2019：144.

述关系的途径，我们可以先观察一下图 9-20 的星状网络、图 9-21 的环状网络和图 9-22 的线形网络。

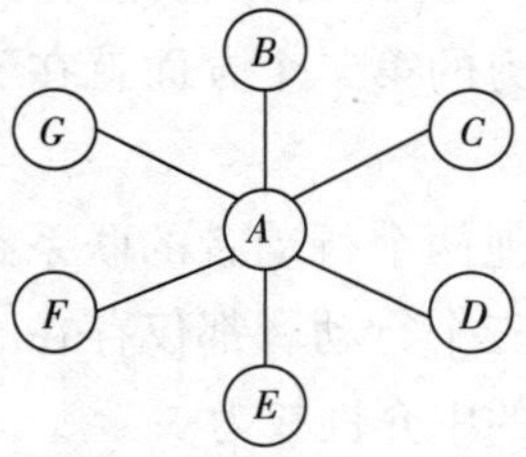

图 9-20 星状网络

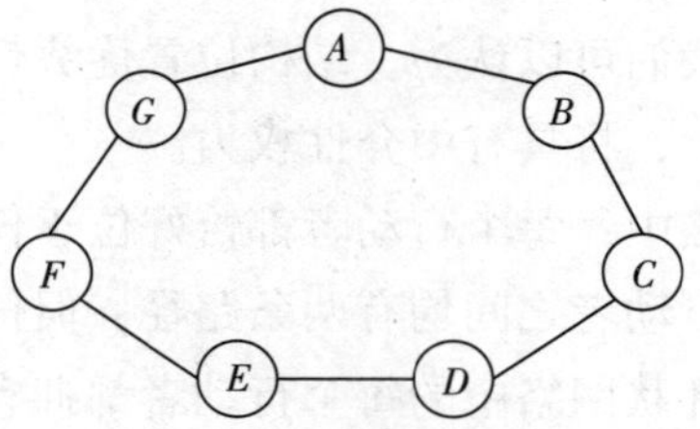

图 9-21 环状网络

图 9-22 线形网络

1. 点度（Degree）

观察上述三幅图，我们可以明显看出，在星状网络中，行动者 *A* 占据了较优的结构位置，这一点在涉及资源交换或共享的网络关系中尤为突出。那么，为何行动者 *A* 在星状网络中能处于如此有利的位置呢？原因之一在于，行动者 *A* 在星状网络中拥有比其他行动者更多的连接。更多的连接意味着更多的机会和选择，这种选择的多样性使得行动者 *A* 不必依赖于任何特定的其他行动者，也因此拥有了自主性与权力。例如，如果行动者 *B* 决定不向 *A* 提供资源，*A* 仍然可以从其他连接的行动者中获取资源。相反，若 *B* 选择不与 *A* 交换资源，则 *B* 将无法进行任何资源交换。由此可见，行动者的连接数越多，其拥有的权力也就越大。

在社会网络分析中，“点度”是对行动者中心性与权力最为简单有效的测量。某一指定节点的“点度”即为与该节点直接相连的边的数量。在有向图中，有“入度”和“出度”之分，指向该节点的边数称为节点的“入度”，由该节点指向其他节点的边数称为节点的“出度”，在有向图中，节点的“点度”等于“入度”与“出度”之和。

以点度的视角重新审视上述三幅图，我们可以发现，在星状网络中，行动者 *A* 的点度为 6，其他节点的点度均为 1，因此行动者 *A* 处于更加有利的位置，掌握更多权力。在环状网络中，每位行动者拥有完全相同的点度，因此其所处的优势与劣势都是相同的。而在线形网络中，两端的行动者 *A* 和 *G* 的点度为 1，较为不利，其他行动者的点度均为 2，看起来拥有相等的权力，但事实上并非如此。这就引出了结构位置的其他两个方面：中介性和接近性。

2. 中介性（Betweenness）

在星状网络中，行动者 *A* 拥有较大权力的第二个原因在于其位置的特殊性：*A* 位于其他对偶行动者之间，但没有其他行动者位于 A 与他人联系的路径上。举例来说，A 可以直接与 B 联系；但若 E 想要与 B 联系，就必须通过 A，这使得 A 拥有了在其他行动者的联系中充当中介的权力，进而可以实施诸如收取“过路费”、孤立他人、切断联系等策略。因此，我们可以认为，结构位置优势带来权力的第二个方面就在于行动者位于他人联系的路径上，将具有中介性权力。

在环状网络中，每个行动者都恰好位于任意其他两个行动者的联系路径上。进一步说，任意两个行动者之间均有两条路径，但任意第三个行动者都仅存在于其中的一条路径上。因此，环状网络中的每个行动者都拥有相同的中介性权力。

在线形网络中，位于两端的行动者 A 和 G 不处于任何一对行动者的联系路径上，因此他们不具备中介性权力；而那些位于网络中间的行动者，则处于更多行动者对的联系路径上，因此拥有更大的中介性权力。

3. 接近性（Closeness）

在星状网络中，行动者 A 拥有较大权力的第三个理由是 A 接近更多其他的行动者。如果行动者可以在较短的路径上接触到其他人，或者在较短的路径长度内被其他人所接触，他便占据了更有利的位置，从而可以将结构优势转化为权力。例如，在星状网络中，行动者 A 与其他节点之间均只有 1 个单位的测地距离（Geodesic Distance，指连接两个节点的最短路径长度，即沿着边从一个节点到另一个节点的最少边数），而其他行动者与除 A 以外的其他节点之间均有 2 个单位的测地距离，因此行动者 A 能够更快、更直接地到达其他节点并对其施加影响，相应地，他也就越不依赖于其他人的中介作用，因而不易受到他人控制，拥有更大的权力。

从接近性的视角观察环状网络，虽然每个行动者与其他各个节点的测地距离都不一样，但容易得出，他们与其他节点的测地距离分布情况是一致的。具体来说，对于任意一个行动者而言，与其测地距离为 1 的节点有 2 个、测地距离为 2 的节点有 2 个、测地距离为 3 的节点有 2 个。这意味着他们在网络结构中的位置是平等的，相应地，接近性权力也是一致的。

而在线形网络中，行动者 D 更加接近其他节点，处于网络两端或边缘处的行动者 A 和 G 则处于不利位置。

在社会网络分析中，针对上述提到的“点度”“中介性”与“接近性”这三个概念，将通过“点度中心性”“中介中心性”和“接近中心性”这三个方面来诠释，从而描绘行动者在社会网络中的“中心”位置，反映其所具有的权力。

（二）点度中心性

1. 基本原理

点度中心性（Degree Centrality）是最直观的衡量节点中心性与重要性的指标，它指的是一个节点直接相连的边的数量（即该节点的点度）。

在社会网络中，一个节点的点度中心性越高，意味着这个节点在网络中直接关联的其他节点越多，从而可能拥有更大的影响力和传播力。由于点度中心性仅考虑了节点的直接连接，而忽略了该节点与其他节点的间接连接（即对其他节点的间接影响），因此，点度中心性适用于分析节点的局部影响力。

点度中心性的测量指标主要包括："点度中心度"和"相对点度中心度"。

（1）点度中心度

无向图中，节点 i 的点度中心度 DC_i 等于该节点的点度。

有向图中，区分内中心度和外中心度，内中心度等于节点的入度，外中心度等于节点的出度。节点 i 的点度中心度 DC_i 就等于内中心度与外中心度之和。

（2）相对点度中心度

由点度中心度的计算方法可知，点度中心度受网络规模影响，网络规模越大，点度中心度的最大可能值也就越高。为了比较不同网络的点度中心度，相对点度中心度进行了"归一化"处理，使取值范围落入［0，1］。计算一个节点的相对点度中心度的原则是：用该节点的点度中心度除以图中节点的最大可能度数。

无向图中，若网络中的节点总数为 N，则节点 i 的相对点度中心度 NDC_i 为

$$NDC_i = \frac{DC_i}{N - 1}$$

其中，DC_i 为节点 i 的点度中心度，$N-1$ 为无向图中节点的最大可能度数。

有向图中，若网络中的节点总数为 N，则节点 i 的相对点度中心度 NDC_i 为

$$NDC_i = \frac{DC_i}{2N - 2}$$

其中，DC_i 为节点 i 的点度中心度，$2N-2$ 为有向图中节点的最大可能度数。

2. 操作方法

在 Gephi 中，计算节点的点度中心度十分简单。以第一节中介绍数据导入时的示例数据为例，只需在"概览"窗口的"统计"选项卡中点击"平均度"右侧的"运行"按钮（如图 9-23），便可以得到网络中全部节点的平均度、度分布以及每个节点的点度中心度。关于平均度和度分布，我们将在第三节详述。

要想查看每个节点的点度中心度，只需点击"数据资料"窗口中的"节点"表格，便可以在"度"字段中了解每个节点的点度中心度（如图 9-24）。如果网络为有向图，除"度"字段外，"节点"表格中还会有"连入度"和"连出度"两个字段，用于存储每个节点的内中心度和外中心度。最后，如果想要计算每个节点的相对点度中心度，只需将"概览"窗口"上下文"选项卡中的节点数量 N 带入前文公式，便可计算出每个节点的相对点度中心度。例如，节点 A 的相对点度中心度 $NDC_A = 2/(5-1) = 0.5$。

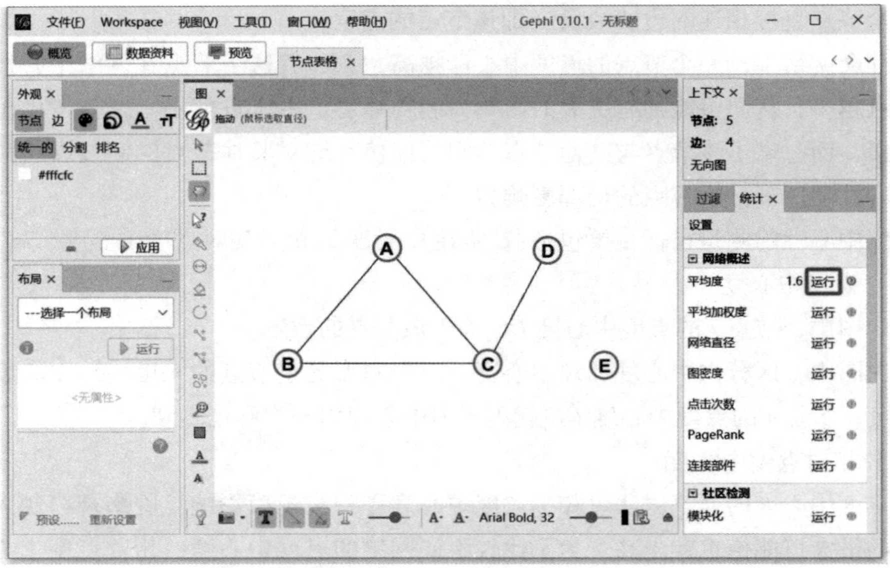

图 9-23　点击“平均度”的“运行”按钮计算每个节点的点度中心度

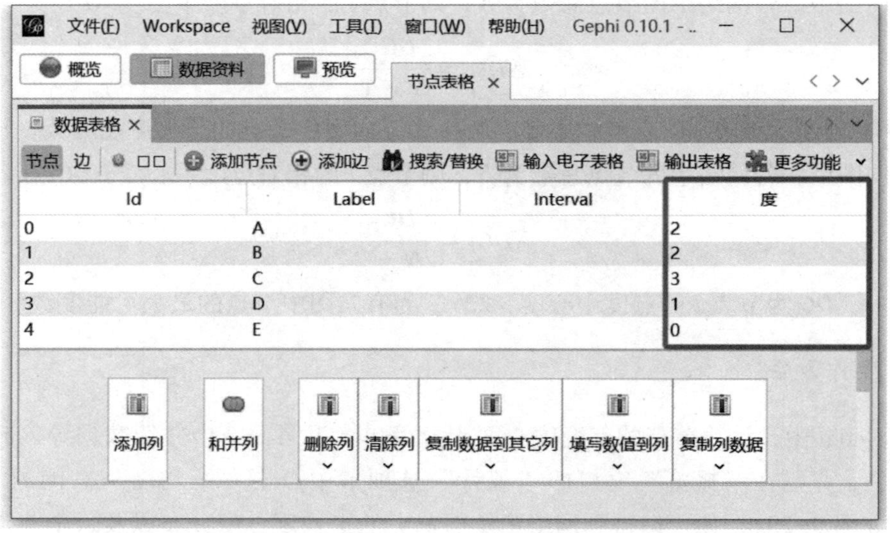

图 9-24　通过“数据资料”窗口中的“节点”表格查看每个节点的点度中心度

（三）中介中心性

1. 基本原理

中介中心性（Betweenness Centrality）测量的是一个节点在多大程度上位于网络中其他“点对”之间，起到中介作用。中介中心性建立在以下假设基础上，即一个行动者如果能够把持传播通道的话，他就拥有了权力。例如，某职员想申请为自己配备一台新的办公设备，那么按照行政层级规则，他需要依次向上级——小组组长、项目主管、部门经理逐级申请，这些人都可以响应或阻断他的请求，于是对于该职员而言，这些位于他与部门经理之间的人便拥有了权力。

因此，中介中心性将行动者处于其他“点对”之间的程度视为一种优势位置。那么相应地，如果有更多的人依赖于某个行动者与其他人建立联系，那么该行动者就拥有更大的权力。相反，如果两个行动者之间存在至少一条最短路径，而某个行动者并不在这些路径上，那么该行动者在网络中的权力就会相对减弱。此外，中介中心性的另一个重要作用就是能够识别出网络中的“跨界者”，即那些在两个或多个团体中扮演着不可或缺的“桥梁”作用的行动者。

中介中心性的测量指标包括：“中介中心度”和“相对中介中心度”。

在介绍上述测量指标之前，先明确一下“路径”和“最短路径”两个概念。

路径：在无向图 G（如图 9-25）中的一条路径（以红色标注）是指在一个特定的点系列 P（v_1，v_5，v_3，v_2）中，其中每一对相邻的点之间都有一条边。P 也称为从 v_1 到 v_2 的一条路径，路径的长度为路径所包含的边的数目。例如，图 9-25 中标红的路径长度为 3。

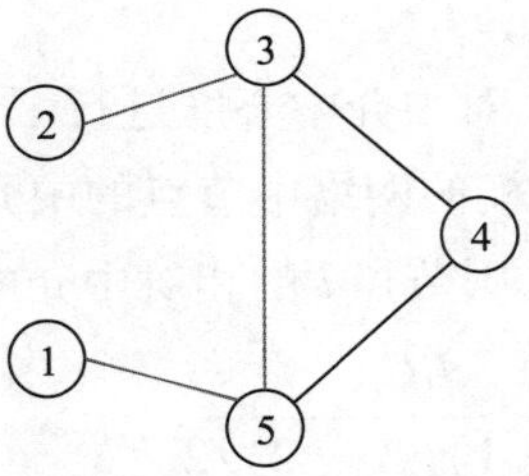

图 9-25　路径示例　　**（扫描二维码查看彩图）**

最短路径：在一个网络中，两个节点之间可能存在多条可连通的路径，其中长度最短的路径就称为最短路径。两个节点之间最短路径的长度称为这两个节点的测地距离。此处以图 9-25 中节点 v_1 到 v_2 的路径为例，在节点 v_1 与 v_2 之间共有 2 条路径可以连通，第一条为（v_1，v_5，v_3，v_2），路径长度为 3；第二条为（v_1，v_5，v_4，v_3，v_2），路径长度为 4。显然，第一条路径长度最短，为节点 v_1 到 v_2 的最短路径，并且节点 v_1 到 v_2 的测地距离（即最短路径长度）为 3。

（1）中介中心度

假设节点 j 和 k 之间存在 g_{jk} 条最短路径，将节点 j 和 k 之间存在的经过节点 i 的最短路径数量用 $g_{jk}(i)$ 表示，那么，节点 i 能够控制节点 j 和 k 交往的能力（即中介性）就可以用 $g_{jk}(i)/g_{jk}$ 来表示，以此为基础，将节点 i 对网络中所有点对的中介性求和，即为节点 i 的中介中心度 BC_i，计算公式为

$$BC_i = \sum_{j \neq i \neq k} \frac{g_{jk}(i)}{g_{jk}}$$

以图 9-26 中的节点 D 为例，进一步明确中介中心度的计算方法。由图 9-26 可知，存在最短路径经过节点 D 的节点对为（A，E）、（B，E）、（C，E）、（B，C）。其中：（A，E）之间的最短路径总数为 1 条，经过节点 D 的最短路径比例为 1/1 = 1；（B，E）之间的最短路径总数为 1 条，经过节点 D 的最短路径比例为 1/1 = 1；（C，E）之间的最短路径总数为 1 条，经过节点 D 的最短路径比例为 1/1 = 1；（B，C）之间的最短路径总数为 2 条（分别是 B，A，C 和 B，D，C），经过节点 D 的最短路径比例为 1/2 = 0.5。因此，节点 D 的中介中心度 $BC_D = 1+1+1+0.5 = 3.5$。同理可知，在图 9-26 中，节点 A 的中介中心度为 0.5，节点 B、C、E 的中介中心度均为 0。

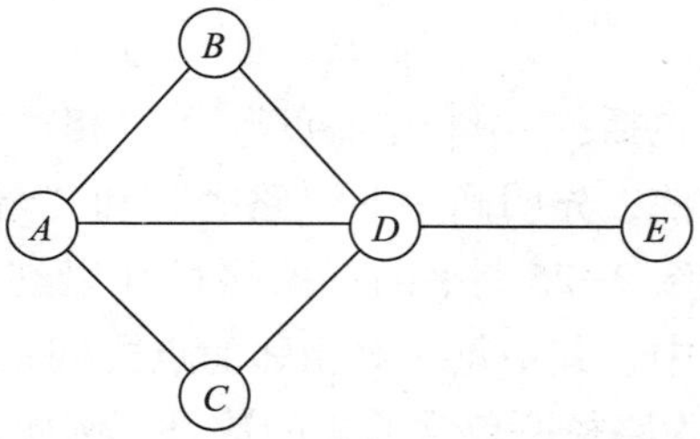

图 9-26 中介中心度计算示例

（2）相对中介中心度

相对中介中心度同样考虑了网络规模，对中介中心度进行了“归一化”处理，使取值范围落入［0，1］，从而可以比较不同规模的网络中节点的中介中心度大小。

无向图中，若网络中的节点总数为 N，则节点 i 的相对中介中心度 NBC_i 为

$$NBC_i = \frac{BC_i}{(N-1)(N-2)/2}$$

其中，BC_i 为节点 i 的中介中心度，（N-1）（N-2）/2 为无向图中不包括节点 i 本身的点对数量。

有向图中，若网络中的节点总数为 N，则节点 i 的相对中介中心度 NBC_i 为

$$NBC_i = \frac{BC_i}{(N-1)(N-2)}$$

其中，（N-1）（N-2）为有向图中不包括节点 i 本身的点对数量。

2. 操作方法

Gephi 既支持中介中心度的计算，也支持相对中介中心度的计算。

以中介中心度的计算为例，对于图 9-26 中的网络数据，只需要在“概览”窗口的“统计”选项卡中点击“网络直径”右侧的“运行”按钮（如图 9-27），然后在弹出的“图距离设置”窗口中选择是“有向图”还是“无向图”（如图 9-28），便可以计算网络整体的直径、半径、平均路径长度，以及每个节点的中介中心度、接近中心度和离心率。关于直径、半径和平均路径长度，我们将在第三节中详述。要想查看每个节点的中

介中心度，只需要点击“数据资料”窗口中的“节点”表格，便可以在“Betweenness Centrality”字段中了解每个节点的中介中心度（如图 9-29）。

如果想要在 Gephi 中计算节点的相对中介中心度，只需要在上述步骤的“图距离设置”窗口（如图 9-28）中勾选“归一化中心度区间［0，1］”即可。

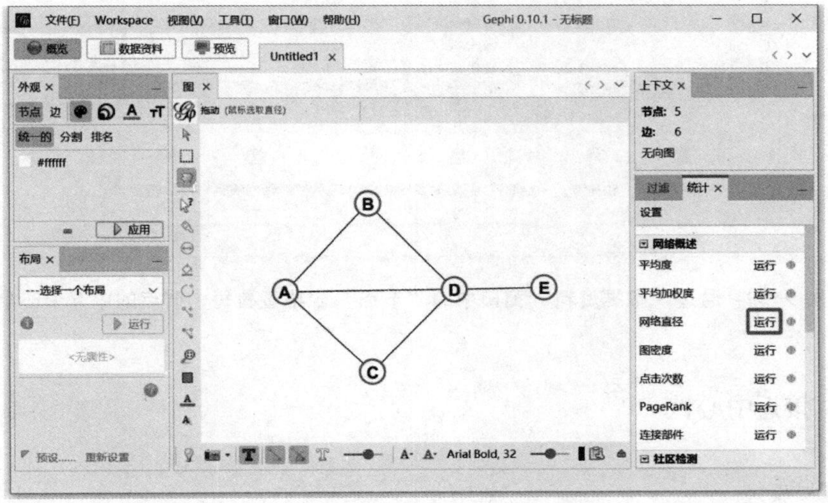

图 9-27　点击“网络直径”的“运行”按钮计算每个节点的中介中心度

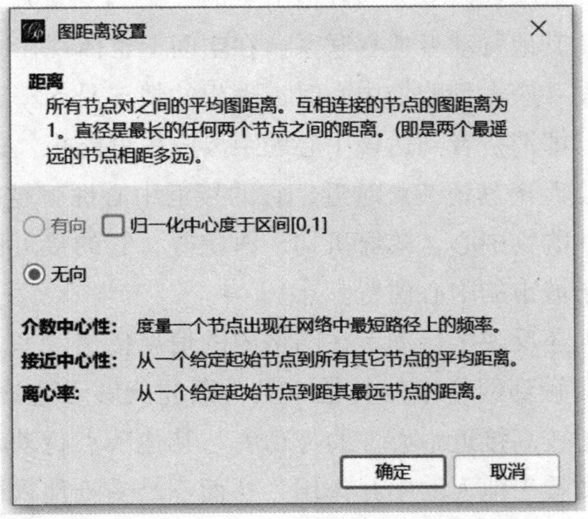

图 9-28　选择图的类型以及是否计算相对中介中心度

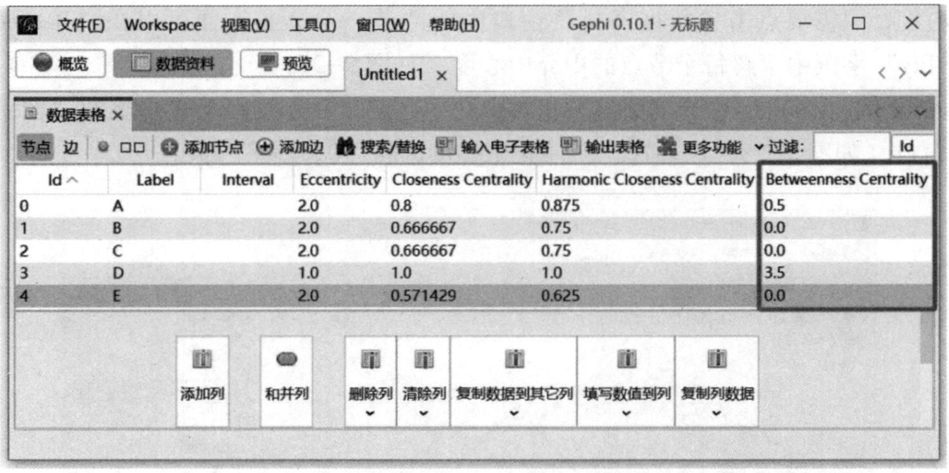

图 9-29　通过“数据资料”窗口中的“节点”表格查看每个节点的中介中心度

（四）接近中心性

1. 基本原理

接近中心性（Closeness Centrality）用于测量网络中的某一节点与其他节点之间的接近程度。接近中心性高意味着该节点与其他节点的“距离”更短，即该行动者能够通过较少的步骤与网络中的其他行动者建立联系，在空间上也体现在中心位置。

例如，当计划建设一座大型购物中心时，理想的情况是希望其能够方便快捷地为尽可能多的消费者服务，即消费者到达该中心的距离应尽可能短。这就对应了“接近中心性”的概念：一个节点距离其他节点越近，它的接近中心性就越高。通常，旨在服务于广泛人群的设施，例如购物中心、政府机构、医院等，它的接近中心性都比较高，在空间上也体现为它们处于城市的中心位置。

此外，接近中心性还反映了行动者在网络中的信息传递效率。一个接近中心性较高的行动者能够快速地接触到网络中的其他成员，因此能够迅速地传递信息、获取资源、施加影响。同时，由于较高接近中心性的行动者与其他节点行动者距离较近，这个行动者的信息传递就不太依赖于他人的中介作用，从而不易受到他人的控制。总的来说，具有较高接近中心性的行动者通常被认为是网络中的关键节点，他们能够更加有效地传递信息，扮演着信息传递者的职能。

接近中心性的测量指标包括：“接近中心度”和“相对接近中心度”。

（1）接近中心度

节点 i 的接近中心度等于该节点与网络中所有其他节点的测地距离（最短路径长度）总和的倒数。具体来说，设网络中的节点总数为 N，节点 i 与节点 j 的测地距离为 $d(i,j)$，则节点 i 的接近中心度 CC_i 的计算公式为

$$CC_i = \frac{1}{\sum_{j=1}^{N} d(i,\ j)},\ (i \neq j)$$

由上述公式可以推出，接近中心度对网络规模十分敏感。例如，在规模较小的网络和规模较大的网络中，均存在一个节点，该节点与网络中所有其他节点直接相连（测地距离为1），由上述公式可知，前者的接近中心度将高于后者的。

（2）相对接近中心度

为了控制网络规模带来的影响，以对不同规模的网络中行动者的接近中心度进行比较，便有了相对接近中心度。实际上，在 Gephi 中，无论是否勾选“归一化中心度区间［0，1］”，其默认输出的都是节点的相对接近中心度。

设网络中的节点总数为 N，节点 i 的相对接近中心度 NCC_i 为

$$NCC_i = (N-1)\ CC_i = \frac{N-1}{\sum_{j=1}^{N} d(i,\ j)},\ (i \neq j)$$

由上述公式可知，在连通图中，相对接近中心度 NCC_i 最小可以无限接近于0，但不能为0；当节点 i 与网络中的所有其他节点直接相连时，$\sum_{j=1}^{N} d(i,\ j) = N-1$，该节点有最大的相对接近中心度 $NCC_i = 1$。因此，相对接近中心度通过归一化将取值范围落入了(0，1]，从而能够比较不同规模的网络中节点的接近中心性。此外，根据相对接近中心度的计算公式我们还可以发现，相对接近中心度其实就等于节点 i 与网络中所有其他节点的平均距离的倒数。

不过，以上对于接近中心度和相对接近中心度的计算方法实际上隐藏了一个前提条件，节点 i 所处的网络是连通图，即图中的任意两个节点之间都有路径相连。如果节点所处的网络是非连通图（即图中至少存在两个节点之间不存在路径相连），那该怎么办呢？答案是将接近中心度和相对接近中心度计算公式中的 N 由原先的网络节点总数，替换为节点 i 所处的连通分量（即图中该节点能够连通的部分）的节点总数。由计算公式可知，在非连通图中，当节点 i 不与任何节点相连时（i 为孤立点），$NCC_i = 0$；当节点 i 与其所处的连通分量中的所有其他节点直接相连时，该节点有最大的相对接近中心度 $NCC_i = 1$。因此，在非连通图中，相对接近中心度通过归一化将取值范围落入了［0，1］。

实际上，不论是在连通图还是在非连通图中，节点的相对接近中心度都等于该节点可达范围内的最小可能测地距离之和（即在此情况下，该节点与可达范围内的所有节点均直接相连，测地距离之和取最小值）除以该节点在可达范围内的实际测地距离之和。

例如，在图 9-30 所示的非连通图中，计算每个节点的接近中心度：$CC_A = 1/(1+1+2) = 1/4$，$CC_B = 1/(1+1+2) = 1/4$，$CC_C = 1/(1+1+1) = 1/3$，$CC_D = 1/(2+2+1) = 1/5$，$CC_E = 1/1 = 1$，$CC_F = 1/1 = 1$。相应地，每个节点的相对接近中心度：$NCC_A = 3 \times 1/4 = 3/4$，$NCC_B = 3 \times 1/4 = 3/4$，$NCC_C = 3 \times 1/3 = 1$，$NCC_D = 3 \times 1/5 = 3/5$，$NCC_E = 1 \times 1 = 1$，

$NCC_F = 1 \times 1 = 1$。

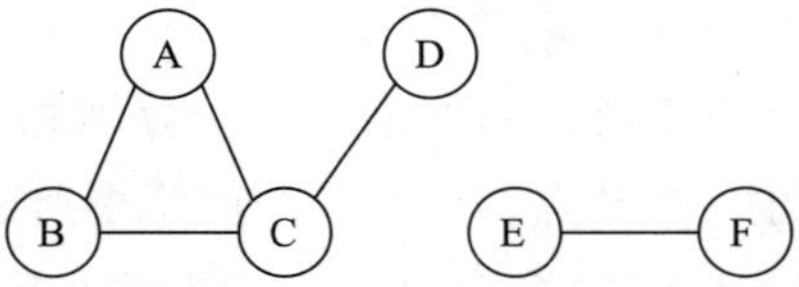

图 9-30　接近中心度计算示例

2. 操作方法

在 Gephi 中，计算节点的接近中心性指标的操作与前文中计算中介中心度一致，只需要在“概览”窗口的“统计”选项卡中点击“网络直径”右侧的“运行”按钮即可。这里特别需要说明是，与计算中介中心度不同，无论用户是否勾选“归一化中心度区间［0，1］”，Gephi 默认输出的都是节点的相对接近中心度（Closeness Centrality 列）。

补充知识：

在 Gephi 计算中介中心度和接近中心度的运算结果中（如图 9-29），还有两列在前文中没有提及，分别是 Harmonic Closeness Centrality（调和接近中心度）和 Eccentricity（离心度），此处做一简要介绍。

（1）调和接近中心度

节点 i 的调和接近中心度等于该节点与网络中所有其他节点的测地距离（最短路径长度）的倒数之和。具体来说，设网络中的节点总数为 N，节点 i 与节点 j 的测地距离为 $d(i, j)$，则节点 i 的调和接近中心度 $HCC_i = \sum_{j=1}^{N} \frac{1}{d(i, j)}$，$(i \neq j)$。

（2）相对调和接近中心度

设网络中的节点总数为 N，节点 i 的相对调和接近中心度 $NHCC_i = \frac{1}{(N-1)} HCC_i = \frac{\sum_{j=1}^{N} \frac{1}{d(i, j)}}{N-1}$，$(i \neq j)$。在连通图中，相对调和接近中心度 NCC_i 最小可无限接近于 0，但不能为 0；当节点 i 与网络中的所有其他节点直接相连时 $\sum_{j=1}^{N} \frac{1}{d(i, j)} = N-1$，该节点有最大的相对调和接近中心度 $NCC_i = 1$。因此，相对调和接近中心度通过归一化将取值范围落入了（0，1］。需要说明的是，在 Gephi 中，Harmonic Closeness Centrality 列输出的即每个节点的相对调和接近中心度。并且 Gephi 在计算非连通图的相对调和接近中心度时，与计算相对接近中心度时类似，公式中的 N 为节点 i 所处的连通分量的节点总数，而非整个网络中的节点总数。

（3）离心度

节点的离心度定义为该节点到网络中其他节点的测地距离（最短路径长度）的最大值。简而言之，它衡量的是从一个给定节点出发到达网络中最远节点所需的距离。离心度提供了对节点在网络中位置边缘性的度量，具有高离心度的节点处于网络的边缘，而低离心度的节点则位于网络的中心。

（五）PageRank 算法

1. 基本原理

PageRank 算法是由谷歌的创始人拉里·佩奇（Larry Page）和谢尔盖·布林（Sergey Brin）在 1996 年发明的，它是谷歌搜索引擎用于评价和排序网页的重要链接分析算法之一。

PageRank 算法基于以下两个假设：（1）数量假设：如果一个网页 A 接收到的其他网页指向的入链数量越多，那么网页 A 就越重要。（2）质量假设：指向网页 A 的入链质量不同，质量高的网页会通过链接向其所指向的网页传递更多的权重，所以越是质量高的网页指向网页 A，网页 A 就越重要。

因此，PageRank 算法的核心思想是通过网页之间的链接关系来递归地计算每个网页的权重（即 PageRank 值，以下简称 PR 值）。简单来说，一个页面接收到的来自其他页面的链接越多，并且这些链接页面的权重越高，则该页面的权重（PR 值）也就越高。

基础 PageRank 算法的数学表达式为

（1）初始步：$PR_0(i) = \frac{1}{N}$

（2）迭代步：$PR_t(i) = \sum_{j=1}^{M} \frac{PR_{t-1}(j)}{L(j)}$

其中，N 为网络中的节点总数，$PR_t(i)$ 为第 t 次迭代后节点 i 的 PageRank 值，j 是有出链指向 i 的节点，$PR_{t-1}(j)$ 为节点 j 上一轮迭代后的 PageRank 值，$L(j)$ 为节点 j 的出链数，M 为指向节点 i 的节点总数。

以下通过一个示例（如图 9-31）进一步介绍 PageRank 基本运算方法：

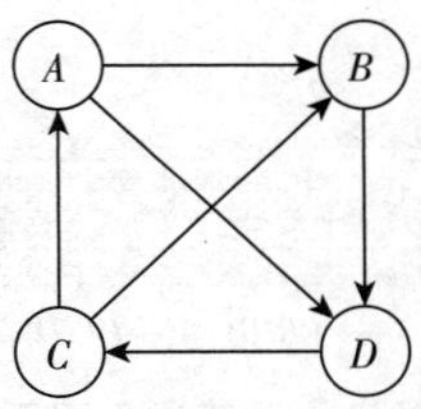

图 9-31 PageRank 计算示例

（1）初始步：

默认所有节点的 PageRank 值总和为 1，各个节点均分总值，此时每个节点具有相同的 PageRank 值。本例中，节点 A、B、C、D 在初始阶段的 PageRank 值为 $PR_0(A) = PR_0(B) = PR_0(C) = PR_0(D) = 1/4 = 0.25$。

（2）迭代步：

出链节点将上一轮 PageRank 值平均分配到该节点的每条出链上，相应地，每个节点将所有指向本节点的入链权重求和，即为该节点在本轮的 PageRank 值。本例中，有 $P_t(A) = \frac{1}{2} \times P_{t-1}(C)$，$P_t(B) = \frac{1}{2} \times P_{t-1}(A) + \frac{1}{2} \times P_{t-1}(C)$，$P_t(C) = P_{t-1}(D)$，$P_t(D) = \frac{1}{2} \times P_{t-1}(A) + P_{t-1}(B)$。上述过程即完成一轮 PageRank 迭代。

经过多次迭代，直至各个节点的 PageRank 值稳定下来，迭代终止。

上述计算过程如表 9-1 所示，经过多轮迭代，各节点的 PageRank 值逐渐稳定，且每轮迭代时各节点的 PageRank 值总和始终为 1（如图 9-32）。

表 9-1 PageRank 值的迭代计算过程

	***PR*（*A*）**	***PR*（*B*）**	***PR*（*C*）**	***PR*（*D*）**
初始值	0.2500	0.2500	0.2500	0.2500
第 1 轮迭代	0.1250	0.2500	0.2500	0.3750
第 2 轮迭代	0.1250	0.1875	0.3750	0.3125
第 3 轮迭代	0.1875	0.2500	0.3125	0.2500
第 4 轮迭代	0.1563	0.2500	0.2500	0.3438
第 5 轮迭代	0.1250	0.2031	0.3438	0.3281
……	……	……	……	……
第 n 轮迭代	0.1538	0.2308	0.3075	0.3078

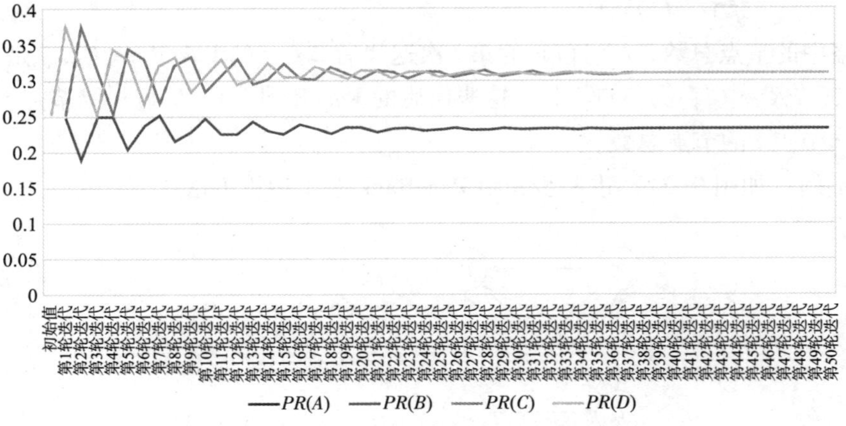

图 9-32 PageRank 值的迭代计算过程图示

（扫描二维码查看彩图）

尽管对于图 9-31 所示的网络，前述基础 PageRank 算法能够有效地通过迭代，计算出全部节点的 PageRank 值。然而，图 9-31 是一种理想状态下的网络，如果我们对图 9-31 做一些小扩充，构建一个新的网络（如图 9-33），运算的结果就未必这么理想了。

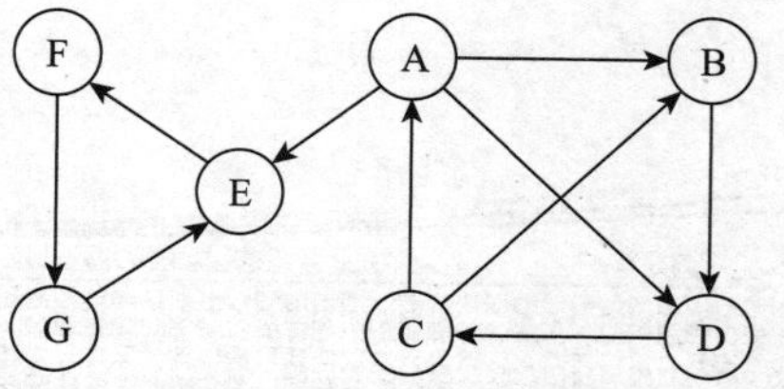

图 9-33　PageRank 计算示例（蛛网陷阱）

此时，根据基础 PageRank 算法：在初始步有 $PR_0(A) = PR_0(B) = PR_0(C) = PR_0(D) = PR_0(E) = PR_0(F) = PR_0(G) = 1/7$。在迭代步有 $P_t(A) = \frac{1}{2} \times P_{t-1}(C)$，$P_t(B) = \frac{1}{3} \times P_{t-1}(A) + \frac{1}{2} \times P_{t-1}(C)$，$P_t(C) = P_{t-1}(D)$，$P_t(D) = \frac{1}{3} \times P_{t-1}(A) + P_{t-1}(B)$，$P_t(E) = \frac{1}{3} \times P_{t-1}(A) + P_{t-1}(G)$，$P_t(F) = P_{t-1}(E)$，$P_t(G) = P_{t-1}(F)$。

计算过程如表 9-2 所示，此时，经过多轮迭代，节点 A、B、C、D 的 PageRank 值均无限接近于 0，而总的 PageRank 值则几乎被节点 E、F、G 给“瓜分”了，使得节点 E、F、G 有着远高于其他节点的 PageRank 值（如图 9-34）。

表 9-2　基础 PageRank 值的迭代计算过程（蛛网陷阱）

	***PR*（*A*）**	***PR*（*B*）**	***PR*（*C*）**	***PR*（*D*）**	***PR*（*E*）**	***PR*（*F*）**	***PR*（*G*）**
初始值	0. 1429	0. 1429	0. 1429	0. 1429	0. 1429	0. 1429	0. 1429
第 1 轮迭代	0. 0714	0. 1190	0. 1429	0. 1905	0. 1905	0. 1429	0. 1429
第 2 轮迭代	0. 0714	0. 0952	0. 1905	0. 1429	0. 1667	0. 1905	0. 1429
第 3 轮迭代	0. 0952	0. 1190	0. 1429	0. 1190	0. 1667	0. 1667	0. 1905
第 4 轮迭代	0. 0714	0. 1032	0. 1190	0. 1508	0. 2222	0. 1667	0. 1667
第 5 轮迭代	0. 0595	0. 0833	0. 1508	0. 1270	0. 1905	0. 2222	0. 1667
…	…	…	…	…	…	…	…
第 n 轮迭代	0. 000	0. 000	0. 000	0. 000	0. 3265	0. 3673	0. 3061

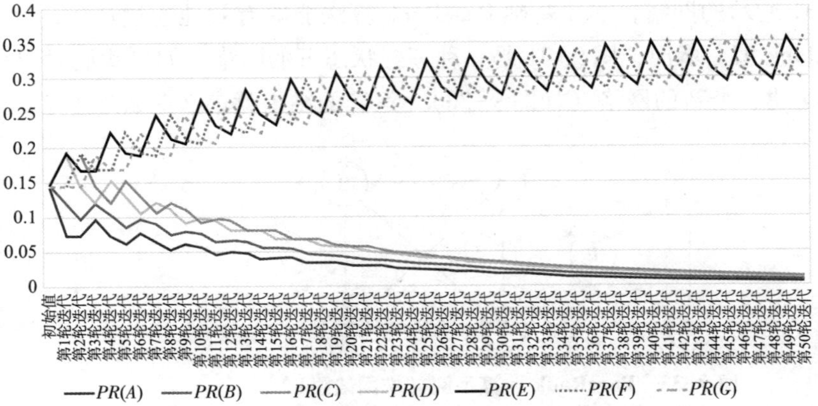

图 9-34 基础 PageRank 值的迭代计算过程图示（蛛网陷阱）　　（扫描二维码查看彩图）

此时，就遇到了蛛网陷阱（Spider Traps）问题。所谓蛛网陷阱，是指网络中存在一个节点只对自己有出链，或者网络中有几个节点的出链构成了一个闭环（例如图 9-33 中节点 E、F、G 构成的环形结构）。那么在不断迭代的过程中，闭环内部节点的 PageRank 值不能传播出去，并且其还会源源不断地通过指向这个闭环的链接吸收其他节点的 PageRank 值，从而导致闭环内部节点的 PageRank 值越来越高，而闭环外节点的 PageRank 值则随着一轮轮迭代逐渐被闭环内的节点“吸干”了。

为了解决这个问题，我们想象一个随机浏览网页的人，当他到达由网页 E、F、G 构成的闭环后，显然不会傻傻地一直被这些网页困住。我们假定他在每次链接跳转时，只有概率 α（α 称为阻尼因子）会沿着网页的出链浏览下一个网页，相应地，就会有一个确定的概率（$1-\alpha$）通过直接输入网址的方式随机“远程跳转”到其他的网页，并且其远程跳转到每个网页的概率是一样的。那么，在一个节点通过一条出链向另一个节点传递 PageRank 值时，我们也可以想象其只有概率 α 会沿着这条出链将 PageRank 值传递给链接实际指向的节点，那么就可以在这条出链的 PageRank 值上乘上一个概率 α，并将随机“远程跳转”的概率（$1-\alpha$）平分给网络中的每个节点。上述阻尼因子 α 的取值一般在 0.8~0.9 之间，Gephi 中默认为 0.85。引入阻尼因子后的 PageRank 计算公式为

（1）初始步：$PR_0(i)=\dfrac{1}{N}$。

（2）迭代步：$PR_t(i)=\alpha\sum_{j=1}^{M}\dfrac{PR_{t-1}(j)}{L(j)}+\dfrac{1-\alpha}{N}$。

其中，N 为网络中的节点总数，PR_t（i）为第 t 次迭代后节点 i 的 PageRank 值，j 是有出链指向 i 的节点，PR_{t-1}（j）为节点 j 上一轮迭代后的 PageRank 值，L（j）为节点 j 的出链数，M 为指向节点 i 的节点总数，α 为阻尼因子。

相应地，对于图 9-33，每个节点在迭代步的 PageRank 计算公式为 $P_t(A)=0.85\times\left(\dfrac{1}{2}\times P_{t-1}(C)\right)+\dfrac{0.15}{7}$，$P_t(B)=0.85\times\left(\dfrac{1}{3}\times P_{t-1}(A)+\dfrac{1}{2}\times P_{t-1}(C)\right)+\dfrac{0.15}{7}$，$P_t(C)=$

$0.85 \times P_{t-1}(D) + \frac{0.15}{7}$，$P_t(D) = 0.85 \times \left(\frac{1}{3} \times P_{t-1}(A) + P_{t-1}(B)\right) + \frac{0.15}{7}$，$P_t(E) = 0.85 \times \left(\frac{1}{3} \times P_{t-1}(A) + P_{t-1}(G)\right) + \frac{0.15}{7}$，$P_t(F) = 0.85 \times P_{t-1}(E) + \frac{0.15}{7}$，$P_t(G) = 0.85 \times P_{t-1}(F) + \frac{0.15}{7}$。

计算过程如表 9-3 和图 9-35 所示。可以发现，引入阻尼因子后，由于随机“远程跳转”的存在，很大程度上缓解了 PageRank 值传进闭环后无法传出的问题，因此算法对于每个节点的影响力有着更为恰当和准确的评估。

表 9-3 引入阻尼因子后 PageRank 值的迭代计算过程（蛛网陷阱）

	PR（*A*）	*PR*（*B*）	*PR*（*C*）	*PR*（*D*）	*PR*（*E*）	*PR*（*F*）	*PR*（*G*）
初始值	0.1429	0.1429	0.1429	0.1429	0.1429	0.1429	0.1429
第 1 轮迭代	0.0821	0.1226	0.1429	0.1833	0.1833	0.1429	0.1429
第 2 轮迭代	0.0821	0.1054	0.1773	0.1489	0.1661	0.1773	0.1429
第 3 轮迭代	0.0968	0.1200	0.1480	0.1343	0.1661	0.1626	0.1721
第 4 轮迭代	0.0843	0.1118	0.1356	0.1509	0.1951	0.1626	0.1597
第 5 轮迭代	0.0791	0.1029	0.1497	0.1403	0.1810	0.1873	0.1597
…	…	…	…	…	…	…	…
第 *n* 轮迭代	0.0760	0.0976	0.1284	0.1259	0.1986	0.1903	0.1833

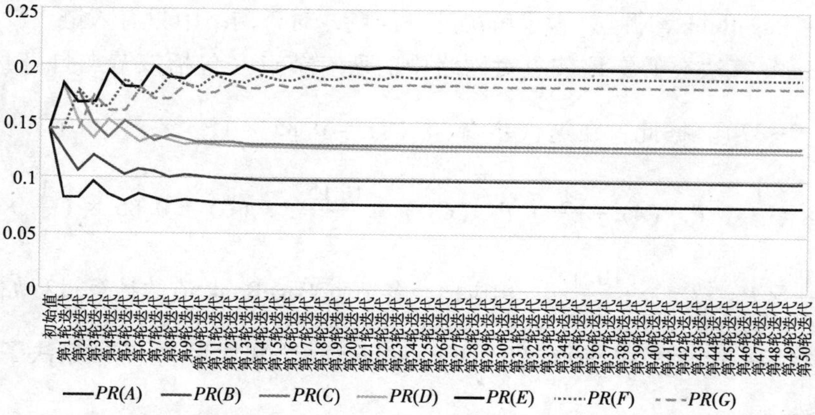

图 9-35 引入阻尼因子后 PageRank 值的迭代计算过程图示（蛛网陷阱） （扫描二维码查看彩图）

除蛛网陷阱外，在 PageRank 的计算过程中，还可能会遇到第二种问题：死胡同（Dead Ends），即网络中存在没有任何出链的节点。死胡同会造成网络中 PageRank 总值的流失（常被称为“PageRank 渗漏”），使得迭代后的 PageRank 总值越来越少，最终小于初始步的 1。考虑如图 9-36 的情况，网络中节点 *C* 没有出链，存在典型的死胡同。

根据引入阻尼系数后的 PageRank 值计算方法，各节点 PageRank 值的计算过程如表 9-4 所示。

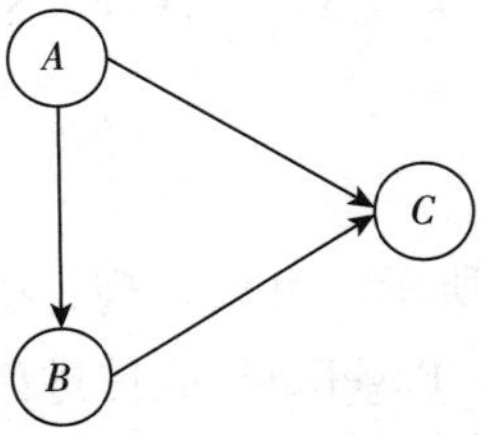

图 9-36 PageRank 计算示例（死胡同）

表 9-4 死胡同导致“PageRank 渗漏”

	PR（*A*）	*PR*（*B*）	*PR*（*C*）
初始值	0. 3333	0. 3333	0. 3333
第 1 轮迭代	0. 0500	0. 1917	0. 4750
第 2 轮迭代	0. 0500	0. 0713	0. 2342
第 3 轮迭代	0. 0500	0. 0713	0. 1318
第 4 轮迭代	0. 0500	0. 0713	0. 1318
第 5 轮迭代	0. 0500	0. 0713	0. 1318

可以看到，由于节点 C 没有出链，传入节点 C 的 PageRank 值无法再传递给网络中的其他节点，所以在每一轮迭代时，其他节点在上一轮传递给节点 C 的 PageRank 值就消失了，因而产生了“PageRank 渗漏”。为了解决这一问题，对于网络中只有入链、没有出链的节点，PageRank 算法会假定该节点对网络中的所有节点（包括该节点自身）都有一条出链（如图 9-37）。据此，在迭代步有：$P_t(A) = 0.85 \times (\frac{1}{3} \times P_{t-1}(C)) + \frac{0.15}{3}$，$P_t(B) = 0.85 \times (\frac{1}{2} \times P_{t-1}(A) + \frac{1}{3} \times P_{t-1}(C)) + \frac{0.15}{3}$，$P_t(C) = 0.85 \times (\frac{1}{2} \times P_{t-1}(A) + P_{t-1}(B) + \frac{1}{3} \times P_{t-1}(C)) + \frac{0.15}{3}$。相应地，各节点 PageRank 值的计算过程如表 9-5 所示。可知，在每一轮迭代中，所有节点的 PageRank 值之和均为 1，有效解决了“PageRank 渗漏”问题。

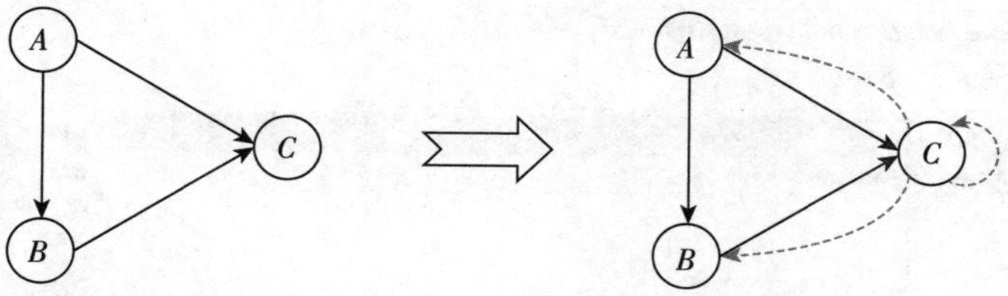

图 9-37　PageRank 算法应对死胡同的措施

表 9-5　为没有出链的节点添加出链后的 PageRank 计算过程

	PR（*A*）	*PR*（*B*）	*PR*（*C*）
初始值	0. 3333	0. 3333	0. 3333
第 1 轮迭代	0. 1444	0. 2861	0. 5694
第 2 轮迭代	0. 2113	0. 2727	0. 5159
第 3 轮迭代	0. 1962	0. 2860	0. 5178
第 4 轮迭代	0. 1967	0. 2801	0. 5232
第 5 轮迭代	0. 1982	0. 2818	0. 5199
……	……	……	……
第 *n* 轮迭代	0. 1976	0. 2816	0. 5209

2. 操作方法

以上即为完整的 PageRank 算法，接下来介绍 PageRank 算法在 Gephi 中的操作。以图 9-33 中的网络数据为例，首先在“概览”窗口的“统计”选项卡中点击“PageRank”右侧的“运行”按钮（如图 9-38）；其次在弹出的“网页排名设置”窗口中进行参数设置（如图 9-39），具体包括：

（1）选择是“有向图”还是“无向图”（PageRank 算法一般适用于有向图）；

（2）在“概率（p）:”的输入框中设置阻尼因子 α（默认为 0. 85）；

（3）在“误差 Epsilon:”的输入框中指定迭代停止条件（两次迭代的 PageRank 差值小于误差阈值时停止，默认阈值为 0. 001，阈值越小，收敛时间越长）；

（4）若网络为加权图还可勾选“使用边的权重”（本例中无须勾选）。

最后，要想查看每个节点的 PageRank 值，只需点击“数据资料”窗口中的“节点”表格，便可以在“PageRank”字段中了解节点的 PageRank 值（如图 9-40）。可以发现，Gephi 报告的结果与我们在表 9-3 中的运算结果一致。

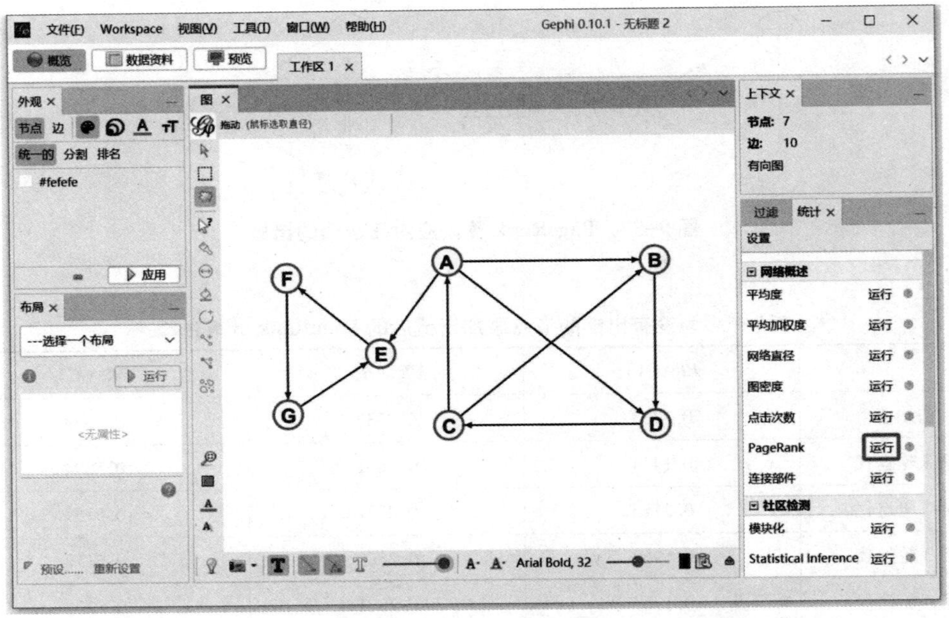

图 9-38　点击“PageRank”的“运行”按钮计算每个节点的 PageRank 值

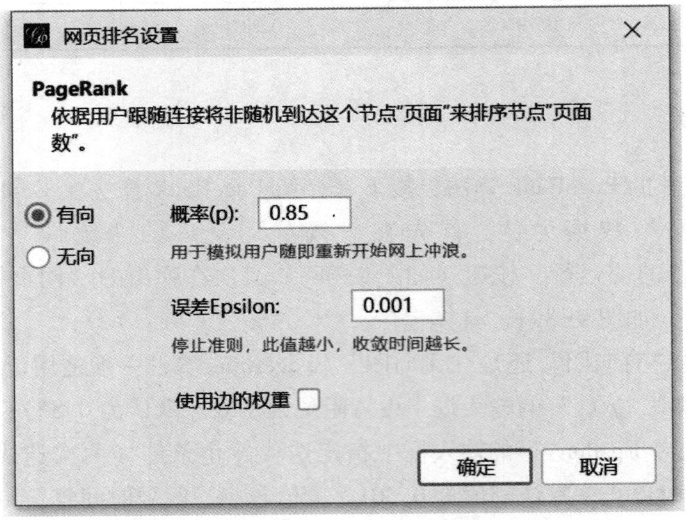

图 9-39　PageRank 算法参数设置

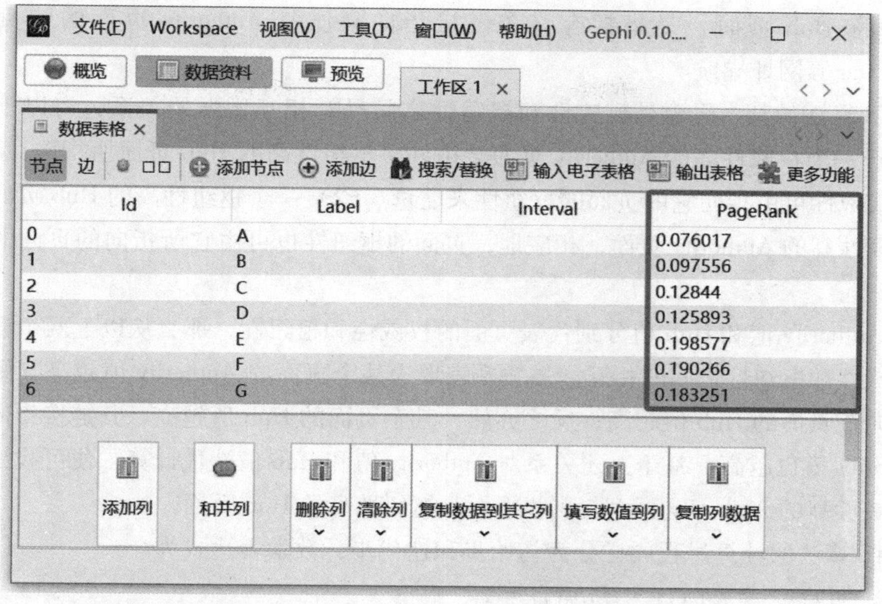

图 9-40　通过“数据资料”窗口中的“节点”表格查看每个节点的 PageRank 值

3. 算法应用

在了解完 PageRank 算法的原理及其在 Gephi 中的操作后，如何将原先应用于链接分析的 PageRank 算法应用于社会网络分析呢？此处以分析在线社交网络中用户的影响力为例，我们可以以用户为节点，关注/转发关系为边构建网络（用户 *A* 关注/转发用户 *B* 就有一条由节点 *A* 指向节点 *B* 的边），那么相应地，越多人关注/转发某一用户，越有影响力的人关注/转发该用户，这个用户就在网络中就越有影响力。通过应用 PageRank 算法，我们可以计算出每个用户的 PageRank 得分，从而对用户进行排序，找出最有影响力的用户。

（六）HITS 算法

1. 基本原理

HITS（Hyperlink-Induced Topic Search）算法的全称是基于超链接的主题搜索，该算法由康奈尔大学（Cornell University）的乔恩·克莱因伯格（Jon Kleinberg）于 1997 年提出，与 PageRank 算法一样，也是一种最初应用于搜索引擎对网页进行排序的链接分析算法。与 PageRank 算法不同的是，HITS 算法通过两个指标——权威性（Authority）和枢纽性（Hub）刻画每个网页的重要性。

在 HITS 算法中，权威性高的网页（以下简称 Authority 页面）是指与用户搜索领域或话题相关的高质量网页，例如教育领域的教育部官网、高校官网等。枢纽性高的网页

（以下简称 Hub 页面）是指拥有许多链接指向高质量 Authority 页面的网页，例如 hao123. com 等网址导航。

HITS 算法的基本思想是权威性和枢纽性之间具有相互增强的关系，有以下两个假设：（1）一个权威性高的 Authority 页面会被许多枢纽性高的 Hub 页面所指向，相应地，页面的权威性可由指向它的页面的枢纽性来度量。（2）一个枢纽性高的 Hub 页面会指向许多权威性高的 Authority 页面，相应地，页面的枢纽性也可由它所指向的页面的权威性来度量。

以 Authority 值和 Hub 值分别代表页面的权威性和枢纽性，那么从以上两个假设可以推出权威性和枢纽性之间的相互增强关系表现为某个页面的 Authority 值越高，则那些有链接指向该页面的 Hub 值越高；反之亦然，某个页面的 Hub 值越高，其链接指向的页面的 Authority 值也越高。基于上述关系对 Authority 值和 Hub 值迭代计算，便可找出哪些页面是权威性高的 Authority 页面，哪些页面是枢纽性高的 Hub 页面。

HITS 算法的计算过程同样分为初始步和迭代步，数学表达式为

（1）初始步：$Auth_0(i) = Hub_0(i) = 1$。

（2）迭代步：

①更新值：$Auth_t(i) = \sum_{j \in I_{to}} Hub_{t-1}(j)$ ，$Hub_t(i) = \sum_{j \in I_{from}} Auth_{t-1}(j)$

②归一化：$Auth_t(i) = \dfrac{Auth_t(i)}{\sqrt{\sum_{j=1}^{N} Auth_t(j)^2}}$，$Hub_t(i) = \dfrac{Hub_t(i)}{\sqrt{\sum_{j=1}^{N} Hub_t(j)^2}}$

其中，$Auth_t(i)$ 为第 t 次迭代后节点 i 的 *Authority* 值，$Hub_t(i)$ 为第 t 次迭代后节点 i 的 *Hub* 值，I_{to}是有出链指向节点 i 的节点集合，I_{from}是有入链来自节点 i 的节点集合，N 为网络中的节点总数。

以下通过一个示例进一步介绍 HITS 算法（如图 9-41）。需要说明的是，为了简化运算过程，图中的 $H1$、$H2$、$H3$ 节点只有出链没有入链，故其 Authority 值在迭代步中必然为 0，同理，图中的 $A1$、$A2$ 节点只有入链没有出链，其 Hub 值在迭代步中也必然为 0，因此本书在计算过程中不再展示。相应地，仅展示 $H1$、$H2$、$H3$ 节点的 Hub 值和 $A1$、$A2$ 节点的 Authority 值。实际上，网络中的每一个节点都是既有 Authority 值也有 Hub 值。计算过程如下：

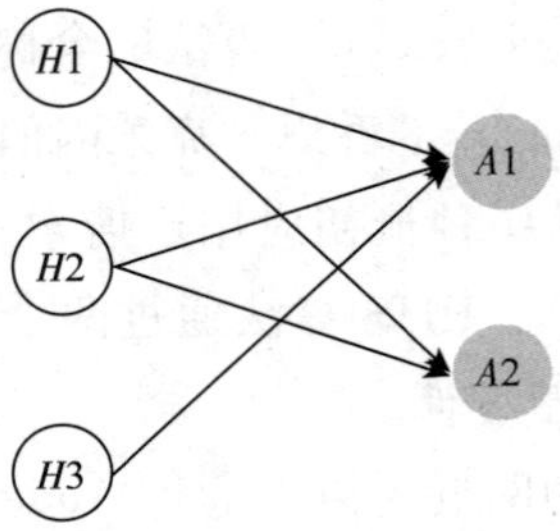

图 9-41 HITS 计算示例

（1）初始步：

初始化所有节点的 Authority 值和 Hub 值均为 1。本例中，有 $Auth_0(A1)=1$、$Auth_0(A2)=1$、$Hub_0(H1)=1$、$Hub_0(H2)=1$、$Hub_0(H3)=1$。

（2）迭代步：

① 更新所有节点的 Authority 值和 Hub 值。节点的 Authority 值等于指向该节点的 Hub 值之和，本例中有 $Auth_t(A1)=Hub_{t-1}(H1)+Hub_{t-1}(H2)+Hub_{t-1}(H3)$，$Auth_t(A2)=Hub_{t-1}(H1)+Hub_{t-1}(H2)$。节点的 Hub 值等于其所指向节点的 Authority 值之和，本例中有 $Hub_t(H1)=Auth_{t-1}(A1)+Auth_{t-1}(A2)$，$Hub_t(H2)=Auth_{t-1}(A1)+Auth_{t-1}(A2)$，$Hub_t(H3)=Auth_{t-1}(A1)$。

② 对本轮迭代后更新的 Authority 值和 Hub 值归一化。归一化方法是将节点的 Authority（Hub）值除以所有节点 Authority（Hub）值的平方和的平方根，本例中有 $Auth_t(A1)=\frac{Auth_t(A1)}{\sqrt{Auth_t(A1)^2+Auth_t(A2)^2}}$，$Auth_t(A2)=\frac{Auth_t(A2)}{\sqrt{Auth_t(A1)^2+Auth_t(A2)^2}}$，$Hub_t(H1)=\frac{Hub_t(H1)}{\sqrt{Hub_t(H1)^2+Hub_t(H2)^2+Hub_t(H3)^2}}$，$Hub_t(H2)=\frac{Hub_t(H2)}{\sqrt{Hub_t(H1)^2+Hub_t(H2)^2+Hub_t(H3)^2}}$，$Hub_t(H3)=\frac{Hub_t(H3)}{\sqrt{Hub_t(H1)^2+Hub_t(H2)^2+Hub_t(H3)^2}}$。

上述过程即完成了 HITS 算法的一轮迭代，经过多次迭代，直至各个节点的 Authority 值和 Hub 值稳定下来，迭代终止。

上述计算过程如表 9-6 所示，经过多轮迭代，各节点的 Authority 值和 Hub 值逐渐稳定（如图 9-42）。

表 9-6 HITS 算法的迭代计算过程

	Auth (A1)	Auth (A2)	Hub (H1)	Hub (H2)	Hub (H3)		Auth (A1)	Auth (A2)	Hub (H1)	Hub (H2)	Hub (H3)
初始值	1	1	1	1	1	初始值	1	1	1	1	1
第 1 轮迭代	3	2	2	2	1	归一化	0.8321	0.5547	0.6667	0.6667	0.3333
第 2 轮迭代	1.6667	1.3333	1.3868	1.3868	0.8321	归一化	0.7809	0.6247	0.6509	0.6509	0.3906
第 3 轮迭代	1.6925	1.3019	1.4056	1.4056	0.7809	归一化	0.7926	0.6097	0.6581	0.6581	0.3656
第 4 轮迭代	1.6819	1.3163	1.4023	1.4023	0.7926	归一化	0.7875	0.6163	0.6566	0.6566	0.3711
第 5 轮迭代	1.6843	1.3132	1.4038	1.4038	0.7875	归一化	0.7886	0.6149	0.6573	0.6573	0.3687
…	…	…	…	…	…	…	…	…	…	…	…
第 n 轮迭代	1.6834	1.3144	1.4036	1.4036	0.7882	归一化	0.7882	0.6154	0.6572	0.6572	0.3691

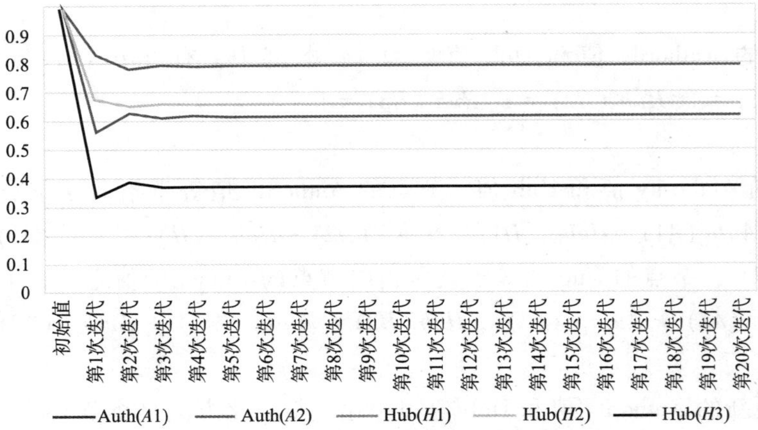

图 9-42　HITS 算法的迭代计算过程图示　　（扫描二维码查看彩图）

2. 操作方法

接下来介绍 HITS 算法在 Gephi 中的操作。以图 9-41 中的网络数据为例，首先在“概览”窗口的“统计”选项卡中点击“点击次数”右侧的“运行”按钮（如图 9-43）。然后在弹出的“点击次数设置”窗口中进行参数设置（如图 9-44），具体包括：

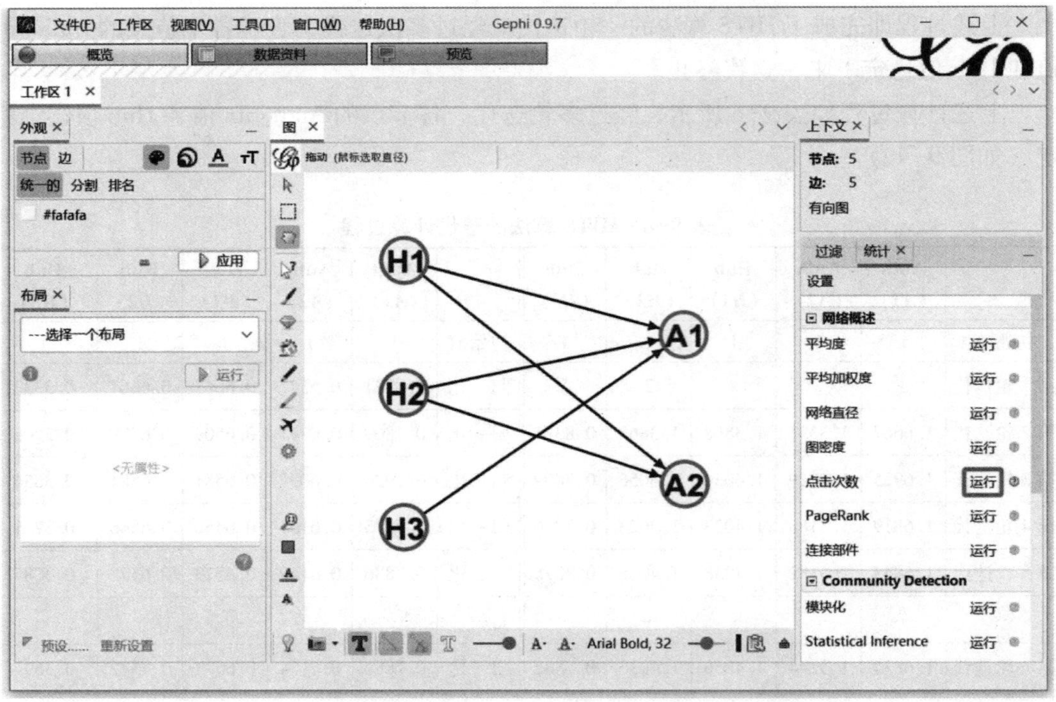

图 9-43　点击“点击次数”的“运行”按钮计算节点的 Authority 值和 Hub 值

（1）选择是“有向图”还是“无向图”（HITS 算法一般适用于有向图）；

（2）在“误差 Epsilon：”的输入框中指定迭代停止条件（两次迭代的差值小于误差阈值时停止，默认阈值为 0.0001，阈值越小，收敛时间越长）。

最后，要想查看每个节点的 Authority 值和 Hub 值，只需点击“数据资料”窗口中的“节点”表格，便可以在“Authority”字段和“Hub”字段中了解每个节点的取值情况（如图 9-45）。可以发现，Gephi 报告的结果与我们在表 9-6 中的运算结果一致。

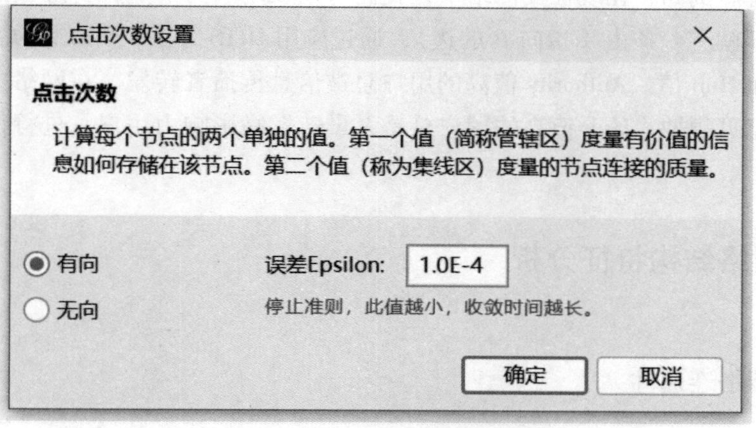

图 9-44　HITS 算法参数设置

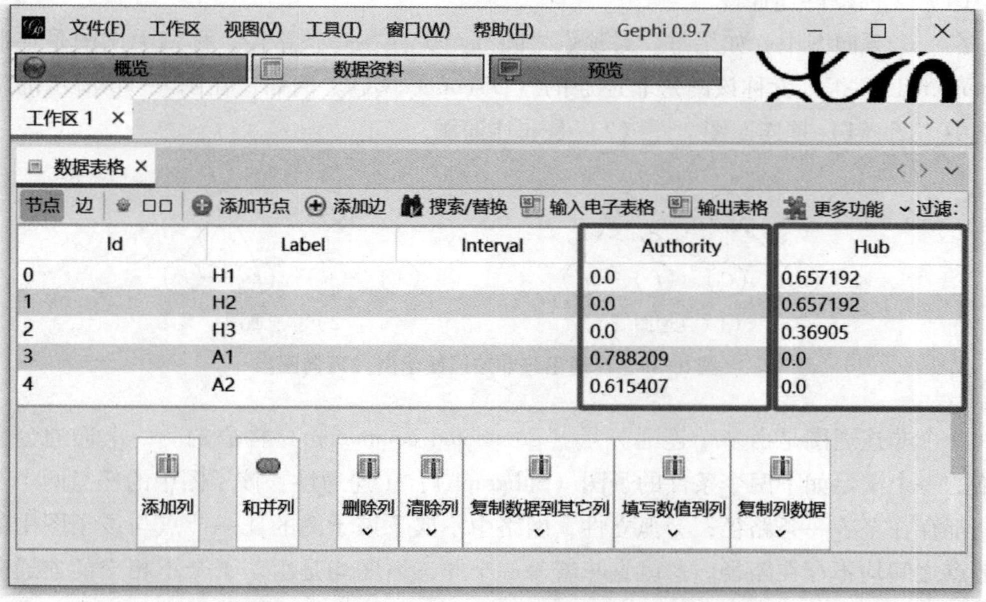

图 9-45　通过“数据资料”窗口中的“节点”表格查看 Authority 值和 Hub 值

3. 算法应用

与 PageRank 算法类似，原先适用于链接分析的 HITS 算法也可以应用于社会网络分析。不过，相较于 PageRank 算法，HITS 算法对每个节点提供了两个测量指标——权威性（Authority 值）和枢纽性（Hub 值）。因此，我们也能够对网络中的节点进行两方面的评价，通过 Authority 值来寻找高影响力用户（意见领袖），利用 Hub 值来确定网络中的信息传播者。例如，在线社交网络中，我们可以以用户为节点，转发关系为边构建网络（*A* 转发 *B* 就有一条由 *A* 指向 *B* 的边），通过应用 HITS 算法，可以计算出每个用户的 Authority 值和 Hub 值。Authority 值高的用户总被信息传播者转发，在网络中具有较高的影响力，是意见领袖；Hub 值高的用户总是大量转发高影响力用户，进行信息的传播和扩散。

三、网络结构特征分析

（一）网络连通性

1. 基本原理

（1）无向图的连通性

在一个无向图中，如果每一对顶点之间都至少存在一条路径，称该无向图是连通的（Connected），否则就称该图是非连通的（Disconnected）。例如，在图 9-46 所示的两个网络中，图（1）是连通图，图（2）是非连通图。

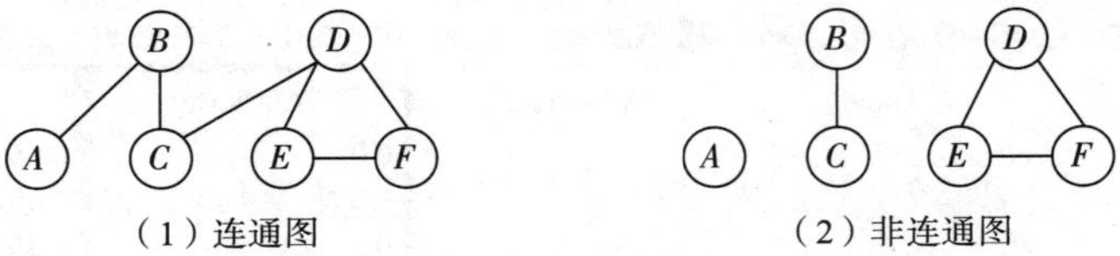

图 9-46 连通图与非连通图示例（无向图）

一个非连通图是由多个连通分量（Connected component）构成的。一个连通分量是网络的一个满足如下两个条件的子图（Subgraph）：①连通性：该子图中的任意两个节点之间都存在至少一条路径；②孤立性：网络中不属于该子图的任一节点与该子图中的任一节点之间均不存在路径。这就意味着每一个非连通图均是由若干个不相交的连通分量所构成的。例如，图 9-46 的非连通图由 3 个连通分量构成，其中，节点 *A* 是一个连通分量，节点 *B* 和 *C* 构成的子图是第二个连通分量，节点 *D*、*E*、*F* 构成的子图是第三个连通分量。进一步地，包含节点数最多的连通分量就称为最大连通分量（Maximal Connected Component）。

（2）有向图的连通性

有向图的边具有方向，这使得有向图在连通性方面具有了更多的特性，主要表现为有向图的连通性可区分为强连通和弱连通。

强连通（Strongly Connected）：如果对于图中任意一对节点 i 和 j，都既存在一条从节点 i 到节点 j 的路径，也存在一条从节点 j 到节点 i 的路径，则该有向图被称为强连通图。简单理解，从图中任何一个节点沿着边的方向都可以到达任意一个其他节点的有向图称为强连通图。

弱连通（Weakly Connected）：如果把图中所有的有向边都看作是无向边后，得到的无向图是连通的，则该有向图被称为弱连通图。

例如，在图 9-47 所示的网络中，图（1）是强连通图，图（2）是弱连通图。

图 9-47　强连通图与弱连通图示例（有向图）

在弱连通图中，如果有部分节点构成的子图具有强连通性，我们则将其称作强连通分量。例如在图 9-47 的弱连通图中，节点 A 和 B 构成的子图就被称为强连通分量，同时节点 C 虽然只是一个节点，但也是一个强连通分量。

2. 操作方法

在 Gephi 中，分析网络的连通性主要通过计算网络的（强/弱）连通分量的数量来实现。具体来说，通过在“概览”窗口的“统计”选项卡中点击“连接部件”右侧的“运行”按钮，然后在弹出的“连通分量设置”窗口中选择“有向”或“无向”，便可计算出无向图中的连通分量的数量，或者有向图中的弱连通分量的数量与强连通分量的数量（如图 9-48）。并且，用户还可在“数据资料”窗口的“节点”表格中，查看每个节点所属的连通分量。对于无向图，“节点”表格将新增“Component ID”字段用于存储每个节点所属的连通分量编号。对于有向图，“节点”表格将新增两个字段，在“Component ID”字段中存储每个节点所属的弱连通分量编号，在“Strongly-Connected ID”字段中存储每个节点所属的强连通分量编号（如图 9-49）。

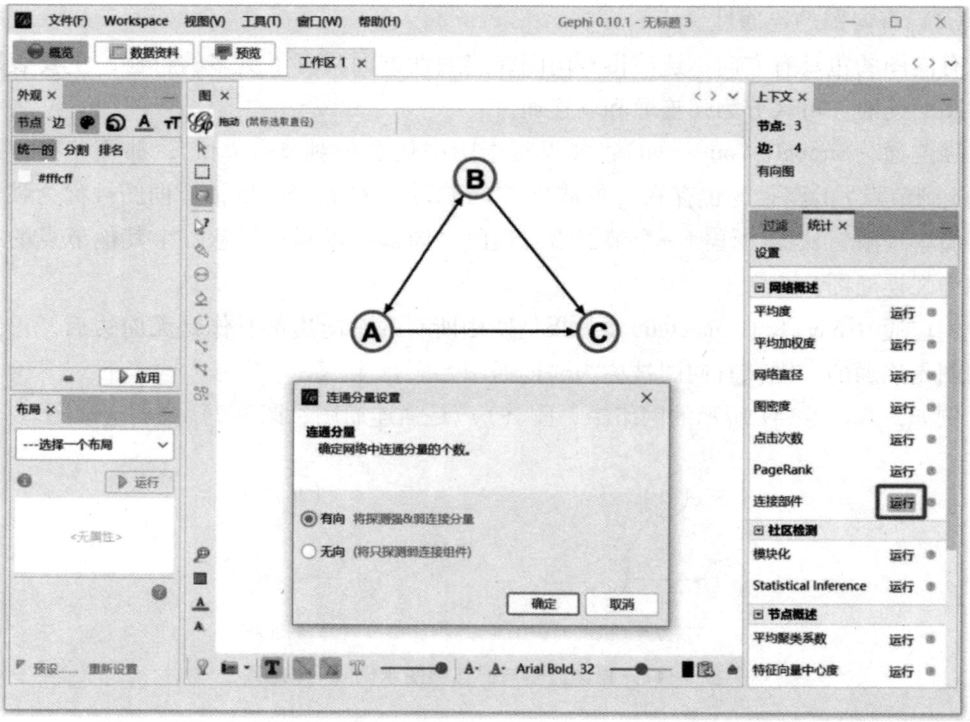

图 9-48　点击“连接部件”的“运行”按钮计算（强/弱）连通分量的数量

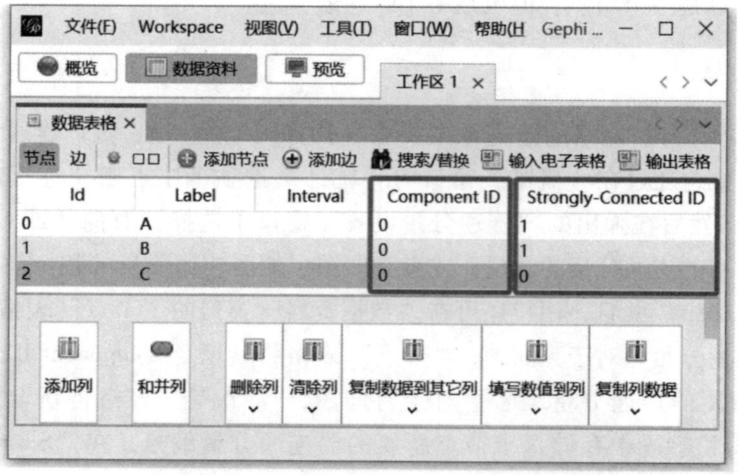

图 9-49　通过“节点”表格查看节点所属的（强/弱）连通分量

3. 算法应用

事实上，对于大规模在线社交网络等实际社会网络而言，连通性其实是一个相当脆弱的性质，因为单个节点或者相当少部分的节点的行为都可能破坏其连通性。例如，基于全世界所有人的朋友关系构成的社会网络，仅从直觉上就可以知道它一定是非联通的，因为全世界只要有一个人没有朋友或者只要有一小群人没有除了这群人之外的朋友，那么整个网络就是不连通的。

但这并不意味着现实世界的社会网络是支离破碎的，具体来说，虽然大规模社会网络很可能是非连通的，但网络中往往存在着一个特别大的连通分量，它包含了整个网络中的相当比例的节点，这一连通分量称为巨片（Giant Component）。实际网络中往往不仅存在巨片，而且巨片几乎总是唯一的。这一点仍可以通过对社会网络的直觉来推断。假设社会网络中存在两个巨片，每个巨片都包含数以千万计甚至数以亿计的人，只要某一天分别属于两个巨片的某两个人偶然相识，也就在这两个巨片之间对应地有一条边相连，那么这两个巨片就合并成了一个更大的巨片。相应地，巨片中包含的节点越多，它们也越有可能被合并为更大的巨片。

上述特征同样得到了实证研究的支持。在 Ugander 等学者以在线社交网络 Facebook 为对象开展的一项大规模实证研究①中，他们以 Facebook 截至 2011 年 5 月的 7.21 亿活跃用户为节点，这些用户之间的 687 亿条朋友关系为边构建了一个极其巨大的社会网络，并且绘制了该网络的连通分量规模的分布（如图 9-50）。该图给出了双对数坐标下 Facebook 网络中不同规模的连通分量的数量，横轴为连通分量的规模，纵轴为连通分量的数量，图中最右侧的一个黑点对应于最大的连通分量（即巨片），它包含了网络中 99.91%的节点。其余的连通分量数量很多但规模都很小，第二大连通分量仅包含不到 3000 个节点。

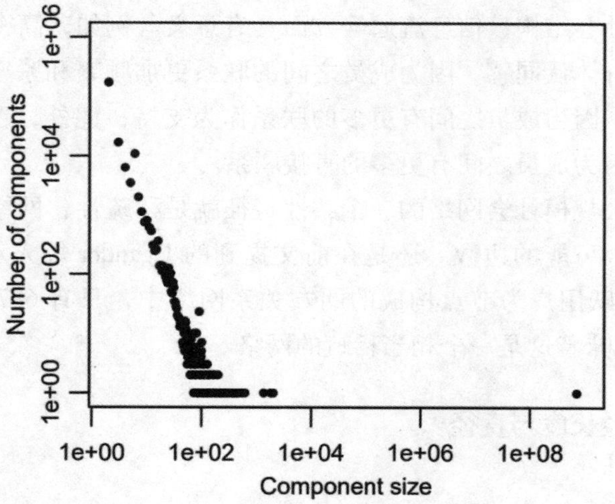

图 9-50 Facebook 用户关系网络的连通分量规模的分布

①UGANDER J, KARRER B, BACKSTROM L, et al. The anatomy of the facebook social graph [J/OL]. ArXiv, 2011 (1), [2024-08-08]. https://arxiv.org/abs/1111.4503.

（二）网络密度

1. 基本原理

一个包含 N 个节点的网络的密度（Density）ρ 定义为网络中实际存在的边数 M 与最大可能的边数之比。

因此，无向网络的密度 ρ 的计算公式为

$$\rho = \frac{M}{\frac{1}{2}N(N-1)}$$

相应地，有向网络的密度 ρ 计算为

$$\rho = \frac{M}{N(N-1)}$$

2. 操作方法

在 Gephi 中计算网络的密度十分简单，只需在“概览”窗口的“统计”选项卡中点击“图密度”右侧的“运行”按钮，然后指定网络的类型是“有向”的还是“无向”的即可完成。

3. 算法应用

社会网络的密度反映了网络的稀疏性（或稠密性），体现了网络中个体之间联系的紧密程度，对理解社会结构、信息流通等方面具有意义。例如，高密度网络通常具有较高的社会凝聚力和群体认同感，因为成员之间的联系更加频繁和紧密；又比如，高密度网络通常更加稳定，因为成员之间有更多的联系作为支持；此外，在高密度网络中，信息可以快速流通，因为成员之间有更多的直接联系。

不过，实际的大规模社会网络的一个共性特征就是稀疏性：网络中实际存在的边的数量要远远小于最大可能的边数。还是在前文提到的 Ugander 等人对 Facebook 的研究①中，由 7.21 亿个活跃用户为节点构成的朋友关系网络中，只有 687 亿条边，网络密度 $\rho \approx 0.3 \times 10^{-7}$，意味着这是一个相当稀疏的网络。

（三）平均路径长度与直径

1. 基本原理

（1）平均路径长度

网络的平均路径长度（Average Path Length）定义为任意两个节点之间的测地距离

①UGANDER J, KARRER B, BACKSTROM L, et al. The anatomy of the facebook social graph [J/OL]. ArXiv, 2011 (1), [2024-08-08]. https://arxiv.org/abs/1111.4503.

(最短路径距离)的平均值。

一个包含 N 个节点的无向网络的平均路径长度 L 为

$$L = \frac{1}{\frac{1}{2}N(N-1)} \sum_{i \geqslant j} d_{ij}$$

其中，d_{ij} 为节点 i 和节点 j 之间的测地距离。

相应地，一个包含 N 个节点的有向网络的平均路径长度 L 为

$$L = \frac{1}{N(N-1)} \sum_{i \geqslant j} d_{ij}$$

实际的大规模社会网络往往是非连通的。此时，若两个节点之间不存在连通的路径，意味着这两个节点之间的测地距离为+∞，从而导致整个网络的平均路径长度也为+∞。为了避免在计算时出现这种发散问题，Gephi 把网络的平均路径长度定义为存在连通路径的节点对之间的测地距离的平均值，即：

$$L = \frac{\sum_{i \geqslant j} d_{ij}}{count(i, j)}$$

其中，i 和 j 为可连通的节点对，$count(i, j)$ 为可连通的节点对的数量。

以下通过一个例子来理解 Gephi 计算网络平均路径长度的过程。对于图 9-51 所示的网络，可以统计各节点对之间的测地距离如表 9-7。那么，相应地，可连通的节点对的测地距离之和 $\sum_{i \geqslant j} d_{ij} = 1 + 2 + 2 + 3 + 1 + 1 + 2 + 1 + 2 + 1 = 16$，可连通的节点对的数量 $count(i, j) = 4 + 3 + 2 + 1 = 10$，因此，该网络的平均路径长度 $L = \sum_{i \geqslant j} d_{ij}/count(i, j) = 16/10 = 1.6$。

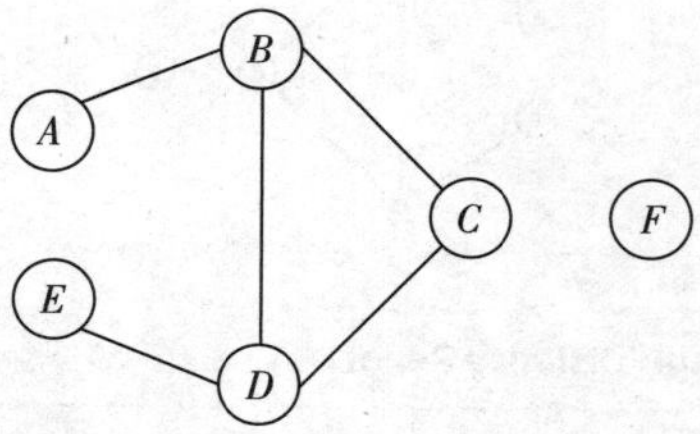

图 9-51　平均路径长度计算示例

表 9-7　网络中节点对之间的测地距离

	节点 *A*	节点 *B*	节点 *C*	节点 *D*	节点 *E*	节点 *F*
节点 *A*	/	1	2	2	3	+∞
节点 *B*		/	1	1	2	+∞
节点 *C*			/	1	2	+∞

续表

	节点 A	节点 B	节点 C	节点 D	节点 E	节点 F
节点 D				/	1	$+\infty$
节点 E					/	$+\infty$
节点 F						/

（2）网络直径

网络中任意两个节点之间的测地距离的最大值称为网络的直径（Diameter），记为 D，有：

$$D = \max_{i,\ j} d_{ij}$$

考虑到实际网络往往是非连通的，因此，在实际应用中，网络直径通常是指可连通的节点对之间的测地距离的最大值。此外，网络直径还等于本章第四节介绍的离心度（Eccentricity）的最大值。对于图 9-51 所示网络，易知网络直径为 3。

2. 操作方法

在 Gephi 中，要想计算网络的平均路径长度或网络直径，只需要在“概览”窗口的“统计”选项卡中点击“平均路径长度”或“网络直径”中任意一个右侧的“运行”按钮，均可同时计算出上述两个指标（如图 9-52）。

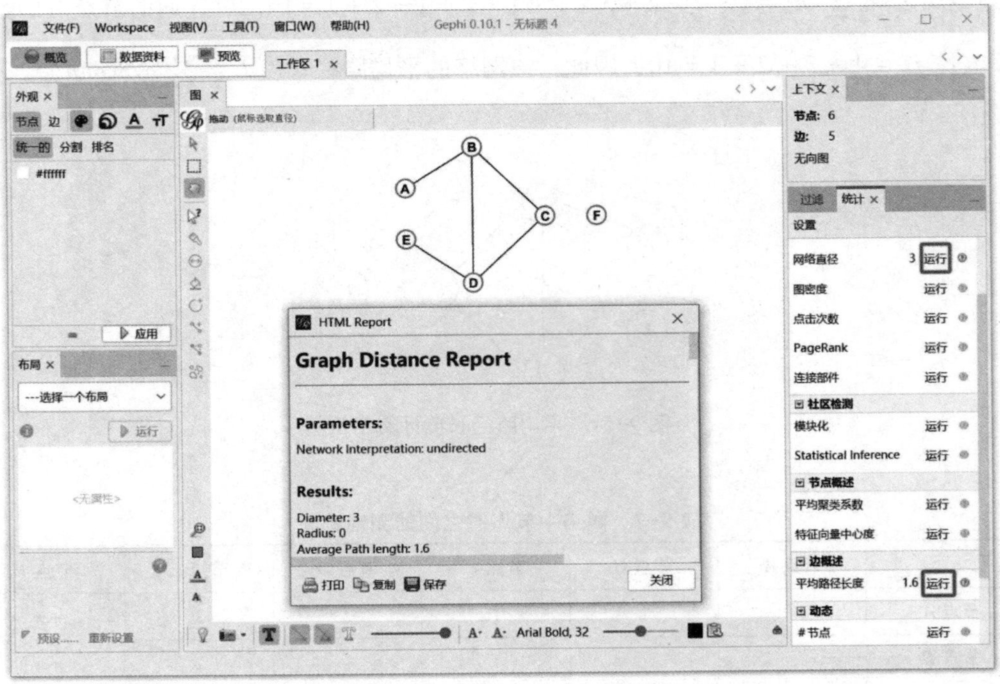

图 9-52 在 Gephi 中计算网络的平均路径长度与网络直径

3. 算法应用

网络的平均路径长度和网络直径说明了什么？在相同规模的两个社会网络中，网络的平均路径长度越短，说明网络中节点之间的距离越近，在它们之间发送信息的效率越高，信息传播的速度更快。相应地，在社交网络、合作网络等社会网络中，较短的平均路径长度意味着成员间沟通和合作的效率更高。而网络直径越长，则说明在该网络中，信息的覆盖范围更广、影响范围更大；相反，直径较小的网络通常更为紧密和高效，信息在网络中传播的延迟更小。

尽管许多实际的社会网络的节点数量巨大，但网络的平均路径长度却小得惊人，这就是所谓的“小世界”现象。在 Backstrom 等学者的另一项以 Facebook 为对象的大规模实证研究①中，2007 年以来，无论是整个 Facebook 还是单个国家或者几个国家的组合，任意两个用户之间的平均路径长度均呈现下降趋稳的态势（如图 9-53）。图中的 fb 表示全球 Facebook 用户，us 表示美国，it 表示意大利，se 表示瑞典，itse 表示意大利和瑞典的组合。可以看到，截至 2011 年 5 月（图中的 curr），全球 7.21 亿 Facebook 活跃用户构成的大规模在线社交网络的平均路径长度仅仅只有 4.74，比传统的“六度分割”还要小。此外，在 Ugander 等人的研究②中，截至 2011 年 5 月全球和美国的 Facebook 用户关

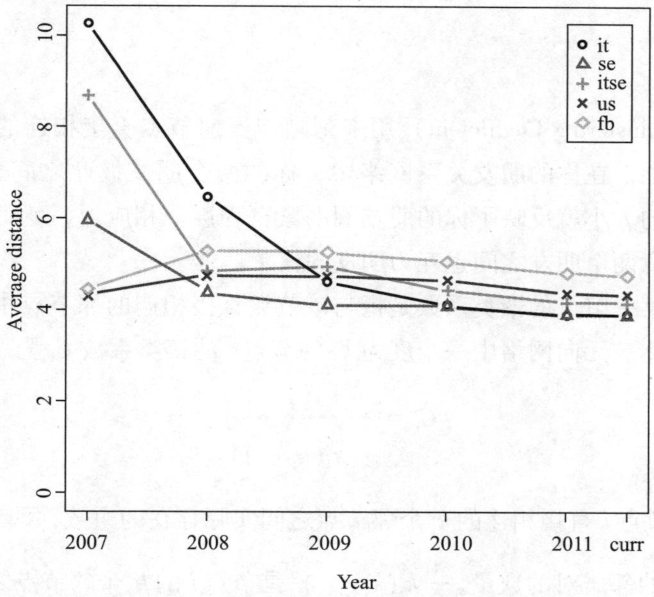

图 9-53 Facebook 用户关系网络的平均路径长度随时间的演化趋势

---

①BACKSTROM L, BOLDI P, ROSA M, et al. Four degrees of separation [C] //Proceedings of the 4th Annual ACM Web Science Conference. 2012: 33-42.

②UGANDER J, KARRER B, BACKSTROM L, et al. The anatomy of the facebook social graph [J/OL]. ArXiv, 2011 (1), [2024-08-08]. https: //arxiv. org/abs/1111. 4503.

系网络中，测地距离不超过给定值的用户对所占比例如图 9-54 所示。对于 7.21 亿 Facebook 活跃用户构成的大规模在线社交网络，任意两个用户之间的测地距离不超过 5 的比例是 92%，不超过 6 的比例高达 99.6%。

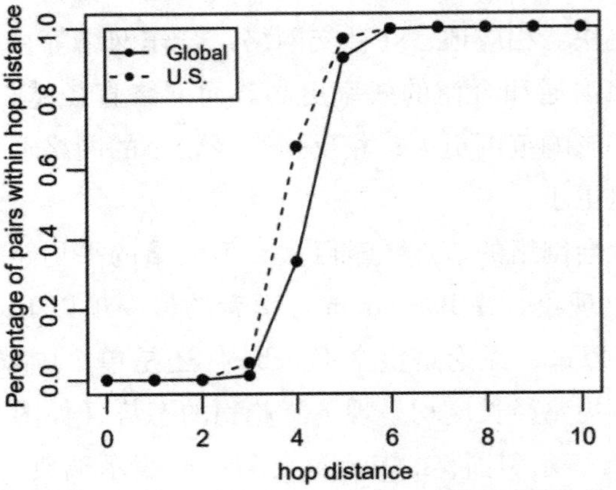

图 9-54 Facebook 用户关系网络中测地距离不超过给定值的用户对占比例

（四）平均聚类系数

1. 基本原理

聚类系数（Clustering Coefficient）用来刻画与当前节点直接相连的两个节点也直接相连的概率。例如，在你的朋友关系网络中，你的两个朋友彼此之间也很可能是朋友，那么这种可能性的大小就反映了你的朋友圈的紧密程度。相应地，就可以用你的聚类系数来量化你的任意两个朋友之间也互为朋友的概率。

具体来说，某一节点的聚类系数是指与该节点直接相连的邻节点中，实际的边数与最大可能边数之比。无向网络中一个度为 k_i 的节点 i 的聚类系数 C_i 为

$$C_i = \frac{E_i}{\frac{1}{2}k_i(k_i - 1)}$$

其中，E_i 是节点 i 直接相连的 k_i 个邻节点之间实际存在的边数，即节点 i 的 k_i 个邻节点之间实际存在的邻居对的数量。$\frac{1}{2}k_i(k_i - 1)$ 是节点 i 的 k_i 个邻节点之间最大可能的边数，此时，节点 i 的 k_i 个邻节点之间全都两两相连。

从几何角度理解节点 i 的聚类系数，所谓节点 i 的两个邻节点也直接相连，对应地就是在网络中存在以节点 i 为顶点之一的三角形。而节点 i 的邻节点直接相连的最大可能数量，就等于以节点 i 为中心的连通三元组（即包括节点 i 的 3 个节点构成的子图并且至少存在从节点 i 到其他两个节点的两条边，如图 9-55）的数量。因此，节点 i 的聚

类系数的几何定义为

$$C_i = \frac{\text{包含节点 } i \text{ 的三角形的数量}}{\text{以节点 } i \text{ 为中心的连通三元组的数量}}$$

图 9-55　以节点 i 为中心的连通三元组的两种可能形式

一个网络的平均聚类系数 C 定义为网络中所有节点的聚类系数的平均值：

$$C = \frac{1}{N}\sum_{i=1}^{N} C_i$$

此外，对于有向网络，通常将其视为无向网络来计算聚类系数。

以下通过一个例子来进一步介绍聚类系数的计算方法。对于图 9-56 所示网络，计算节点 A 的聚类系数有 $E_A = 1$, $k_A = 2$，故 $C_A = 1$；计算节点 B 的聚类系数有 $E_B = 2$, $k_B = 3$，故 $C_B = 2/3$；同理，有节点 D 的聚类系数 $C_D = 2/3$；计算节点 C 的聚类系数有 $E_C = 1$, $k_C = 3$，故 $C_C = 1/3$；计算节点 E 的聚类系数有 $C_E = 0$。因此，整个网络的聚类系数 $C = (1 + 2/3 + 2/3 + 1/3 + 0)/5 = 8/15$。

不过特别需要说明的是，在 Gephi 中计算网络的平均聚类系数时，会剔除掉度小于等于 1 的节点，因此，在 Gephi 中计算图 9-56 所示网络的平均聚类系数有 $C = (1 + 2/3 + 2/3 + 1/3)/4 = 8/12$。

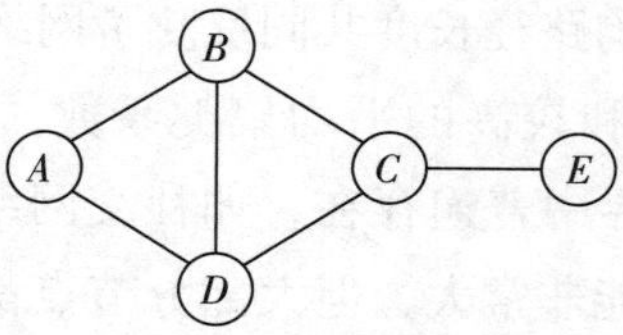

图 9-56　平均聚类系数计算示例

2. 操作方法

想要利用 Gephi 计算网络中每个节点的聚类系数和网络的平均聚类系数，只需要在“概览”窗口的“统计”选项卡中点击“平均聚类系数”右侧的“运行”按钮（如图 9-57）。可以发现，Gephi 计算出的每个节点的聚类系数与前文一致，并且其计算出的整个网络的平均聚类系数也等于前文提到的剔除度小于等于 1 的节点后的平均聚类系数。

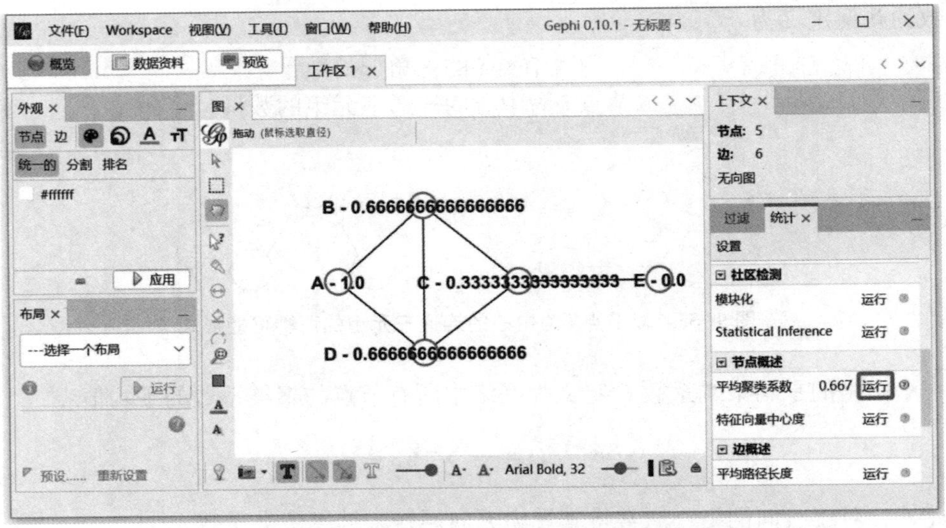

图 9–57 在 Gephi 中计算每个节点的聚类系数与网络的平均聚类系数

3. 算法应用

正如前文所谈到的，平均聚类系数反映了网络中节点集团结构的紧密程度。平均聚类系数高意味着网络中的节点倾向于形成紧密的群体或社区，而平均聚类系数低则表明网络较为松散，节点之间形成三角关系的概率较小。在信息传播研究中，平均聚类系数还可以用来预测信息的传播速度。如果网络的平均聚类系数较高，意味着节点之间连接紧密，信息在传播时就会更快更高效。

最后，平均聚类系数和平均路径长度共同反映了网络的“小世界”特性：一个网络如果具有较短的平均路径长度和较高的平均聚类系数，则可以被认为是“小世界”网络。“小世界”网络在现实世界中普遍存在，如社交网络、交通网络、神经网络等。在这些网络中，尽管节点数量可能非常大，但大部分节点都可以通过相对较少的几次跳转与其他节点相连，节点之间还保持着较高的聚集性。

四、社区发现

（一）社区结构

物以类聚，人以群分。在自然和社会的各个领域，我们经常看到特性相近的实体之间形成了紧密联系的群体。例如，在动物界，相似的物种往往聚集在一起，形成生态群落；而在社会生活中，具有共同兴趣的人也更容易建立频繁互动的友谊圈。当我们将这些实体及其相互关系表示为网络时，网络中存在紧密连接的区域（节点集合）就称为社区（Community）。社区内部连接紧密，而与社区外部连接稀疏的特性就称为网络的社区结构（Community Structure）。这与我们在第七章探讨的聚类算法的核心思路不谋而合，即簇内相似度高且簇间相似度低。随着对网络性质的深入研究，人们发现许多实际网络都具有较为明显的社区结构。例如，图 9-58 展示的是以 Facebook 用户为节点，好友关系为边构成的在线社交网络，节点所属的社区以不同颜色表示，可以看到，同一社区的用户之间形成了紧密的连接，而不同社区的用户连接则较为稀疏，具有“内紧外松”的特点。根据以上特点，人们开发出一系列算法以识别网络中的社区结构。

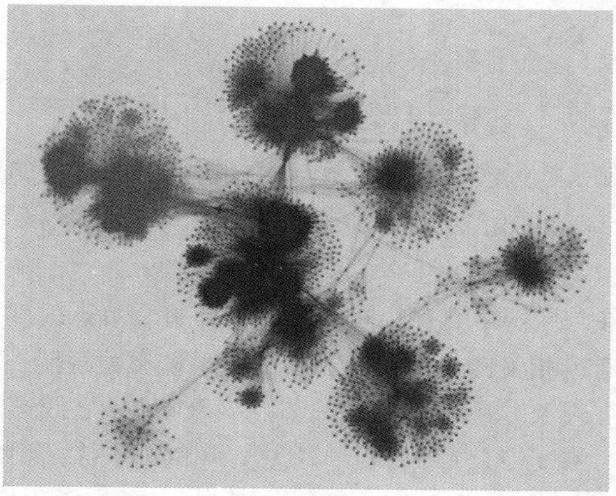

图 9-58　在线社交网络 Facebook 的社区结构示例①

（扫描二维码查看彩图）

（二）模块度

模块度（Modularity）是一种常用的衡量社区划分质量的标准，其基本思路是将划分社区后的网络与相应的零模型（Null model）进行比较，以衡量社区划分的质量。所谓一个网络对应的零模型，是指与该网络具有某些相同的性质（如相同的边数、相同的度分布等）而在其他方面完全随机的随机图模型。接下来以无权无向网络为例，具体介绍模块度的计算方法②。

1. 无权无向网络的模块度

对于一个给定的无权无向实际网络，假设找到了一种社区划分，那么所有社区内部的边数的总和可计算为

$$Q_{real} = \frac{1}{2}\sum_{ij} a_{ij}\delta(C_i, C_j)$$

其中，$A=(a_{ij})$ 是实际网络的邻接矩阵，C_i 与 C_j 分别表示节点 i 和节点 j 在网络中

①FORTUNATO S, NEWMAN M. E. J. 20 years of network community detection [J]. Nature Physics, 2022, 18 (8): 848-850.

②汪小帆，李翔，陈关荣．网络科学导论［M］．北京：高等教育出版社，2012：131-134.

所属的社区：如果这两个节点属于同一社区，δ 取值为 1，否则 δ 取值为 0。

对于与该实际网络对应的一个相同规模的零模型，若采用相同的社区划分，那么所有社区内部的边数总和的期望值为

$$Q_{null} = \frac{1}{2}\sum_{ij} p_{ij}\delta(C_i, C_j)$$

其中，p_{ij}是零模型中节点 i 和节点 j 之间的连边数的期望值。

一个网络的模块度就定义为该网络的社区内部边数与相应的零模型的社区内部边数之差占整个网络边数 M 的比例，即：

$$Q = \frac{Q_{real} - Q_{null}}{M} = \frac{1}{2M}\sum_{ij}(a_{ij} - p_{ij})\,\delta(C_i, C_j)$$

通俗来说，模块度的含义就是社区内的实际边数与随机情况下的边数的差距。如果差距比较大，那么说明社区内部边的密集程度显著高于随机情况，社区划分的质量较好。

那么接下来的问题就是，在与原网络具有相同度序列（即每个节点的度数与原网络中该节点的度数相同）但不具有度相关性（即节点的度数之间没有关联性，不存在高度节点倾向于连接其他高度节点等现象）的零模型中，节点 i 和节点 j 之间连边数的期望值 p_{ij}是怎样计算的？在上式中，有 $p_{ij} = k_i k_j/(2M)$，其中，k_i和 k_j分别为原网络中节点 i 和节点 j 的度数。以下证明 $p_{ij} = k_i k_j/(2M)$ 的正确性。

在零模型中，每个节点的度与原网络相同，有：

$$\sum_j p_{ij} = k_i$$

相应地，零模型中边数的期望值之和也等于原网络中的边数之和，有：

$$\sum_{ij} p_{ij} = \sum_{ij} a_{ij} = 2M$$

在满足以上条件的基础上通过随机连边的方式构建零模型，可知，选中一个节点作为连边的一端的概率只与该节点的度数有关，因此 p_{ij}选到 i 的概率仅与 k_i有关，选到 j 的概率仅与 k_j有关，故 p_{ij}同时选到节点 i 和 j 的概率可写作：

$$p_{ij} = f(k_i)\,f(k_j)$$

其中，由于 $p_{ij}=p_{ji}$，故两个函数 f（）显然是相同的。那么相应地，证明过程的第一个公式 $\sum_j p_{ij} = k_i$ 便可改写为

$$\sum_j p_{ij} = \sum_j f(k_i)\,f(k_j) = f(k_i)\sum_j f(k_j) = k_i$$

$\sum_j f(k_j)$ 与 i 无关，由上式可以发现，$f(k_i)$ 和 k_i 之间实际上是倍数关系，不妨设：$f(k_i) = Ck_i$。同理，有 $f(k_j) = Ck_j$。此时，有：

$$p_{ij} = f(k_i)\,f(k_j) = Ck_i\,Ck_j$$

由于 k_i 和 k_j 已知，求 p_{ij} 的问题实际上就转变为了求 C 是多少。我们将上式带入证明过程的第二个式子 $\sum_{ij} p_{ij} = 2M$，有：

$$\sum_{ij} p_{ij} = \sum_{ij} Ck_i\,Ck_j = C^2 \sum_{ij} k_i\,k_j = 2M$$

上式中，$\sum_{ij} k_i\,k_j = (2M)^2$，这是因为设网络中有 n 个节点按 $1 \sim n$ 编号，有：

$$\sum_{ij} k_i\,k_j = (k_1 + k_2 + \cdots + k_n)^2 = (2M)^2$$

故有：

$$C^2\,(2M)^2 = 2M$$

得：

$$C = \frac{1}{\sqrt{2M}}$$

故：

$$p_{ij} = f(k_i)\,f(k_j) = C^2 k_i\,k_j = \frac{k_i\,k_j}{2M}$$

此时，模块度的计算公式就定义为

$$Q = \frac{1}{2M}\sum_{ij}(a_{ij} - p_{ij})\,\delta(C_i,\ C_j) = \frac{1}{2M}\sum_{ij}\left(a_{ij} - \frac{k_i\,k_j}{2M}\right)\delta(C_i,\ C_j)$$

实际网络数据通常包含的是节点之间的连边信息，而不会直接给出各个节点的度数。为此，模块度的计算方式还可根据网络中的连边信息进一步简化：

记 e_{vw} 为社区 v 和社区 w 之间的连边占整个网络边数的比例，有：

$$e_{vw} = \frac{1}{2M}\sum_{ij} a_{ij}\delta(C_i,\ v)\,\delta(C_j,\ w)$$

记 a_v 为一端与社区 v 中节点相连的连边占整个网络边数的比例，有：

$$a_v = \frac{1}{2M}\sum_{i} k_i\delta(C_i,\ v)$$

注意到：

$$\delta(C_i,\ C_j) = \sum_{v}\delta(C_i,\ v)\,\delta(C_j,\ v)$$

于是，模块度的计算公式可写为

$$\begin{aligned}
Q &= \frac{1}{2M}\sum_{ij}\left(a_{ij} - \frac{k_i\,k_j}{2M}\right)\delta(C_i,\ C_j) = \frac{1}{2M}\sum_{ij}\left(a_{ij} - \frac{k_i\,k_j}{2M}\right)\sum_{v}\delta(C_i,\ v)\,\delta(C_j,\ v) \\
&= \sum_{v}\left[\frac{1}{2M}\sum_{ij} a_{ij}\delta(C_i,\ v)\,\delta(C_j,\ v) - \frac{1}{2M}\sum_{i} k_i\delta(C_i,\ v)\,\frac{1}{2M}\sum_{j} k_j\delta(C_j,\ v)\right] \\
&= \sum_{v}(e_{vv} - a_v^{\,2})
\end{aligned}$$

上式意味着，只要根据网络连边数据统计出每个社区 v 内部节点之间的连边数占整个网络边数的比例 e_{vv}，以及一端与社区 v 中节点相连的连边数占整个网络边数的比例 a_v 就可计算出模块度。

对于一个给定的网络，不同的社区划分会导致不同的模块度值，社区划分存在两种极端情况：（1）将整个网络划分为1个社区，此时有 $Q_{real}=Q_{null}$，故模块度始终为0；（2）将每个节点划分为1个社区，此时有 $Q_{real}=0$，$Q_{null}\neq 0$，故模块度始终为负。一个给定网络的模块度最大的社区划分称为该网络的最优划分，对应的模块度记为 $Q_{\max}$，有 $0\leqslant Q_{\max}<1$。一般来说，$Q_{\max}$ 在0.3~0.7之间，不过需注意到，规模较大的网络所对应的 $Q_{\max}$ 通常也较大，因此不能简单地通过模块度的大小来比较不同规模网络的社区划分的质量。

2. 加权和有向网络的模块度

模块度的计算公式可直接推广到加权网络，只需将原先公式中的边数用边的权重之和代替，节点的度用节点强度代替，据此，加权网络的模块度计算公式为

$$Q_w=\frac{1}{2W}\sum_{ij}\left(w_{ij}-\frac{s_i s_j}{2W}\right)\delta(C_i,\ C_j)=\sum_c\left[\frac{W_c}{W}-\left(\frac{S_c}{2W}\right)^2\right]$$

其中，W 是网络中所有边的权重之和，s_i 是节点 i 的强度，即与节点 i 相连的所有边的权重之和，w_{ij} 是网络中节点 i 和节点 j 之间的连边的权重，$\frac{s_i s_j}{2W}$ 是相应的零模型中节点 i 和节点 j 之间的连边的期望的权重，W_c 是社区 c 内部所有边的权重之和，S_c 是所有与社区 c 内部节点相连的边的权重之和。

此外，无向网络的模块度公式推广到有向网络中，可知有向图的模块度为

$$Q_d=\frac{1}{M}\sum_{ij}\left(a_{ij}-\frac{k_i^{out}k_j^{in}}{M}\right)\delta(C_i,\ C_j)$$

其中，k_i^{out} 和 k_i^{in} 分别表示节点 i 的出度和入度。

进一步地，将加权网络和有向网络的模块度计算方法相结合，可得加权有向网络的模块度计算公式为

$$Q_{wd}=\frac{1}{W}\sum_{ij}\left(w_{ij}-\frac{s_i^{out}s_j^{in}}{W}\right)\delta(C_i,\ C_j)$$

其中，s_i^{out} 和 s_i^{in} 分别表示节点 i 的出强度和入强度。

（三）基于模块度的社区发现

1. 算法原理

基于模块度的社区发现算法以最大化模块度为目标，Gephi 中使用的 Louvain 算法① 是目前应用较为广泛的基于模块度的社区发现算法，思路如下：

（1）将网络中的每个节点视作一个独立的社区，此时社区的数量与网络中的节点总

①BLONDEL V D，GUILLAUME J L，LAMBIOTTE R，et al. Fast unfolding of communities in large networks：15 years later［J］. Journal of statistical mechanics：theory and experiment，2008（10）：P10008.

数相同；

（2）对于每个节点 i，考虑 i 的邻居节点 j，通过将 i 从其社区中移除并将其放置在 j 的社区中来评估模块度的增益 ΔQ，记录 ΔQ 最大的那个邻居节点，如果 $\Delta Q_{max}>0$，把节点 i 分配到 ΔQ 最大的那个邻居节点所在的社区中，否则 i 的社区保持不变；

（3）重复步骤（2），直到所有节点所属的社区不再变化；

（4）对网络进行“压缩”，将所有属于同一社区的节点“压缩”成一个新的节点，相应地，原先社区内的节点连边的权重之和就转化为了新节点的自环（Self-loop）的权重，原先社区间连边的权重之和就转化为了新节点之间的边的权重；

（5）重复（1）直到整个网络的模块度不再发生变化。

2. 操作方法

接下来介绍基于 Louvain 算法的社区发现在 Gephi 中的操作。以“社区发现示例数据 .csv”为例（扫描二维码下载数据），首先在“概览”窗口的“统计”选项卡中点击“模块化”右侧的“运行”按钮（如图 9-59），然后在弹出的“模块化设置”窗口中进行参数设置（如图 9-60），一般采用默认参数，用户可通过改变“解析度”（Resolution）来调整算法生成的社区数量①，点击“确定”按钮后即可运行基于模块度的 Louvain 算法进行社区发现。要想查看每个节点所属的社区，只需要点击“数据资料”窗口中的“节点”表格，便可以在“Modularity Class”字段查看每个节点的社区编号（如图 9-61）。

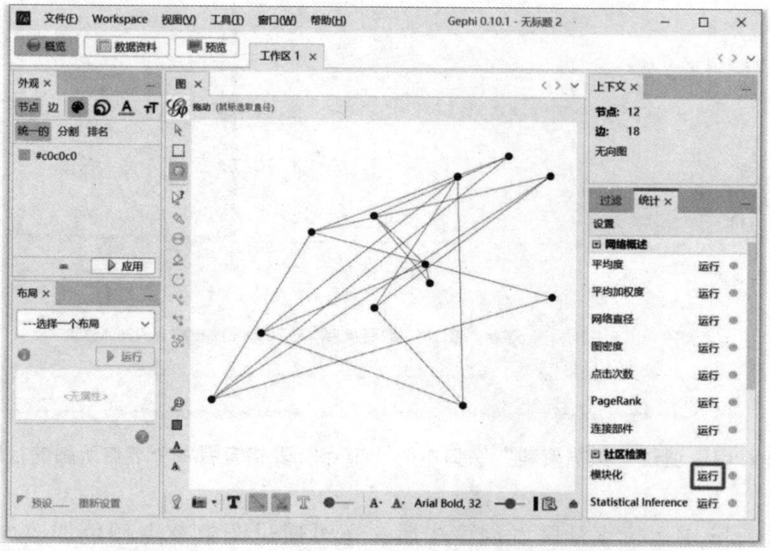

图 9-59　点击“模块化”的“运行”按钮进行社区发现

①LAMBIOTTE R, DELVENNE J C, BARAHONA M. Laplacian dynamics and multiscale modular structure in networks [J/OL]. (2009-10-9). [2024-8-8]. ArXiv, 2009, https: //arxiv. org/abs/0812. 1770.

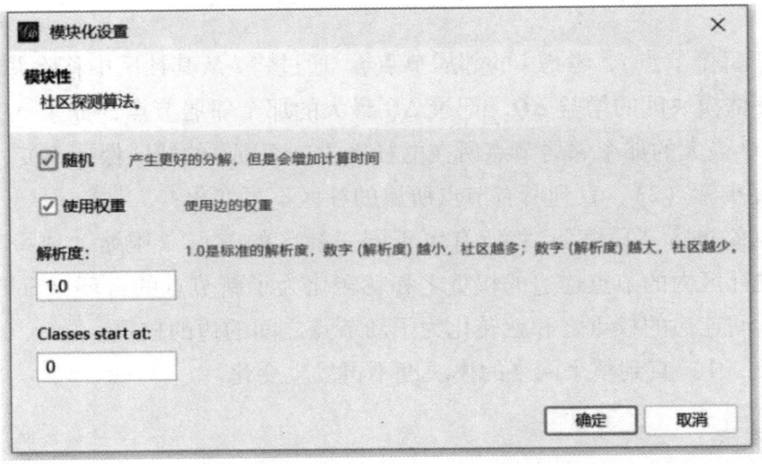

图 9-60 社区发现算法的参数设置

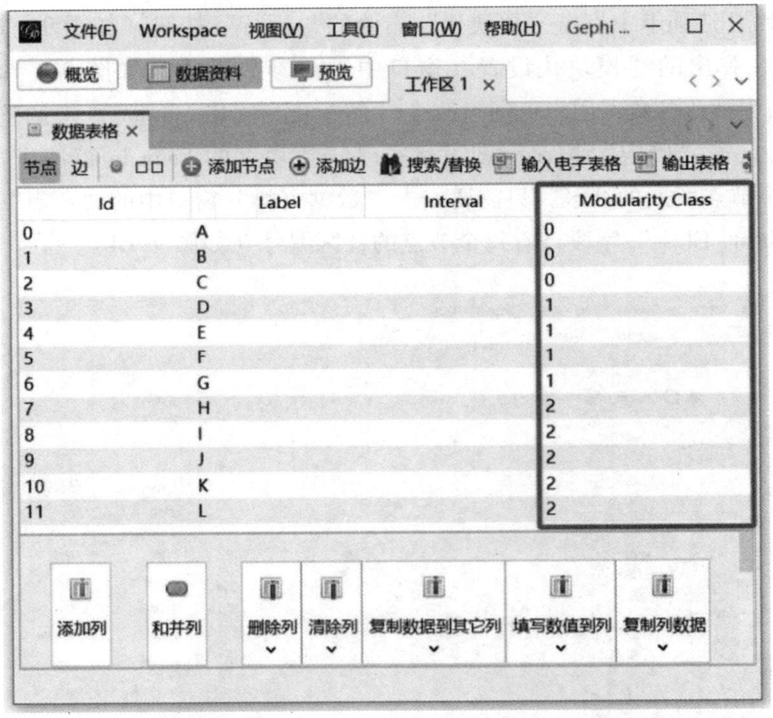

图 9-61 通过“数据资料”窗口中的“节点”表格查看每个节点所属的社区

一般在 Gephi 中运行完社区发现算法后，还可通过调整节点颜色加改变布局的方式直观地呈现网络中的社区结构（如图 9-62）。具体来说，首先，在“概览”窗口的“外观”选项卡中点击“节点”的“颜色”，然后选择“分割”并以“Modularity Class”作为渲染方式（即根据节点的社区编号赋予不同的颜色），点击“应用”按钮。此时，所有节点根据其所属社区的被赋予了不同的颜色，本例中，社区编号为 0 的节点着绿色，社区编号为 1 的节点着橙色，社区编号为 2 的节点着紫色。然后，在“布局”选项卡中选择“ForceAtlas 2”，并勾选“防止重叠”，点击“运行”按钮后将网络合理展开以便于查看。观察 9-62 可以发现，基于模块度的 Louvain 算法确实进行了有效的社区发现，同属于一个社区的节点之间连接紧密，属于不同社区的节点之间连接稀疏，具有“内紧外松”的特点。

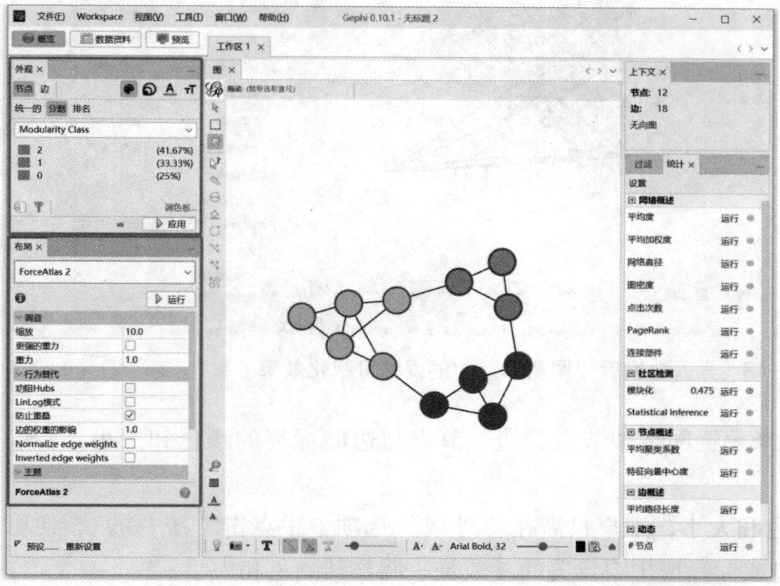

图 9-62　通过“外观”和“布局”功能实现网络社区结构的可视化　（扫描二维码查看彩图）

五、社会网络可视化

本节以小说《悲惨世界》中的人物共现网络数据①为例（扫描二维码下载数据），简要介绍 Gephi 的网络可视化方法。

在 Gephi 中导入网络数据后，“概览”窗口的“图窗体”便会将网络数据以可视化的形式呈现出来（如图 9-63）。不过此时，网络的可视化效果难言满意，图 9-63 展示的只能说是一张“毛坯”网络图。接下来，我们还需要通过“外观”和“布局”两个选项卡将网络图“精装修”。在这个过程中，一般还需配合“统计”选项卡中的节点中心性与影响力分析或社区发现功能，以更好地呈现网络中的节点性质与结构特征。

①数据来源：https：//websites. umich. edu/～mejn/netdata/.

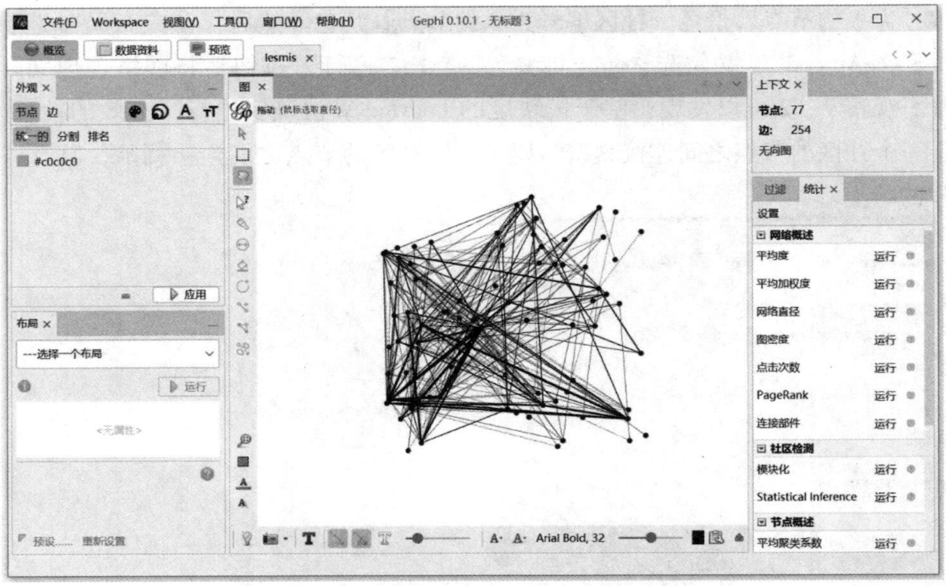

图 9-63 导入数据后“图窗体”中的网络可视化效果

首先，“外观”可用来设置网络中节点、边、节点与边的标签的颜色和大小。一般有两种方式：

1. 设置为统一的颜色和大小，用户只需在“外观”选项卡中点击“统一的”，便可将网络中所有的节点、边或标签按用户设置的参数统一调整其颜色和大小。

2. 根据属性设定不同的颜色和大小，需要注意的是，采用该方式一般需配合“统计”选项卡中的社会网络分析功能，例如：计算节点的点度中心度并根据点度中心度的排序为节点设置不同的大小；采用基于模块度的社区发现算法划分每个节点所属的社区，并为不同社区的节点设置不同的颜色。

在本例中，我们希望根据节点的点度中心度设置节点大小，并通过颜色标注每个节点所属的社区。因此，可先点击“统计”选项卡“平均度”旁的“运行”按钮计算每个节点的点度中心度，然后点击“模块化”旁的“运行”按钮划分节点所属的社区。

运行完毕后，可在“外观”选项卡中点击“节点”的“”（大小），然后选择按某一属性的“排名”设置节点大小，在“选择一种渲染方式”的下拉菜单中选择“度”，从而根据点度中心度的数值为节点设置不同的大小，此外，用户还需设置节点的“最小尺寸”和“最大尺寸”，本例中可设为 10 和 40（如图 9-64）。点击“应用”按钮后，“图窗体”中的节点便会根据点度中心度的数值被赋予不同的大小，节点的点度中心度越高，“图窗体”中的节点越大。

要根据节点的社区设置节点颜色，只需在“外观”选项卡中点击“节点”的“”（颜色），然后选择以某一属性作为“分割”为节点赋予不同的颜色，在“选择一种渲染方式”的下拉菜单中选择“Modularity Class”，从而根据节点的社区编号为节点赋予不同的颜色，此外，用户还可点击色块修改颜色（如图 9-65）。点击“应用”按钮后，

“图窗体”中网络节点的大小和颜色已根据我们的设置进行了调整（如图 9-66）。

图 9-64　按点度中心度设置节点大小

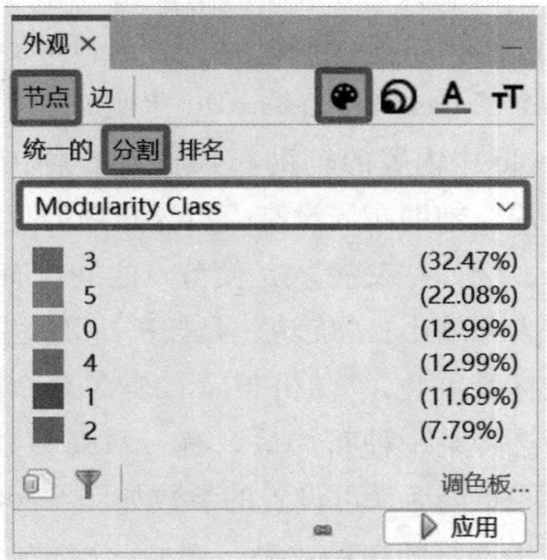

图 9-65　按社区设置节点颜色

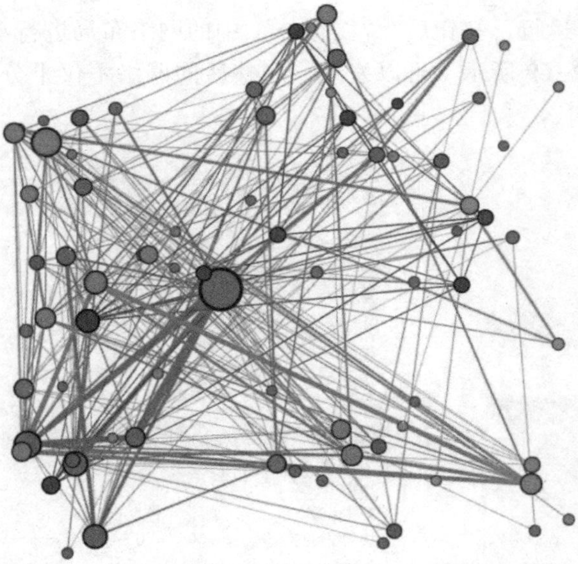

图 9-66　设置节点大小与颜色后的网络可视化效果　　**（扫描二维码查看彩图）**

其次，在完成以上设置后，网络的可视化效果相较最初时已有所优化，但此时网络仍显得十分凌乱，我们难以从中直观地洞察出网络的结构特征。那么就可以利用 Gephi 的“布局”功能，根据某种策略对节点和边进行排布，从而使网络的可视化效果更加符合其结构特征，也更易于观察。在“概览”窗口的“布局”选项卡中点击“选择一个布局”的下拉菜单，可以看到 Gephi 内置的 12 种布局（如图 9-67）。这些布局大致可以分为两类：一类是力引导布局，另一类是辅助性的、带有编辑和调整性质的布局。

力引导布局通过能够模仿物理世界中的引力和斥力，将图中的节点模拟成原子，通过模拟原子间的力场来计算节点间的位置关系，使系统最终进入一种动态平衡，稳定下来的图不仅能够充分展示网络的整体结构，其还拥有优美的可视化效果。Gephi 中内置的力引导布局有 6 种，分别是 Force Atlas、Force Atlas 2、Fruchterman Reingold、OpenOrd、Yifan Hu、Yifan Hu 比例。

Gephi 中内置的辅助布局也有 6 种，分别是交叠、扩展、收缩、旋转、标签调整、随机布局。辅助布局没有力引导布局的智能特性，它是按照某种预先定义的规则对图进行布局，例如"交叠"是使节点之间没有重叠；"扩展"和"收缩"是按一定比例对原始图扩大和缩小；"旋转"是按一定角度将图顺时针或逆时针旋转；"标签调整"主要用来防止标签重叠；"随机布局"是将图中节点随机排布。

当选择某一种布局后，有一系列参数可供用户设置。例如，在本例中选择"Force Atlas 2"布局后，可设置的参数如图 9-68 所示。通过调整这些参数，用户可修改"图窗体"中网络的布局效果，例如："缩放"参数用于设置节点的斥力强度，值越大，斥力越强，图越稀疏；"劝阻 Hubs"用于将只有输入的边推到边缘；"防止重叠"用于将重叠的节点展开……关于每一种布局及其主要参数的作用，可参考 Gephi 的布局官方教程①，此处不展开介绍。点击"运行"按钮后，"图窗体"中的网络布局进行动态调整，稳定后的网络可视化效果如图 9-69 所示。可以发现，调整后的网络不仅十分美观，而且结构清晰，有助于我们解读网络。

图 9-67 Gephi 内置的 12 种布局

图 9-68 Force Atlas 2 布局的参数设置

①详见：https：//gephi. org/users/tutorial-layouts/.

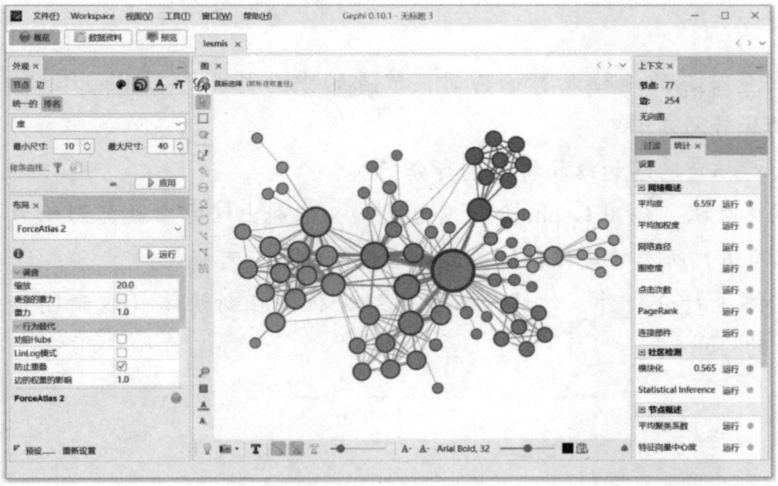

图 9–69 运行“布局”后的网络可视化效果 （扫描二维码查看彩图）

最后，若要在网络中显示每个节点的标签（本例中为角色姓名），需点击“图窗体”下方的“**T**”（显示节点标签）按钮，可设置标签的“A·”（大小模式），分为固定、缩放和根据节点大小调整标签大小，本例中可选择“节点大小”。此外，用户还可设置“字体”，并拖动“●——”（字体大小尺度）调整标签大小。

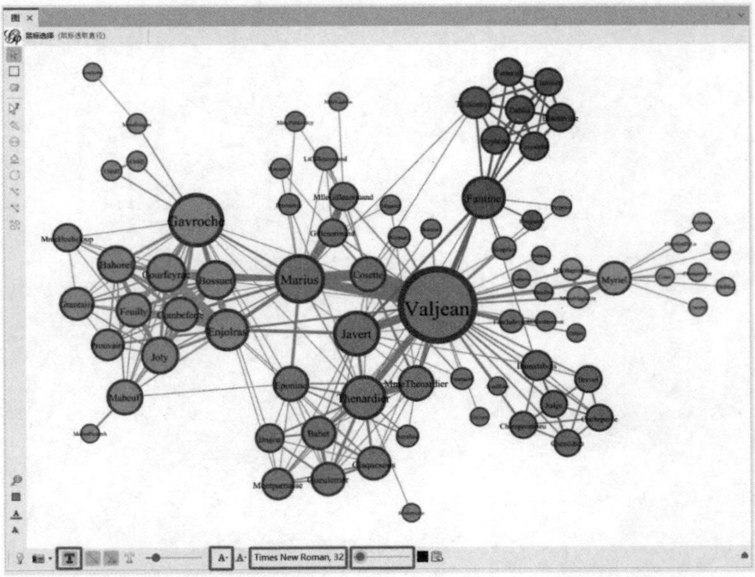

图 9–70 设置节点标签后的网络可视化效果 （扫描二维码查看彩图）

思考题

1. 在社会网络中测量节点的地位或影响力时，节点的中心性指标与 PageRank、HITS 等算法有着怎样的优势与劣势？

2. 可以从哪些方面对社会网络的结构特征进行分析？

3. 采集在线社交网络数据，使用 Gephi 分析网络结构，识别出网络中最具影响力的用户，划分网络中不同用户所属的虚拟社区，最终对该网络进行可视化。

4. 除对在线社交网络进行分析外，你认为社会网络分析法在新媒体（或新闻传播）领域还有哪些可行的应用？

图书在版编目（CIP）数据

新媒体大数据实践：工具与方法/龚凯乐编著. --北京：中国传媒大学出版社，2025.5.

ISBN 978-7-5657-3917-0

Ⅰ. G206.2-39

中国国家版本馆 CIP 数据核字第 2025WH1710 号

新媒体大数据实践：工具与方法

XINMEITI DASHUJU SHIJIAN：GONGJU YU FANGFA

编　　著	龚凯乐
策划编辑	曾婧娴
责任编辑	曾婧娴
责任印制	李志鹏
封面设计	拓美设计

出版发行	中国传媒大学出版社		
社　　址	北京市朝阳区定福庄东街 1 号	邮　　编	100024
电　　话	86-10-65450528　65450532	传　　真	65779405
网　　址	http：//cucp. cuc. edu. cn		
经　　销	全国新华书店		

印　　刷	艺堂印刷（天津）有限公司
开　　本	787mm×1092mm　1/16
印　　张	18.25
字　　数	388 千字
版　　次	2025 年 5 月第 1 版
印　　次	2025 年 5 月第 1 次印刷

书　　号	ISBN 978-7-5657-3917-0	定　　价	69.80 元

本社法律顾问：北京嘉润律师事务所　郭建平